要件事実の基礎

要件事实的基础

民事司法裁判结构

[日]伊藤滋夫/著
[日]小林正弘 许可/译

法律出版社
——北京——

Original Japanese edition published by Yuhikaku Publishing Co., Ltd., Tokyo

This Simplified Chinese language edition published by arrangement with
Yuhikaku Publishing Co., Ltd., Tokyo in care of Tuttle-Mori Agency, Inc., Tokyo

著作权合同登记号
图字：01-2016-4381

《要件事实的基础——民事司法裁判结构》序

张卫平*

日本学者伊藤滋夫先生的代表作《要件事实的基础——法官的法律判断结构(新版)》中译本(《要件事实的基础——民事司法裁判结构》)即将在我国面世,可谓恰逢时机。本书时遇《民法典》颁布实施将届周岁之际。

毫无疑问,当下中国最大的法律事件就是《民法典》的颁布实施。而本书在我国出版面世正值时候,是因为伊藤滋夫先生这部大作阐述的内容,正是有关民事司法中法官如何妥当、高效适用民事实体法的问题。《民法典》的颁布和施行对于我国民事法治——民事实体法治和民事程序法治——乃至整个法治建设具有里程碑意义。要使《民法典》有效实施,就需要有更加科学的方法指引其在民事审判中的运用。伊藤先生依据多年审判实践经验和理论研究成果,很早就提出了在民事司法中如何妥当、高效适用民事实体法的方法和理论——要件事实论。而《要件事实的基础——法官的法律判断结构(新版)》一书正是伊藤先生自己多年来这方面潜心研究的集中呈现。

伊藤先生所提出的要件事实论虽是以日本法为分析对象,目的是解决日本民事司法中的问题,但这种裁判思维方法却具有普适性,同样也可以

* 中国法学会民事诉讼法学研究会会长、清华大学教授。

为我国民事司法所用。因为我国以《民法典》为代表的民事实体法与日本的民事实体法具有大致相同的结构特征。《民法典》就是一个系统化的实体请求权及要件事实的规范体系。民事司法的过程就是根据当事人的权利主张寻求请求权的基础,查证是否具备相应的要件事实,并据此作出裁判的过程。

我认为,我国传统的民事审判方式存在一个结构性的问题,在于没有将请求权及要件事实植入民事诉讼的过程,并始终将其作为中心和重心,而是一种以单纯的纠纷解决为目的的"散点式"审判方式,缺乏将实体法与诉讼程序有机、有效结合的方法和认识。当然,这种审判方式的形塑原因,是我国长期处于缺失体系化的、完整的实体法根据的背景之下。《民法典》的颁布实施之所以具有里程碑式的意义,就在于其实体根据的体系性和完整性。要使《民法典》有效实施,就需要调整惯性的民事审判方式和方法,将审判聚焦于请求权及要件事实,将过去的"散点式"方式转变为以请求权和要件事实为中心的"聚焦式"民事审判方式,实现民事诉讼程序与《民法典》实施的有效对接。

诚然,要很好地理解伊藤先生所提出的要件事实论,不仅要知晓民法学中的请求权、要件事实等概念,还需要对民事诉讼法学中的"诉讼标的""主张责任""证明责任"等基本制度和原理有一定了解,而且需要注意我国相同概念在含义和语境上的差异。正如本书译者许可教授所言,如果对这些制度原理、概念不甚了解,甚至存在一定误解,则无法准确理解要件事实论的基本逻辑(详见译者序)。实际上,要件事实论的方法在我国已经有所实践,也有了不少实践成果,在阅读本书时,读者可以结合我国学者和专家在这方面的理论和实践,注意中日两国具体制度上的差异,从比较的视角加深对要件事实论的理解和认识,方能真正收到"攻玉"之效。

本书由许可和小林正弘两位学者担当译者是再合适不过的了。许可教授曾经是我在清华大学执教期间指导的博士研究生,有深厚的日语功底,深谙民事诉讼法理论。其博士论文的研究主题就是要件事实论,是我国较早开始研究要件事实理论的学者。许可教授也与本书的作者伊藤先生有直接交往,并就要件事实理论有过多次学术交流,对伊藤先生的要件事实论有深入的了解。小林正弘虽为日本人,但中文很好。在清华大学留学期间,其主攻方向就是中国民法学,对中日民法学均有所了解。且更机缘巧合的是,本书作者伊藤先生正是小林正弘在日本的硕博老师。本书的译者之间、译者与作者之间,可谓有多重机缘叠加。两位译者,一位主攻民事程序法,另一位专事民事实体法,可谓珠联璧合。由此,此译作成为上乘译作,自是顺理成章之果。

愿本书能够为我国民事司法理论工作者和实务工作所借鉴,并与我国民事司法实际结合,成为助推我国民事司法事业的力量。

2021 年 12 月于清华园清风明月斋

译者序

能够将伊藤滋夫先生的代表作《要件事实的基础——法官的法律判断结构(新版)》的中文版奉献给国内学人,既完成了译者的夙愿,也是我们的荣幸。

笔者与本书的另一位译者小林正弘先生,曾先后就读于清华大学法学院。笔者于2004年入学,师从张卫平教授,小林先生则于2010年入学,师从韩世远教授。虽然我们于就读期间没有交集,但不约而同地选择了要件事实论作为研究方向。当然,《要件事实的基础》是我们重要的研究资料。此外,伊藤先生还是小林先生在创价大学攻读硕博研究生期间的老师。2012年,小林先生翻译了伊藤教授的另一本专著《要件事实讲义》的部分内容,笔者也参与了校稿任务,发表在《民法九人行》(第7卷)。[①]

2012年9月,经小林先生介绍,我所任职的大学——国际关系学院盛情邀请伊藤滋夫先生来华访问。虽然已届80高龄,先生还是欣然应邀,第一次踏上了中国的土地。在京期间,先生在国际关系学院围绕日本的民事司法制度做了两场讲座,受到师生的广泛好评。此外,伊藤先生还应清华大学法学院之邀,参加了民法沙龙的专题研讨会,发表了"裁判规范民法"的主旨演讲,与在京学人就要件事实论的应用进行了广泛的探讨。借着此次难得的机会,我也向先生多方讨教,进一步深化了对"裁判规范民法"以

① 崔建远主编:《民法九人行》(第7卷),法律出版社2014年版。

及“开放理论”的认识。伊藤先生的北京之行,虽然短暂,却是要件事实论进一步走入国内学界视野的催化剂。

在接待伊藤先生访京之前,小林先生陪同日本创价大学的小嶋明美教授前往上海,与时任长宁区法院院长的邹碧华先生进行了深入交流,邹院长表达了对要件事实论的浓厚兴趣。2014 年 2 月,日本创价大学举办了中日要件事实研讨会,中方与会学者、中国人民大学法学院的肖建国教授表达了将该书在中国出版的愿望。当时,伊藤先生也正准备对初版进行修订,诸多因缘际会,最终促成了我与小林先生负责此书的中文版翻译工作。

译者序,接下来应当交代译事了。

关于本书版本——本书原著在日本有两个版本,分别是 2000 年版和 2015 年版,分别被称为初版和新版,本书以 2015 年版为翻译蓝本。

关于书名副标题的翻译——原著书名为『要件事実の基礎　裁判官による法的判断の構造〔新版〕』,经与伊藤教授沟通,书名翻译为《要件事实的基础——民事司法裁判结构》。原著书名中日文副标题的含义为:由法官进行的法律判断之结构。因为伊藤教授另有一本同样叫座的畅销书,即『事実認定の基礎　裁判官による事実判断の構造』,副标题的含义为:由法官进行的事实判断之结构。显而易见,前者,即本书,重在介绍法官的法律判断结构,即法官应当如何适用实体法之规定进行案件实体判决,后一本书则重在介绍法官的事实判断结构,即法官应当如何根据诉讼法之规定进行案件事实认定。两本书的内容覆盖了司法裁判的主要工作——事实认定和法律适用,也是伊藤教授对自身近 40 年法官职业生涯的学术总结。中文版题目的译法当然更为简洁,也较为醒目,但需注意其在含义上并不包括事实认定的方法。

章节目录——原著章节序号的标注形式不太符合中文阅读习惯,如“2.3.2.1 事实上的事实推定”,因此根据编辑意见,改为“第二章第三节‘二、无须调整证明责任对象事实情形下的减轻对策’之‘(一)事实上的事实推定’”。

译事分工——《要件事实的基础——法官的法律判断结构(新版)》原

书共七章,近400页。小林正弘先生负责第三章"裁判规范民法"、作者序言(新版序言、中文版序言)和文献一览的翻译与录入工作,其余部分由我翻译,全书的校对工作由我负责。原书涉及较多的日本民法与民事诉讼法的条文,为了方便读者参阅,我们在较为重要的条文首次出现时以"译者注"的方式增加了条文内容的引注。

以下,就本书的使用、以及若干重要概念的理解,译者不揣冒昧,提供如下参考意见。

一、关于本书使用的若干建议

其一,正如伊藤滋夫先生在原书序言部分所指出的,本书的主要内容在于介绍要件事实的基础理论。因此,虽然名为《要件事实的基础——法官的法律判断结构(新版)》,但并非一本纯粹的入门级教材,也不是以直接指导实务运行为目的的著作,而是总结归纳伊藤先生多年来关于要件事实论诸多观点的集合之作。因此,对于读者而言,首先需要对民法学中的"请求权基础"的思维方式、民事诉讼法学中的"诉讼标的""主张责任""证明责任"等基本制度和原理有一定了解。如果对这些制度原理不甚了解,甚至存在一定误解,则无法准确理解要件事实论的基本逻辑。比如,准确识别案件诉讼标的,是我们在实践中应用要件事实论的起点。如果我们错误地认为诉讼标的仅是当事人争议的实体法律关系,而不是当事人系争的权利或法律关系,从而无法根据诉的不同类型识别诉讼标的,则不仅对本书的阅读与理解造成很大的障碍,也无法准确地展开要件事实的检索步骤。

其二,日本的要件事实论当然是以日本法为分析对象,其目的是解决日本民事司法中的问题,但这种裁判思维却具有广泛的适用性,这一点也可以从要件事实理论在中国的传播与发展的过程中得到印证。因此,通过阅读本书,中国的读者可以全面了解要件事实思维方式在日本法上的应用过程,从而加深对该理论若干重要观点的理解。另外,也建议大家辅助阅读国内关于要件事实论中国化的诸多成果,尤其要结合《民法典》的立法实践思考相关问题。特别要指出的是,在阅读本书的过程中,我们应当重视的是体现在该过程中的法律方法,而不是具体的结论。因为我们应用要件事实论的目的,是解决中国民事司法中的问题,面对的是中国民法的各项制度。即便是中日两国民法中都存在的具体制度,由于条文在内容或形式方面可能存在的差异,均不宜简单地采用“拿来主义”,直接套用日本法上现成的结论,而应当在明确中国法制度目的的基础上,区分不同构成要件的“原则与例外”的关系,合理划分不同性质的要件事实。

二、关于“裁判规范民法”的理解

“裁判规范民法”是伊藤滋夫教授大力提倡的一种概念,同时也是本书的核心概念之一,因此有必要对其进行一定解释。所谓裁判规范民法,日文原文为“裁判規範としての民法”,可直译为“作为裁判规范的民法”或者“裁判规范之民法”,按照伊藤教授的定义,其具体内涵,是指“诉讼中有时会出现符合某一法律要件的具体事实陷入真伪不明的情况,此时法院依然必须适用民法进行裁判。为方便法院适用而针对该种情形对条文进行重构之民法”(参见第三章第一节)。简言之,裁判规范民法就是在要件事实真伪不明的情况下,以方便法院适用实体法作出裁判为目的,而以“本文+但书”形式重构之民法。伊藤教授提出的这一概念,并没有否定民法作为行为规范的重要价值,也不意味着抛开现行法,另行制定一套供法官裁判使用的裁判规范。

根据伊藤教授的总结(参见第三章第六节“五、根据制度目的确定主张证明责任对象事实”之“(二)民法的规范结构分析”部分),裁判规范民法的重构步骤包括如下三个环节。

环节一:根据具体的民法制度目的,对相关民法规范进行系统性分析,梳理相关法律要件的原则与例外关系。

环节二:根据环节一的工作成果,将原则性法律要件作为本文内容,将例外性法律要件作为但书内容,维持或调整现有的条文结构内容。

环节三:如果存在举证困难的情形,则应当从最恰当地实现该实体法制度目的的基本立场出发,同时也是从证明责任负担公平的基本立场出发,维持或调整环节二的工作成果。

关于裁判规范民法的重构步骤,需要说明的有以下几点。为简便起见,笔者称之为裁判规范民法说。

(一)裁判规范民法说与规范说之间的关系

虽然伊藤教授认为日本民法在制定时并未考虑到通过条文结构形式分配证明责任,因此罗森贝克的规范说(日本学界也称为法律要件分类说)在日本并无适用余地(参见第四章第二节"一、规范说"),但笔者认为,裁判规范民法说并不是对规范说的完全扬弃,毋宁说是在规范说的基础上发展而来。

裁判规范民法说对于规范说的继承主要体现在:其一,裁判规范民法说同样将民事实体法制度目的作为学说的起点和依归。虽然从表面上看起来,规范说是以德国民法典的条文结构形式作为分配证明责任的标准,但其背后的逻辑起点依然是实体法制度目的。众所周知,德国立法者通过条文结构形式来分配证明责任是有意为之,而这一"有意为之",当然是以制度目的作为出发点的。换言之,条文结构与制度目的在德国立法者那里做到了表里如一,联系得如此密切,"就像植物外形和植物本身的联系,动物的外形和动物血肉的联系一样"。由于这一原因,规范说不必再去寻求各个具体制度的立法目的,可以直接求诸条文结构,而且反对法官在条文结构之外斟酌其他因素。与德国法不同,日本民法的立法者并无这样的意识,虽然德日两国民法在具体制度和条文结构方面存在很多类似之处,但不能简单地以他国法的制度目的代替本国法的制度目的,否则不仅在学术上是不严谨的,而且有损于国家在立法与司法方面的主权。

其二,裁判规范民法说同样将条文结构形式作为区别法律要件性质的载体。以原则和例外为基本特征的条文结构在规范说中的重要性是不言而喻的,同样地,裁判规范民法说也将之作为区分不同法律要件性质的载体。比如,权利根据规范(请求权基础)中,作为原则的本文部分所蕴含的法律要件,在性质上属于权利根据要件,作为例外的但书部分所蕴含的法律要件,在性质上属于权利妨碍要件。这种区分方式与规范说是完全一致的。

裁判规范民法说对于规范说的发展主要体现在:其一,裁判规范民法说将主张责任纳入学说范畴。规范说在性质上属于证明责任及其分配的理论,与主张责任无涉,而裁判规范民法说则明确将主张责任及其分配的理论纳入学说范畴,并采用了与证明责任分配相同的规则。对于这一变化,笔者想从两个方面加以说明。一方面,虽然两者都属于一方当事人的败诉风险,但在性质上,证明责任理论与主张责任理论有所不同。前者是特殊情形下(要件事实真伪不明)关于实体法适用的理论,与诉讼模式(当事人主义抑或职权主义)无关;后者是现代民事诉讼基本原则之一(辩论原则),同时也是当事人基本诉讼权利(辩论权)的具体体现,即课以当事人负担败诉风险的作用(体现了权利行使后果负担的一面),辩论权的另一面则是约束法院的作用(体现了权利可自由行使的一面)。因此,从理论纯化的角度来看,将两者区分开是合理的。另一方面,从诉讼实践操作的层面来看,在确定案件要件事实的过程中,将主张责任和证明责任一并考虑也存在必要性和可行性。众所周知,主张责任和证明责任在对象事实(要件事实)上保持了一致性,即如果某一要件事实应当由原告负担主张责任,则也必然由其负担证明责任,也就是所谓的"主张责任之所在,证明责任之所在"。两种责任对象事实的一致性当然也要求分配规则保持一致性,因此,在一套分配规则下讨论要件事实符合思考经济性的要求。此外,要件事实作为当事人需要加以主张和证明的事实,在事实形态上需要满足具体性和特定性的要求,这也就要求法官在面对当事人主张行为(辩论)的同时,需要考虑该等事实形态是否符合证明规则的要求,尤其是面对法律要件中那些不确定性概念,也就是要件事实论所指的评价性要件的时候,将两者统一考虑是十分必要的。比如,侵权纠纷中的"过错",作为过错责任的成立要件,应当由原告加以主张和证明。以往的处理情形是,如果原告在诉状中表明被告存在过错,我们一般会认为原告已经完成了主张责任,至于过错的具体样态,则会在其后的证明程序中再加以考虑。这一将主张责任对象事实与证明责任对象事实分开处理的做法,可能会导致对象事实前后不一、事实形态不符合证明对象要求等问题,如果处理不当,可能会产生法律适用上的偏差。

其二,裁判规范民法说将"证明负担公平"纳入证明责任分配的考量因素范围。熟悉证明责任理论的读者都知道,在规范说那里,由于立法者已经将证明责任分配的结论通过条文结构加以体现,因此罗森贝克坚决反对法官进行任何其他实质性考量。而日本的修正的法律要件分类说则提出了相反的主张,主要理由依然在于日本民事实体法立法与德国法基于不同的现实情况。从裁判规范民法说的立场来看,一方面,它对修正的法律要件分类说持反对态度;但另一方面,在面对举证困难这一具体问题时,我认为伊藤教授的理论在实际立场上与规范说并无明显区别。理由在于,是否由于举证困难而调整证明责任分配结论,本身也是立法者需要考虑和解决的问题,鉴于日本法的立法情况,这一问题只能在检索要件事实的过程中由裁判者代为解决。需要注意的是,所谓举证困难,并不是某一个具体案件中当事人面临的个别困难,而是类型化纠纷(类案)中普遍存在的举证困难问题,因为前者并不属于证明责任分配领域的问题,而是个案中法官通过证明规则平衡当事人举证能力的问题,包括证据收集制度、书证提出命令以及行为责任转换等。根据伊藤教授的观点,举证困难可否作为调整证明责任分配结论的因素,需要通过考察待定的分配结论是否符合该制度的立法目的来认定,如果答案是肯定的,则应予以维持;如果答案是否定的,则应调整为符合制度目的的结论。

(二)关于"开放理论"的理解

开放理论是伊藤教授为解决裁判规范民法说在法律适用方面的自洽性而构建的思维方式,但并未给出完整的定义。从伊藤教授关于开放理论的描述、尤其是借助逻辑学理论进行阐述的内容来看(参见第三章第六节"五、根据制度目的确定主张证明责任对象事实"之"(三)开放理论"部分),开放理论本质上应属于法律适用推理中的缺省逻辑理论。[②]

缺省逻辑(default logic)是一种典型的非单调逻辑,主要用于刻画逻辑推理过程中遇到的或然性或不确定性,其基本思想可以表达为:"如果某一

---

② 本部分关于缺省逻辑的解释,多参考了逻辑学的相关研究成果。参见孔红:《规范冲突问题及其非单调逻辑研究》,载《湖北大学学报》(哲学社会科学版)2016年第2期;孔红:《司法论证的逻辑模式》,载《政法论丛》2008年第2期;樊蕊:《缺省逻辑及其在言语交际中的应用》,载《毕节学院学报》2013年第6期。

事实S在缺省状态下成立,是指没有证据表明S不成立,那么S总是成立的。”缺省逻辑是人们日常生活中较为常见的推理方式,与经典逻辑存在显著不同。逻辑学上的经典示例是“鸟会飞”。在经典逻辑中,“鸟会飞”这类常识句借助于全称量词和实质蕴涵解释为:“对于任意x,x是鸟实质蕴涵,x会飞。”但非单调逻辑认为这种处理不能模拟真实的常识推理。也就是说,与经典逻辑不同的是,常识句表达的是允许例外的一般性判断,它在推理中并不是以经典逻辑描述的那种方式起作用的。因此,各种非单调逻辑都在寻找某种恰当的方法来解释常识句,进而从形式上刻画常识推理。缺省逻辑的方法是,当我们听说“BIBI是只鸟”的时候,首先按照经典逻辑的推理方式,得出BIBI会飞这一结论,但这一结论只是一个相对可信的结论,当我们看到BIBI是只鸵鸟时,便推翻了原有结论。

以缺省逻辑为代表的非单调逻辑理论发轫于20世纪70年代以来的人工智能领域,90年代以来被逐渐应用到法律规范逻辑中,成为规范逻辑中一个活跃的研究领域。缺省逻辑在法律适用领域中的功能,主要是重新认识司法裁判三段论的推理过程。一直以来,三段论作为传统逻辑中演绎推理在司法裁判领域的应用模式,被普遍认为是法律推理的主要形式。但由于三段论忽视了法律推理在不同性质司法裁判领域中的不同特点,其并不周全。

比如,根据我国《刑法》第133条之一的规定,在道路上驾驶机动车,追逐竞驶,情节恶劣的,处拘役,并处罚金。如果某机动车驾驶人的行为符合这一规定的大前提,即“在道路上驾驶机动车,追逐竞驶,情节恶劣”,则应当得出“处拘役,并处罚金”的法律后果。此为一般情形,可称为原则。根据第17条第1款之规定,已满16周岁的人犯罪,应当负刑事责任。如果行为人不满16岁,则应最终得出不予刑事处罚的裁判结论。此为特殊情形,可称为例外。由于刑事诉讼采用职权探知主义,且举证责任均由公诉方负担③,因此

③ 根据我国《刑事诉讼法》第52条之规定,审判人员、检察人员、侦查人员必须依照法定程序,收集能够证实犯罪嫌疑人、被告人有罪或者无罪、犯罪情节轻重的各种证据。第51条规定,公诉案件中被告人有罪的举证责任由人民检察院承担,自诉案件中被告人有罪的举证责任由自诉人承担。

这种原则和例外的情形在刑事诉讼中均会纳入司法裁判的最终视野,在事实认定的基础上,法官作出判决的过程可以在三段论的框架内得到妥当的解释。

但在民事领域则不尽然。试举一例言之。《民法典》第802条规定,因承包人的原因致使建设工程在合理使用期限内造成人身损害和财产损失的,承包人应当承担赔偿责任。从三段论的视角来看,如果由于承包人施工质量等原因导致建筑物所有人、使用人或第三人人身、财产损失的,应当产生承包人承担赔偿责任的法律后果。此为一般情形,可称为原则。但假设受损失的建筑物所有人(施工合同发包人)没有采取适当措施导致损失扩大的,则应根据第591条之规定(当事人一方违约后,对方应当采取适当措施防止损失的扩大;没有采取适当措施致使损失扩大的,不得就扩大的损失请求赔偿),免除承包人部分赔偿责任。或者由于施工合同发包人选任方面的过失,与不具备相应施工资质的承包人签订合同,导致合同无效,则发包人也应就自身过失承担相应责任(第592条第2款规定,当事人一方违约造成对方损失,对方对损失的发生有过错的,可以减少相应的损失赔偿额)。上述两种情形均为特殊情形,可称为例外。与刑事领域不同的是,由于涉及财产权益的民事诉讼采用当事人主义(处分原则与辩论原则),主张责任与证明责任(举证责任)由双方当事人分担,因此上述原则与例外的情形并不会必然地被纳入司法裁判的最终视野。假如原告已经就《民法典》第802条规定的情形进行了主张和证明,而被告并未主张上述例外情形(极端的情况是,即便法官在案件审理过程中发现本案可能存在例外情形,经释明,被告也未主张),或者虽然主张但并未提供充分的证据,则法院最终应根据第802条之规定判定原告胜诉。此时,由于当事人主义的作用,与案件可能情况相关的实体法依据并未都成为裁判的大前提,因此,如何妥当地解释裁判结论的必然性就成为一个问题。

鉴于此,为了更为妥当地说明上述法律适用的推理过程,有必要借助以缺省逻辑为代表的非单调逻辑理论。借鉴学界关于逻辑学的整理成果,笔者将这一法律适用的推理过程大致表述如下:首先,在整个法律推理(司法裁判)结束之前,由局部前提推出的结论都不是必然性的,仅仅是可接受性的。比如,在上述设例中,如果“因承包人的原因致使建设工程在合理使用期限内造成人身损害和财产损失”这一事实已经得到主张和证明,则应当得出“承包人承担赔偿责任”的结论。但应当注意的是,这一结论并非必然结论,而是可接受的结论。如果被告没有提出其他抗辩,如上述设例中的与有过失抗辩等,那么这一结论将成为最终结论。其次,作为法律推理前提的各部分之间不是简单的并列关系,而是具有先后顺位的结构性特征。所谓先后顺位,即应当先审查权利根据规范所指向的各法律要件是否满足,在得到肯定的心证后,才应当审查抗辩规范(权利妨碍规范、权利消灭规范、权利阻止规范)所指向的各法律要件是否满足。此外,由于辩论原则的作用,如果被告没有提出相应抗辩,则法院不应依职权主动审查。最后,最终的结论是由所有前提构成的整体决定的,只有在将所有信息都予以考虑之后,才能决定最终的结论是什么。换言之,法院只有在综合考虑呈现在案件中的所有要件事实,并且厘清它们相互之间在法律效果上的支撑或否定的关系之后,才可以作出最后的裁判结论。

由上可见,采用缺省逻辑的范式对司法裁判,尤其是民事司法裁判的法律推理过程进行的描述与民事司法原则和司法实际十分契合,从法律适用的推理角度而言,任何一个权利根据规范都可以视为一个缺省规范,如果不存在其他特殊的规范(权利妨碍规范、消灭规范、阻止规范),则依据该缺省规范得出的结论(判决)在逻辑上是成立的,在法律上也是公正的,具有可接受性。④

除上述问题外,伊藤教授的著述还涉及很多对我们有益的讨论,比如,第六章中诉讼标的功能论、实体法说背景下特殊情形的诉讼标的识别、攻击防御方法中的系列性主张问题、包含与被包含问题、插队现象等,这些问

④ 实际上,上位的攻击防御方法相对于下位的攻击防御方法而言,前者为原则,对应的实体法规范均可视为缺省规范。比如,就抗辩而言,其属于请求原因的下位防御方法,则请求原因对应的实体法规范(权利根据规范)可视为缺省规范;抗辩则是再抗辩的上位防御方法,抗辩对应的实体法规范(权利妨碍等规范)也可视为缺省规范。如果不存在再抗辩的情形,则抗辩产生的法律效果(驳回原告诉讼请求)在裁判结论上具有可接受性。

题在中国法上大多能找到对应的情形。当然,对伊藤教授的相关分析未必都适合采用“拿来主义”,但“它山之石可以攻玉”,这些讨论无疑深化了要件事实论的研究深度,也在某种意义上拓宽了民事诉讼法学研究的视野。

译事是十分辛苦的工作,译作编辑工作也同样如此。感谢有斐阁的授权和法律出版社的诸位同仁,特别是本书的责任编辑蒋橙女士,她干练的工作作风和专业的工作水准给我们留下了深刻的印象。我们还要感谢促成本书翻译工作的法律出版社原大众分社分社长韦钦平女士,她一直保持着对要件事实论中国化的热情。我们愿意将本书献给已故的邹碧华院长,以及一直以来对要件事实论及其中国化不懈努力和抱持期待的各位学人。最后,要特别感谢在百忙中抽出时间为本书作序推荐的张卫平教授,老师的勤奋永远是学生前进不竭的鞭策与榜样。

许　可

辛丑年冬日,于西苑坡上

中文版序言

通过许可教授和小林正弘博士的不懈努力，拙著《要件事实的基础——法官的法律判断结构(新版)》(有斐阁，2015)中译本即将面世，身为作者，我感到无上喜悦，并抱有深深的谢意。许可教授和小林正弘博士都是非常优秀的要件事实论的研究者，两位的博士论文也都以要件事实论为题。本书能够由如此优秀的译者负责翻译，我感到非常幸运。

民事判决的作出，是由法官对案件诉讼标的相关的诸多要件事实(请求原因、抗辩、再抗辩等)是否存在加以判断，并对判断结论加以组合的方式来完成的。我们以买卖价款请求案件为例。根据后述修订后的日本现行民法，在该类案件中，法官进行法律判断的要点包括：买卖合同是否已签订(请求原因)；该合同是否因存在要素错误而撤销了存在要素错误的意思表示(抗辩)；要素错误是否基于表意人的重大过失(再抗辩)。①

简单来说，所谓要件事实，是指发生一定法律效果的直接的、根据性事实(例如，上述买卖价款请求权发生的直接根据事实是签订买卖合同这一事实)。也就是上述所指的请求原因、抗辩、再抗辩等事实。作为司法裁判者，对于当事人提出的多种多样的事实主张，首先要区分哪些是关于要件事实的主张，哪些是关于其他事实(包括对要件事实具有推认力的间接事实[仅根据单一间接事实即可推认要件事实的情形极为少见]以及其他事

① 与修订前的日本民法相比，请求原因与再抗辩没有发生任何变化，仅抗辩存在不同。根据旧民法的规定，“该合同存在要素错误”即可构成抗辩。

实)的主张,如果当事人对要件事实有争议,则应根据诉讼中证据调查的结论以及辩论全旨趣判断其存在与否。只有法官能够认定要件事实确实存在,才能够认可以该要件事实为前提的法律效果。

因此,在民事司法裁判中,要件事实思维方式是本质且必要的思维方式。

基于上述基本立场,本书以要件事实思维方式为出发点,深入探讨了要件事实的理论构成,同时也对司法实践中的相关问题进行了有益的分析。

本书在日本出版于 2015 年,其后,围绕第 1 编"总则"和第 3 编"债权",日本民法进行了部分修订。根据《民法部分修改法律》[平成二十九年(2017 年)法律第 44 号],现行民法于 2020 年 4 月 1 日起实施(除此之外,尚有《修订部分民法及家事案件程序法的法律[平成三十年(2018 年)法律第 72 号》],但该修订与本书内容没有直接关系)。需要强调的是,此次修订并未导致要件事实思维方式的重要性发生任何变化(详见本书第七章)。

此外,要件事实思维方式并不仅仅局限于民法,而是适用于所有法律部门的非常重要且有益的思维方式(例如,笔者就租税法及行政诉讼等诸多领域的法律及实务问题进行了探讨,并发表了相关研究成果)。

基于上述理由,笔者认为,即便日本法和中国法在立法上存在若干差异,但是要件事实思维方式对中国法也是有益的。

此外,关于事实上的权利推定,笔者曾持肯定立场(参见本书第二章段落边码 80~84),但目前观点已经发生变化,笔者现在对事实上的权利推定持否定立场。详见拙著『事実認定の基礎　裁判官による事実判断の構造』(有斐閣、2020)第 139~142 页相关内容。因此也需要对相关内容做一修正。作为事实上的权利推定成立的依据,本书以如果没有相应的权利,则不会做出相应的行为作为示例,这一示例应做如下修订,即"比如,如果社会大众认可'一个人如果没有相应的权利是不会做出相应的行为的',那么根据该情况的具体事实(作为要件事实的评价根据事实),可以做出该人享有相应的权利这一法律判断(评价)"。

对于上述修正对各位读者造成的麻烦,笔者深表歉意,同时希望读者从事物发展的角度将其看作笔者持续思考的自然过程,给予充分的理解和包容。

如果本书能够受到贵国广大读者的欢迎,并在贵国的法律解释以及司法实践领域中做出一些贡献,当是喜出望外之事。

最后,再次对译者许可教授和小林正弘博士深表谢意,也衷心地感谢张卫平教授为本书赐序,感谢本书中文版的发行单位——法律出版社。

伊藤滋夫

2021 年 12 月

新版序

本书初版于2000年。笔者已于2005年辞去东京高等法院总括法官的职务,告别了长达39年的法官职业生涯,转而担任日本大东文化大学教授。2004年,经日本司法制度改革审议会提议,日本开始实施法科大学院制度。笔者也历任创价大学法科大学院教授、客座教授、法科大学院要件事实教育研究所所长等职务,自2012年至今,担任该大学名誉教授以及要件事实教育研究所顾问。其间,笔者始终专注于要件事实理论,持续参与了相关的教学、研究以及著述工作。

在此期间,要件事实理论的出版情况发生了剧烈的变化。本书初版时,虽然题为"举证责任(证明责任)"的书籍不算少见,但除了司法研修所的出版物,冠以"要件事实"之名的书籍是非常罕见的。伴随着法科大学院制度的实施,关于要件事实的论文以及著作数量激增,司法研修所也新版了一些要件事实的读物(某些观点也有一定程度的变化)。

如此巨变,令笔者有不胜今昔之感。借此机会,笔者也对初版进行了大幅度修订,作为新版奉献给读者。

虽然进行了大幅度修订,但新版依然坚持了笔者的基本观点(裁判规范民法),比如,要件事实理论在本质上属于实体法问题,证明责任对象事实的最终确定标准应当是举证的公平性等。同时,在理论的深化和展开方面也有若干进步。

与初版相同,本书的基本方向依然是民事诉讼中"法官法律判断的基本结构"("要件事实的基础理论")。

目前,冠以"要件事实"之名的出版物非常多,大部分是专门面向要件事实理论的实际应用或主要用于法科大学院教育的教材以及参考书(也有少量出版物从民法学视角出发,在理论上探讨要件事实理论与实体法之间的关系)。

与上述大部分出版物不同的是,本书以彻底探求要件事实的基础理论为目的。同时需要说明的是,这种探索并不是与诉讼实践无关的纯粹观念性的研究,而是以在诉讼实践中正确应用要件事实理论为出发点的。笔者坚信,如果能够充分理解要件事实的基础理论,一定能够保证其在诉讼实践中的正确应用。

首先,最为基础的事例如,只有正确理解了"事实"与"评价"在要件事实理论上的性质,才能够理解区分"事实性要件"(例如,清偿)与"评价性要件"(例如,正当事由)的意义以及对应的要件事实在内容上的差异(也能够理解"清偿"在某些非典型情况下应该被作为"评价性要件"的原因[参见本书5.2.2.2'"事实"与"评价"的区分标准'一节中"事实"命题与"评价"命题的区分标准])。

其次,我们也可以设想一下应对新类型案件的情况。如果法官仅熟悉以往诉讼实践中处理要件事实的惯常做法,则不足以应对新类型案件。如果能够关注以往惯常做法形成的原因并且充分理解相关的基础理论,那么即使面对新类型案件,也能够妥善应对。例如,分娩前诊断等事关生命伦理的纠纷(涉及停止侵害请求诉讼、损害赔偿请求诉讼等多种类型)、大规模金融交易衍生的损害赔偿纠纷等复杂的现代性民事诉讼,以及诸如撤销核电站设置许可纠纷等涉及尖端科学知识的行政诉讼,均可以通过准确应用要件事实基础理论而做到妥善应对。

第三,要件事实的基础理论也有助于在法科大学院等培养法律人的场所扎实建构能够真正理解要件事实的基础。

最后,这种基础研究对于民法解释学的充实和发展也会施加有益的影响。

关于正在进行中的"民法(债权部分)修订"工作,除了在部分章节中根据行文的需要有所提及外,本书第7章"民法(债权部分)修订与要件事实理论"专门详细说明了此次修订并不会影响本书的基本内容。

当我们梳理要件事实基础理论的具体内容时,不是仅仅停留在民法学的固有范畴内,而是需要广泛考察基础法学甚至自然科学等相关学科领域。但是由于篇幅所限,笔者只能在本书的"结语"部分简单提及。

本书部分引用了笔者编著的『要件事実講義』(商事法務、2008)一书的表述(仅限于笔者单独执笔的部分,且已经取得了该书出版社"株式会社商事法务"的盛情同意)。

本书的撰写过程得到了众多学人的热心支持与指导。

一如本书初版序言中指出的,笔者之所以能够形成要件事实的基本思维方式,离不开在司法研修所任职期间各位前辈和同事们给予的悉心指导,也同样离不开法官职业生涯中以及近几年转身为学者后,实务界和学界诸位的帮助与指导。

特别需要感谢的是,难波孝一律师(原东京高等法院部总括法官)对于本书的初版以及新版始终给予热情的关照,东京高等法院法官河村浩先生则对本书的新版倾力相助。两位先进为笔者提供了难以计数的宝贵指导,大到新版的基本结构、各章具体构成,小至判例与学说、行文的表达方式,甚至笔误。如果没有两位先进的深情厚谊,本书的出版是难以想象的。对此,笔者只能表达由衷的感谢。

今出川幸宽律师(原创价大学法科大学院教授)、栗林信介律师(创价大学法科大学院教授)、田村伸子律师(创价大学法科大学院准教授)、若柳善朗律师(原创价大学法科大学院教授)也对本书新版给予了热情帮助,尤其是在东京举办的要件事实研究会上参与了长时间的内容充实的研讨。此外,由于上述诸位先后供职于创价大学法科大学院这一共同的工作背景而提供的诸多建议，使笔者受益良多，在此也表示衷心的感谢。

有斐阁出版社编辑部的藤木雄先生不仅在本书的内容方面提供了恰当的建议，而且不辞辛劳，完成了细致的校对工作，在此也深表谢意。

此外，还有很多学人直接或间接地对本书提供了非常好的意见和建议，无法一一列出，只能在此一并顺致谢意。

最后，如果拙作能够对要件事实理论的发展做出些微贡献，并能够使读者朋友们感到有所收获，则笔者自当喜出望外。

2015 年 4 月

伊藤滋夫

初版序

长期以来,笔者一直怀有结集探讨民事判决中的事实判断结构与法律判断结构的冲动,最初将书名定为《民事判决书研究》(『民事判決書の研究』),后来更名为《民事判决概论》(『民事判決概論』)。但由于公务繁忙等原因,研究与写作进度一直徘徊不前。往事茫然,旧迹难寻,根据手头一封通信的备份来看,萌发此种研究的想法大概始于昭和62年(1987年)前后。此外,书稿上某页亦标有"平成2年(1990年)8月5日"这个日期。也就是说,动笔的时间应当可以回溯至10多年前。在此期间,笔者由法官转身为大学教授也已经过去了5年。时光荏苒,虽然书稿未臻成熟,但也已接近尾声,即将付梓,令笔者不胜感慨。

按照原初的构想,笔者先完成了事实判断结构的研究与写作,最终定名为《事实认定的基础》(『事実認定の基礎』),该书于平成8年(1996年)3月出版(幸运的是,该书广受欢迎,迄今已经加印五次),因此本书书名也做了相应的调整。

关于本书的意义以及结构一如第一章的说明,此处不赘。《要件事实的基础——法官的法律判断结构》(『要件事実の基礎　裁判官による法的判断の構造』)与此前出版的《事实认定的基础——法官的事实判断结构》(『事実認定の基礎　裁判官による事実判断の構造』)共同完成了笔者关于民事判决中法官判断结构的初步考察,今后也当在此基础上进一步深化相关研究。

这十几年来,除了民事诉讼法进行了全面修订外,实务与学说也发生了巨大变化。随之而来的是,经过司法制度改革审议会的审议(该审议会已于11月20日公开发表了中间报告),包括法律共同体培养制度在内,涉及司法制度基础的改革即将全面铺开。这种急速且剧烈的环境变化令我们不得不瞠目而视。在这一大变动的时代,虽然无法预测本书能够对社会做出多大贡献,但拙作的发表定当收获来自各方面的批评和建议,如果同时还能够为实务和学说的发展做出些许贡献,也是令笔者深感荣幸的事情。

从笔者着手上述研究计划开始,就得到了难波孝一先生(东京地方法院部总括法官、原司法研修所民事裁判教官)的格外关照。先生从研究的基本构想、具体论述内容直至行文笔误的更正,给予了全方位的恰当指导,如果没有先生充满热诚的帮助,就不会有拙作付梓的今天。借此机会,笔者向难波孝一先生表达深深的谢意。

要件事实这一基本思维方式的形成基础,主要依赖于笔者在司法研修所任职期间各位前辈和同事们给予的悉心指导,同时也离不开实务界各位同仁的帮助。此外,也需要感谢通过东京民事诉讼法研究会这一平台给予指导的各位学界同仁。本来应当将各位先进一一列出表达谢意,但由于无法做到,只能在此表达由衷感谢。

此外,虽然历时较久,但笔者的研究成果(包括事实认定一书)终于能够一一问世,离不开有斐阁出版社后藤安史先生(杂志编辑部长)的热情鼓励。拙作在出版校对阶段也得到了有斐阁出版社书籍编辑第一部各位编辑,尤其是神田裕司先生的关照,神田先生对书稿内容也提出了很多恰当的修改建议。

平成十二年(2000年)腊月

伊藤滋夫

目　录

第一章 要件事实理论的功能

【第一节】本章主要内容 / 003
【第二节】相关定义 / 005
一　要件事实的定义 / 005
二　要件事实理论的定义 / 007
【第三节】要件事实理论在民事诉讼中的功能 / 011
一　导言 / 011
二　民事判决中法律判断的基本结构 / 011
三　要件事实理论的本质必要性 / 015
四　要件事实理论的判断标准时 / 020
五　要件事实理论与实际的审判形态 / 023
六　要件事实理论与案情 / 024
【第四节】要件事实理论在和解与调解中的功能 / 026
一　判决程序与和解程序各自的特征 / 026
二　要件事实理论与事实认定理论在和解程序中的思考范式 / 029
【第五节】要件事实理论在家事程序、非讼程序中的功能 / 037
一　导言 / 037
二　家事审判案件要件事实之特征 / 038

【第六节】要件事实理论在民法解释领域中的功能 / 046
一 导言 / 046
二 要件事实思维方式关注对具体事实的严格定性 / 047
三 要件事实思维方式关注证明责任的分配 / 056

第二章

与要件事实理论相关的民事诉讼法学理论及其他

【第一节】本章主要内容 / 061
【第二节】要件事实理论与事案解明 / 063
一 事案解明所需的理论定位 / 063
二 "事案解明义务"(狭义)理论概要 / 065
三 要件事实理论与事案解明之间的基本关系 / 066
四 要件事实理论与"事案解明义务"(狭义)理论之间的关系 / 067
五 "事案解明义务"(狭义)的否定判例 / 070
六 "事案解明义务"(狭义)的肯定裁判例 / 075
七 "事案解明"与释明权(义务) / 077
【第三节】要件事实理论与减轻举证困难的对策 / 079
一 要件事实理论与举证困难现象之间的关系——本节之构成 / 079
二 无须调整证明责任对象事实情形下的减轻对策 / 083
三 通过改变证明责任对象事实缓解举证困难的方法 / 090
四 关于多种举证困难解决方案如何定位的基本思路 / 120
五 间接反证理论批判 / 127

第三章

裁判规范民法

【第一节】本章主要内容 / 135

【第二节】要件事实理论与实体法学 / 137

【第三节】主张责任与证明责任 / 138

一 主张责任 / 138

二 举证责任(证明责任) / 152

三 主张责任与证明责任的关系 / 159

【第四节】裁判规范民法的思维方式 / 181

一 裁判规范民法作为一种思维方式的必要性 / 181

二 裁判规范民法的意义 / 185

三 裁判规范民法与行为规范民法的不同特征 / 188

四 裁判规范民法与证明责任规范说 / 191

【第五节】裁判规范民法的结构 / 196

一 裁判规范民法的结构之含义 / 196

二 裁判规范民法的结构原理的基础 / 198

三 裁判规范民法的重构过程与内容 / 203

【第六节】裁判规范民法的要件确定方法
——主张证明责任对象事实的确定标准 / 216

一 导言 / 216

二 证明责任分配的性质 / 217

三 作为事实本身的可分与不可分 / 219

四 作为社会存在的不可分 / 222

五 根据制度目的确定主张证明责任对象事实 / 230

第四章

与要件事实理论相关学说之评介

【第一节】本章主要内容 / 269

【第二节】相关理论的介绍与评价 / 270

一 规范说 / 270

二 利益衡量说 / 270

三 证明责任规范说 / 272

四 修正的法律要件分类说 / 273

五 司法研修所现在的观点 / 279

六 其他见解 / 280

【第三节】裁判规范民法理论的接受程度 / 282

第五章

要件事实的内容

【第一节】本章主要内容 / 289

【第二节】事实与评价 / 290

一 问题本质与区别实益 / 290

二 事实的评价性 / 294

【第三节】评价性要件 / 300

一 评价性要件的思维方式 / 300

二 评价性要件的要件事实特征 / 314

三 默示的意思表示 / 336

四 权利 / 342
【第四节】事实的具体性与特定性 / 345
一 事实的具体性 / 345
二 事实的特定性 / 348

第六章 攻击防御方法体系视阈下的要件事实

【第一节】本章主要内容 / 353
【第二节】要件事实对于确定案件诉讼标的的意义 / 354
一 诉讼标的的定义 / 354
二 诉讼标的在诉讼中的功能 / 355
三 通过请求原因识别诉讼标的 / 355
【第三节】攻击防御方法体系 / 362
一 导言 / 362
二 请求原因 · 抗辩 · 再抗辩之定义 / 362
三 请求原因 · 抗辩 · 再抗辩之定位及其系列性主张 / 366
【第四节】从攻击防御方法的角度看要件事实常见的问题 / 371
一 有理性以及主张本身失当 / 371
二 “a + b”现象——攻击防御方法的包含与被包含关系 / 371
三 与法定条件具有同一内容的合意 / 373
四 不利益陈述 / 374
五 插队现象——攻击防御方法上无法回避的不利益陈述 / 376
【第五节】对攻击防御方法的个别考察 / 378
一 本节主要内容 / 378
二 请求原因中的常见问题——冒头条文的性质与借贷型合同 / 378

三　抗辩中常见的问题 / 380
四　再抗辩中常见的问题 / 382

第七章
民法（债权部分）修订与要件事实理论

【第一节】修订现状与范围 / 399
【第二节】修订案及其对要件事实理论的影响 / 400

结　语

【第一节】要件事实理论与基础法学 / 409
【第二节】要件事实理论的未来 / 410

关键词索引 / 411

文献一览 / 433

第一章 要件事实理论的功能

【第一节 本章主要内容】

1 讨论要件事实理论的功能,首先需要阐明要件事实和要件事实理论的概念(详见本章第二节)。因为就上述基本概念的定义而言,目前依然存在不同的观点,由此也导致要件事实理论的功能定位尚无法形成通说。

2 要件事实理论的功能,首先体现在民事诉讼中,这一点应当是不言自明的(详见本章第三节)。关于民事诉讼的制度目的存在诸多学说,但总体而言,民事诉讼制度谋求恰当、正确以及迅速地解决民事纠纷这一观点应当是妥当的(当然,混杂着当事人之间人际关系的民事纠纷,能否因为民事诉讼的确定判决就获得解决?恐怕在很多情形下都是存在疑问的,但这属于民事诉讼制度本身的局限性,需要另行探讨)。① 而要件事实的思维方式则是符合民事诉讼制度目的本质需要的、不可或缺的思维方式(如果不采用要件事实的思维方式,则很难作出恰当的法律判断,无论是审理还是判决都是如此)。这一点十分重要,应予充分了解。另外,我们也必须注意到,在民事诉讼中过于强调要件事实的思维方式也是有害的,此点请详见本章第三节“四、要件事实理论的判断标准时”“五、要件事实理论与实际的审判形态”相关内容,本章第三节“六、要件事实理论与案情”部分则阐述了要件事实思维方式与实务中常见的“案情”等思维方式之间的联系与区别。

---

① 民事诉讼的制度目的并非本书探讨的重点内容,因此笔者仅介绍学界若干主要观点。中野贞一郎先生认为“纠纷解决说目前仍然属于多数说”,参见中野ほか編『新民事訴訟法講義』第12页。新堂幸司先生认为,不宜将民事诉讼的制度目的执于一端,“解决纠纷、维持私法秩序、高效的制度运行、程序保障都应当作为民事诉讼的制度目的”。参见新堂『新民事訴訟法』第9页。伊藤真先生认为,“民事诉讼必须以法律为依据,妥当正确而且迅速地解决纠纷”,应采纠纷解决说。参见伊藤真『民事訴訟法』第17~22页。笔者赞同伊藤真先生的观点。

3　此外，我们也不能忘记要件事实理论还可以应用于民事诉讼之外的其他场合。本章第四、五两节阐述了要件事实理论在和解、调解、家事以及非讼案件中的作用，不仅如此，本章第六节还介绍了该理论在民法解释领域中的一般功用。要件事实理论在上述领域中的作用有时会被忽视，这也是本章阐述的重点之一。

4　要件事实理论之所以会有如此广泛的可适用性，是因为该理论始终着眼于“何为事物的本质”这一根本命题，明确区分原则与例外，在具体事实的层次上，思考不同的事实在不同的问题领域具有怎样的不同功能（为了产生某一法律效果，什么样的事实是具体的、充分且必要的），不同的事实所具有的意义（功能）又具有怎样的相互关系？在思考本章提出的问题时，牢记这一点十分重要。

【第二节 相关定义】

一 | 要件事实的定义

5 一如后文(详见本章第三节“二、民事判决中法律判断的基本结构”)所指出的,法院对于原告作为诉讼标的所提出的实体法上的权利(如借款返还请求权)或者法律关系(如借贷法律关系)作出是否存在的判断,是通过对案件具体事实是否存在的判断来完成的,而这些具体事实则该当于作为裁判规范的民法诸要件,②这些民法要件决定了能否产生诸如权利的发生、妨碍、消灭等各种法律效果。该当于作为裁判规范的民法诸要件的具体事实,就是要件事实。比如,在 X 对 Y 提出的借款返还请求诉讼中,“X 贷款于 Y(由于消费借贷合同属于要物合同,因此更为严谨的说法应该是“借贷并交付”)”以及“清偿期届至”都属于该案件中的要件事实(此处所谓“借贷”,应该包括交付款项以及承诺返还,其中包含了关于清偿期的合意)。③

□ *要件事实与主要事实*

6 主要事实与间接事实存在较大区别,而与要件事实同义。④

7 与上述观点不同的是,也有论者认为要件事实与主要事实应属于不同的概念,“作为法律前提条件所要求的事实之整体为法律要件,构成法律要

---

② 关于“作为裁判规范的民法”,请参见本书第三章第四节相关内容。

③ 参见本书第六章第五节“二、请求原因中的常见问题——冒头条文的性质与借贷型合同”中关于“借贷型”要件事实的说明。

④ 参见司研『要件事実第 1 巻』第 3 页,司研『新問題研究』第 7 ~ 8 页,梅本『民事訴訟法』第 479 ~ 480 页。梅本教授不仅支持了笔者的观点,而且认为“通常情况下,主要事实和要件事实属于同义语”。

件的各事实为要件事实(法律事实)……该当于要件事实的具体事实为主要事实(直接事实)”。⑤ 这种观点严格区分要件事实与主要事实,并且认为将“过失”“正当事由”作为主要事实的观点是不恰当的,“而类似的误解正源于将主要事实等同为要件事实”。

8 将评价性要件⑥(包括规范性要件在内),也就是法律规定的要件本身(如“过失”“正当事由”)作为主要事实的观点,也许与将要件事实和主要事实作为同一概念有关,但不能因此就认为“要件事实与主要事实同义”的观点是错误的。关于评价性要件的正确观点,正如山木户教授所指出的,评价性要件本身不宜作为主要事实,“过失”“正当事由”仅构成评价性要件,作出这种法律评价的根据性事实(评价根据事实)才能被作为主要事实。因此,从这一立场出发,将评价根据事实作为要件事实并没有什么不妥。也就是说,产生错误的,是将法律规定的要件本身作为主要事实的观点,而与“要件事实和主要事实同义”的观点并没有必然联系。

9 在用语习惯上,“法律要件”通常指代法律规定的要件之整体,因此,可以将法律要件的一部分内容称为“个别的法律要件”。从这种表述习惯来说,也没有必要将个别的法律要件称为“要件事实”。不仅如此,前述“过失”“正当事由”等评价性概念作为个别的法律要件,如果将之称为要件事实,反而会给人以“事实”的印象,并不恰当。⑦

10 就笔者个人观点而言,将要件事实称为主要事实其实并不恰当。理由在于,如果存在该当于某一法律要件的具体事实,则应产生相对应的法律效果,从这种具体事实的性质来说,与其称为主要事实,莫不如称为要件事实更为合适。在辩论主义的背景下,当事人有主张该等事实之必要,是因为该等事实具有上述性质,而不仅仅是由于该等事实属于诉讼中的主要的

⑤ 参见山木戸「自由心証と挙証責任」第 49 页。类似观点并不少见,另可参见『条解民事訴訟法』第 1025 页(松浦馨 = 加藤新太郎)。

⑥ 参见本书第五章第三节相关内容。

⑦ 关于这一问题,松本博之教授认为:“Tatbestandsmerkmale 一词并不是诉讼含义上的事实,而是构成法律要件的各要素,因此翻译为要件事实并不恰当。”参见松本「証明責任の分配」第 346 页注解 17。

事实。“主要事实”这一用语无法概括上述含义。

□ 时间性因素与时间要素

特定某一要件事实所需要的时间性要素(如年、月、日等)不属于要件事实。如果存在其他任何可以特定某一要件事实的方法(比如通过极为详尽的方式展示了某一特定的缔约过程,则缔约这一要件事实可以获得特定),则可以置换该时间性要素。与此不同的是,要件事实之间的时序关系(比如,“要素错误”应发生在“缔约”之时,日本《民法》第557条规定之“解除的意思表示”与“对方当事人着手履行合同”之间的前后关系等*),称为时间要素,具有要件事实的性质。必要时,当事人应当将其作为要件事实的一部分进行主张证明,时间要素是无法被其他事实置换的。⑧ 11

二 | 要件事实理论的定义

□ 要件事实思维方式

“要件事实思维方式”也是经常使用的术语。比如,笔者的论文《税务诉讼与要件事实思维方式》。⑨ 笔者在该论文中专门就“民事诉讼中的要件事实思维方式”“要件事实思维方式的特点”进行了说明。 12

所谓要件事实思维方式,可以看作针对不同类型的案件,从要件事实理论的视角出发归纳而来的多种思维方式所具有的特征(性质)。一如前述(参见本章第一节),要件事实思维方式包括很多内容。比如,如何思考事实与评价的区别;什么是本质事实(原则性事实),什么是例外、非本质事 13

---

* 日本《民法》第557条第1款规定,买受人向出卖人交付了定金的,在一方当事人着手履行合同前,买受人可以放弃定金,出卖人可以双倍返还定金,以解除合同。——译者注

⑧ 参见司研『要件事实第1卷』第54~58页,以及本书第五章第四节“二、事实的特定性”部分。

⑨ 其他尚可参见加藤教授等所著的《要件事实思维方式与实务》(『要件事実の考え方と実務』)。

实(以及该类事实的例外事实,即例外的例外、再例外事实);当存在多个具体事实时,其相互之间存在怎样的异同点,各具体事实所体现的意义(功能)存在怎样的关系,多个具体事实分别会产生怎样的法律效果,不同的法律效果之间又存在怎样的对应关系,这些具体事实的认定结论应当如何组合,应当按照怎样的顺序进行认定;等等。所谓如何组合具体事实的认定结论,实际上也包含着如何分配各具体事实的证明责任之意。

14 上述思考方式在要件事实理论中的具体呈现方式,即属于后述(详见本书第六章第三节)的“攻击防御方法体系”。

□ 要件事实思维方式的具体说明

15 在请求交付买卖合同标的物的诉讼中,要件事实思维方式的典型结构如下所示:(1)Y(出卖人)与X(买受人)以500万日元的价格达成本案土地买卖合同(产生交付请求权的根据事实、本质事实,也即原则性事实)。(2)缔约时,Y存在要素错误(评价)——该评价的具体根据事实(合同一旦成立,原则上就产生法律效力,但该事实的出现将妨碍该效果发生)。(3)Y之所以产生要素错误,是因为其存在重大过失(评价)——该评价的具体根据事实(一旦发生要素错误,原则上合同无效,但该事实的出现将妨碍该效果发生)。通过对上述事实存在与否进行认定,并就认定结论进行组合,法院就可以判定X对Y是否享有买卖合同标的物的交付请求权。

16 笔者认为,以要件事实具有的法律性质为基础,将上述关于要件事实的思维方式进行体系化的理论就是要件事实理论。[⑩] 要件事实理论的功能或者目的在于,“在明确要件事实具有的法律性质的基础上,对民法的内容、结构以及民事诉讼的审理判断结构进行思考”。

□ 要件事实理论与主张证明责任理论

17 要件事实理论与主张证明责任理论当然不是同一理论。这一点从要

⑩ 关于要件事实理论的内涵,学者的观点存在稍许差异。加藤「要件事実論の到達点」第22页以下,以“要件事实理论的定义”为题,介绍了笔者以及其他几位学者的不同观点。

件事实的定义即可明确。“所谓要件事实,是指该当于某一法律效果所必要的实体法(作为裁判规范的民法)构成要件的具体事实”,要件事实理论则是将民事诉讼中应当主张证明的事实与实体法法律效果相联系的一种思维方式(比如,在借款返还请求诉讼中,应当首先主张证明借款返还请求权的发生要件事实)。要件事实理论仅涉及上述要件事实必须得到某一方当事人的主张和证明,而并不涉及哪一方当事人应当就此负担相应的主张证明责任。

那么,要件事实理论与主张证明责任理论又存在怎样的联系呢?民事 18
判决的任务,在于判断实体法权利存在与否,一般情况下(之所以附加这一限定性描述的理由可参见本书第五章注解5)法院是无法直接作出判断的,只能通过对该当于权利发生要件、妨碍要件或者消灭要件的案件具体事实(要件事实)的认定结论,进一步判断权利是否发生、是否受到妨碍,或者是否消灭。如果发生了某一要件事实主张证明不充分的情况,则必须事先确定应当由哪一方当事人承担由此带来的不利益(比如,某一要件事实的主张证明并不充分,此时应当判决原告败诉或者被告败诉)。这一思维方式的重点在于,主张权利发生、妨碍、消灭的当事人应当就相关要件事实进行主张(至少在适用辩论主义的诉讼中)和证明,如果没有主张和证明,则由该当事人承受由此带来的不利益。上述情形被称作由某一方当事人就该当要件事实负担主张证明责任。

以前述因买卖合同而请求交付标的物的诉讼为例。比如,“X与Y签 19
订合同,约定由Y以若干万日元的价格将合同标的物出卖与X”这一事实属于合同标的物交付请求权的发生要件事实,由原告负担主张证明责任;“合同签订时,被告方存在要素错误”(具体的评价根据事实)属于该请求权的妨碍要件事实,由被告负担主张证明责任;“就该要素错误之发生,被告存在重大过失”(具体的评价根据事实)由原告负担主张证明责任。要件事实理论当然也包括了这种关于主张证明责任的思维方式。

另外,我们也要注意到,主张证明责任理论无法脱离民法结构和内容 20
而独自存在,相反,它是以民法结构和内容获得充分研究为前提的。我们也可以这样认为，主张证明责任理论仅关注发生在诉讼过程中的主张证明责任问题，而要件事实理论的视野则更为开阔，在某些情形下，还会给民法解释结论或者传统的民法学带来一定影响。[11] 在这一含义上，要件事实理论与主张证明责任理论并不相同。

⑪ 参见本章第六节相关内容。

【第三节 要件事实理论在民事诉讼中的功能】

一 | 导言

要件事实理论是民事诉讼的本质要求,即便在新型民事案件的审理过程中,该理论的功能也没有发生变化。至于在以"案件概要 + 争点"为特征的现行判决书式样下,⑫要件事实理论依旧发挥着重要作用。 21

要件事实理论在行政诉讼案件(包括较为常见的租税诉讼案件)、知识财产权诉讼案件中也有用武之地。该类型案件与普通的民事诉讼案件相比,并不存在本质的差异,同样可以根据相关实体法的制度目的,妥当地确定案件中存在争议的要件事实。⑬ 22

不仅如此,在诉讼案件之外的领域,比如和解、调解等家事、非讼案件中,要件事实理论本身虽然发生了一定变化,但同样发挥着重要作用。详见本章第四节、第五节相关内容。 23

二 | 民事判决中法律判断的基本结构

□ *关于诉讼标的的判断*

一如前述(参见本章第一节),民事诉讼的制度目的在于妥当、正确、迅 24

---

⑫ 相关现实背景如下:1990 年 2 月,东京、大阪两地的高等法院、地方法院民事判决书改革完善委员会共同倡议并发行了题为《民事判决书的新式样》(『民事判決書の新しい様式について』)的小册子,这一新式样在实务部门迅速得到普及,已经成为通行模板。此前的判决书按照要件事实的思维方式,将当事人的事实主张按照请求原因、抗辩、再抗辩(以及对方当事人是否认可)的形式进行摘录。与此不同,现行的判决书式样则存在忽视要件事实思维方式的可能。

⑬ 参见伊藤「民事訴訟における要件事実論の租税訴訟における有用性」第 80 页以下内容。

速地解决原被告之间的纠纷，法院通过判断原告提交到诉讼中的实体法上的权利或者法律关系——作为审判对象的诉讼标的⑭——是否存在来解决纠纷。比如，原告(X)被告(Y)之间围绕X是否借给Y 300万日元，或者Y是否已经返还借款，产生纠纷。X向法院提起诉讼，希望Y能够返还所借300万日元的款项。在这一借款返还请求诉讼中，法院最终的判断对象是X对Y是否享有返还300万日元的权利。如果法院认为X的权利成立，则会作出“Y应支付X 300万日元”的判决，如果认为X的权利难谓成立，则会作出“驳回原告诉讼请求”的判决(“难谓成立”的含义在于“无法认为是成立的”，而并不意味着“不成立”)。前一个判决意味着法院认可了X对Y享有请求返还300万日元借款的权利(当然还存在判决是否确定的问题，此处略过)，因此在Y没有自愿履行的情况下，X可以通过强制执行实现自己的权利(实际上强制执行过程中也涉及很多问题点，此处略过)。后一个判决则意味着该等权利没有被法院认可，因此在法律上，X不能对Y提出更多要求。通过上述判决，从民事诉讼的角度来看，纠纷已经得到了解决(当然，一如本章第一节所述，即便作出了判决，也还有可能存在多种问题，就此认为纠纷彻底得到解决是不妥的。有时候，反而是因为作出了判决而导致纠纷更趋复杂，只能说纠纷在法律上大致得到了解决)。

25 一如上述，诉讼标的在民事诉讼的审理判断中具有极为重要的作用，接下来的问题是，法院如何判断借款返还请求权这种权利是否存在呢？

□ *关于诉讼标的的判断方法*

26 权利或者法律关系本身是肉眼无法识别的，而且一般情况下(之所以附加这一限定性描述的理由可参见本书第五章注解5)无法直接证明(权利

---

⑭ 准确的表述应该是，诉讼标的并非“权利或者法律关系”本身，而是原告关于“权利或者法律关系的主张”，相关内容可参见本书第六章第二节。此处采用的诉讼标的识别方法是实务界普遍接受的旧的诉讼标的理论。对于实务界来说，新的诉讼标的理论的优点在于纠纷的一次性解决，该理论所具有的多种解释技术(如争点效理论)在实务中存在灵活运用的余地，但实务界彻底改采新的诉讼标的理论在可预见的未来是无法实现的。

与“事实”大不相同,虽然定义不一,但大致可以认为是为了规范社会中人与人之间的关系,而在法律上创设的一种承诺,并对之进行抽象概括的产物)。我们在什么情况下才能认为某一权利是存在的呢?当存在某一特定事实的情况下,可以认为相对应的某一特定权利得以产生,只要不存在使之归于消灭的事实,我们就可以认为该权利依然存在(“妨碍”这一思维方式也是必要的,详见后述)。以前述X对Y享有的300万日元借款返还请求权为例。以怎样的事实为标志,可以认为该权利(清偿期届至之时可以提出返还的请求)已经产生?要准确回答这一问题实际上存在很多困难,不过大致可以将X向Y交付了300万日元的借款这一事实作为标志。那么,已经产生的权利在怎样的情形下会归于消灭呢?比如,借款人Y将300万日元还给了贷款人X,那么权利就不复存在(其他还包括免除债务、抵销等情形)。如此一来,在请求返还借款的诉讼中,法院就会首先判断X是否将借款交付与Y(这里的借款交付,包括金钱交付和承诺返还,也包括关于清偿期的合意在内⑮),如果认为该事实存在,则会再判断Y是否已经将借款返还与X,最后再判断是否支持原告的诉讼请求。民事诉讼中,法院正是通过上述方式来判断权利或者法律关系是否存在的。

此时存在的首要问题是,我们根据什么来决定何种事实能够产生相对应的权利?从大的框架来看,这一根据来自法律的规定。何种事实能够导致权利发生,何种事实能够导致权利消灭,这些都是由作为裁判规范的民法(详见本书第三章。民法之外的实体法也存在类似现象,因此更为准确的说法应该是“作为裁判规范的实体法”。不过,鉴于民法在实体法中的代表地位以及笔者长期使用这一术语形成的习惯,依然采用“作为裁判规范的民法”这一表述方式)各构成要件来决定的。以前述借款返还请求权的发生为例。之所以将借款交付这一事实作为请求权发生的标志,是因为我们认为“在承诺返还的前提下交付金钱”将导致该权利发生(参见日本《民 27

⑮ 可参见本书第六章第五节关于“借贷型诉讼”的说明。

法》第587条*)。此时作为作出上述判断标准的民法,笔者称为作为裁判规范的民法。

28 一如前述(参见本章第二节),作为裁判规范的民法诸要件决定了能否产生包括诉讼标的在内的权利(如借款返还请求权)或者法律关系(如借贷关系)的发生、消灭等法律效果,而该当于作为裁判规范的民法诸要件的具体事实,就是要件事实,比如此处的"承诺返还""金钱交付"之类的事实。综上所述,在民事诉讼中,法院是通过对各种要件事实(如上述设例中的发生要件事实、消灭要件事实)是否存在进行判断,并就事实认定结论进行排列组合,来最终判断原告所主张的、作为案件诉讼标的的权利或者法律关系是否存在。

29 为了避免上述说明的复杂化,笔者省略了妨碍权利产生的情形,而这也是极为重要的。比如,金钱消费借贷合同一旦无效(如要素错误导致的无效),则会产生权利受到妨碍这一法律效果,借款返还请求权也无从发生。

30 总之,在口头辩论终结时,法院能否作出作为诉讼标的的权利或者法律关系是存在的这一结论,需要通过对导致权利发生、妨碍、消灭的各要件事实是否存在进行判断,并对不同的判断结论进行排列组合。⑯

31 为了达成妥当、正确、迅速解决民事纠纷的目的,需要具备很多条件。上述结论仅是笔者从法官作出法律判断的结构视角,就民事判决中法律判断的基本结构进行的研究。

32 民事判决是就确定的事实适用实体法,并由此判决实体法权利之有

---

* 日本《民法》第587条规定,消费借贷,因当事人一方约定以种类、质量及数量相同之物返还,并从对方当事人处受领金钱或其他物,而发生效力。——译者注

⑯ 新堂『新民事訴訟法』第578页指出,"判决的前提,是必须对作为诉讼标的的权利关系之存否作出判断。权利或义务,都属于抽象的概念,法官无法通过五官的作用对其现有状态直接认知,而且也不存在直接证明的方法……要判断权利在当下是否存在,只有通过确认该权利是否发生了,以及是否消灭才可以完成。而对权利发生或者消灭的判断,是通过对那些该当于规定了权利发生以及消灭的法律构成要件的具体事实(主要事实)是否存在作出判断来完成的"。新堂教授的上述观点表明,法院进行判断的方法与采用何种诉讼标的的理论(新说或旧说)无关。

无。民事判决中法律判断的基本结构具有的此种性质没有改变(而且也不会改变)。既然如此,《民事诉讼法》的部分修订并不会导致上述说明发生任何变化。一般认为,现行《民事诉讼法》[平成八年(1996 年)法律第 109 号]具有的特征之一,就是在充分的争点整理之后进行集中的证据调查(《民事诉讼法》第 182 条*),而准确识别要件事实正是进行争点整理的必要条件。当然,争点整理的范围并不仅限于要件事实,还包括重要的间接事实。但如果连要件事实都无法准确识别,遑论重要的间接事实呢?

三 | 要件事实理论的本质必要性

(一)导言

一如前述,民事判决中的法律判断,是通过对与案件诉讼标的相关的 33
多种要件事实之存在与否进行判断,并就事实认定结论进行排列组合来完成的。因此,为了实现妥当、正确、迅速的民事审判之目的,要件事实理论就是不可或缺的,换言之,要件事实理论是民事诉讼审判活动的本质要求。

(二)必要且充分的主张证明活动的判断标准

首先,要件事实是该当于产生(也包括妨碍、消灭等法律效果在内)某 34
一法律效果的构成要件的具体事实。既然如此,通过准确把握案件的要件事实,我们就可以明确:作为产生某一法律效果直接且必要的事实,当事人应当就怎样的事实进行主张证明,才能满足必要且充分的要求。比如,原告 X 基于所有权对被告 Y 提出了交付土地的诉讼请求,如果"X 对系争土地享有所有权,Y 现在占有该地"这一事实("所有"和"占有"本身实际上并非事实,此处暂且不论)得到了主张证明,法院就可以判定该请求权已经

---

* 日本《民事诉讼法》第 182 条规定,对证人以及当事人本人进行的询问应尽可能于争点及证据整理完毕后集中进行。——译者注

产生,在辩论终结作出判决之际,这就满足了必要且充分的条件。⑰ 如果采用现时占有说的立场,那么"Y 过去占有该地"就不够充分,还需要"Y 现在占有该地"。而如果采用曾经占有说的立场,那么过去占有就是充分的。上述这些讨论之所以能够展开均无法脱离要件事实理论的视角。⑱

35 从要件事实理论的角度出发,我们才可以判断当事人的主张证明活动是否必要且充分。这一检索功能是要件事实理论的根本功能,无论对于法院还是当事人而言,都应该在主张证明活动中有效地加以运用。而且这一功能对于整理争点也具有十分重要的意义。比如,在前述设例中,假如被告 Y 认为原告 X 明显不属于系争土地的所有权人,仅就 X 是否享有所有权产生争议,而没有主张 Y 自身享有占有权原的意思,假设诉讼中也不存在需要法院行使释明权的特殊情形,比如 Y 存在误解的情形,那么争点整理的范围限于 X 取得所有权的原因事实以及丧失所有权的原因事实(包含间接事实在内)即可,至于 Y 可能享有占有权原的事实主张则没有必要列入争点整理的范围。

□ *有助于判断是否需要进行证据调查*

36 在判断就某一事实是否有必要进行证据调查时,要件事实理论当然也具有重要作用。试举一例言之。

37 假设某一诉讼的诉讼标的⑲是基于所有权的建筑物拆除并交付土地的请求权,被告提出抗辩,主张原告 X 将案涉土地租赁给 A 并实际交付,被告

---

⑰ 也有观点认为,除上述所列要件事实外,还应当将"该占有无正当权原"作为该请求权的发生要件事实,参见本书第三章第六节相关内容。此外,对于法院而言,当直接且必要的事实成为争点时,当事人为了证明该事实,应当选取怎样的间接事实是必要的?以及从妥当正确迅速地审判的角度出发,在审理程序开始以后,围绕要件事实的案情应当明晰到什么程度?这些都是十分重要的问题,可详见本节后述相关内容。

⑱ 关于现时占有说和曾经占有说,可参见司研『要件事实第 1 卷』第 57~58 页。

⑲ 关于该类诉讼的诉讼标的的个数,司研『改訂類型別』第 59 页,分别介绍了三种观点,即一个诉讼标的(旧说)、两个诉讼标的、一个诉讼标的(新说)。笔者采一个诉讼标的(新说),该请求权属于物权性质的请求权,其内容是除去对土地所有权之行使构成妨碍的状态并返还占有,即建筑物拆除并交付土地的请求权。

从A处受让(买卖)了该地的租赁权并完成交付。原告对此提出了再抗辩，主张由于A债务不履行(未支付土地租金)，原告已经解除了土地租赁合同。此时，当事人就解除的意思表示是否到达产生争议。从要件事实理论的观点来看，A转让租赁权于Y应当征得原告X的同意[20]，这属于Y的抗辩内容(原告X的起诉行为可以理解为，一方面X提出了“不认可租赁权已经让渡与Y”的权利抗辩[21]主张，另一方面也不存在无须征得同意的特殊情形)，但Y并没有主张已经得到X的同意。在这种情况下，法院应当首先行使释明权，努力促使Y明确其是否主张X对此表示同意，如果Y对此无动于衷，那么由于欠缺“X对此表示同意”的内容，Y之抗辩主张即属于主张失当的情形，法院当然也就没有必要对解除的意思表示是否已经到达A这一再抗辩的部分内容进行证据调查。只要不存在无须出租人同意的特殊情形，上述做法就可以在保证诉讼公正的前提下有效加快诉讼进程。[22]

(三)攻击防御方法体系的思维方式

诉讼中产生争议的各种事实，从其与诉讼标的关系的角度，分别具有 38
怎样的性质呢？要件事实理论提供了明确的答案，即将上述事实划分为请求原因、抗辩、再抗辩、复再抗辩等，这有助于提高诉讼管理的效能。

---

⑳ 根据日本《民法》第612条I(此处指日本《民法》第612条第1款，后文亦用此简写，不再赘述)之规定，如果未征得出租人的同意，则不得以租赁权之让渡对抗出租人。因此，出租人对让渡行为的同意应当作为抗辩内容(司研『要件事实第2卷』第84页也持同样观点)。在未征得出租人同意的情况下，如果存在“不足以构成对出租人背信的特殊情形”，则被告可以该特殊情形进行抗辩。本设例假设不存在这样的特殊情形。

㉑ 关于权利抗辩，参见本书第六章第三节“二、请求原因·抗辩·再抗辩之定义”相关内容。

㉒ 当然，在考虑提高诉讼效率的同时，也必须采用能够得到当事人理解的方式方法。比如在正文设例中，如果法院在审理中仅为了提高诉讼效率，而就原告是否同意这一事实没有进行任何释明，就在判决中贸然判断“被告并未主张已经得到原告的同意，因此不需要就被告的其他主张进行判断，其抗辩无理由。因此，原告X的诉讼请求有理由”。这种审理方式显然不符合妥当正确的要求。

□ 具体事例

39 其一，从要件事实理论的角度来看，一旦确定了主张证明责任的分配（至于性质上属于请求原因还是再抗辩、抗辩，抑或复再抗辩则另当别论），那么在该事实（如被告 Y 清偿的事实）已经得到充分证明的情况下，就没有必要对该事实展开进一步的证明活动，即便负担主张证明责任的一方当事人提出了新的证据调查申请（如 Y 提出了证明已经清偿的证据调查申请），实际上也没有采用的必要。与此不同，如果是对方当事人提出的反证证据调查申请，则不能如此简单处理。法官需要考虑诸多因素后才能决定（比如，采用了该申请而对反证证据开展证据调查，有没有可能动摇法官已经形成的心证？如果反证的证明力较弱，法官能否确定不会动摇心证？如果不采用该证据调查申请，会对当事人产生怎样的心理影响，对今后的诉讼管理会产生怎样的影响？等等）。

40 其二，对于如何解决审判过程中需要判断的对象及其性质这一问题，要件事实理论至少提供了一种解决工具。㉓ 比如，A、B、C 都属于请求原因事实，法官已经可以确定其中一个事实（如 A 事实）不存在，那么就没有必要对其他事实再行认定，而可以直接得出原告的诉讼请求无理由的结论。再如，A、B、C 分别属于不同种类的抗辩事实（比如清偿、免除、时效消灭），那么只有在全部抗辩事实都不成立的情况下，才能得出原告胜诉的结论，而只要有一个抗辩事实成立，就可以得出原告败诉的结论。

41 另外需要说明的是，对于那些从要件事实理论角度来看根本没有主张证明必要性的事实，法官是否应当满足当事人主张证明的愿望并加以审理，以及是否在判决书中体现法院对此的判断结论，都是很重要的诉讼实践问题，不能仅仅从要件事实理论的角度轻易得出结论。㉔

42 其三，要件事实理论可以帮助我们理解实务中偶尔会出现的判断失误现象。比如，原告以被告未履行租金给付义务而解除合同为由，要求被告

㉓ 参见本书第六章相关内容。

㉔ 参见本节后述之"五、要件事实理论与实际的审判形态"部分。

返还租赁物。被告则以提存导致债务消灭为由,主张自己不应承担债务不履行的责任。对于被告的抗辩,原告承认被告已经提供了合法的清偿,该事实属于提存的前提条件,但否认已经进行了提存。㉕ 就该争议事实,双方当事人进行了证明活动。在上述场景下,可能出现如下问题。

当事人就该“争点”进行的证明活动,存在两种可能的结果。一是证明 43
成功,二是证明不成功。在证明成功的情况下,法官可能会认为,由于提存导致债务消灭,因此不会产生以债务不履行为由而解除合同的法律效果。“本案不存在债务不履行的情形”,这一判断在结论上是正当的,但依据是否同样正当呢？不构成“债务不履行”,是因为“提供了合法的清偿”(《民法》第492条*),并非因提存而导致债务消灭。㉖ 因此,准确的判断结构应当是“由于本案存在合法的清偿,因此不构成债务不履行”。上述设例中,判断结构不准确并未导致裁判结论错误,但在其他情形下却未必如此幸运。比如,在证明不成功的情况下,法官可能会认为,当事人就作为提存前提的清偿事实没有争议,关于提存本身的证明并不成功,因此很难认为债务已经消灭,案件存在债务不履行的情况,因此应当产生以此为由解除合同的法律效果。从前述说明可以看出,法官的这一判断结论是错误的。如果不能准确理解否定债务不履行的判断逻辑,就很容易产生这样的失误。

□ *准确把握争点*

一如设例所指出的,所谓争点,并非仅仅是当事人之间争议的焦点。 44
首要的是,对于法院来说,在该争议事实得到证明的情况下,应与作为裁判规范的民法㉗进行对照,准确判断该事实是否产生相应的法律效果,以及该

㉕ 一般情况下,是否进行了提存是比较明显的事实,当事人很难予以否认,因此设例本身不是十分恰当。但该设例较为简明易懂,而且实践中也还存在诸如证明提存关系的书证灭失或者就提存债务与原债务的同一性产生争议等情形。

* 日本《民法》第492条规定,债务人自提供清偿时起,免除因不履行而产生的一切责任。——译者注

㉖ 相同见解可参见司研『要件事实第1卷』第59页,以及本书第六章第四节“二、‘a+b’现象——攻击防御方法的包含与被包含关系”相关内容。

㉗ 关于“作为裁判规范的民法”的概念,请参看本书第三章第四节。

事实与法院判断本案诉讼标的是否成立之间有何关系。

45 申言之,应当从与案件诉讼标的的关系出发,准确定性成为争点的事实,当诉讼标的发生变化时,事实的性质也随之发生了变化。比如,在请求给付租金的案件中,当事人主张由于存在合法的清偿提存,租金债务已经消灭,就该提存的事实产生争议之际,该事实与前述解除合同设例中的"提存"在性质上已经发生了变化:提存事实之有无,在本设例中构成争点,而在前述设例中并非真正的争点。

四 | 要件事实理论的判断标准时

46 根据要件事实理论作出的判断,主要以辩论终结时当事人的攻击防御作为判断对象,包括当事人呈现到辩论中的事实是否必要且充分、以该等事实为证明对象的证明活动达到了何种程度等。[28] 我们以借款返还请求诉讼为例。比如,作为请求原因,"金钱交付""承诺返还"(准确地说,还应包括返还的时间)的事实是否已经得到主张证明?作为抗辩的一种情形,清偿的事实是否已经得到主张和证明?如果前两个事实没有得到主张证明,由于它们属于借款返还请求权的发生原因事实,因此原告的主张证明不充分(原告没有尽到主张证明责任),必须驳回其诉讼请求。如果认为请求原因事实满足必要且充分的要求,而且得到了主张证明,假设此时只存在清偿这一种抗辩的可能性,而被告又没有对此加以主张证明,则被告没有尽到主张证明责任,法院就会支持原告的诉讼请求。上述思考方式在民事诉讼中是绝对必要的,但是如果把要件事实理论作为主张证明责任理论来看待的话,其理论功能也仅止于此。

---

[28] 只要思考一下主张责任和证明责任的定义,这一点就十分明显。『条解民訴訟法』第 892 页(竹下守夫解说)、第 1015 页(松浦馨、加藤新太郎解说)分别就主张责任和证明责任进行了说明,将两者作为判决时当事人所负担的不利益。本书对这两个概念的解释,可参见第三章第三节相关内容。

井上治典教授与笔者在根本立场上有所不同,井上教授认为"学界关于主张责任和证明责任的讨论,其目的都在于保证法官妥当地制作判决书,或者避免被追究责任",参见井上治典 = 高橋宏志編『民事訴訟法』(有斐閣,1993)第 91 页。虽然其用词未必恰当,但与笔者的观点也有相通之处。

只要法官认为可以终结审理程序时，就可以考虑对上述问题进行判断，而不是只能经过反复审理直到终结辩论程序时才可以考虑的问题。比如，经过合法传唤，但被告在第一次口头辩论期日并没有出庭，即缺席判决的情形，此时法院即可终结辩论程序，并就上述问题进行判断（不包括举证的因素）。再如，审判长行使诉状审查权，发现诉状并未载明法律上必要的请求原因（特定诉讼标的含义上的请求原因）事实，虽然给予原告相当的补正时间，但原告并未补正，此时即可作出驳回诉状的命令（《民事诉讼法》第137条第1、2项*）。这些处理方式都可以视为要件事实理论上述功能的具体体现。也就是说，以不充分的诉状为基础进行的审理，即便到辩论终结时依然不会有任何改善（有时法院预料诉状有可能随着程序的进行得到补正，因此进行了事实上的辩论，在辩论程序终结时能否实际得到补正则另当别论），此时，从要件事实理论出发也可以判断原告提出的请求原因事实是否满足了必要且充分的条件。 47

□ 主张证明责任是否属于民事诉讼的脊骨（backbone）

关于主张证明责任，的确有将之视为民事诉讼脊骨或者指路星的说法。㉙ 一方面，当事人会预判审理终结之后的判决结果，考虑到不充分的主张证明结果给自己带来的不利风险，而主动开展主张证明活动。在这一含义上，主张证明责任的思维方式确实对当事人在审理过程中的主张证明行为产生了影响。另一方面，法院如果决定在诉讼中的某一阶段终结审理，需要考虑此时的主张证明是否充分的问题，为了妥当地行使释明权，主张证明责任的思维方式确实也是十分重要的。在上述含义上，可以说主张证明责任是民事诉讼的脊骨。 48

但是，主张证明责任问题基本上关注的是判决所需要的、必要且充分 49

---

* 日本《民事诉讼法》第137条规定，诉状存在违反第133条第2款规定之情形，审判长可定相当期间命令补正。根据《民事诉讼费用法》之规定，未缴纳诉讼费用时亦同。在前款情形下，若原告未予补正，则审判长应以命令驳回诉状。——译者注

㉙ 比如，林屋『新民事訴訟法概要』第310页指出，“证明责任——不仅在辩论终结时——而是对整个民事诉讼程序都产生影响，因此可以说证明责任是民事诉讼的脊骨”。

的事实是否已经得到了主张证明,这与面向未来审判程序而关注的当事人应当主张证明何种程度的事实相比,还是存在性质上的差异,两者不宜混同。比如,在基于所有权而请求交付建筑物的案件中,作为请求原因事实,如果"原告是本案建筑物的所有权人,被告现在占有该建筑物"已经由原告加以主张,而法院认为在该阶段作出判决的时机已经成熟(比如被告缺席,或者被告对请求原因事实作出了自认,也没有提出其他主张),此时这一主张就是必要且充分的。但是,如果被告对原告的事实主张提出异议,需要进一步审理时,从妥当、正确、迅速这一要求出发,上述主张明显就不够充分,需要原告进一步主张其他事实(这种情况下,必然会涉及建筑物所有权的取得原因事实,或与之相关的间接事实,在不同的案件中,有时也可能需要提出租赁合同的缔结与终了的事实以及相关间接事实)。因此,考虑到一般情况下案件都会进入实质审理阶段,如果诉状上仅仅载明"原告对案涉建筑物享有所有权""被告占有该建筑物",则很难认为这一主张是充分的。

□ 要件事实理论与其他多样化的理论

50 当下的民事案件复杂多样,诉讼本身又具有流动性的特征,因此单纯依靠主张证明责任的思维方式是无法顺利应对的。近些年,学界提出了不少新的理论视角,与实务界的实践智慧协同,不断提出并探讨了多种思维方式,由此催生了现行民事诉讼法。[30] 笔者认为,只有借助要件事实理论的思维方式,才有可能促使当事人在诉讼初期即提出充分的主张,实现尽早把握案件争点的目标;才有可能妥当地进行争点整理,提高集中证据调查的实效;也才有可能在现代型诉讼中构建较为妥当的主张证明过程,有效解决原告一方当事人就某些专门性技术问题如过错的主张之举证困难。

---

[30] 关于理论对立法的影响,此处仅举一例。有观点认为,如果当事人能在诉讼初始阶段提出充分的事实主张,包括详细的案情,这样有利于法院根据案件情况尽早确定具体的争点,从而有助于实现妥当、正确、迅速的民事诉讼价值目标。该观点已经成为现行民事诉讼法的基本思考框架,体现在《最高法院民事诉讼规则》(以下简称《民事诉讼规则》)第53、80条等关于起诉状和答辩状的规定之中。

上述问题的解决,当然不会与要件事实理论无关(当事人在明确详细的案情时,不仅包括了事实推定的问题,也需要明确案情与要件事实之间的关系。不管在何种含义上,如果与要件事实无关,那么这些案情至少对于法院作出判决来说是毫无意义的),但也不是仅仅与要件事实理论相关。 51

笔者关于上述问题的解说,详见本章第三节"五、要件事实理论与实际的审判形态"以及第二章第二节。[31] 52

五 | 要件事实理论与实际的审判形态

从要件事实理论的角度关注当事人主张或法院判断的结构问题,仅仅意味着我们可以作出类似的分析。需要注意的是,根据诉讼场景的变化,有时仅依靠要件事实理论作出判断是不充分的,有时又不必完全按照要件事实理论逐一作出判断。 53

学界偶尔也会对要件事实理论提出一些批评性意见。比如,有观点认为:"要件事实理论要求法院必须按照'请求原因→对方当事人是否认可→抗辩→对方当事人是否认可→再抗辩……'的顺序进行审理,当事人也不能提出其他事实主张,不论何种案件,法院也必须按照这一结构制作判决书。"笔者认为,这是对要件事实理论彻头彻尾的误读。由于笔者已经多次 54

---

[31] 围绕上述问题,学界最近开展了很多讨论。笔者很早就开始关注这些问题,并且提出了如下观点:"对于那些不属于请求原因的案件事实(在这一含义上也不属于主张责任范畴的事实),原告应当在诉状中记载到何种程度?推而广之,当事人应当在辩论中主张何种程度的事实?这一问题既包括当事人不负担主张责任的要件事实(如抗辩事实之于原告),也包括对于对方当事人负担主张责任的要件事实先行否认的事实(如对于被告主张的抗辩事实,原告率先提出了与抗辩事实相矛盾的事实),还包括其他事实(如起诉前与被告交涉的过程)以及相关间接事实。上述问题,从不同的视角,尤其是从诉讼动态实践的角度来看,都是值得充分研讨的重要问题。"笔者认为,上述问题都关系到如何妥当、正确、迅速地解决民事纠纷,但在理论上,其与主张责任问题具有不同性质,可以概括为"事案说明责任"或者"事案说明义务"。参见伊藤「要件事実と実体法」第18~19页。

当然,笔者当初的观点只提供了一种解决方案而已,而且还存在很多不完善的地方,但这些观点却体现了笔者一以贯之的问题意识。

撰文进行了回应,㉜本章第三节"四、要件事实理论的判断标准时"也有部分回应,此处不再赘述。总之,法院应从要件事实理论出发,以诉讼实践中不断出现的各种问题为基础,作出着眼于诉讼实践的判断。

六 | 要件事实理论与案情

55 实务中研究案件时,有时会产生根据要件事实理论得出的结论与"符合案情的结论"不完全一致的现象。此处所指"符合案情的结论",有时也被形象地比喻为"立得住的结论",主要着眼于案件处理结果的妥当性。也就是说,案件处理结果既符合法律规定或者立法目的,也符合案件实际情况和当事人的预期。

56 上述问题十分重要。笔者曾经从事实认定的角度对此展开过详细的论证,㉝论证结论基本上同样可用于解释案情与要件事实理论的关系。案情出发型的思维方式,实际上是法官等实务家从常识出发,并基于最终的事实认定结论而得出的案件处理结果,因此不可能与事实认定无关。

57 围绕这一问题,学界进行了若干饶有兴味的研究。㉞

58 一般情况下,法院会从要件事实的角度对案件进行分析,按照"请求原因→抗辩→再抗辩"的顺序作出判断,从而得出案件处理结论,但这一结论有时从法院的角度来看未必十分妥当。之所以会出现这种情况,大概主要基于如下原因:(1)从要件事实理论的角度对当事人的事实主张进行定性(比如,抗辩还是再抗辩,关于过失等评价性要件的内容,当事人是否已经提供了充足的事实),这种做法有值得反思之处;(2)受到辩论主义的约束,

㉜ 参见伊藤「要件事実論の現状と課題」第18~20页,伊藤『要件事実・事実認定入門』第219~220页,伊藤「要件事実と実体法」第17~19页。

㉝ 参见伊藤『事実認定の基礎』第263页以下。

㉞ 参见岡本浩一=松村良之=太田勝造「裁判官の判断におけるスジとスワリ(13)」判タ1004号(1999)第97页以下,该系列论文始于1996年,在该文的结尾处对此有详细说明。整体来看,该系列论文主要采用了法社会学的研究范式。另请参见座談会「裁判官の判断におけるスジとスワリ」判タ891号(1996)第421页以下;研究会「事実認定と立証活動(6)」「推定の構造——事件のスジの内実は」判タ1242号(2007)第4页以下。

本来应该成为判决基础的要件事实无法成为判断的对象(比如,尽管法官再三释明,但当事人并未主张必要的要件事实,由此导致法官无法将之作为判断对象);(3)与事实认定相关的问题点,当事人并未作出充分的解明等。在上述情形下,法院自然会考虑采取多种措施加以应对,比如,是否存在值得重新审视的问题点、有无可采取的诉讼措施(包括重新进行要件事实分析、从释明权的行使以及法律解释论的角度设法解决、重新审视事实认定结论等)。从当事人的视角来看,有时也会产生与法院类似的感受。比如,如果能够明确某一事实关系,则可以提出更为妥当的要件事实主张,但要达成这一目标,可能需要耗费更多的时间和金钱,也可能面临无法克服的困难(比如,熟悉案情的证人远在海外交通不便之地,从事着极为重要的工作,因而无法出庭作证)。

对于法院来说,如果案件处理结果既符合要件事实理论的分析方法, 59
也符合综合案件情况得出的结论,当然内心会感到十分踏实,否则就需要付出多重努力,以期重新思考案件处理结论。换言之,要件事实出发型的思维方式和案情出发型的思维方式,可以互为检验手段(法院穿梭于此两种不同的思维方式,根据不同的反馈信息,思考案件处理的方向)。两种思维方式同等重要,不可偏废。我们要特别警惕以下两种倾向:一种倾向是,由于理论分析的结论十分完美,由此认为案件处理结果总是正确的,怠于从案情综合性的角度重新审视处理结果;另一种倾向是,随意得出了所谓“立得住的结论”,并且固执地认为这是唯一的方法(所谓的不明就里似的直觉),从而拒绝任何理论性的分析。

【第四节　要件事实理论在和解与调解中的功能】

一 | 判决程序与和解程序[35]各自的特征

□ 判决程序中"全或无"（all or nothing）式的思维方式

60　要件事实这一思维方式,向来只按照如下模式适用于判决程序中。

61　要件事实是该当于作为裁判规范之民法[36]的具体事实,是产生某一法律效果必要且充分的事实。因此,如果某一事实不足以导致产生相应的法律效果,那么不论其具有怎样接近于法律效果的效力,都无法作为要件事实来处理,也无法作出以发生某一法律效果为前提的判决。

62　在和解程序中讨论要件事实理论的应用问题,是无法与事实认定理论割裂开来的。从事实认定的角度来看,只有证明达到了必要的证明程度(证明标准),法院才能认定该要件事实存在。[37] 如果没有达到证明标准的要求,那么不论差距有多小,也无法认定该事实存在。因此这一证明结果对于以该要件事实存在为前提的法律效果之发生来说,是毫无意义的。当然,法院也不能以该事实存在为前提作出判决。

63　这种类似于生物学上悉无律的思维方式(全或无定律,all or nothing),

---

[35] 关于调解程序,详见本节"二、要件事实理论与事实认定理论在和解程序中的思考范式"之"(三)调解程序中的思考范式"。

[36] 参见本书第三章。

[37] 作为事实推定基础的间接事实,需要通过经验法则完成推定,因此不适用关于证明标准的要求,只要间接事实的存在达到了确实的程度,虽然无法达到证明标准,在事实认定上也是适当的。参见伊藤『事実認定の基礎』第 175 页以下内容。

对于判决程序而言，可以说是一种不得已的做法，[38]这也是目前的普遍观点。[39]

这种思维方式的理由在于，在判决程序中，法院以要件事实的认定结 64
论为基础来判断诉讼标的是否成立，而所谓的要件事实则是该当于作为裁判规范之民法构成要件的具体事实。当我们认为某一案件事实该当于民法构成要件时，可以将该事实称为要件事实；如果无法该当于构成要件，那么不论该事实与要件事实如何类似，也无法称为要件事实。既然不属于要件事实，当然也不应当发生以该要件事实为前提的法律效果。如果不如此处理的话，就会导致"要件充足→法律效果"这一标准模糊不清。一旦丧失了明确的标准（我们将无法判断满足怎样的条件才能发生特定的法律效果），裁判本身不也就陷入困境了吗？此外，如果当事人就某一要件事实是否存在产生争议，那么该要件事实必须得到证明，这是产生相应的法律效果的前提条件。如果不如此处理的话，同样会导致事实认定的标准模糊不清。试举一例言之。

比如，A 与 B 就某一建筑物的买卖事宜多次谈判，即便谈判的结果距 65
离签订买卖合同哪怕半步之遥，只要没有达成缔约的合意，都不会产生基于买卖合同的价款支付请求权。[40] 如果 A、B 已经签订了买卖合同只是一种推测，而没有在诉讼中得到证明，法院当然不会认定签订合同的事实，相应地，以买卖价款请求权这一法律效果作为内容的诉讼请求当然也不会得到支持。无论该事实存在的可能性如何接近证明标准，只要没有达到证明标准的要求，结果都不会发生改变。上述两种情形下，都无法产生价款支

---

[38] 当然，这里也还存在其他一些问题。比如，某一要件事实具备怎样的内容才能算是充分的？需要证明到何种程度才可以作出事实认定？

[39] 仓田卓次先生主张比例认定的方法，不过还没有得到学界的广泛支持。可参见伊藤『事実認定の基礎』第 192 页以下内容。

[40] 当然，当事人之间经过艰苦谈判，几乎已经可以签约但最终落空，当事人之间形成的这种事实关系自然与普通人有所不同。因此，在某些案件中法院也会支持一方当事人的损害赔偿请求（日本就存在类似的判例，认为一方当事人在缔约过程中存在违反诚实信用原则的行为，而判令其承担损害赔偿责任。参见最判昭 59・9・18 判時 1137 号第 51 页，判夕542 号第 200 页）。

付请求权这一法律效果,但也存在如下差别:前一种情形下,无论缔约谈判如何接近达成合意,但最终当事人并没有签订合同;后一种情形下,合同签订这一事实存在一定的确定性,但却无法在诉讼中得到证明。

66 判决程序的本质是强制性解决纠纷。这一解决方式的特点在于,法院首先对导致权利发生、妨碍、消灭等要件事实作出是否存在的判断,并根据认定结论的组合结果最终判断作为案件诉讼标的的权利或者法律关系是否存在。这一解决方式的正当性依据在于裁判标准的明确化。但这样一种处理方式也可能会导致诚实守信的当事人一无所获、万念俱灰,而背信弃义的当事人则巧妙逃脱、暗中窃喜。虽然存在这种不尽如人意的可能性,但从判决程序应当具有的裁判标准明确化、公平处理等原则来看,也只能无奈地接受。当然,关于判决程序的这种观点本身可能就存在问题,[41]但本书并不准备深入探讨,笔者认为上述思维方式整体上与判决程序还是相适应的。此处的问题在于,上述思维方式能否同样适用于和解程序?要回答这一问题,首先要思考和解程序与判决程序的差异。当然,此处所指和解程序,是指由法院主持的诉讼上的和解程序,而不包括当事人在法院外私下进行的交涉过程。

□ 判决程序与和解程序的差异

67 判决程序与和解程序的根本区别,在于是否存在当事人合意的契机。判决程序与当事人合意无关,是由法院强制性地就案件诉讼标的进行判断,以谋求纠纷的解决。与之不同的是,在和解程序中,无论法院在劝说当事人达成和解方面下了多少工夫,当事人之间达成合意才是纠纷解决的根本,这也是和解程序独有的特点。

68 关于诉讼上和解程序的功能定位也发生了一些新的变化:以前消极地将和解程序限定在判决程序不宜解决的案件中,作为一种迫不得已的纠纷解决程序,现在则将和解程序作为与判决程序同等重要的程序看待,呈现

---

[41] 关于对这一思维方式的批判性意见,可参见廣田『紛争解決学講義』第130页。

出积极的一面。㊷ 现行民事诉讼法关于和解制度的规定(《民事诉讼法》第265条*)可视为这一转变的象征。㊸ 笔者也以此为重点,试图将要件事实理论(以及事实认定理论)的基本思想积极运用于和解程序,从而有效提升该程序的功能。

作为和解程序中纠纷解决依据的实体法规范,与判决程序中的裁判规范(与和解相比,称为判决规范更为准确)是不同的,要件事实理论和事实认定理论在判决程序与和解程序中的运用方式也存在极大的差异,详见后述。 69

二 | 要件事实理论与事实认定理论在和解程序中的思考范式

(一)何为和解规范

□ 和解规范思维方式的缺失

一般认为,要件事实理论和事实认定理论的思维方式无关,特别是要件事实理论与和解无关,极端的观点甚至认为两者是对立关系。笔者认为这一观点并不正确。 70

当然,所谓要件事实,是该当于作为裁判规范(更准确的说法是判决规范)之民法的具体事实,所谓事实认定,也是以存在争议的要件事实作为认定对象的。因此,仅就此点而言,要件事实或者事实认定的思维方式确乎与和解程序无关。仅在和解失败转入判决程序时,要件事实理论和事实认定理论才会发生作用。比如,主持和解程序的法官在对当事人进行说服工 71

㊷ 可参见高橋『重点講義民事訴訟法(上)』第770页。

* 日本《民事诉讼法》第265条规定:(1)因当事人共同提出申请,法院、受命法官或受托法官可制定和解条款,以谋求案件之解决。(2)前款申请应以书面方式提出,并应载明接受法院和解条款的内容。(3)第一款规定之和解条款,应于口头辩论等期日告知当事人或以其他恰当之方式告知当事人。(4)当事人于前款规定之告知前,可撤回第一款规定之申请,撤回无须征得对方当事人同意。(5)向双方当事人作出第3款规定之告知时,视为当事人之间达成和解。——译者注

㊸ 《民事诉讼法》第275-2条创设的适用于简易裁判所的替代和解制度,也是基于同样的考虑。

作时，有时根据案件情况，可能会说，“你的事实主张本身无理由，即便有理由，也没有得到充分的证明”，希望通过提示当事人存在败诉可能性的方式促使其让步以达成和解。也就是说，实务界习惯于仅在判决程序中才考虑要件事实理论和事实认定理论的作用，笔者主张在和解程序中也应采用类似的思维方式[参见拙著《要件事实・事实认定入门(初版)》(『要件事実・事実認定入門』)(有斐阁，2003)第166页以下]。[44] 当然，我们讨论通过和解解决纠纷的优缺点，并不是要否定法官的说服工作——通过适当公开心证促使当事人作出恰当判断，而是要提出这样的问题：从和解程序的本质出发，学界关于要件事实理论和事实认定理论的研究是否已经很充分了呢？

72 虽然与判决程序中的裁判规范(判决规范[45])不同，但和解程序中也应该存在可称为“和解规范”[46]的实体规范(在考虑和解内容时，为了谋求纠

㊹ 河村「家事調停事件における『説得の基礎』」一文属于本领域较早的研究文献，其观点与笔者基本相同。梶村太市「和解・調停と要件事実」，伊藤総括編集『民事要件事実講座第2卷』第210页以下也有涉及，并介绍了关于纠纷规范的多种观点。

㊺ 所谓“判决规范”，并非判决程序中的程序性规范，比如应采用怎样的程序进行证人询问等，而是以判断作为诉讼标的的实体法权利之存否为目的的实体法规范。

㊻ 草野芳郎『和解技術論(第2版)』(信山社，2003)第157页也使用了“和解规范”的概念，并将和解规范的来源归结为社会常识。

浦本寛雄「有責配偶者からの離婚請求——判例の変遷とその背景」判タ1100号(2002)第26页也采用了“调解规范”以及“和解规范”的概念，属于调解或和解程序中采用的判断规范，并强调了其有别于判决规范的属性(不过作者并未展开论述，而且从作者使用该术语的情况来看，与笔者下文设例中的使用场景有所差异)。

关于“调解规范”的概念，可参见梶村太市『新版離婚調停ガイドブック——当事者のニーズに応える』(日本加除，2004)第25页以下。

另可追溯至三ヶ月章「紛争解決規範の多重構造——仲裁の判断基準についての裁判法学的考察」法学協会編『法学協会百周年記念論文集第1卷　法一般・歴史・裁判』(1983)，收录于三ヶ月章『民事訴訟法研究第九巻』(有斐閣，1984)第235页以下。三月章教授认为，在当事人合意至为重要的调解等程序中采用的实体规范，与判决程序中采用的实体规范应该有所不同。

此外，广田尚久教授则使用了“纠纷解决规范”的概念，其定义为“以解决纠纷为目的而采用的正当化依据”，参见廣田『紛争解決学講義』第25页。笔者也曾粗略提及规范多元化的可能性，参见伊藤『要件事実と実体法』第21页。

近年，有学者超越了裁判上和解制度的语境，从更广泛的裁判外纠纷解决或法律式交涉的角度，对该问题进行了更为深入的研究，参见田中成明「法的交渉と裁判・法規範・法的議論との関係——『裁判所の影での交渉』からの脱却動向についての一考察(1)(2完)」民商147卷2号(2012)第137页以下，同147卷3号(2012)第286页以下。

纷的正确、妥当解决而作为依据的规范)，因此以和解规范为依据的类似于要件事实理论和事实认定理论的思考模式也有适用的余地。

□ *和解规范思维方式的优势*

与以判决规范为前提的要件事实理论、事实认定理论相比，和解规范 73
当然会呈现明显的差异。但如果细加思考的话，我们就会发现，两者仅在作为标准的规范方面存在显著差异，而在法院判断的方法方面则基本是相通的。因此，以和解规范为前提，通过采用类似于要件事实理论、事实认定理论的思维方式，可以带来和解程序思考范式的巨大进展。如果和解规范这种思维方式能够被广为采用，那么通过灵活运用类似于要件事实理论、事实认定理论的思维方式，无论是在法官劝说当事人的场合，还是在当事人向法官阐述己方和解意见的场合，甚至是在当事人双方交换和解意见的场合，我们都可以明确不同场合的实体规范，和解程序也可以得以顺利进行，甚至可以用于查验法官是否存在强制和解等过分行为。在法官根据《民事诉讼法》第265条之规定拟定和解条款时，和解规范也应当成为基本标准。和解规范具有的上述优点正是要件事实理论在和解程序中的具体应用。

为此，有必要就作为实体规范的和解规范做进一步思考。此处所指和 74
解规范，并非推进和解进程的程序性规范(比如，和解不必在公开的法庭上进行)。在和解程序中，当存在某一具体事实时，虽然不会产生判决程序中的法律效果，但如果从超越当事人狭隘立场的角度出发，也可以使该事实在当事人之间产生"某种效果"。这种以规范当事人之间关系为目的的实体标准，即笔者所指的和解规范。

(二)和解规范的具体内容及其功能

和解规范的直接依据并不存在于法律文本之中，因此上述"某种效果" 75
到底是一种怎样的效果，以及在何种情形下才会发生该种效果都需要进行充分说明。

□ 因未支付租金而产生的租赁合同解除场景下的和解规范

76 试举一例言之。在因租赁关系终结而请求返还建筑物的诉讼中,由于被告拖欠部分租金(被告为人诚实,由于突遭解雇,虽非本意,但已无法按期支付租金。但被告的这一具体情况在法律上并不构成债务不履行的正当事由),因此原告以租金债务不履行而主张合同解除于法有据。但是在和解程序进行过程中,被告已经找到了新的固定工作,而且也决定一个月后就开始支付合同约定的租金,法院也可以确认被告有能力支付拖欠租金(包括迟延履行赔偿金)以及今后的租金(被告也有诚意继续履行合同)。另外,对于原告而言,被告交付的租金不构成原告生活费用的来源,且原告要求立刻返还房屋的目的在于转租他人。在上述场景下,作为和解过程中的问题,原告没有必要坚持即刻返还房屋,而且原告这种固执的态度至少在和解程序中并非正当。因此,在上述情形下,对照和解规范的要求,可以认为被告有理由拒绝即刻返还房屋。

77 上述设例中,作为拒绝返还房屋的和解规范的构成要件,其含义在于,如果我们认为,"在和解程序中,被告有正当理由的,可以拒绝原告的房屋交付请求"这一规定是存在的,那么一旦满足了该要件,则在和解程序中产生拒绝交付房屋的效果。换言之,在和解程序中,对于被告以前述事实为理由拒绝交付房屋的行为或态度,法院不得以判决规范为依据加以非难;另外,对照和解规范的要求,原告顽固坚持即刻支付拖欠租金或者即刻交付房屋的要求反而是不妥当的。如果对照普通的判决规范,那么前述设例中法院为了被告的利益而斟酌的相关事实(被告为人诚实、陷入违约境地的过程以及未来可靠的支付能力等),既无法作为迟延履行正当化的抗辩事实(比如,在期限届至之前提供了清偿),也无法作为推定抗辩成立的间接事实。如果仅以普通的判决规范为前提,那么这些案件事实都是没有任何意义的。

78 适用于上述场景的和解规范,其具体内容如下:"根据判决规范,因被告未履行债务,合同被解除,被告因而负有返还房屋的义务,但在和解程序中,因原告方不存在即刻支付拖欠租金之必要情形,返还房屋的目的仅在于转租他人,且被告方拖欠租金系出于生活变故原因,存在应斟酌事由,对于拖欠之租金、迟延履行赔偿金以及今后发生之租金均有较快支付的意愿和能力。基于上述事由,被告拒绝原告返还房屋的请求具有正当理由,且被告提出了支付一定数量的和解金的建议,因此,被告有权拒绝原告返还房屋的请求"(也许有观点认为被告关于和解金的提议不必作为和解规范的内容)。笔者认为,最佳的思考方式是,根据判决规范,被告已经负有返还义务,因此将"满足某种要件,被告即有权拒绝返还"作为和解规范的表现形式。需要注意的是,即便案件满足上述要件,我们也不应对照判决规范而认为原告的诉讼请求存在权利滥用或者违反诚信原则的情形。

□ *和解规范构成要件的一般标准、要件事实及其效果*

关键的问题在于,类似于前述设例所举和解规范的构成要件,应当采用何种标准加以规定?笔者认为,只能对一般性规范进行综合考量,包括法律上各项制度的立法目的、事理、人类的同理心、对他人行为动机的评价等。从这一意义上讲,和解规范构成要件的标准是不明确的。但即便如此,依然可以将人与人之间达成合意视为要件充足的标准。事实的证明标准(证明度)问题,在和解程序中也是无法回避的,但对照程序特点,应当适当降低证明标准。当然,我们也应该深入开展基于个案情况、充分考虑不同案情的类型化研究。比如,以案件类型分类,可分为未交付买卖合同标的物的债务不履行案件、因未支付租金导致合同解除而产生的租赁物返还案件等;还可以当事人之间的人际关系作为分类标准等。如果能够取得丰富的研究成果(也只有在取得丰富成果的基础上),我们就能对照和解规范,赋予当事人的辩解一定的正当化效果,一如对照判决规范产生某种法律效果一般。 79

这样一来,该当于和解规范构成要件的具体事实(笔者暂称为和解要件事实)与该当于判决规范构成要件的具体事实(要件事实)之间可以存在一定的对应关系,和解要件事实所产生的当事人辩解的正当化效果与判决 80

规范中要件事实产生的法律效果也具有一定的对应关系。当然,与判决规范的构成要件相比,和解规范的构成要件需要综合考量性质多样的案件情况(在性质上也属于一种评价性要件,[47]当然也可以继续思考对应的评价根据事实、评价妨碍事实等)。如果对构成要件提出严格的形式要求,可能会导致和解规范变得毫无意义,相反,如果要求过于宽松,也会产生相应的弊端。比如,即便从和解的角度来看,有些事实对于和解也是毫无价值的(没有必要将该等事实纳入考量范围),而有些事实从性质上来看主要属于一方当事人主张证明的对象,法院也不必依职权主动采取措施。要件内容如何确立,最终还是应该取决于案件的具体情况。比如,对于当事人双方都没有意识到,而且与纠纷的真正原因也没有关系的事实,或者根据特别法之规定,纠纷存在非常特殊的救济方式等,法院在和解程序中并没有必要采取积极主动的措施。

□ 和解要件事实的证明标准

81 在判决规范中,如果某一要件事实产生争议,则涉及该事实的证明问题,类似地,在该当于和解规范构成要件的具体事实(和解要件事实)产生争议时,也存在该事实的证明问题。此时存在的问题是,当事人对该争议事实证明到何种程度时,法院才可以在和解程序中对该事实作出认定,即证明标准(证明度)的问题。笔者认为,与判决规范中的证明标准相比,和解规范中的证明标准应当大幅降低,但降低到什么程度,很难一概而论。大致而言,如果法官确切认为可以产生某一正当化效果,就可以认为该事实达到了证明标准的要求。易言之,和解程序中的正当化效果,仅具有面向对方当事人的说服效果,并不会产生法律效果,也不会让对方当事人因此负担法律上的义务。因此,对相关事实证明标准的设定,应该大幅低于判决规范的要求。

82 一如上述,和解程序中也存在与判决程序具有某种程度共通性质的要

[47] 关于评价性要件,可参见本书第五章第三节相关内容。

件事实理论和事实认定理论,当然,对照和解程序的特征,应当对其进行相当柔性的思考,而且与判决规范相比,也存在很大的差异(这一点是需要特别留意的)。

如果上述思考范式能够被包括法官在内的众多和解参与人所接受,势 83
必会有效推动和解程序顺利进行,促进和解参与人之间的信息沟通以及达成和解。不过,如果过分强调这一思考范式,也有可能造成无视当事人正当权利诉求的后果,因为在判决规范上属于正当的权利诉求,有可能对照和解规范而得出不当的结论。对这一可能的倾向我们必须要多加注意,而且有必要设置更加细化的标准。[48]

(三)调解程序中的思考范式

前述第一章第四节“二、要件事实理论与事实认定理论在和解程序 84
中的思考范式”之“(一)何为和解规范”与之“(二)和解规范的具体内容及其功能”的内容基本上也适用于调解程序,但需要特别注意以下两点。

第一,和解程序仅有法官参与,而调解程序习惯上是由民间的调解委 85
员和法官共同参与的(参见《民事调解法》第5、6条*,《家事案件程序法》

㊽ 重点在于,只要当事人的权利诉求在判决规范上是正当的,而且又不存在权利滥用的情形,那么在和解程序中就不应当加以禁止。当然,在这种情况下,当事人有权要求终结和解程序。

此外,关于证明标准的问题,司法研究所编『簡易裁判所における民事調停事件の運営方法に関する研究』(司法研究報告書第66輯第1号)(法曹会,2013)第74、75页上指出,诉讼,是通过法院的公权判断强制性地解决纠纷的程序,因此对事实认定提出了高度盖然性的证明要求,而调解在本质上属于通过对话解决纠纷的程序,因此没有必要提出过高的证明要求,“只要根据程序中的资料,大致认为某一方的理由是正当的,更加接近真实情况即可”。这一观点与笔者近似。

* 日本《民事调解法》第5条规定,法院在调解时应组成调解委员会,但法院认为可适于法官单独进行调解的不在此限。当事人提出申请时,法院应组成调解委员会进行调解,不受前款但书规定的限制。第6条规定,调解委员会由一名调解主任与两名以上的民事调解委员组成。——译者注

第247、248条*）。

86 第二，和解程序是以判决程序为前提的，和解的对象是判决程序中作为审判对象的案件诉讼标的（法院有时也会附带解决与诉讼标的相关的纠纷，但一般是以作为案件诉讼标的的权利或者法律关系为对象的），与此不同，调解程序以当事人的申请为前提，调解的对象是整个纠纷（参见《民事调解法》第2条**，《家事案件程序法》第244条***）。

87 关于调解程序，尚可参见注解49、51所列文献。

---

* 日本《家事案件程序法》第247条规定，家事法院在调解时应组成调解委员会，但法院认为可适于法官单独进行调解的不在此限。当事人提出申请时，家事法院应组成调解委员会进行调解，不受前款但书规定的限制。第248条规定，调解委员会由一名法官与两名以上的家事调解委员组成。前款家事调解委员由家事法院根据案件具体情形指定。调解委员会的决议依过半数意见作出，无法形成多数意见的，由法官决定。——译者注

** 日本《民事调解法》第2条规定，发生民事纠纷时，当事人可向法院提出调解申请。——译者注

*** 日本《家事案件程序法》第244条规定，家事法院除对人事诉讼案件以及其他家庭关系案件进行调解外，可依本编规定进行审判。——译者注

【第五节　要件事实理论在家事程序、非讼程序中的功能[49]】

一 | 导言

□ 诉讼案件与非讼案件的区别

本节主要围绕家事案件(其中的家事审判案件)展开论述,所涉内容和观点基本上同样适用于非讼案件,因为家事审判案件是以非讼案件中的家事案件作为对象的,而且也是非讼案件的重要组成部分。 88

关于家事调解案件,除本节内容外,请各位读者结合前述第四节的相关说明加深理解。 89

关于诉讼案件与非讼案件的基本区别,学说众多。[50] 笔者认为,诉讼案件是由法院通过适用法律、采用判决的方式确定当事人的权利义务关系,以此谋得纠纷的法律解决。与此不同,在非讼案件中,法院有自由裁量的余地,以决定的方式下达命令从而终结案件(亦包括狭义的不存在纠纷的案件)。 90

这一性质上的差异在两类案件的审理判断程序中都有所反映。处理诉讼案件必须在公开的法庭采用对审结构,采用辩论主义的案件还需要分配主张责任和证明的责任,采用职权主义的案件则需要分配证明责任。 91

家事、非讼案件不必采用公开的对审结构,而且奉行职权探知主义,不 92

㊾ 学界对这一问题的讨论较为少见,可参见伊藤「家事事件の調査事務との関係を念頭に置いた事実認定」第1页以下,長秀之「家事審判と要件事実論」伊藤総括編集『民事要件事実講座第2巻』第105页以下。

此外,笔者主编的「家事事件の要件事実」一书,刊载了学者和实务界人士的相关论文以及专题研讨内容,是最新的优秀研究成果。

㊿ 较为浅显易懂的经典论述,参见中野『民事裁判入門』第71页以下。

存在主张责任,但存在证明责任。

二 | 家事审判案件要件事实之特征

(一)导言

93 家事审判案件的特征在于以裁量性判断为内容,而这些裁量性判断又是以人际关系领域的诸多科学见解为基础的。尽管如此,由于该类案件同样需要法院依法判断,因此最终也需要通过法律性判断得出案件处理结论。那么,在审判的最终阶段(这个最终阶段的具体标志是什么,确实很难判断),法官必须对作出法律判断的直接根据事实(要件事实[51])作出认定(否则就无法分辨出以何种事实作为法律判断的直接根据,审判活动将因此难以为继)。此时,法官必须考虑到家事审判案件的特殊性质。

94 以下,笔者将按照一定顺序,从与要件事实相关的不同视角,论述家事审判案件的特殊性。

(二)审判对象

95 民事案件中的诉讼标的一般都比较明确,比如买卖价款请求权,而在家事审判案件中,审判对象未必都如此明确。不过当事人依然需要在申请书中载明申请事项及其理由(《家事案件程序法》第49条第2款),此外,也存在“基于同一事实上或者法律上的原因”(同法第49条第3款)、“申请基础”(同法第50条第1款*)等类似于民事诉讼的规定。总体而言,家事审

---

[51] 笔者此前曾经使用过“直接事实”的用语,参见伊藤「家事事件の調査事務との関係を念頭に置いた事実認定」第16页以下。鉴于“要件事实”一词已经得到广泛使用,为了使大家更加关注家事审判案件中要件事实的特殊性质,此处改用“要件事实”。

* 日本《家事案件程序法》第49条第2款规定,家事审判申请书中,应记载下列事项:(1)当事人及其法定代理人;(2)审判请求及理由。第3款规定,当存在两个以上的申请事项时,如果均可适用于同一家事审判程序,且均基于同一事实上或法律上的原因时,可依一个申请事项提出家事审判请求。日本《家事案件程序法》第50条第1款规定,在未变更申请基础的限度内,申请人可变更审判请求或理由。但案件已依第71条(包括第188条第4款中的准用情形)终结审理的,不在此限。——译者注

判中也应存在“申请的对象”以及“审判的对象”，而且与民事诉讼中诉讼标的的概念并非毫无关系，甚至可称为“审判标的”。[52] 只要申请的基础没有发生变化，是可以变更审判标的的，当然，如果存在被认为“不合适”的情形，则不允许变更（同法第50条第1款）。

（三）主张责任

96 家事审判案件中也存在某种程度的主张责任。一般认为，《家事案件程序法》（2013年1月1日起实施）强化了当事人的主张责任。[53] 由于家事案件并不采用辩论主义，所以并不存在严格意义上的主张责任。在进入事实调查（证据调查）环节之前（最低要求是“同时”），当事人应当从各自的立场尽量明确攻击防御方法的主要内容，这样有助于明确审判的重点（对当事人和法院均是如此）。当然，如果对主张责任提出过高的严格要求也是不合适的，因为与民事诉讼相比，家事审判案件中的要件事实毕竟存在性质上的差异（比如，评价性要件[54]的根据事实复杂多样；再如，需要认定的事实有时并非发生在过去的确定事实等）。

（四）证明责任

97 家事审判案件中也存在证明责任的问题。在适用职权探知主义的案件中，虽然不必考虑主张责任，但却有必要考虑证明责任。理由在于，不论法院如何竭尽全力地进行事实调查，总会存在事实真伪不明的情形，如果不事先考虑由哪一方当事人负担不利益的问题，案件是无法顺利审理下去

---

[52] 梶村太市教授曾多次使用“审判标的”这一术语，参见梶村太市『実務講座　家事事件法　家事調停・家事審判・人事訴訟・民事訴訟・強制執行・涉外事件』（日本加除，2013）第68、69页。与此类似的用语尚有“调解标的”，参见河村「家事調停事件における『説得の基礎』」第33页。

[53] 《家事案件程序法》第56条规定了申请证据调查的权利，第67条规定了申请书副本的送达制度，第68条规定了申请听取当事人陈述的权利，第69条规定了事实调查的临场权。为了保障当事人能够充分行使上述程序权利，就有必要及时了解对方当事人的主张内容。

[54] 关于评价性要件，可参见本书第五章第三节相关内容。

的。不过此时需要注意的是，证明责任的适用对象仅限于要件事实（由于家事审判案件中不存在真正意义上的主张责任，因此要件事实也可称为证明责任对象事实）。

98 法官在判断是否存在该当某一要件（既包括事实性要件，也包括评价性要件）的事实时，与其综合考虑案件的整体情况，还不如考虑作为考察对象的事实形态。比如，是将“已经支付了履行抚养义务的费用”或者“丈夫在孩子面前饮酒”作为事实认定的对象，还是将“未支付履行抚养义务的费用”或者“丈夫未在孩子面前饮酒”作为事实认定的对象。[55] 选取不同的事实形态将对法官综合判断的内容产生影响，从而有可能最终导致综合判断的内容产生差异。

99 在上述情形下，应当如何确定“证明责任对象事实”的问题，不仅仅是一个应当采用何种事实形态的问题，还涉及法官对于家事审判案件中作为法律评价（如《民法》第766条第1款规定的“子女的利益”*）的直接根据事实的内容的判断。这种“证明责任对象事实”虽然与民事诉讼中包含主张责任在内的要件事实概念有所差异，但依然可以称为要件事实。因此，要件事实思维对于家事审判案件来说也是不可或缺的。

（五）区别要件事实与其他事实之重要性

□ *从家事审判案件的事实特征出发决定相关的要件事实*

100 家事审判案件中的要件事实，与典型的民事诉讼中的要件事实——如原被告之间缔结买卖合同的事实——有所不同，财产分配、子女探视、亲权丧

---

[55] 我们可以将这一问题称作“证明责任对象事实的决定”问题。学界一般将之作为“证明责任分配”的问题予以处理，但笔者认为这种处理未必准确，我们应该从事实形态的角度来考虑证明责任对象事实的具体内容。

关于这一问题的说明，可参见本书第三章第六节相关内容。

* 日本《民法》第766条第1款规定，协议离婚的，应当在协议中明确子女监护权归属、父或母与子女见面交流、子女抚养费用的分担以及其他有关监护的必要事项。签订协议时，必须将子女利益作为最优先的考虑因素。——译者注

失、遗产分割等事实既复杂多样,又具有流动性(所谓流动性,是指并非发生在过去的、相对固定的事实,而是随着时间的经过会发生一定变化的事实)特征,因此如何决定相应的要件事实是一件极具挑战性的工作。假如方法有误,既可能会使家事审判程序异化为生硬的审判程序,也可能造成法院过度地运用职权,而忽视了家事案件程序法的价值取向——以构建当事人主义性质的程序为重点。因此,虽然是一件煞费苦心的工作,仍须下力气克服这一困难。

家事审判案件中的事实存在复杂多样、流动不居的特征,因此我们应当 101
意识到,要件事实与其他事实存在性质上的差异,我们应当针对不同性质的事实采用不同的思考方式,这一点是极其重要的。以下先就此展开说明。

家事审判实务中,部分案件只需对过去相对固定的事实关系加以认定即 102
可,大多数案件都需要对上述复杂多样且流动不居的事实作出判断。但家事审判案件也需要法官最终通过法律判断来解决纠纷,因此对于作出法律判断(法律评价,如尊重"子女利益"的家长)所需要的直接根据事实(在家事审判案件中,大多数都属于该当于评价性要件的具体事实。比如,"虽然女方有固定工作,十分忙碌,但她坚持按时下班,并有效利用带薪休假制度,保证了亲自接送孩子入托"的事实。该类事实与民事诉讼中的要件事实具有相同的性质,也可以产生某一法律效果,因此属于家事审判案件中的要件事实),就需要我们在细加研究之后确定其具体内容。否则我们就无法决定何种事实对应何种法律判断(评价)。何种事实是要件事实,何种事实属于其他事实(既可能是间接事实,也可能是与法律判断毫无关系的事实),这种判断在多数情形下是非常困难的。但尽管如此(或者也可以认为"正因如此"),我们依然有必要认识它们之间的差异并展开充分的研究。[56] 否则,

---

[56] 在家事审判案件中区分不同性质的事实,与民事案件中区分事实性要件的要件事实与其他事实还是存在不少差异,难度虽大,但并非不可能。与家事审判类似的工作存在于民事案件中关于过失、正当事由等评价性要件具体事实的识别方面。总体而言,某一事实能否原则上直接导致某一法条规定的法律效果之发生,应当从相关制度的内容或立法目的出发加以判断。与此相关的家事案件中的具体事例,可参见伊藤「家事事件の調査事務との関係を念頭に置いた事実認定」第18~20页。

关于民事案件中证明责任对象事实(要件事实)的决定标准,可参见本书第三章第六节相关内容。

当我们作出法律判断时,既可能遗漏必要的事实(如屡次对子女施加暴力的事实),也可能将毫无关系的事实(如父母双方个人爱好方面极其细微的差异)纳入其中。

□ 要件事实与间接事实的差异

103 当关于某一要件事实之存否存在争议时,具有推定其存在效力的事实(比如,女方所在公司的出勤记录上记载的考勤时间与其接送孩子的时间一致)就是间接事实(有时只需要一个间接事实即可作出推定,有时则可能需要多个间接事实)。间接事实与要件事实在性质上是不同的。原因在于,即使上述间接事实得到认定,法官也无法直接得出"女方是尊重子女利益的家长"这一法律判断,而只能在认定女方按时接送孩子这一间接事实的基础上,将之作为推定判断的根据,得出"女方是尊重子女利益的家长"这一结论(当然,案件中也可能存在评价妨碍事实,此处暂且略过)。类似的推定现象也存在于诉讼案件中,我们以借款返还请求诉讼为例。诉讼中,虽然法官对于"被告虽然一直为钱所困,但在与原告见面后的第二天即持有与原告诉称款项数量相同的金钱"这一间接事实能够作出认定,但该间接事实无法直接产生原告的借款返还请求权,因为相关的要件事实是"金钱交付"和"承诺返还"。但法官可以通过该间接事实推定相关要件事实的存在,并以此为根据得出请求权已经产生的结论。

104 因此,对于法官来说,首要的任务是区分可以作为法律判断直接根据的事实与其他事实(包括间接事实和其他事实)在性质上的差异,并根据性质的不同采取不同的思考方式(不过,在家事审判案件中,还必须考虑法官自由裁量的问题,[57]这是与民事案件的不同之处)。

□ 要件事实证明之必要性

105 笔者认为,从家事审判案件的特征出发,家事审判案件中的要件事实

---

[57] 可参见伊藤「家事事件と要件事実論との関係についての問題提起」伊藤編『家事事件の要件事実』第95~99页;山本和彦「家事事件における裁量とその統制のあり方雑考——裁量統制の手法としての『要件事実』論の意義」同书第103页以下。

的证明标准应该大幅低于民事案件的证明标准,但并不意味着没有证明的必要。如果某一要件事实没有得到证明(未尽到证明责任而导致的后果),那么就不能得出以该事实存在为前提的法律判断。我们在思考家事审判案件中的要件事实时,必须将事实存在的可能性作为内容之一。[58] 比如,在遗产分割案件中,继承人 A 有 5000 万日元的存款,这一事实在某种含义上涉及 A 与其他继承人之间分割遗产的方法。在该事实成为证明对象的情况下,法院需要认定的要件事实并非“存款一直维持在 5000 万日元的水平”,而是无论 4000 万日元,还是 3000 万日元均可,存款额度是可变的。法院甚至可以将“存款有 1000 万日元的可能性在 60%”(严谨的说法应该是具有这一可能性的评价根据事实)作为要件事实。在此基础上,根据该要件事实的具体形态判断遗产分割的内容,如此方为妥当。实务中也是如此操作的。绝不应当僵化地将 5000 万日元的存款额度作为 A 的资产状况,然后根据对该事实的认定结论,按照全有或全无的方式确定事实关系。

也许会有论者质疑,将“某一事实具有 60% 存在可能性”(严谨的说法 106
应该是具有这一可能性的评价根据事实)作为要件事实(证明责任对象事实)的做法令人无法理解,类似的质疑均针对医疗纠纷案件。对此,赞成者认为医疗案件中应当允许存在特殊考量,[59]最高法院对此也持肯定见解。有些判例对存在可能性作出了认定(该可能性得到了证明),如最判平 12·9·22 民集 54 卷 7 号第 2574 页;也有一些判例未作出认定(存在相当程度可能性的事实没有得到证明),如最判平 17·12·8 判タ1202 号第 249 页。上述判例均将“存在相当程度可能性”作为一种证明责任对象事实,差异仅在于根据该事实的证明情况,即区分“得到了证明”或者“难谓得到证明(真

---

[58] 关于这一问题存在不同意见。相关争论可参见伊藤滋夫「家事事件要件事实研究会を終えて1」伊藤編『家事事件の要件事実』第 178 ~ 182 页,本书第五章注解 48。

[59] 共同研究「医療と法の最先端を考える」ジュリ1344 号(2007)第 42 页以下多篇论文详细探讨了“存在相当程度可能性”的观点,可资参考。包括西田祥平「最高裁判例に見る『相当程度の可能性』の認定」ジュリ1344 号(2007)第 42 页以下;溜箭将之「『相当程度の可能性』のゆくえ——平成 17 年 12 月 8 月最高裁第一小法廷判決を題材に」ジュリ1344 号(2007)第 47 页以下。

伪不明)”的不同情形,而最终得出不同的事实认定结论。笔者赞同判例的相关见解,并不认为这一做法是无法理解的(当然也可以适用于家事审判案件)。

□ 当事人要件事实主张的解释问题

107 认为要件事实可以发生一定程度变化的上述观点,其实质在于可否对当事人的主张作出如此解释(在家事审判案件中体现为在审理终结时要件事实的同一性问题)。在民事诉讼中,有时会存在主张事实与认定事实的同一性判断问题(更准确的说法是应当如何理解当事人主张了怎样的事实,也就是主张事实的同一性问题),法院必须对此作出说明。[60] 一如最判昭32·5·10民集11卷5号第715页[42]判示指出的那样:“当事人主张的事实,与法院认定的事实之间,在事实样态、时间节点等方面多少存在一些出入,但只要在社会观念上认为保持了同一性,则不能认为法院认定了当事人没有主张的事实。”(笔者认为该判示的要点在于,只要同一性能够得到确定,那么就可以认为法院认定的事实经过了当事人的主张)。上述判示直接针对的是民事案件的场景,而与家事审判案件中所指的自由裁量的统一性问题无关。

108 家事审判案件中同样应该考虑当事人主张的同一性问题。只不过这种同一性问题应该从家事审判案件的特殊性质出发,采用较为灵活的态度,而且家事审判案件中并不存在主张责任的问题,因此不能直接套用上述判示的结论。但是在家事审判案件中,至少应当在审理的最终阶段确定须认定的要件事实,否则容易使当事人陷入窘迫的境地。因为当事人无法判断就那些于己有利的直接根据事实(要件事实),其是否已经进行了充分的攻击防御。法院在审判阶段最终确定的对象事实也应与上述要件事实保持同一性,不得在要件事实之外确定对象事实。能够通过证据加以认定的事实状态,也必须与要件事实保持同一性,在未检验同一性之前,法院不

---

[60] 此处无法就该问题展开论述,可参见司研『要件事实第1卷』第13页。

能直接将之作为法律判断的基础。否则,法院就有可能以超出当事人预期的事实作为法律判断的基础,从而剥夺了当事人的程序保障利益,违反程序的正当性原则[特别是与以强化当事人权利保障为目的的现行《家事案件程序法》(2013 年 1 月 1 日起实施)的立法宗旨相悖]。[61]

□ 要件事实思维方式与子女探视

这一问题与上述内容虽然没有直接关系,但家事审判案件中的要件事 109
实思维方式依然具有重要的参考价值。比如,不具有监护权的一方父母申请子女探视,在该类型案件中涉及探视权的成立要件形态,此时有两种不同的处理思路:一种思路是,原则上应当承认该探视权利的成立(但如果存在"探视将对子女产生不利益的事实关系",则不应允许);另一种思路是,只有在证明了"探视有利于子女利益的相关事实"的基础上,才可以认可该探视权利。

[61] 上述问题以及接下来所述要件事实思维方式与子女探视权的相关问题,可参见伊藤滋夫「家事事件要件事実研究会を終えて1」伊藤編『家事事件の要件事実』第 178 ~ 186 页,以及本书第五章第三节的相关内容。

【第六节　要件事实理论在民法解释领域中的功能】

一 | 导言

110　要件事实理论为传统的民法解释学提供了有益的视角，本节的目的即在于通过具体事例探讨要件事实理论对民法解释学作出贡献的可能性。[62]

节标题的选用主要是为了保持与本章标题"要件事实理论的功能"的一致性，但与"要件事实理论"的功能相比，"要件事实思维方式"的功能（可用性）可能更加贴切。也就是说，构成要件事实理论特殊性质的思维方式，对于解决民法解释领域中存在的问题是有效的。

111　本章第二节详细说明了要件事实思维方式的具体内容，在此重申如下。

112　要件事实思维方式包括很多内容。比如，如何思考事实与评价的区别；什么是本质事实（原则性事实），什么是例外、非本质事实（以及该类事实的例外事实，即例外的例外、再例外事实）；当存在多个具体事实时，其相互之间存在怎样的异同点，不同的具体事实所体现的含义（功能）存在怎样的关系、分别会产生怎样的法律效果，不同的法律效果之间又存在怎样的对应关系，这些具体事实的认定结论应当如何组合、应当按照怎样的顺序进行认定等。如何对不同的具体事实的认定结论进行组合，实际上包含着

---

[62] 除正文所述问题外，尚存在"与法律规定具有相同内容的合意"问题。该问题不仅仅是"有无必要就该合意的成立进行主张证明"，更应探讨该合意在实体法上应当具有怎样的效力。本书对此不再展开论述，感兴趣的读者可参看司研『要件事实第 1 卷』第 58 页与伊藤「要件事実と実体法」第 29 页相关说明。另可参考本书第二章第三节"要件事实理论与减轻举证困难的对策"的部分内容。

如何分配具体事实的证明责任的问题。

二 | 要件事实思维方式关注对具体事实的严格定性

(一)导言

关于不法行为的构成要件,民法学界观点不一。笔者将以上述要件事实思维方式为出发点,就不法行为的构成要件、特别是忍受限度理论进行详细探讨,以此展示要件事实理论对传统民法解释学可能作出的贡献。 113

(二)关于不法行为构成要件的基本观点及其要件事实

1. 关于不法行为构成要件的概括说明及其要件事实[63]

笔者认为,因故意或者(以下采用"·"间隔符)过失违法加害于他人之权利或者(以下采用"·"间隔符)法律上保护之利益(以下简称保护利益),因此而产生损害时,则发生基于不法行为的损害赔偿请求权。笔者不赞同所谓过失一元论或者违法性一元论的观点。[64] 114

"侵害"一语,意为"侵犯他人所有或他人之权利"[《岩波国语辞典》(第7版新版,2011)],就字面含义而言,已经包含有"违法"的意味,因此从本书立场出发,采用不包含"违法"意味、仅具有施加某种不利益含义的"加害"一词。 115

此外,由于"他人"之权利或者保护利益是当然的前提条件,因此在以下说明中省略"他人"。 116

上述因不法行为产生的损害赔偿责任的发生要件,从要件事实的角度,可以做如下列示: 117

---

[63] 吉川先生从要件事实理论的视角出发,曾对此进行过严谨的要件事实分析,可资参考,吉川「不法行為訴訟の証明責任・要件事実」第227~241页。

[64] 关于过失、违法性构成要件的问题,学说观点不一,此处不再介绍。感兴趣的读者可参看内田『民法Ⅱ』第358~362页;長「不法行為」第201~202页;吉川「不法行為訴訟の証明責任・要件事実」第244~252页。长秀之先生认为:"学界通说坚持违法性与过失的二元概念划分。"

假设不法行为人为Y，被害人为X：

①X之权利·保护利益存在的事实。

②Y对X之权利·保护利益存在加害行为的事实。

118 在列示Y的加害行为时，需要载明Y的行为对X的权利·保护利益施加不利益的具体结果。因此，关于加害行为的具体内容，更为准确的记载应该是“Y做出了某一行为”以及“该行为对X的权利·保护利益带来了可被评价为不利益的结果”。实务中，通过记载Y的具体行为，一般可以明确加害行为的具体内容，因此没有必要区分记载，简要地以“加害行为”即可概括。*

③Y的行为构成违法的评价根据事实[65]。

④Y出于故意·过失做出该行为（过失的情形下，需要列示其评价根据事实[66]）。

---

* 本部分内容为笔者注。为区别于其他内容，本书笔者注部分统一采用此种仿宋字体。后不赘述。——编者注

[65] 一般情况下，原告通过对第①项和第②项要件事实的列示，基本上已经可以明确第③项要件事实的内容。但在理论上，违法性要件应与加害行为以及其他要件相区别，宜单独列示。

山本「損害賠償請求訴訟における要件事実」第326～327页，大致提出如下观点：“从民法典的基本结构来看，侵害他人法益的行为原则上都是违法的。在生活侵害型不法行为中，常会涉及忍受限度的问题。作为请求原因事实，原告提出的妨害生活的具体事实，其内容中往往会涉及部分抗辩内容（该当于违法性不存在或者违法阻却事由的具体事实），但这只不过是提示了案件可能存在忍受限度的问题。我们不应将加害行为超出了忍受限度作为违法性请求原因事实处理，而应将加害行为在忍受限度之内作为抗辩事实处理。”笔者对山本先生的上述观点持保留态度。理由在于，无论是何种不法行为——不仅限于噪声等生活妨害（笔者认为“侵害”一语并不恰当）型不法行为——都不能轻易得出“侵害了他人法益”的结论（可参考后述“2. 权利·保护利益与违法性、过失之间的关系”中关于闯入他人所有土地的事例），只有在针对他人权利·保护法益的加害行为被评价为违法的前提下，该行为才属于不法行为。

吉川「不法行為訴訟の証明責任·要件事実」第257页主张按照预备性请求原因予以处理，可以认为是采用了请求原因说的立场。

長「不法行為」第199页主张应根据侵害对象的不同而采取不同的处理方式。如果侵害的对象是权利，则应将未超过忍受限度作为抗辩，如果是其他法益，则应将超过忍受限度作为请求原因。笔者的观点是，根据《民法典》第709条“权利或者法律上所保护的利益”之规定，不应认为权利与法益之间存在如此差异。

[66] 如果其他列示的事实可以直接体现“故意或过失的评价根据事实”，则没有必要再单独列示。

⑤损害及其数额。

⑥第②项与第⑤项之间存在因果关系的评价根据事实[67]。

2. 权利·保护利益与违法性、过失之间的关系

上述要件均应独立存在。 119

其一，如果作为侵害对象的权利·保护利益本身无法得到肯定，则没 120
有必要考虑侵害的样态、程度等与违法性要件相关的内容(而且也不宜考虑)。

比如，如果没有特殊事由(现实中也很难成立此种特殊事由)，很难认 121
为存在从自家住所眺望远方美景(如富士山)的权利·保护利益。既然不存在所谓被伤害的权利·保护利益，因此不论何种样态、程度的妨碍行为都谈不上违法性的问题(当然，由此导致其他权利·保护利益受到损害则另当别论)，即便行为人是出于故意·过失做出这样的行为，也不成立不法行为。[68]

其二，与作为加害对象的权利·保护利益不同，我们也有必要考虑违 122
法性的问题。比如，一个正常装束的行人，不知何种原因，踏入与道路相邻的空地，即便行人知道该空地属于他人所有，但其只踏入一两步，[69]则该行为并不具有违法性(虽然这种踏入行为属于对他人权利的加害行为[70])。

3. "侵害"一词的含义

笔者认为，所谓侵害，是指对于权利·保护利益，违法地施以加害行为。 123

学说史上，曾经有一个时期学界强力主张"权利侵害"与"违法性"的密 124

---

[67] 所谓"存在因果关系"，是指包括事实性因果关系在内，可以得出不同的事实之间存在因果关系的法律判断(评价)结论。详见本书第五章第三节相关内容。

[68] 内田『民法』第362页的观点也许与笔者不同，但也指出了"权利"或者"法律上保护的利益"在不法行为构成要件中的重要性。

[69] 本设例中存在要件事实的具体性问题。如果原告在列示要件事实时，能够具体到"进入他人所有土地"的程度，从违法性评价根据事实的角度来看也许是比较充分的。笔者想要强调的是，对于加害行为的内容，原告的列示必须满足如此程度的具体性要求("不知何种原因"的表述，蕴含行为人不存在特别的加害故意的含义，也许不必如此列示)。

[70] 针对本设例中的行为，也许有观点认为不构成"加害"。但笔者认为，该行为也许没有造成"损害之发生"，但可以认为带来了某种不利益。

切联系，即所谓的相关关系说。最近国内的教科书也主张“权利侵害 = 违法性”。[71] 笔者认为，这种观点将导致作为侵害行为对象的“权利 · 保护利益”丧失独立存在的价值，并不妥当。

4. 过失与违法性的关系

125 两者应该独立存在。

126 如果不把过失作为一种心理状态，而作为一种结果回避义务的话（笔者认为这一观点是正确的），那么在不存在预见可能性的情况下，如果不存在作为过失的结果回避义务，那么就不能认为存在过失。内田『民法Ⅱ』第340页引用了关于斯蒙病案件的判决，即东京地判昭53 · 8 · 3判时899号第48页判旨。该判旨指出，所谓过失，即“在结果上违反了结果回避义务，其必要条件为，在案件发生的具体场景中，有理由期待行为人会采取适当的回避措施，即存在因预见义务而产生的预见可能性”。

127 与过失不同，违法性并不以预见可能性为必要，即便不存在预见可能性，行为本身也可能受到违法性的评价。比如，在A所有的土地上，B搭建建筑物，B的行为很难说不违法。但如果A与B的土地相邻，且界限不明，B有相当理由认为该建筑物占地为自己所有。此种情形下，B的行为很难说存在过失，因此并不产生损害赔偿责任。

128 以下判例可以帮助我们更好地理解过失与违法性各自独立的必要性。仿照《刑法》第230条之2第1款之规定，民事上也成立因损毁他人名誉而产生的不法行为责任。在具备该款规定的其他要件的基础上，如果行为人能够证明“内容真实性”，则被诉行为不具有违法性，[72]如果行为人信其为真且有相当理由，则不具有故意 · 过失，无论上述何种情形，行为人均不承担不法行为责任（最判昭41 · 6 · 23民集20卷5号第1118页[51]）。

129 以上述判例为前提，最判平11 · 10 · 26民集53卷7号第1313页[27]

---

[71] 参见山崎『債権法各論講義』第17、19页。

[72] 如果内容真实性能够得到证明，则行为人之行为不具有违法性。即便行为人能够预见到自己的行为将造成他人名誉损毁的结果（成立“预见可能性”），该行为也不具有违法性。这就说明违法性与预见可能性之间是没有关系的。与此不同，一般情况下，不能认为过失与预见可能性无关。

的判示,可以理解为重申了“行为人信其为真且有相当理由”的条件。该案调查官也引用了前述昭和年间的判例。此外,内田『民法Ⅱ』第371页,川井『民法概論4』第422页对该判例基本持赞成立场,只是在说明方式上有所不同。[73]

一如上述,虽然过失与违法性有时会发生重叠,但仍应视为各自独立的构成要件。笔者不赞成过失一元论或者违法性一元论的观点。 130

(三)关于忍受限度理论的基本观点与要件事实

1. 基本观点

关于忍受限度理论的基本观点,一如第一章第六节“二、要件事实思维方式关注对具体事实的严格定性”中“(二)关于不法行为构成要件的基本观点及其要件事实”所述。 131

从不法行为成立要件的角度来看,是否超过忍受限度的问题应作为违法性判断的内容。[74] 132

生活妨害型不法行为案件的特点在于,由于忍受限度的问题,导致法院在判断某一利益状态是否属于权利·保护利益,或者某一行为是否属于违法的加害行为时,存在不少困难。 133

在忍受限度理论中,常见的采光、噪声、震动等与生活利益相关的事例,其根本难点基本上都在于程度问题。我们以噪声为例。所谓噪声,涉及声音的性质(对于不喜欢音乐的人来说,也许钢琴的声音都属于噪声,而与程度无关)和音量大小(一只小鸟的啼鸣固然不算什么,但如果大群鸟类集中在一两棵树上一齐啼叫则构成噪声)。社会生活中不可能没有噪声,我们必须事先设定噪声的性质和音量大小,超过该设定范围的噪声如果没有 134

---

[73] 刑法学关于这一问题的讨论也有必要在此简要介绍一下。关于内容真实性与名誉毁损罪成立与否的关系问题,刑法学界观点不一。山口厚『刑法各論(第2版)』(有斐閣,2010)第139~148页,介绍了相关学说内容。山口先生认为,如果真实性能够得到证明,似应成立违法性阻却事由(但山口先生的观点是否如此确定,笔者并无完全把握);如果行为人有相当理由误信其为真实,则应构成过失。

[74] 参见伊藤「権利の生成過程と内容」第48页。

达到严重的程度,就属于忍受限度之内;反之则属于超过了忍受限度。

135 如果某一声音被判定为噪声,我们在判断是否超出忍受限度的时候,除了考虑噪声的性质和音量外,还需要考虑是否存在"特殊情况"。基本的判断规则是,在预设的性质和音量范围之内的噪声不超过忍受限度,但如果是故意制造的噪声,则应认为超过了忍受限度。特殊情况是虽然超过预设的性质和音量的范围,达到较为严重程度,但如果出于特殊原因则不是噪声,比如,为了营救在地震中被倒塌的建筑物掩埋的灾民而对建筑物进行爆破,无论爆破声有多大,恐怕都在忍受限度之内。从要件事实的角度来看,"超出忍受限度"的评价根据事实属于请求原因事实,针对该事实的评价妨碍事实属于抗辩事实,如果评价妨碍事实得到证明,则否定了请求原因事实所产生的评价结果,即很难认为被诉行为超出了忍受限度。如果评价妨碍事实没有得到证明,那么根据请求原因事实得出的评价结果就会得到维持,即被诉行为超出了忍受限度(在"忍受限度内"与"忍受限度外"之间,无论法院在作出结论上存在多少困难,最终的判断结论也不会超出上述范围)。作为请求原因的"超出忍受限度"与作为抗辩的"未超出忍受限度",从评价结果的角度来看似乎存在矛盾,但从事实层面的角度来看则不存在矛盾,将之分别定性为请求原因和抗辩是不存在问题的。

136 采用怎样的标准来确定"预设范围内的性质与音量"是一个重要问题。总体而言,这取决于大众的法律意识。[75] 但学界应努力进行类型化研究(比如根据商业区、工业区、住宅区、农村等不同的地区性质开展分类研究),而

---

[75] 也有学者将标准归结为"社会通行的观念",但笔者认为,"大众的法律意识"这一标准更为形象、具体。随着时代的变迁,大众的法律意识也会发生变化。最典型的例子大概要算被动吸烟了。伊藤「権利の生成過程と内容」一文对大众关于被动吸烟现象的法律意识变迁以及权利的生成过程进行了较为详细的考察,该文发表于2002年,到目前为止我们依然可以看到大众法律意识的巨大变化。

在该文第82页,作者指出,原告(被害人)所主张的"被动吸烟有可能给自身健康带来不良影响,这已经超出了一般的忍受限度",应当作为请求原因。现在看来,"超出一般的忍受限度"这一事实没有必要作为请求原因。所谓"被置于被动吸烟状态之下",具体指何种状态,在事实的确定方面存在一定困难。但如果能够证明至少持续了一段时间,原告一直处于被迫吸入他人二手烟的状态,就可以直接认定为超出了忍受限度(原告没有忍受二手烟的义务)。

且研究结论要经得起任何具体的批评。[76]

2. 要件事实

不法行为的要件事实一如前述,此处主要说明涉及忍受限度问题时应如何处理(除此之外的内容与前述完全相同)。 137

假设不法行为人为Y,被害人为X: 138

①X的权利·保护利益存在的事实。

②Y对X的权利·保护利益存在加害行为的事实。

③Y的行为违法的评价根据事实。

关于评价根据事实的具体内容,除一般性内容外,在涉及忍受限度问题的案件中,还应增加超出忍受限度的评价根据事实(加害行为的性质、程度、持续时间以及行为意图等)。针对超出忍受限度的评价妨碍事实(加害行为的性质、程度、持续时间以及行为意图等)属于抗辩。[77] 当然,如果换一个角度来看的话,也可以将之称作未超出忍受限度的评价根据事实。 139

④Y出于故意·过失做出该行为(过失的情形下,需要列示其评价根据事实)。

⑤发生损害及其数额。

⑥第②项与第⑤项之间存在因果关系的评价根据事实。

(四)民法解释学关于忍受限度理论的基本观点

关于忍受限度理论的种种讨论在传统的民法解释学中具有怎样的性质,要准确地揭示这一问题是有难度的,因为论者的定义多有不同。 140

最为抽象的表述是,“对他人之生活施加超出社会生活中应忍受限度 141

[76] 关于噪声程度的类型化问题,行政法规定了不少概括性的标准。河村浩ほか「騒音·低周波音被害をめぐる受忍限度·因果関係に関する一考察(上)(下)——要件事実論にも言及して」判時1991号第3页以下、1992号第13页以下,对相关判例进行了分析,并详细讨论了噪声的忍受限度问题。特别是1991号第9~14页,就“噪声与音量标准”问题,介绍了多种不同的标准,充分说明了法学与自然科学互动的重要性。

[77] 参见前述“1. 基本观点”部分。

的侵害行为,为违法”。[78]

142 長「不法行為」第197页,就忍受限度理论进行了如下介绍:“忍受限度的含义多种多样。加害行为是否超出了社会生活中应忍受的范围,需要在考虑多种因素的基础上综合判断,超出范围的行为具有违法性,未超出范围的行为不具有违法性。学界关于忍受限度理论的定位存在不同观点。有的学者将违法性的相关关系说作为该理论的基础,也有学者将该理论纳入判断不法行为是否成立的综合性判断范畴。”内田『民法Ⅱ』第367页指出,“关于生活妨害型案件中忍受限度的判断,应理解为属于不法行为成立与否的综合性判断范畴,这也是比较接近实务形态的”。

143 潮見『不法行為法Ⅰ』第69页主要着眼于忍受限度理论在妨害类案件中的应用情况,并主张在判断违法性时应考虑被侵害利益的性质、程度以及其他多种因素。在忍受限度理论的性质方面与内田前述观点较为接近。

144 最判平22・6・29判タ1330号第89页(请求设置围栏案件)判旨指出:“既然社会生活是由大众共同经营的,我们就不得不在某种程度上相互忍受,忍受限度理论意在调整对该范围内的利益或者权利的侵害行为。一般民众在共同经营社会生活的过程中,其利益或者权利受到超过应忍受限度的侵害时,该侵害行为当然具有违法性。”由此可见,忍受限度理论系采用利益衡量方式,用以判断侵害行为是否超过忍受限度。笔者认为上述判旨代表了学说与实务中最常见的观点。

145 通观上述学说,我们可以发现,正如内田说所概括的,“忍受限度理论是关于不法行为是否成立的综合性判断学说”,其他各说也主张要对多种利益进行综合衡量,这可以视为忍受限度理论所具有的共性(当然,不论何种法律判断,最终都属于对不同利益的价值判断。忍受限度理论的特点在于其特别关注多种多样的利益衡量)。

---

[78] 参见山本「損害賠償請求訴訟における要件事実」第325页的相关介绍,不过山本说并非如此观点。笔者曾经以被动吸烟为例指出:“关于被动吸烟的若干判决都认为因被动吸烟而受到侵害的权利,属于人格权,如果侵害程度超过了忍受限度,则当事人可以请求损害赔偿或者停止侵害。”笔者的这一观点也属于忍受限度理论的范畴。参见伊藤「権利の生成過程と内容」第47~48页。

(五)要件事实理论对忍受限度传统理论的贡献

笔者将从要件事实思维方式的特征(笔者认为,此种场合采用“要件事实思维方式”这一用语比“要件事实理论”更为贴切)出发,对忍受限度理论展开具体研究,我们可以发现要件事实理论对传统的民法解释学也可以作出新的理论贡献。[79] 146

笔者将要件事实思维方式的特征[80]进行简单归纳,并采用与此处研究主题一一对应的方式展开论述。 147

(1)对构成要件进行严谨细致的分析。我们不能采用“权利侵害=违法性”这种简单的分析方式,[81]而应该深入思考何为“权利”,何为“侵害”? 148

(2)从具体事实的角度思考各构成要件的内容。要件事实思维方式的特点在于严谨,即应从具体事实的角度思考要件的内容。比如,并不存在从私宅眺望远方美景的所谓保护利益,行人踏入路边他人所有的土地也不构成所谓侵害。 149

(3)将各构成要件进行原则与例外的划分,并应具体思考何种原则与何种例外在何种含义上产生对应关系。

比如,普通的噪声应当允许在社会生活中存在,这是原则,例外的情形是,一旦噪声超过一定的限度,就构成违法。关于噪声的限度问题也要考虑例外情形,比如为了营救掩埋在倒塌建筑物中的地震灾民,而对建筑物实施爆破,这种爆破声当然在忍受限度之内。 150

---

[79] 吉川「不法行為訴訟の証明責任・要件事実」一文的研究目的与笔者相同(该论文第225页第2段的说明文字很好地体现了吉川先生的研究意图)。关于要件事实理论对于传统民法解释学的其他贡献,参见本章第六节“三、要件事实思维方式关注证明责任的分配”部分。此外,要件事实思维方式主张从具体事实的角度思考各构成要件的内容,这一点在借贷型诉讼中极有帮助,可参见本书第六章第五节相关内容。

[80] 要件事实思维方式的具体内容已经在本节导言部分进行了详细介绍,此处只是列举了与研究主题相关的必要内容。笔者曾经将该思维方式用于被动吸烟案件的研究(伊藤「権利の生成過程と内容」第78~85页),也曾经著文概括过要件事实思维方式的特征(伊藤「要件事実論の現状と課題」第38页)。

[81] 可参见注解71所列相关文献。

151 一如上述，在讨论忍受限度问题的时候，要件事实思维方式并不是单纯地、抽象地对各种利益进行综合考量。从要件事实思维方式的角度来看，前述介绍的民法解释学的很多观点（尤其是内田说）并未明确揭示具体的讨论方法，只是抽象地主张应采用综合衡量的方法，这一点需要改进。

三 | 要件事实思维方式关注证明责任的分配

152 本节所讨论的内容涉及两类问题，这两类问题密切相关，但性质有所不同。一类问题是，传统的民法教科书在逐一列举民法（实体法）构成要件时（比如A要件、B要件），关于证明责任仅仅列明“－B”事实（与B事实相反的事实），而没有任何特别的说明。另一类问题是，传统的民法教科书在列举构成要件时，几乎均采用A要件、B要件的方式，而很少采用A要件、“－B”要件的方式。上述两类问题都涉及如何理解民法构成要件与举证之间的关系，前者的问题在于，列明的构成要件与证明责任对象事实存在不一致的现象，后者则根本没有考虑举证或者证明责任的概念，一味地采用积极要件的方式思考构成要件的问题。

153 有部分民法教科书意识到了民法教学与法科大学院制度之间的关系，而采用了较为科学的编写方式，而传统的标准教科书在涉及民法解释的问题时，很少考虑实体法立法目的与举证之间的关系。

154 典型事例比如传统教科书关于《民法》第95条“错误”的解释。[82]* 在说明“错误导致意思表示无效的构成要件”时，首先说明错误是关于要素的错误，同时附加“表意人不存在重大过失”的条件。接下来，即得出“过失”“重大过失”的证明责任由对方当事人负担的结论，而没有就这一结论与前

---

[82] 根据《民法现代语化法》[平成十六年（2004年）法律第147号]的要求，民法进行了相应的修订，修订后的第109条增加了但书部分，但该条同样存在类似于第95条的问题。

* 日本《民法》第95条规定，意思表示，因法律行为的要素存在错误时，为无效。但表意人存在重大过失时，不得主张其无效。日本《民法》第109条规定，对第三人表示授予他人代理权的，在该代理权范围内，就该他人与第三人实施的行为负责。但该第三人明知或者因过失而不知该他人并未获得授权的，不在此限。——译者注

述说明之间有何种关系作出任何解释。[83]

构成要件与证明责任对象在内容上存在差异，针对传统教科书的这种叙述方式，笔者很早就从作为裁判规范之民法[84]的角度出发提出过质疑。[85] 即便不考虑证明责任的记载方式，传统教科书关于构成要件的说明方式也存在问题。我们以《民法》第95条为例，为什么要将“不存在重大过失”作为积极要件，而没有将“存在重大过失”作为妨碍错误成立的消极要件？[86] 155

特别是考虑到实务中成为争议焦点的问题往往并非“不存在重大过失”，而是“存在重大过失”时，这种质疑就更加强烈。总体来说，传统民法学将所有要件作为积极要件处理的习惯，实际上并无特别的理由，只是出于一种感性认识而已（不过，第95条中的“要素错误”当然属于积极要件）。 156

经常会听到这样一种说法，“在处理民法问题时，思考的前提是所有的事实都是确定无疑的，因此并不特别考虑证明的问题”，这一说法本身倒不见得错误。比如，在大学的法律系（并非法科大学院）课堂教学中，在讨论民法设例时，其中的事实关系都是事先确定的。这么做固然没有什么问题，但在思考民法构成要件时，这种习惯性的处理方式就会忽略事实的证明问题，从而倾向于把所有的构成要件都作为积极要件加以处理，这样的倾向当然是有问题的。比如，我们在思考虚伪表示之无效可否对抗第三人的问题时，常常争议的是，为了保护该第三人，仅仅需要第三人为单纯的善意，还是需要善意且无过失？对于无过失必要说的观点，经常有批评意见认为此举将有损于交易安全。但如果考虑到以登记为要件的不动产交易的实际情况，我们就会发现，关于无过失的认定真的有那 157

---

⑧③ 参见内田『民法Ⅰ』第69页，近江『民法講義Ⅰ』第216页。

⑧④ 参见本书第三章第四节相关内容。

⑧⑤ 参见伊藤「要件事実と実体法」第30页。

⑧⑥ 参见伊藤「続・要件事実・実体法（上）」第96页，伊藤「要件事実の基礎（初版）」第46～51页。

么困难吗?[87] 而且,我们在思考对立要件的表述方式时,不应仅仅着眼于善意或善意且无过失(这是一种将全部要件作为积极要件处理的习惯),还应考虑善意但存在过失的表述方式(这是一种将积极要件与消极要件组合处理的方式)。笔者认为,第三人应当证明自己为善意,作出虚伪表示的所有权人应当证明第三人存在过失。传统的民法教科书在这一点上的研究并不深入,[88]要件事实理论恰恰在这一问题上可以为传统的民法解释学提供有益的研究视角。

158 当然,民法构成要件的列举方式应尽量采用与该构成要件性质相适应的形式(尤其是对于容易成为实务争议问题的要件),分别采用积极要件或者消极要件的列举方式,但也不能过分强调这一要求。原因在于,对于不需要考虑主张证明责任分配的情形来说,这样的要求对于民法的解释作业而言反而显得过于烦琐。比如,是应该保护善意的第三人,还是不需要保护恶意的第三人,对于作为裁判规范之民法的构成要件来说是十分重要的,但对于普通的民法解释学来说,并没有必要对该问题预先得出结论。

---

[87] 在讨论这一问题时,第三人为善意以及评价为无过失(包括认定相应的评价根据事实在内)在事实认定方面是否比较容易具有重要的意义。原因在于,如果相关事实认定工作比较容易的话,则在善意的基础上增加无过失的要件并不会损害交易安全。在我们考虑是否应当增加无过失这一要件的时候,事实认定工作的容易与否会产生直接的影响。参见伊藤「事実認定と実体法」第 7～16 页。

[88] 参见伊藤「事実認定と実体法」第 23～29 页。内田『民法Ⅰ』第55～56、185～186 页也谈到了证明责任,就笔者所指出的《民法》第 95 条相关解释中存在的构成要件与证明责任的关系问题,内田先生的相关说明存在一些疑问,而且也不深入。该书第 186 页指出:“根据第 94 条第 2 款之规定,第三人必须是善意且无过失的,但从保护第三人的角度出发,其应仅就善意负担证明责任。”关于“第三人必须是善意且无过失的”的要件,与第三人仅就善意负担证明责任(相应地,该书应该认为“存在过失”的证明责任由对方当事人负担)之间到底存在怎样的关系,该书并未给出恰当的说明。

川井『民法概論 1』第 162 页、河上『民法総則講義』第 332 页均阐述了主张证明责任,但均未明确提出将善意·存在过失的主张证明责任在本人和第三人之间合理分配的方案。

第二章

与要件事实理论相关的民事诉讼法学理论及其他

【第一节 本章主要内容】

一如本书第一章第一节所述，民事诉讼的目的，在于妥当、正确、迅速地解决民事纠纷。也许听上去有些夸张，但我们应该认真思考民事诉讼理论为达成上述民事诉讼的制度目的，作出了怎样的贡献？ 1

当然，要件事实理论是民事诉讼中的重要理论，但通过民事诉讼妥当、正确、迅速地解决民事纠纷，并不能仅仅依靠要件事实理论，还需要灵活运用其他多种多样的理论或制度。 2

本章主要探讨要件事实理论与其他多种多样的理论之间的有机联系，特别是与所谓“事案解明”这一观点之间的关系。众所周知，“事案解明”的观点最近受到学界关注，其与要件事实理论的关系也得到了比较充分的研究，但教科书和注释类的书籍对此探讨不多。① 此外，要件事实理论与包括 3

---

① 近期民事诉讼法的代表性教科书大概有两种，但依然给人如此感觉。

伊藤真『民事訴訟法』在第五章第五节专设一节讨论“事案解明”，但关于“事案解明义务”(狭义)的问题，仅在辩论主义之四“主张责任与事案解明义务”一节中，用了两页的篇幅进行了简单探讨。

高橋『重点講義民事訴訟法(上)』在第14讲“证明责任”之七“回避证明责任判决的策略”一节中，用了大概3页篇幅探讨了“不负担证明责任的当事人的事案解明义务”问题。

『条解民事訴訟法』属于最近比较有代表性的注释书，但该书也仅在第897～898页(竹下守夫)用了一页左右的篇幅介绍了“事案解明义务”(狭义)的主要内容。

上述注解中涉及的“事案解明义务(狭义)”的主要内容，参见本节后述。

伊藤編『要件事実の機能と事案の解明』(该书是对2011年12月举办的“要件事实的功能与事案解明研讨会”的成果汇编)一书中，除了笔者的两篇论文外(「本研究会のテーマ『要件事実の機能と事案の解明』に関する要件事実論の視点からの問題提起」「研究会を終えて1」)，还收录了学界、实务界围绕这一话题展开的交流与研讨，其中不乏有价值的思考。

在本书审校阶段，松本博之教授出版了最新著作『民事訴訟における事案の解明』(日本加除，2015)。囿于篇幅，笔者无法对该书展开具体的评论，但松本先生在该书延续了他的一贯思路，与笔者的思考角度有所不同，因此不必就本书的相关内容进行修订。另请参见本书第五章注解13。

“事案解明”观点在内的、为妥当应对举证困难而发展出来的对策(举证困难减轻对策)之间是何种关系,也需要详细研究。通过上述研究,笔者希望找到一条能够实现民事诉讼制度目的的综合性思维路径。

【第二节 要件事实理论与事案解明】

一 | 事案解明所需的理论定位

□ 把握民事纠纷实态的必要性及其方法

一如前述,民事诉讼的全部制度或者理论均应服务于民事诉讼目的的 4
实现。为了妥当、正确、迅速地解决民事纠纷,首先应该准确把握具体案件(纠纷)的实际状态,并采取与之相适应的妥当、正确、迅速的解决方法。

因此,第一要务在于选择能够准确把握案件实际状态的方法,而在方 5
法选择之际,有必要思考应该采取何种视角的问题。

作为民事诉讼中的一种工具,与揭示案件事实相关的理论大体有三 6
类,分别是证据收集理论、要件事实理论及其直接相关理论、事实认定理论。这三种理论都具有自身的重要性,都不是狭义的"事案解明"理论能够涵盖的。笔者认为,既有的理论对于这一点的认识并不充分,而这恰恰是本书特别留意之处。

□ 证据收集理论

为了妥当、正确、迅速地解决民事纠纷,需要通过对相关要件事实存否 7
的认定结论进行排列组合,以此判断作为诉讼标的的权利是否存在,这是民事诉讼中法律判断的基本结构。因此,首先需要根据案件的实际状态妥当地确定要件事实的内容。为了达到这一目的,当事人(法院也同样如此,只不过在当事人主义的原则下,首先应当是当事人)应当能够充分把握案件的实际状态,并具有充分的信息收集能力。以此为目的的理论,其主要内容,即包括文书提出命令(《民事诉讼法》第223条等)在内的证据收集理论。从其与要件事实功能的关系上看,并不存在需要特别关注的问题,因此本章不再单独讨论。

□ 要件事实理论及其直接相关理论

8 即便当事人收集到了与案件实际状态相关的全部信息,这些信息并不能直接作用于民事诉讼,我们必须建构基于上述信息且能够引导出法律判断的基本框架,以此为目的的理论就是要件事实理论。因为民事诉讼中的法律判断的基本结构,是通过对多种要件事实存否的认定结论进行排列组合,并在此基础上最终判断作为诉讼标的的权利是否存在。

9 与要件事实理论具有密切联系的理论是“事案解明义务理论”,该理论有狭义与广义之分,详见本节后述。

10 “事案解明”理论的部分内容,与证据收集理论具有密切联系。

11 此外,从另一角度来看,“事案解明义务理论”具有应对举证困难的功能,因此也可以作为后述“要件事实理论与减轻举证困难的对策”的内容。由于该理论与要件事实理论的联系较为紧密,因此本章专设第二节进行讨论。

□ 事实认定理论

12 根据要件事实理论,我们可以妥当、准确地确定主张证明对象事实,在接下来的证明过程中,当事人存在争议的事实可能有很多,那么真正存在的事实是什么,相关的判断理论即事实认定理论。准确的认定事实对于揭示案件真实当然是必要的,从这一角度来说,事实认定理论同样属于揭示案件事实的理论范畴。但是,事实认定理论与证据收集理论(比如文书提出命令等证据收集方法的理论)并不相同,其根本差异在于前者的目的在于将争议事实置于法官面前并加以判断(所谓的静止的判断理论),与本节所讨论的“事案解明”理论存在性质上的不同。比如,事实认定理论既适用于作为主张证明责任对象事实的认定,也适用于“事案解明”义务(狭义)所指向的事实的认定。

二 | “事案解明义务”（狭义）理论概要

□ “事案的解明义务”与“事案解明义务”（狭义）

13 一提起“揭示案件事实的理论”，就令人想到所谓的“事案解明义务”理论，因此需要首先介绍后者的基本内容。在此基础上，笔者认为，目前关于“事案解明义务”理论的基本理解并不充分，单纯凭借该理论也无法说明揭示案件事实所需的全部工作。

14 笔者区别使用“事案的解明义务”与“事案解明义务”（狭义）。前者是指在民事诉讼中，由当事人所负担的明了案件内容的义务，该义务与当事人的诉讼地位无关（读者可以通过后述说明自然了解该义务的具体内容），后者即春日伟知郎教授所倡导的内容。

□ “事案解明义务”（狭义）的含义

15 春日伟知郎教授指出，“事案解明义务需要具备四项要件：(1)负担证明责任的当事人无法接近案件所涉事实关系；(2)该当事人因而无法知悉该事实关系之存在，且无受责难之可能性；(3)该当事人提出的主张不抽象，且提供了证明主张成立的事实线索等；(4)能够期待不负担证明责任的对方当事人提供相应的事案解明（包括提出事实主张或证据）协助”。②

16 春日教授认为：“事案解明义务发生在个案中，在满足一定条件的前提下应当具体化，属于当事人在诉讼上的义务，可以说是对证明责任原则的一种补充性规定。针对一直以来单纯以证明责任来把握诉讼过程的质疑，事案解明义务是一种在个别情形下将证明责任相对化的方法。”③春日教授

---

② 参见春日偉知朗『民事証拠法論——民事裁判における事案解明』（商事法務，2009）第17页。

③ 参见春日『民事証拠法論』前引注解2，第72页。春日教授在该书第58页强调：“对于不负担证明责任的当事人提出的揭示案件事实的要求，都是考虑到个案的特殊情形，而不是事先即抽象地加以确定，比如证明责任。”笔者认为，我们在考虑事案解明义务与主张证明责任负担之间的关系时，是否存在上述“个案的特殊情形”是极为重要的。

的上述观点基本上不存在什么违和感，但关于要件事实功能与事案解明义务之间的关系，笔者认为，如果着眼于要件事实的功能，那么“事案解明义务”（狭义）的具体内容与春日教授的主张则存在相当差异（比如后述最高法院关于伊方核电案件判决的理解方式）。

三 | 要件事实理论与事案解明之间的基本关系

□ 负担主张证明责任的当事人的事案的解明义务

17 如果对照民事诉讼的制度目的，那么无论是否负担主张证明责任，当事人均应负担事案的解明义务。此处所指事案的解明义务，是指为了妥当、正确、迅速地解决纠纷，当事人应当妥当、正确、迅速地进行主张证明活动，以明确必要的案件内容。

18 对于负担主张证明责任的当事人来说，为了主张证明相应的对象事实，应当妥当、正确、迅速地进行相关的诉讼活动（《民事诉讼规则》第79、80条均有所规定），以达到迅速明晰案件事实的目的（《民事诉讼法》第2条也明确规定当事人在诉讼活动中应当遵循诚实信用原则）。一般情况下，当事人都会积极地履行这一事案的解明义务，因为如果没有尽到主张证明责任，就会遭受败诉的不利益。但是，如果负担主张证明责任的当事人甘于承受败诉的后果，而不积极地进行任何主张证明活动，比如在诉讼初期也不按照法律规定揭示案情，从而导致诉讼陷入迟延，这样的行为当然也是不允许的。对于当事人这样的懈怠行为，法院应当根据《民事诉讼法》第157条等规定课以相应的不利益，如果当事人依然故我，则应迅速结束辩论，作出该当事人败诉的判决。*

* 日本《民事诉讼法》第157条规定，法院认为当事人因故意或重大过失而延误提出的攻击防御方法会导致诉讼陷入迟延的，可依申请或职权作出驳回决定。对于内容不明确的攻击防御方法，当事人未做必要释明，或者于释明期日不出庭的，法院可依申请或职权作出驳回决定。——译者注

□ 不负担主张证明责任的当事人的事案的解明义务

对于不负担主张证明责任的当事人而言,当然同样负担上述含义的事案的解明义务。也就是说,如果对于负担主张证明责任的当事人提出的对象事实,对方当事人可以提出其不存在的主张证明方法,那么,作为同样寻求胜诉利益的对方当事人来说,我们可以期待该当事人进行恰当的诉讼活动。但是,如果该当事人怠于进行于己有利的诉讼活动,就属于没有尽到事案的解明义务,应当承受不利益的后果(如《民事诉讼法》第157条),当然最终也会遭受败诉的不利益。 19

□ 事案的解明义务的公法属性

上述内容与"事案解明义务"(狭义)无关。上述义务由民事诉讼法规定,因此属于公法上的义务(《民事诉讼法》第2条)。同样,"事案解明义务"(狭义)也为民事诉讼法所规定,因此也应当属于公法上的义务(该义务并非基于特别公法的特定义务)。为了达成揭示案件事实(并非仅限于狭义的"事案解明义务"的情形)的目的,法院作出了文书提出命令,如果当事人没有遵从该命令,相应的效果亦由法律规定,这就明确体现了该义务的公法属性。即便未履行义务的法律后果体现为对该当事人不利的事实主张被认定为真实,以及负担败诉的不利益,这一后果也不能否定其公法属性。④ 20

四 | 要件事实理论与"事案解明义务"(狭义)理论之间的关系

□ "事案解明义务"(狭义)的补充性规定性质

从诉讼中揭示案件事实的角度,有必要探讨要件事实理论(此处体现为主张证明责任理论)与"事案解明义务"(狭义)理论之间的关系。 21

主张证明责任理论是民事诉讼中判断作为诉讼标的的实体法权利义 22

④ 与笔者类似的观点可参见春日『民事証拠法論』前引注解2,第58页。

务的主干理论,没有人否定它的重要性。⑤ 笔者认为,从“事案解明义务”(狭义)的四项成立要件来看,该理论着眼于在主张证明责任理论无法发挥作用的情形下进行有效补充性规定,起到拾遗补阙的作用。也就是说,“事案解明义务”(狭义)理论是在负担主张证明责任的当事人有意愿但没有能力尽到这一责任的情况下,应当如何对该当事人提供支持的理论。如果这种理解是正确的话,那么对于主张证明责任理论即可妥当应对的案件,首先应当遵从该理论进行思考。⑥

23 笔者将通过以下设例对上述内容进一步作出说明。

□ 可适用“事案解明义务”(狭义)的设例

24 为了说明“事案解明义务”(狭义)与要件事实功能之间的关系,笔者虚构了如下案例(狭义的“事案解明义务”并非针对任何特定类型的案件)。

25 在类似于东日本大地震的灾难中,恐怕存在很多贷款人丧失了全部证据、而借款人依然保留了大量证据的情况。

26 比如,贷款人 X(金融业者)与借款人 Y 约定,2010 年 3 月 15 日,X 出借 315 万日元于 Y,还款期限为 2011 年 3 月 15 日,年利息 15%,赔偿额为借款总额的 35%,X 于当日履行完毕。X 的店面与其小规模的信用金库均位于沿海的商业街,Y 的住所则位于海岸高地。2011 年 3 月 11 日,东日本发生大地震,地震引发的海啸导致 X 及其信用金库的全部数据(电子数据与纸本数据)灭失。Y 的住所部分损毁,但证据保留完好。诉讼中,Y 只承认于 2010 年 3 月 14 日从 X 处借款 50 万日元,且已清偿完毕,对 X 主张的 315 万日元的借款完全否认。对于此次交易过程,X 只收集到了部分书证和证人证言,证明 Y 曾于 2010 年 3 月 15 日到访 X 的店面,Y 当时存在 300 万日元的资金不足问题。Y 则主张其与 X 的金融交易额度最多达到过 280

---

⑤ 当然,仅仅依靠主张证明责任理论,民事诉讼程序是无法妥当运行的。也正因如此,才会出现“事案解明义务”(狭义)的相关研究。

⑥ 虽然春日教授没有明确指出这一点,但从其论述来看应持类似见解。参见春日『民事証拠法論』前引注解 2,第 58、72 页。

万日元,否认 X 主张的交易存在(当天也没有到访过 X 的店面)。但是,对于 Y 在 2010 年 3 月 14 日和 15 日的行踪以及相关文件,尽管法院多次催促要求 Y 予以澄清,但 Y 只是单纯否认 X 的主张,而没有进行任何具体的主张证明活动。

上述情形下,可以认为 Y 并没有履行"事案解明义务"(狭义)。 27

法院要求 Y 对当天的行踪以及相关文件进行释明,并没有要求其对 X 28
主张的借贷事实予以承认。这种释明要求严格说来与"事案解明义务"(狭义)无关,也可以视为 Y 为了保护自身的权利而应该明确的事项。但是,如果法院因 Y 采取了拖延懈怠的态度而将 X 的主张拟制为真实的话,⑦此时不采用"事案解明义务"(狭义)加以说明是比较困难的。而从上述设例中的事实关系来看,也存在充分的适用条件。

本设例应采用"事案解明义务"(狭义)加以应对,而不是证明责任理 29
论。理由在于,证明责任理论以举证公平为标准,通过某种程度的类型化操作(如买卖、借贷、债务不履行、不法行为、撤销具有侵害性质的行政处分),最终确定证明责任对象事实。本设例中,无论如何强调举证的公平性,也应该特别留意具体案件中的特殊情形。因此,仅仅根据具有上述性质的证明责任理论是无法妥当应对的。

上述观点也可以作为区分证明责任理论与"事案解明义务"(狭义)理 30
论的一般标准。

实务界关于"事案解明义务"(狭义)理论的观点也值得认真倾听,即 31
"尽管法院再三要求作出释明,但从 Y 消极懈怠的态度来看,应该说明他非常清楚一旦响应法院的释明将于己不利,因此事案解明义务可以理解为一种基于经验法则的事实认定方法"。但是,就这种"基于经验法则的事实认

⑦ 关于违反"事案解明义务"(狭义)的法律效果,由于涉及对要件的不同认识,见解不一。『条解民事訴訟法』第 898 页(竹下守夫)认为,"应准用《民事诉讼法》第 224 条第 3 款之规定,对于要求解明的事项,应认可对方当事人的主张为真实"。笔者对此表示赞同,该种情形的事实认定,在性质上应属于事实上的推定,是从支撑"事案解明义务"这一政策上的需要而减轻证明标准要求的一种做法。

参见拙著「研究会を終えて1」伊藤編『要件事実の機能と事案の解明』第 195 页。

定”,即便实务中努力避免生硬的处理,从当事人的角度来看,也应该尽可能明确其适用规则,同时做到认定过程的透明化。“事案解明义务”(狭义)的适用规则也有助于我们确立上述基于经验法则的认定规则。不过,此时存在另一个问题,即如果我们充实了作出上述事实认定的经验法则,是不是就可以完全满足裁判的需要?虽然大多数情况下的答案是肯定的,但我们依然无法如此断言。如果以普通的证明标准为前提(参见本章注解7),仅根据经验法则就把原告主张的所有事实细节都认定为真实,是极为勉强的。比如,在上述设例中,实际的贷款额度是否超过了此前的上限,本金达到了315万日元?约定的赔偿额度是否超过了30%,达到了35%(该约定是否有效另当别论)?法院能否以普通的证明标准为前提,仅根据经验法则就予以全部认定,是有疑问的(而根据狭义的“事案解明义务”理论作出这样的认定是可能的)。对于那些更为复杂的合同来说,比如营业让渡合同的细节问题,如果法院一边以普通的证明标准为前提,一边仅根据经验法则就作出认定结论,从而将原告的主张认定为真实,在理论上是不充分的。这种情况下应当从“事案解明义务”(狭义)理论入手寻求正当性。上述设例相当于课堂教学中的虚构事例,以下笔者将讨论实际的判例对于“事案解明义务”(狭义)的态度。

五 | “事案解明义务”(狭义)的否定判例

(一)最高裁判所关于伊方核电诉讼的判决(最判平4·10·29民集46卷7号1174页[19])

□ 案情概要

32 四国电力株式会社拟在爱媛县西宇和郡伊方町建设核电站,遂向日本政府提出核反应堆建设申请,日本首相根据《核原料、核燃料以及核反应堆管理法》批准了这一申请。伊方町及其附近居民以该批准行为违法为由提起诉讼,要求撤销该处分行为。

□ 本案是否存在“事案解明义务”（狭义）的问题

为了更好地理解后述说明，笔者引用最高法院判决要旨（该判决要旨共三个部分，笔者引用的是其中关于主张证明责任的判决要旨）如下： 33

“在核反应堆设置许可处分行为的撤销诉讼中，被告行政厅关于设置核反应堆安全性的判断是否妥当系案件争议焦点。关于该判断存在不合理之处的主张证明责任，本来应由原告方负担。但被告行政厅有必要就核能委员会以及核反应堆安全专门审议会的调查审议，所采用的具体的审查标准，以及审议判断的过程中不存在不合理之处，基于相当充分的依据和资料提出具体的主张和证据，在被告行政厅未提出相应的主张和证据的情形下，就该判断存在不合理之处，本院予以事实上的推定。”

笔者认为，就案件涉及的证明问题，至少在问题性质上，最高法院的判旨是将之作为主张证明责任问题，而不是“事案解明义务”（狭义）的问题来对待的。其理由简单概括如下。 34 35

最高法院在伊方核电诉讼中有没有对原告提出主张证明要求呢？从判决来看，至少没有提出任何实质性的要求，而且从诉讼初期就将主张证明责任交由被告负担。虽然最高法院在判旨中也表示原告应当负担主张证明责任，但这只不过是对传统的要件事实理论的一种交代或说辞。如果我们想捕捉最高法院在该案中的本意，笔者希望对判旨做如下理解，即只要原告提出的主张能够特定许可处分的违法性事实，那么关于该处分的违法性评价根据事实的主张证明责任就应由被告负担。之所以是“希望”，是因为从判旨的用语来看，并没有明确无误地表明这一点（如果抛开最高法院的判旨，笔者认为主张证明责任理论完全可以妥当应对本案问题）。 36

当然，本案判旨也不能理解为是以“事案解明义务”（狭义）为基础的。⑧ 37

---

⑧ 主流观点认为本判决的判旨是对“事案解明义务”（狭义）的肯定，参见春日『民事証拠法論』前引注解2，第22～23页；竹下守夫「伊方原発訴訟最高裁判決と事案解明義務」；木川統一郎博士古稀祝賀論集刊行委員会『木川統一郎博士古稀祝賀民事裁判の充実と促進（中巻）』（判例タイムズ社，1994）第1页以下。笔者对此一直持否定态度，参见伊藤『事実認定の基礎』第151～154页；伊藤編『環境法の要件事実』第46～52页（伊藤滋夫）。

其主要理由在于，如果我们朝着正确的方向来理解这一判旨，就会发现，最高法院关于主张证明责任分配的见解在其他同类型核电诉讼中同样是正当的，[9]伊方核电诉讼并不存在具体的特殊情形。[10] 从实际情况来看，至少从最高法院的判决来看，原告作为对该事实负担主张证明责任的当事人，并未提出符合“事案解明义务”适用条件之(3)(参见前述第二章第二节“二、‘事案解明义务(狭义)’理论概要”部分内容)的具体主张(最高法院在原告没有提出具体事实主张的事实关系的情况下，要求被告提出重要的事实主张和证据)。[11]

38 核反应堆的基本危险性在2011年的东日本大地震中已经显露无遗(关于核反应堆的设置许可处分行为，应属于行政诉讼中的侵害处分行为类型)。[12] 因此，与税收处分行为撤销诉讼同样的情形，[13]对于原告(请求撤销该处分行为的附近居民)来说，只要提出了核电设施许可处分行为是违法的主张即满足了请求原因事实的要求，而不需要对任何具体的事实负担主张证明责任。与此不同，被告行政厅应该就该处分行为合法的评价根据事实负担主张证明责任。学界今后应该按照这一思路深化相关研究。[14]

---

⑨ 对于复杂的公害诉讼、产品责任诉讼以及建筑施工诉讼等，这一主张证明责任分配结论同样是正当的，而后述“侵害处分”的思路恐怕很难适用于该类型诉讼。

⑩ 前引注解3中，在论及“事案解明义务”(狭义)的区别标准时，特意强调的“个案的特殊情形”，实际上在伊方核电诉讼中并不存在。

⑪ 春日教授多半对此也持同样见解，参见春日『民事証拠法論』前引注解2，第23页。

⑫ 日本地方法院也作出过值得关注的判决，参见宫崎地判平6·5·30判タ875号第102页(特别是第108页)。宫崎地方法院以保安林解除许可处分行为对周边居民构成侵害处分为由，作出如下判示：“根据森林法第34条第5款之规定，被诉行为应当获得许可，但该行为将导致划定保安林的目的无法达成者除外。对于划定或者解除保安林具有直接利害关系的人来说，该许可处分行为构成侵害处分，因此尽管该条第5款有如此规定，但在形式与实质均产生了变更行为的许可处分撤销诉讼中，就该变更行为无碍于保安林划定目的的达成，应由被告负担主张证明责任。”

⑬ 关于税收处分撤销诉讼中的主张证明责任之分配，可参见拙著「説明論文　民事訴訟における要件事実論の租税訴訟における有用性——その例証としての推計課税と実額反証の検討」伊藤編『租税法の要件事実』第88～89页；拙著「説明の要旨　要件事実論の考え方」伊藤編『環境法の要件事実』第88～90页。

⑭ 关于笔者对这一问题的观点，可参见伊藤編『環境法の要件事実』第46～52页(伊藤滋夫)。

(二)最高法院关于国籍诉讼的判决(最判平7・1・27民集49卷1号56页[3])

□ 案情概要

原告X生于日本,其母在原告出生时并未携带任何身份证明文件,如护照,在X出生以后,该女子将X托付给一对美国牧师夫妇(X现在的养父母)照看后即杳无音信。X以日本《国籍法》第2条第3项"生于日本且不知其父母者,取得日本国籍"的规定,提起诉讼,请求确认其具有日本国籍(以上案情据本案调查官解说内容进行概述)。本案的焦点在于,"不知其父母者"是何含义,应当如何构建该事实的判断框架? 39

□ 评价性要件思维在本案中的作用

为了更好地理解后述说明,笔者引用最高法院判决要旨(该判决要旨共2部分,笔者引用的是其中关于主张证明责任的判决要旨)如下: 40

"主张取得国籍者,通过证明其出生时的具体情形以及父母的相关情况,从社会一般观念来看,确实无法特定其父母的,应认定为符合国籍法第2条第3项规定之'不知其父母者'。否定取得国籍者,即便通过反证证明了某人具有较高可能性为其父母,但只要没有达到可以特定的程度,则不应推翻上述认定结论。"

笔者认为,最高法院判决恰恰说明本案可根据关于评价性要件⑮的要件事实理论妥当应对,而无须采用"事案解明义务"。⑯ 在此需要强调的是,要件事实理论关于评价性要件的研究不断深入,最近已经成为该理论中最 41

---

⑮ 关于评价性要件(多称之为规范性要件),参见本书第五章第三节相关内容。

⑯ 春日教授认为该判决肯定了"事案解明义务"(狭义),参见春日『民事証拠法論』前引注解2,第24~25页。关于该判决的评论,另可参见拙著『事実認定の基礎』第153~154页;田中伸子「判例研究　国籍法2条3号『父母がともに知れないとき』の要件事実——最判平成7年1月27日民集49卷1号56頁国籍確認請求事件」創価ロージャーナル4号(2011)第183页以下。

值得关注的部分(尤其是从举证公平的视角)。

42 笔者的观点与后文注解16所引田村论文的观点相近,现将要点简单说明如下。

43 本案确实与伊方核电诉讼不同,在原告已经就生身父母很难特定一事进行了主张证明的前提下,法院要求被告就原告父母可以特定一事进行主张证明,由于其主张证明并不充分,法院最后支持了原告的诉讼请求。但在本案中,对于自己负担主张证明责任的"不知父母者"这一评价性要件,原告已经就相关评价根据事实进行了主张和证明,这一主张证明活动并非"事案解明义务"(狭义)构成要件(3)("该当事人提出的主张不抽象,且提供了证明主张成立的事实线索等")含义上的主张证明活动。被告的主张证明活动,不过是针对原告的评价根据事实展开了对评价妨碍事实(被告负担主张证明责任的对象事实)的主张证明,而并非针对自己不负担主张证明责任的事实进行主张证明。

44 基于上述理由,本案判决并非肯定"事案解明义务"(狭义)的判决。最高法院关于"否定取得国籍者,即便通过反证证明了某人具有较高可能性为其父母,但只要没有达到可以特定的程度,则不应推翻上述认定结论"的判示,其理论基础更接近间接反证理论⑰。从间接反证理论的角度来解释的话,"不知其父母者"属于单纯的事实,原告就该事实负担主张证明责任。本案中,原告通过对间接事实的证明希望达到对主张证明责任对象事实的证明目的;为了阻碍原告通过间接事实进行证明,被告需要就间接反证事实予以举证。上述情形在诉讼中较为常见,并无特殊之处。因此,即便从间接反证的视角出发,对该事实不负担主张证明责任的被告进行的相关证明活动,并非履行"事案解明义务"(狭义)。

45 根据该案调查官的解说第52页,最高法院似乎将"不知其父母者"这一要件作为规范性要件来看待,但在判旨中又采用了"否定取得国籍者,即便通过反证……则不应推翻上述认定结论"的措辞,因此最高法院是否明

⑰ 当然,笔者是反对间接反证理论的,主张采用间接反对事实的概念。参见本书第二章第三节"五、间接反证理论批判"相关内容。

确将该要件作为规范性要件来看待是有疑问的(笔者一直将“不知其父母者”这一要件作为评价性要件)。

总之,本案应采用评价性要件的思维加以处理,虽然最高法院的判决在本质上对要件性质的理解是正确的(根据本案调查官的解说),但并没有准确地体现在判示中。 46

六 | “事案解明义务”(狭义)的肯定裁判例⑱

名古屋高等法院金泽分院判决平成二十年(2008年)2月4日(平成18(行コ)8政务调查费用返还请求控诉案件)(载于“裁判所”网站)。 47

□ 案情概要

根据网站的记载,本案案情如下:本案属于所谓的住民诉讼。控诉人、原审原告是金泽市的居民,被控诉人是作为金泽市执行机关的市长。 48

“金泽市居民认为,市政府向市议会议员团体拨付的政务调查费用中,已经支出的部分餐费违反了条例规定的用途标准,因此应该返还给市政府,由于涉案市议员任期已经届满,根据地方自治法第242条之2第1款第4项之规定,决定以市长为被告,要求其向涉案议员团体请求返还不当得利。”法院经审理,支持了控诉人、原审原告的诉讼请求。 49

□ 法院的判示

法院在判决第3部分“原审之判断”之3“关于不当得利数额(损失额)7”的部分,作出如下判示,“根据民事诉讼法第224条第1、3款*之立法旨 50

---

⑱ 也许笔者有些孤陋寡闻,并未检索到最高法院的相关判例。由于只有高等法院的裁判,因此无法称之为“判例”,只能称之为“裁判例”。

* 日本《民事诉讼法》第224条规定,当事人不遵从文书提出命令的,法院可以认定对方当事人关于该文书记载内容的主张为真实。当事人出于妨碍对方当事人使用的目的,而将具有提出义务的文书毁损灭失或作出其他导致该文书无法被使用的行为的,法院可以认定对方当事人关于该文书记载内容的主张为真实。在前两款规定的情形下,如果对方当事人对于文书记载内容提出具体的主张存在显著困难,同时相关待证事实利用其他证据进行证明同样存在显著困难的,法院可以认定对方当事人主张的事实为真实。——译者注

趣,就涉案各项支出中的餐费部分,本案控诉人基于一定的客观依据,已经提出了具有一定合理性的主张和证据,此时,被控诉人(以及涉案的两家议员团体)并未提出恰当的反驳与反证,鉴于此,对于控诉人举证的额度即涉案餐费支出的一部分,应予认定”。“控诉人根据收支报告书(甲3)中平成十五年度(2003年)政务调查费中所载会议费的额度,以及在原判决认定涉案餐费部分支出违法以后,议员团体提交到本案中的收支报告书(乙32,33)中平成十八年度(2012年)政务调查费中所载会议费的额度,控诉人比较了两者的差额,主张可以推定计算违法的餐费支出额度。其中,市民会议有11,726,878日元,议员会有3,702,465日元。控诉人的上述主张系根据两家议员团体提交的客观资料进行的推定计算(差额计算),该计算方法具有相当合理性。鉴于被控诉人既没有对此提出反驳或反证,也没有表示有如此意愿(一如前述,涉案两家议员团体对于控诉人关于涉案餐费部分支出违法的主张和证明,也没有表示进行反驳或反证的任何意愿),应当认定该数额即涉案违法支出的餐费额度。”

□ 笔者关于上述判示之评论

51 对照上述名古屋高等法院的判示,可以认为法院根据《民事诉讼法》第224条第1、3款之规定,认为被控诉人负担“事案解明义务”(狭义),并因此认定了控诉人关于损害的事实主张(可否适用《民事诉讼法》第248条是有疑问的,不过本案审理法院并未贸然适用)。在前述笔者未引用的判示中,名古屋高等法院指出,“涉案两家议员团体的上述态度(相当于准当事人地位的两家议员团体虽然保留了几乎所有支出票据,但在接到法院的文书提出命令后,并未采取任何行动),已经对控诉人关于各项支出具体内容的主张证明活动构成妨碍,也明显阻碍了案件具体事实的揭示”。这一判示可以视为对笔者前述评论的证明。

52 此外,本案所涉情形下的必要的证明标准,普遍认为低于普通的证明标准。

53 笔者对本裁判例的见解基本持赞成态度(对于对方当事人在何种情形

下法院才应该下达文书提出命令,本案也存在值得探讨之处)。

本案应根据“事案解明义务”(狭义),而不是证明责任理论加以应对, 54
理由与前述设例中的解说理由相同,此处不再赘述。

七 | “事案解明”与释明权(义务)

一如笔者在前述设例部分所指出的,在涉及“事案解明义务”的案件 55
中,对于消极履行该义务的当事人,法院会反复行使释明权,催促当事人就有助于揭示案情的事实关系进行主张证明活动(某些情形下,行使释明权是法院的义务)。

笔者在此想就法院释明权之行使介绍一下个人见解,当然还达不到写 56
入标准教科书的程度。总体而言,目前最高法院对释明权之行使基本采取了较为中庸的态度。⑲

学界较少提及的一个视角是关于实体法的释明权行使方式与关于程 57
序法的释明权行使方式的区别。也许笔者学识所限,至今尚未见到专门论及这一问题的成果。

比如,当事人围绕作为请求原因的合同性质,究竟是买卖合同还是承 58
包合同产生争议的时候,法院应当如何把握释明权行使的程度存在一定困难。造成这一困难的原因多种多样,比如现有的证据关系(包括当事人尚未提交的证据)、法律见解的不同、释明权行使的不充分或者过度行使的危险等。对于法院来说,对该问题的确定判断只能在辩论终结之后才能作出。另外,由于法院对于程序的进行负有职责(关于程序的运行采职权主义),因此对于程序法上的问题应当采取明确的态度。比如,在下次开庭之前如果当事人就某一主张未能补充完整,则应驳回该事实主张。如果法院已经下定这一决心,而在释明时没有明确表明(至少要表明存在驳回的极大可能性),仅泛泛地向当事人就驳回错过时机的攻击防御方法之规定进行了晓谕,在下次开庭时,直接驳回了该当事人的相关事实主张。这样的

---

⑲ 高橋『重点講義民事訴訟法(上)』第442~451页,介绍了最高法院的相关判例,并就释明权(义务)进行了详细论述,可资参考。

做法也是不恰当的。

59 此外,法院在就“事案解明”行使释明权时,也应该明白无误地表明程序运行的法律后果,较为妥当的释明方式是“就该争议焦点(此时应该明确具体的事实),本院认为被告负有‘事案解明义务’(狭义),在第5次口头辩论期日到来之前,请被告明确自身对该争议焦点的主张。如果没有按时明确的话,本院将作出原告主张的事实为真实的处理”。

【第三节 要件事实理论与减轻举证困难的对策】

一 | 要件事实理论与举证困难现象之间的关系——本节之构成

上一节,我们从揭示案件事实的角度探讨了如何充实当事人的主张证明活动。在揭示案件事实的所有理论中,"事案解明义务"(狭义)理论主张在满足一定条件的前提下,由不负担主张证明责任的当事人负担一定的主张证明义务,在未履行该义务的情形下,课以该当事人一定的不利益。事案解明义务(狭义)理论既是以不负担主张证明责任的一方当事人面向纠纷解决的协助义务为核心的理论,也是减轻负担主张证明责任的一方当事人的举证困难的理论。 60

本节介绍的理论方法与"事案解明义务"(狭义)有所不同,笔者主要探讨要件事实理论与减轻举证困难对策之间的关系。 61

此外,下文中主要采用"证明责任对象事实"这一术语。依笔者的观点,主张责任对象事实一般情况下与证明责任对象事实保持一致。因此,即便采用证明责任对象事实的术语,一般情况下同样也指向主张责任对象事实。这是笔者在本书所持的一贯立场。如无必要,以下不再单独区分使用。 62

在讨论本节主题之际,应该先从证明责任对象事实的确定过程开始。 63

□ 证明责任对象事实的确定过程

确定证明责任对象事实的最终标准,应该是举证证明的公平性(与证明责任负担的公平性同义)。为此,当诉讼证明成为问题时,应该确保相关的实体法制度目的得以最为恰当的实现。此时确定下来的证明责任对象事实,就是该当于作为裁判规范之民法的要件的具体事实,即要件事实。 64

以下简要描述其确定过程。[20]

65 首先,我们应仔细思考民法的具体制度目的,此时不应带入举证证明的问题,而应对民法进行体系性研究,以民法规范整体之间的相互关系为基准,判断何种民法规范结构是正确的,并将该判断结论以一定的条文结构形式表现出来。

66 其次,应当将确定下来的民法规范结构与前述确定证明责任对象事实的最终标准加以对照,并进一步思考如果加入举证困难性的因素,该规范结构可否保持不变的问题。[21] 如果认为该规范结构符合最终标准,那么应该维持此前确定的民法规范结构,并据此确定证明责任对象事实;如果认为不符合最终标准,那么应当从如何在诉讼中最大限度地实现该实体法制度目的的角度出发对此前确定的民法规范结构进行适当调整,并根据调整后的规范结构确定证明责任对象事实。

□ 维持或者调整证明责任对象事实基本形态时的举证困难情形

67 在初步确定证明责任对象事实之后,即便考虑到举证证明的问题,该事实依然可以维持不变,则该事实就成为最终确定的对象事实,在这一含义上,笔者称为证明责任对象事实的基本形态。

68 一如前述,由于举证困难将导致该实体法制度目的无法在诉讼中得以恰当实现,此时应对基本形态进行适当调整。调整结果的正当性基础,在于因举证困难而进行调整的充分必要性。那么,何为"充分"?在判断上较为困难。如果存在减轻举证困难的对策,那么就不能算作存在举证困难,

---

[20] 关于这一确定过程的详细描述,参见本书第三章第六节相关内容。

[21] 所谓"加入举证困难性的因素",是指我们已经根据某一民法规范结构确定了证明责任对象事实,此时即便存在举证困难,是否依然有助于实现该实体法制度目的(而不是认为举证困难性因素与制度目的无关,应该将其作为独立的因素加以考虑)。换言之,在考虑举证困难性因素时,我们应当从如何才能准确地确定作为裁判规范之民法的要件(该当具体事实即要件事实)形式出发,而且应该有助于该实体法制度目的在举证证明成为问题的诉讼中依然可以得到最大限度的恰当实现。

因此我们必须讨论的是,何种减轻对策可以消弭举证困难的存在。[22] 此时需要回答两个问题:第一,在充分运用后述第二章第三节“二、无须调整证明责任对象事实情形下的减轻对策”项下的各种减轻对策的情况下,由于举证困难的关系,法院能够作出何种程度的事实认定结论?第二,在这种情况下,如果维持证明责任对象事实的基本形态,会不会导致无法作出事实认定,从而陷入真伪不明的境地?如果答案是肯定的,则应当对证明责任对象事实的基本形态进行调整。在这一含义上,从作为裁判规范之民法的立场出发,有必要研究减轻举证困难的各项对策。

□ 对确定的证明责任对象事实作出事实认定时的举证困难

与是否采用作为裁判规范之民法的学说无关,不论采用何种学说,一旦确定了证明责任对象事实,就应该按照后述“二、无须调整证明责任对象事实情形下的减轻对策”项下的各种减轻对策,致力于待证事实的认定工作。一如后述第三章第三节“二、举证责任(证明责任)”中“(二)证明责任的作用场合与功能”所指出的,证明责任理论的目的在于解决事实真伪不明时如何裁判的问题,如果没有陷入此种境地,则应根据其他理论妥善应对。因此,对于该证明责任对象事实,我们必须按照上述思路致力于事实的认定工作。 69

对于举证困难的问题,有必要从两种不同的场景出发加以讨论:一种场景是维持或者调整证明责任对象事实基本形态时的举证困难场景,另一种场景是对确定的证明责任对象事实作出事实认定时的举证困难。[23] 不论何种场景,对于举证困难应该采取怎样的对策,即举证困难的减轻对策,这些对策的具体内容是什么,都有必要展开进一步讨论。否则我们就无法对不同场景 70

㉒ 高橋『重点講義民事訴訟法(上)』第560页指出:“为了尽量减少根据证明责任进行裁判的现象,学界不断研究相关的法技术”,这一结论与笔者基本相同。不过理由却不尽相同。高桥先生的理由是,“根据证明责任分配理论,证明责任并非都是分配给具有相应证明手段的当事人,因此由于真伪不明而根据证明责任进行的裁判,就会产生与具体正义相违背的结果”。这与笔者关于证明责任对象事实的确定标准的观点在出发点上就是不同的。

㉓ 要准确理解这两种不同场景下的举证困难性质的异同点有一定困难。各位读者可同时参考第二章第三节“四、关于多种举证困难解决方案如何定位的基本思路”的相关说明。

下的举证困难所具有的性质和含义展开考察。因此,笔者先就此展开讨论。

□ 举证困难减轻对策之探讨概要

71 减轻举证困难的对策多种多样,应该采用怎样的顺序展开探讨呢？这是首先需要解决的问题。

72 笔者认为,一方面,在对举证较困难的事实进行认定之际,存在若干减轻举证困难的方法,首先应该对这些方法展开研究。也可以说,这些方法属于事实认定理论中关于减轻举证困难的对策(详见第二章第三节“二、无须调整证明责任对象事实情形下的减轻对策”)。

73 另一方面,也存在通过调整证明责任对象事实来减轻举证困难的方法,比如,“证明责任转换”即是如此(详见第二章第三节“三、通过改变证明责任对象事实缓解举证困难的方法”)。

74 因此,我们应当充分认识到各种减轻对策的不同性质,在此基础上展开对相关内容的研究。学界关于推定的研究并未体现上述问题意识,笔者将区分推定的不同性质展开探讨。

75 在多种减轻举证困难的对策中,推定是其中最有代表性的对策。在推定这一大的范畴内,存在性质迥异的不同推定方法,当然,它们也存在共同的特点。㉔ 也就是说,推定存在各种类型,就其功能而言,很难一概而论,但其基本功能却是一致的——都是在没有证据能够直接证明某一事实(评价或权利)的情况下,通过其他事实来推认该事实(评价或权利)的存在,以此完成对该事实(评价或权利)的证明。也就是说,推定的基本功能在于以举证证明的公平性(其中也包括实现实体法制度目的这一法政策的考虑)为前提,意图减轻证明负担。这一基本功能是各种类型的推定都具有的。从间接事实推认要件事实的场合,其证明标准与通过直接证据认定要件事实时的证明标准相比,两者之间存在微妙的差别,但就整体而言,大多数情况

㉔ 关于推定性质的基本研究文献,当属兼子一「推定の本質及び効果について」兼子一『民事法研究第 1 卷(第 4 版)』(弘文堂,1952)第 295 页以下[初出,法協 55 卷 12 号(1937)]。

下前者的证明标准略低。㉕ 我们在思考关于推定的各种问题时，有必要牢记各种类型的推定所具有的基本功能。在此基础上，我们才有可能理解不同类型的推定具有的个性特征和共同特征。

一般认为推定包括如下类型：事实上的事实推定、事实上的权利推定、 76
法律上的事实推定、法律上的评价推定（今出川幸宽律师所创术语，参见后述第二章第三节"三、通过改变证明责任对象事实缓解举证困难的方法"之"（八）法律上的评价推定"）以及法律上的权利推定。前两类属于事实认定理论的范畴，与调整证明责任对象事实无关，后三类属于调整证明责任对象事实理论的范畴。

此外，笔者也会讨论降低证明标准、选择性认定等方法。 77

按照上述思路，笔者将在后述两节详细讨论各种减轻举证困难的方 78
法，并在此基础上探讨减轻对策的不同性质，最后介绍一下笔者对间接反证理论的批评意见。

二 | 无须调整证明责任对象事实情形下的减轻对策㉖

（一）事实上的事实推定

所谓事实上的事实推定，是指从甲事实之存在，通过运用经验法则㉗推 79

㉕ 参见拙著『事実認定の基礎』第 142～143 页。小林秀之『新証拠法（第 2 版）』（弘文堂，2003）第 59 页指出，"只要不存在例外情形，比如所有的证据都十分完备，或者对方当事人对所有的事实都作出了自认，否则在所有的事实认定过程中实际上都存在着事实上的推定"。不知小林先生是否有意识地作出如此判断，但至少说明与"证据完备"的情形相比，在运用事实上的推定的场合，其证明标准相对较低。

㉖ 参见高橋『重点講義民事訴訟法（上）』第 560～585 页，不过需要注意的是，高桥先生的分类标准与笔者不同。

本书旨在介绍要件事实的基础理论，因此本节关于不需要调整要件事实（主张证明责任对象事实）的减轻对策的内容（其基本性质属于对事实认定问题的研究），基本上仅限于必要的介绍。

㉗ 所谓经验法则，是指"从人类的经验所获取的，关于人类的行为、事物的性状以及原因结果等的知识与规则。经验法则多种多样，涵盖了从日常生活（比如，"人在极度饥饿的情况下无法剧烈活动""天空忽然乌云密布是降雨的前奏"）到专门领域（比如，"如果 DNA 检测结果一致，可以在极高概率上确定为同一人"）的多个方面"。（转引自『要件事実小辞典』第 46 页）另可参见河村「事実認定論とはどのような考え方か（下）」第 18 页以下，该文详细研究了通过经验法则进行事实认定时需要注意的诸多因素，殊值参考。

定乙事实之存在。这种事实推定与法律上的权利推定或事实推定不同,并非以法律上的特别规定为依据,而是自由心证主义(《民事诉讼法》第247条*)运用于事实认定的一个过程,也不是对主张责任或证明责任的调整,与其转换也没有关系。[28] 在欠缺直接证据的情况下,实际上并不要求极高的证明标准,如果通过几个间接证据(理论上而言,推定对间接证据的个数并没有要求,单个间接证据也可)可以作出充分的推认,应当认为减轻了证明负担(虽然两者之间的证明标准存在的差别极其微妙)。[29] 这种减轻的幅度并不大,对方当事人没有必要证明相反的前提事实,根据案件情况,一般只需要证明该前提事实的盖然性、可能性,从而动摇法官的心证状态即可。

(二)事实上的权利推定

80 学界关于事实上的权利推定的研究较为少见(目前能检索到的研究成果多是关于登记的推定效力的研究,参见本节后述),因此在缺乏先行研究成果的基础上对这一问题进行探讨是十分困难的。比如,在目前常见的标准教科书中,一般都是以"事实上的推定"加以概括,而且在编著者的潜意

---

* 日本《民事诉讼法》第247条规定,法院在作出判决时,应斟酌口头辩论全旨趣以及证据调查结果,依自由心证,对事实主张的真实与否作出判断。——译者注

[28] 这一观点应为学界通说。可参见中野ほか編『新民事訴訟法講義』第357~358页(青山善充)。

[29] 兼子一「推定の本質及び効果について」前引注解24,第304页指出,"事实上的推定毕竟属于基于事物之盖然性而进行的纯粹的事实判断之规则,不会因法律之要件事实不同而有所不同,乃至与衡平之要求、合目的性考量等均无关系"。笔者认为,只要我们承认推定这一制度,就应当考虑到衡平的要求以及合目的性考量等因素,而且考虑到推定与证明标准等制度的关系,兼子先生的这一判断稍显武断。当然,笔者的观点并非否定经验法则在事实上的事实推定制度中的内在作用。只是想指出,法律认可推定制度的目的,在于解决缺乏直接证据的情况下如何进行事实认定,虽然存在微妙的差异,但通过间接证据推定事实,与通过直接证据认定事实之间,大多数情况下前者的证明标准要低于后者。考虑到这种现象,断言推定制度与衡平以及合目的性等因素之间毫无关系,还是存在问题的。关于证明标准,可参见后述第二章第三节"二、无须调整证明责任对象事实情形下的减轻对策"之"(三)证明标准之降低"。

识里,恐怕仅考虑了"事实上的事实推定"。㉚

笔者的观点是,很难将权利推定作为事实上的推定之一种。理由在 81
于,一如法律上的权利推定,在法律存在特别规定的前提下,进行推定是合理的(当然,也存在推定的内容对于对方当事人过于严苛的可能性,如针对《民法》第188条*的批评意见)。如果没有法律上的特别规定,我们只能通过普通的认定路径判断权利是否存在,即通过认定作为权利发生的根据事实(当然,在认定该事实的过程中也会存在通过事实上的事实推定加以认定的现象)来判断权利是否已经发生。

但是,一如后述第五章第二节"一、问题本质与区别实益"所指出的,通 82
过证据直接证明法律评价的可能性在理论上是存在的,那么对于权利这种最主要的法律评价,我们在理论上也不能完全否定可以通过证据直接证明其存在,当然对这一点我们需要采取极为慎重的态度。仅限于在有必要进行权利推定的场合,例外地,我们可以通过间接事实对权利进行事实上的推定(比如,如果社会大众认可"一个人如果没有相应的权利是不会作出相应的行为的",那么在某人存在该行为的情况下,可以通过这一经验法则对该人享有相应的权利作出事实上的推定)。

当然,无论是通过证据还是间接事实进行事实上的权利推定,其与普 83
通的事实上的事实推定均大异其趣,属于极为罕见的情形,因此对于采取推定手段的必要性,以及相关证据或间接事实的推定力,我们都应采取足

㉚ 笔者将主要教科书中关于"事实上的推定"的解说简单引用如下:司研『要件事実第1巻』第26页在"事实上的推定"标题下指出,"比如,事实上的推定……其待证命题始终是乙事实(推定事实——笔者注)"。伊藤真『民事訴訟法』第366页在"事实上的推定"标题下指出,"通过证据直接或者……通过间接事实来推定主要事实的存在"。高橋『重点講義民事訴訟法(上)』第561页指出,"……还有在法官自由心证的框架下展开的事实上的推定"。中野ほか編『新民事訴訟法講義』第358页(青山善充)在"事实上的推定"标题下指出,"事实上的推定,其本身属于……通过自由心证进行事实认定的过程"。『注釈民事訴訟法(6)』第60页(福永有利)在"事实上的推定"标题下指出,"所谓事实上的推定,是指……推认待证事实"。上述表述虽未明确指出,但都认为事实上的推定不会导致证明责任发生变化。拙著『事実認定の基礎』第138页,也以"事实上的推定"为标题,对事实上的事实推定进行了论述,并未触及事实上的权利推定。

* 日本《民法》第188条规定,占有人于占有物上行使之权利,推定为合法。——译者注

够慎重的态度。此外,在必须进行事实上的权利推定的情形下,由于其具有的事实上的推定的性质,因此不会改变证明责任之所在。㉛

84 东京高判平24·12·12判タ1391号第276页指出,“法理上并不存在否定‘事实上的权利推定’的理由”,该判示认为登记的推定力属于事实上的权利推定。对这一点,学界见解不一。㉜

(三)证明标准之降低

□ *证明度概念的两种含义*

85 在讨论本节内容时,应注意“证明度”这一术语在两种不同含义上的使用情形。第一种情形是,诉讼中作为证明对象的事实(待证事实)能够被认定为存在时所需要的最低限度的证明程度(比如“民事裁判中的证明度是

㉛ 山野目章夫『不動産登記法』(商事法務,2011)第547页将登记的推定力作为事实上的推定(登记事项可进行事实上的推定,登记名义可进行事实上的权利推定)。因此,既然是“事实上的”推定,当然不会导致证明责任的变化。

不过,作为所有权取得原因的证明方法,在理论上也存在这样的可能性,即不必追溯到双方当事人都认可的原所有权人,仅需要把此前进行所有权转移登记的名义人作为所有权人,以此作为出发点,以该登记所具有的事实上的权利推定力为根据,证明自己的所有权取得原因(实务上的普遍做法是,从双方当事人均认可的原所有权人出发,充分利用登记原因的记载内容所具有的事实上的推定力)。由此可见,作为所有权取得原因事实的证明责任对象事实,其具体内容由于登记的推定力而带来了一定程度的改变(参见河村「事実認定論とはどのような考えかか(中)」第26~27页注解53)。

㉜ 河村「事実認定論とはどのような考え方か(中)」第14~15页认为登记的推定力具有事实上的权利推定和事实推定的双重性质。另可参见加藤永一「いわゆる登記の推定力について」鈴木録彌＝徳本伸一編『幾代通先生献呈論集·財産法学の新展開』(有斐閣,1993)第197页以下,遠藤浩ほか監修『民法注解·財産法第2巻·物権法』(青林書院,1997)第343~344页(山本和敏)(不过加藤先生的论文第216页与第218页的内容之间是何关系,不太明确。关于证明责任之所在的说明与事实上的权利推定之间的关系,也不太清晰)。

最判昭34·1·8民集13卷1号第1页[1]将登记的推定力作为事实上的权利推定,但最判昭46·6·29判264号第197页则将登记簿上的记载事项作为事实上的事实推定。最判昭38·10·15民集17卷11号第1497页[93]则对这一问题没有表明具体立场。

民法学说一般认可登记的权利推定作用,比如我妻(有泉亨補訂『新訂物権法(民法講義Ⅱ)』)(岩波書店,1985)第245页,不过从本书所介绍的各种观点来看,该书究竟采取了何种理由并不明确。

高度盖然性")。第二种情形是,对该待证事实之存在,某一证据能够达到的证明程度。举例言之,假定民事诉讼中必要的证明程度是80%,诉讼过程中,对事实存在的证明程度达到了70%,那么在该诉讼中,后一证明度没有达到前一证明度的要求(意即事实还没有被证明);假设对事实存在的证明程度达到了80%,那么后一证明度就达到了前一证明度的要求(意即事实已经被证明)。在前一种含义上使用证明度的概念是较为普遍的做法,笔者也在这一含义上使用该术语*。

□ *慎重对待的必要性*

除了法律有明文规定(如《民事诉讼法》第248条,㉝**第224Ⅲ)或者可 86
以准用该规定的情形(对《民事诉讼法》第224Ⅲ进行类推解释的情形㉞)之外,对于降低证明标准应当采取慎重的态度,并严格设定条件。而降低证明标准的相关理论和制度在性质上应当属于关于事实认定的一种诉讼政策,而不是纯粹的事实认定理论,即自由心证主义范畴下纯粹的关于事实上的事实推定的理论。

在没有法律明文规定的情形下,如果允许可以较为随意地降低证明标 87
准,那么对于法官来说,这是比较容易操作的事情。因为法官不必清楚地表明就诉讼中的争点采用了何种程度的证明标准,但在实际的事实认定过程中却降低了对证明标准的要求,我们也很难期待法官会在判决书中明确表明采用了降低证明标准的做法(更普遍的做法是,法官并不会明确表明采用了这一做法)。这样做会带来双重风险——法官滥用降低证明标准的方法以及当事人无法知晓法官在进行事实认定时会采用何种程度的证明

---

* 鉴于国内学界的用语习惯,以下均采用"证明标准"的用语。——译者注

㉝ 关于《民事诉讼法》第248条的性质,学界见解不一。笔者采证明标准降低说,可参见拙著「民事訴訟法248条の定める『相当な損害額の認定』(上)(中)(下・完)」。最新的研究成果可参见長谷川由紀子「損害額の認定」〔特集・民事訴訟法のポイントを押さえる〕法教2013年10月号第15页以下。

** 日本《民事诉讼法》第248条规定,对损害进行认定时,如果关于损害的性质以及损害额的举证极为困难,则法院可基于口头辩论全旨趣以及证据调查结果,认定相当的损害额。——译者注

㉞ 参见伊藤編『要件事実の機能と事案の解明』第65~68页。

标准。因此,对于降低证明标准的方法,必须采取非常慎重的态度。总体而言,只有在为了解决纠纷而有必要考虑司法政策,且为了维系当事人之间的公平而有充分必要性的情况下,才可以降低证明标准。

□ 降低证明标准的基本条件

88 关于降低证明标准的基本条件,可以考虑如下因素:因案件性质所带来的举证困难在本质上是无法避免的,比如举证所花费的金钱、时间等成本因素,而且根据案件所涉法律制度的旨趣、适用情形以及应当类推适用的实定法规范旨趣,在进行综合考量后,如果认为由于证明不充分而令一方当事人败诉,将明显违背举证的公平性,此时才应考虑降低证明标准的要求。㉟

89 在不得不降低证明标准之际,一方面需要特别注意防止法官的恣意,另一方面需要注意不要损害法的安定性。为此,法官在案件审理过程中应提醒当事人对此加以关注,必要时还应与当事人充分交换意见。此外,法官也应当在判决书中明示这一做法,并应阐明降低证明标准的理由。当然,如果在某些特定的案件中,降低证明标准已经成为众所周知的实务习惯,则另当别论。㊱

(四)选择性认定·概括性认定·比例认定

90 对单一事实(比如,Y 接受了 X 交付的 100 万日元,或者 Y 击打 X 的面部 5 次)作出全部认定是通常的事实认定方法。本节简要介绍三种认定方

㉟ 参见拙著『事実認定の基礎』第 188 页、高橋『重点講義民事訴訟法(上)』第 584 页。一如前引注解 7 中所述,因对方当事人未履行"事案解明义务"(狭义)而降低证明标准的做法,可以视为满足此处所指基本条件的具体事例。

㊱ 鉴于本书作为要件事实理论的基础读物性质,关于证明标准的详细说明可另参见拙著『事実認定の基礎』第 154 页以下。关于降低证明标准的讨论,可参见加藤新太郎『手続裁量論』(弘文堂,1996)第 140~160 页,福田剛久ほか編『民事訴訟法大系第 1 巻総論 I』(青林書院,2007)第 279~288 页(石井俊和)。

此外,作为较新的研究成果,加藤『民事事実認定論』一书对证明标准问题进行了详细分析,可资参考。该书第 51 页还对所谓"确信命题"展开了讨论。笔者的观点是,法官要作出某一事实得到了证明的判断(认定),必须满足确信的心证程度达到了必要的证明标准(参见拙著『事実認定の基礎』第 158 页)。如果加藤先生的观点是希望缓和这一要求,则该观点存在进一步探讨的余地。

法：认定对象可以是A事实，也可以是B事实（选择性认定）；将包括A事实在内的较大范围的事实作为认定对象（概括性认定）；A事实在60%的可能性上是存在的(比例认定)。这三种情形或者由于认定不够准确，或者由于认定理由不够充分，无一例外都与通常做法显著不同。但在某些特殊情形下，这三种认定方法也被认为可以作为减轻举证困难的对策。笔者的观点是，在满足一定条件的前提下（问题的关键在于如何设定条件），可以考虑选择性认定和概括性认定的方法，但比例认定的方法至少在诉讼的场景下是不应当被允许的。㊲

（五）其他方法

除上述所列方法外，在实定法条文中还存在一种名为推定，实为法定 91
证据规则的现象（如《民事诉讼法》第228条㊳*）。如果对照民事诉讼的制

㊲ 关于这一问题的详细论述，可参见拙著『事実認定の基礎』第192页以下、第223页以下。

㊳ 中野ほか編『新民事訴訟法講義』第377页（青山善充）指出，“在法律条文上，‘推定’一语也会在法律上的推定这一含义之外加以使用。包括：一种法定证据规则(《民事诉讼法》第228条Ⅱ、Ⅳ)；关于意思表示的解释性规定……；暂定真实……”与《民事诉讼法》第228条第4款规定的推定相关，最高法院判例还提出了“两段式推定”的观点，即“如果能够确定私文书上名义人的印记出自该人之印章，则在不存在反证的情况下，可以对该印迹系出于本人意思表示进行事实上的推定。因此，根据《民事诉讼法》第326条之规定（现行《民事诉讼法》第228条第4款——笔者注），应当推定该文书具有真实性”（参见最判昭39·5·12民集18卷4号第597页[33]）。根据最高法院上述判示，实际上存在两段式推定。第一阶段的推定是根据私文书上之印迹系出于本人之印章推定该印迹系出于本人之意思表示，第二阶段的推定系根据《民事诉讼法》第326条的推定规范展开。

此外，『注釈民事訴訟法(6)』第64页（福永有利）指出，“法定证据规则属于证据规则之一种（如《民事诉讼法》第316、317、323、326、338条等），作为通过自由心证进行事实认定的例外，将某些间接事实以法律的方式固定下来，如果对方当事人能够提供动摇法官心证的反证，则可推翻该推定结论”。笔者认为上述定义是正确的，上述条文中（序号为现行民事诉讼法之前的旧法条文），前两条属于文书提出命令制度，后三条则与文书真伪相关。一般情况下，正如青山教授所指出的，关于当事人违反文书提出命令的法律效果一般并不包括在法定的证据规则之内。

* 日本《民事诉讼法》第228条规定，举证的一方当事人应当证明文书是真实成立的。依文书制作方式及其内容，应认定为公务员于职务上作成的文书的，推定其为真实成立的公文书。对公文书的成立存在争议的，法院可依职权照会相关行政机关或公署。私文书具有本人或代理人署名或盖章的，推定其为真实成立的私文书。外国国家政府机关或公署作成的文书的，准用第2、3款之规定。——译者注

度目的,该种规定确实具有某种减轻举证困难的作用。关于文书成立的事实,由于其属于所谓的辅助事实,因此不会导致主张证明责任发生变化。除此之外,作为不需要改变证明责任对象事实而缓解举证困难的对策,还存在其他多种多样的称谓。此处有必要加以简单考察的,是所谓的“反证提出责任”。笔者认为,反证提出责任用于说明辩论全旨趣的某一种场景是有效的,除此之外不应具有其他功能。[39]

92 此外,还有一种“第2次主张证明责任”的观点。[40] 这一观点的理论基础在于具体案件中的诚实信用原则,因此从根本来说,如果能够妥当运用前述“揭示案件事实的理论”(本章第二节)、“无须改变证明责任对象事实的举证困难减轻对策”(本章第三节“二、无须调整证明责任对象事实情形下的减轻对策”之“(一)事实上的事实推定”至“(四)选择性认定・概括性认定・比例认定”)以及“合理确定证明责任对象事实的理论”,实际上可以更好地应对相关诉讼场景,因此不宜采用“第2次主张证明责任”的观点(顺便提及的是,在“主张责任”“证明责任”之前增加了“第2次”这一修饰语,有混淆相关概念的危险,也不值得提倡)。

三 | 通过改变证明责任对象事实缓解举证困难的方法[41]

(一)部分证明责任对象事实的可变性

93 事实性要件不存在改变证明责任对象事实的问题。也就是说,能够直接产生某一法律效果的证明责任对象事实都是固定的(比如,100万日元的借款返还请求权的发生,需要以100万日元之交付和承诺返还为必要)。但是,对“正当事由”等评价性要件而言,证明责任对象事实与法律

---

[39] 详见拙著『事実認定の基礎』第143~149页。高橋『重点講義民事訴訟法(上)』第569~570页对这一概念也持消极态度。

[40] 关于第2次主张证明责任较为简洁的说明,可参见木川統一郎「第2次主張・立証責任について——医療過誤訴訟を中心として」判タ1270号(2008)第5页以下。

[41] 参见高橋『重点講義民事訴訟法(上)』第560~585页,不过需要注意的是,在分类的标准和具体内容上,笔者观点与其多少存在一些差异。

效果是联结关系，而不是对应关系。由于当事人的评价尺度不一，会提供不同的评价根据事实（证明责任对象事实），法官需要对此作出相应的法律判断。

举例言之。在出租人请求返还出租房屋的诉讼中，“目前的住房比较狭小，因此有必要收回正在出租的房屋”可以作为出租人存在“自用之必要性”的评价根据事实。其具体内容可以是，居住在外地的儿子一家由于工作调动和照顾老人的原因准备搬回来同住。比如，其根据公司已经决定调动事项并且下达了调动命令，公司关于工作调动的内部决定、内部公示等。在这种情形下，还可能存在其他的正当事由（比如，现在居住的房屋老化——当然还存在一个老化的程度问题）。现实生活的复杂性，决定了证明责任对象事实也存在多种多样的变化。即便工作调动的事实无法获得确定，但只要“存在相当程度的自用必要之可能性”㊷，作为“正当事由”的发生根据事实就是比较充分的。 94

上述情形下，如果“正当事由”的发生根据事实——A 事实存在举证困难，则可追加其他事实共同作为发生根据事实，如果就 A 事实之存在，可以证明“存在相当程度之可能性”，则从整体上可以判断“正当事由”的发生根据事实是充分的。 95

上述方法可以作为通过改变证明责任对象事实而解决举证困难的对策之一。 96

（二）转换证明责任的思考方式

□ 含义

通说关于“证明责任转换”的定义如下： 97

“与一般情形的证明责任分配不同，（证明责任转换）是一种在特定情

㊷ 参见本书第一章第五节“二、家事审判案件要件事实之特征”之“（五）区别要件事实与其他事实之重要性”，以及后述第五章第三节“二、评价性要件的要件事实特征”部分。

况下由对方当事人就反对事实负担证明责任的法技术(新堂第614页)。比如,在不法行为案件中,被害人(原告)应当就加害人存在过失的相关事实负担证明责任,但在机动车事故中,《机动车赔偿法》第3条但书则将不存在相当于过失的事实(反对事实)之证明责任课以加害人(被告)负担。该条规定大幅减少了由于无法证明加害人存在过失而导致被害人败诉(按照原来的证明责任分配结论作出的判决)的现象。《产品责任法》第4条也属于类似的规定。如何在解释论上确定证明责任转换的边界……是一大课题。虽然讨论比较激烈,但真正具有说服力的解释论还是较为少见……我国判例不太使用这一法技术。"㊸

98 根据通说,证明责任转换应该发生在法律规定的情形下。而通说关于法律上的事实推定,一般是在"推定"或者"法律上的推定"标题下,而不是置于"证明责任转换"的标题下进行说明。林屋·注解43对此提出了质疑。

□ 与法律上的事实推定等制度的异同

99 对于后述的法律上的事实推定、解释性规定、暂定真实以及法律上的评价推定等制度,上述证明责任转换学说当然都主张以对前提事实的证明代替对推定事实的证明,在前提事实得到证明的情况下,为了推翻由此带来的推定效果,对方当事人需要证明该推定事实的反对事实。仅从证明责任对象事实变更为反对事实这一角度来看,此时确实发生了证明责任转换的现象。那么,区别使用证明责任转换以及法律上的事实推定等不同的术语,其意义何在呢?

㊸ 另可参见高橋『重点講義民事訴訟法(上)』第560页、伊藤真『民事訴訟法』第361页、中野ほか編『新民事訴訟法講義』第375页(青山善充)、有斐閣『法律学小辞典』第248页。其中,伊藤真教授在前引书第361页指出,"立法者将基于实体法一般规定的法律要件之分类,通过特别法加以变更",并以《机动车赔偿法》第3条但书作为适例。这一说明给人的印象是,在同一部法律中不会出现证明责任的转换。与伊藤真教授的观点不同,林屋『新民事訴訟法概要』第315~316页以"证明责任的转换"为标题,就《民法》第718条第1款与第709条进行了分析,指出两者的证明责任分配结论是相互矛盾的。

笔者认为，虽然两者都依赖于法律的明文规定，而且从某一角度来看都导致证明责任发生转换。但法律上的事实推定与证明责任转换在整体上仍然是不同的制度。理由在于，法律上的事实推定制度中，由于存在推定，因此对于前提事实的证明并不具有最终的决定意义，立法者允许通过对反对事实的证明推翻推定结论。一如后述，解释性规定、暂定真实等制度也存在某种推翻该当法律效果的方法。 100

“证明责任转换”在讲学上的含义与法律上的事实推定不同，是将证明责任对象事实由原本的 A 事实最终变更为其他事实（一般都是 A 事实的反对事实）。举例言之，假设《民法》第 186 条第 2 款 * 并非法律上的事实推定规范，而是证明责任转换规范，那么“在持续占有期间的始期与终期维持占有状态”本身（此处设例稍有不周，这里并不是 A 事实的反对事实，而是 A 事实的部分事实）就是最终的证明责任对象事实，即便对方当事人证明了在始期与终期之间的某一个时点曾发生未持续占有（中断）的事实，这种证明活动也是毫无意义的。证明责任转换并不像法律上的事实推定那样，允许对方当事人通过证明推定事实（始期与终期之间的持续占有）的反对事实（某一个时间节点上的占有中断），来推翻推定的结论。 101

不过，即使在法律上的事实推定（如《民法》第 186 条第 2 款规定的情形）中，一旦前提事实（两端占有）得到证明，推定事实（持续占有）的反对事实（占有中断）就会成为证明责任对象事实。就该反对事实而言，由于制度上并没有规定一旦证明何种事实就可以排除该反对事实所产生的法律效果（如取得时效不完成），所以该反对事实就成为最终的证明责任对象事实。在这一含义上，法律上的事实推定也会导致证明责任发生转换。㊹ 102

---

* 日本《民法》第 186 条第 1 款规定，推定占有人以所有的意思，善意、和平且公开占有。第 2 款规定，有证据能够证明前后两时占有的，推定两时之间持续占有。——译者注

㊹ 高橋『重点講義民事訴訟法（上）』第 562 页、伊藤真『民事訴訟法』第 363 页、中野ほか編『新民事訴訟法講義』第 377 页（青山善充）均认为法律上的事实推定可以导致证明责任发生转换。

103 在上述含义上，与法律上的事实推定、解释性规定、暂定真实等制度整体所具有的特点相比，证明责任转换属于效力更为强大的解决举证困难的方法。

□ 确定与变更证明责任对象事实的关系

104 我们还应同时关注以下问题。修正的法律要件分类说认为，考虑到举证困难的因素，应当将最初确定的证明责任对象事实在诉讼证明的下一阶段在事实形态上加以变化。㊺ 这一做法是否与转换证明责任完全不同，是有疑问的。将法律明文规定的一般规范通过法律明文规定的特别规范加以变更（可否如此解释尚存在疑问，因为正如部分学者所指出的，从《民法》第709条与第718条*之间的关系来看，民法条文并没有就证明责任直接加以规定），这是证明责任转换的特点，除此之外，按照修正的法律要件分类说进行工作的实质内容，与证明责任转换并没有根本性的差异（该说关于《民法》第415条**归责事由的证明责任对象事实的确定过程，可以说具有转换根据条文形式确定的证明责任的实质）。虽然不像在法律明文规定的情形下可以毫无争议的改变证明责任对象事实，但是从作为确定证明责任对象事实这一工作所具有的不可避免的性质来看，只要具有合理性，类似的改变证明责任对象事实的做法应当是被允许的。笔者所倡导的作为裁判规范之民法的理论并不是将最初确定下来的证明责任进行转换，而是主张在确定证明责任对象事实之初，就应当将举证困难的因素考虑在内，

㊺ 后述第四章第二节“四、修正的法律要件分类说”中介绍了青山善充教授的观点。青山教授对修正的法律要件分类说的特点进行了最为清晰的概括，即通过条文形式确定证明责任对象事实，如果存在严重不当的情形，则应根据实质性要素加以修正。

* 日本《民法》第709条规定，因故意或者过失侵害他人权利或法益时，就产生的损害负担赔偿责任。第718条规定，动物加以他人损害的，由动物的占有人负担损害赔偿责任。但根据动物的种类和性质，施以相当注意加以管理的，不在此限。——译者注

** 日本《民法》第415条规定，债务人未按债务本旨履行的，债权人可以请求损害赔偿。由于可归责于债务人的事由导致履行不能的，亦同。——译者注

并把确定下来的结论与民法制度目的进行一致性比较。也可以说，这一理论的特点在于以最大限度地实现民法制度目的为己任，考虑到举证困难的因素，而对根据民法规范结构确定下来的证明责任对象事实的基本形态进行适当调整。㊻

无论是根据其他理论(如未采用规范说的旧的法律要件分类说)，还是根据笔者的观点，与此处所指证明责任转换相当的工作内容，在本质上都属于我们在确定证明责任对象事实之际应采用的常规步骤，没有必要将之作为特殊事项而考虑加以特殊的限制。 105

此外，还需要指出的是，一如后述(第二章第三节"四、关于多种举证困难解决方案如何定位的基本思路")，具有转换证明责任实质内容的解释作业，与"并不希望将根据证明责任解决纠纷的方式作为最终的解决之道"的理念是相容的，并不矛盾。 106

(三)法律上的事实推定

□ *定义*

通说认为，"某些情况下，立法者希望关于产生A法律效果的证明更为容易，而特别规定当甲事实存在时，推定A法律效果的发生要件事实——乙事实为存在[如《民法》第186条第2款、《票据法》第20条第2款、《破产法》第58条(现行《破产法》第51条)]*。上述情形下，甲事实作为推定的前提事实，乙事实作为推定事实，在甲事实得到证明的前提下，通过适用上 107

㊻ 参见前述第二章第三节"一、要件事实理论与举证困难现象之间的关系——本节之构成"部分的说明。

* 日本《票据法》第20条第1款规定，背书发生在承兑期之后，与承兑期之前的背书具有同等效力。但背书发生在承兑人出具拒绝承兑文件之后，或者背书发生在拒绝承兑文件制作期间的，该背书仅具有让渡指名债权的效力。第2款规定，背书没有记载背书日期的，推定为该背书发生在拒绝承兑文件制作期间经过以前。日本《破产法》第51条规定，若清偿发生于第32条第1款规定之公告行为之前，则推定债务人不知破产程序开始之事实，若发生于公告之后则推定其为明知。——译者注

述推定规范推定乙事实之存在,此种制度被称为法律上的事实推定。"[47]

108 我们以《民法》第186条第2款为例(该款规定将"占有"作为事实加以处理)。如果不能证明在某一期间内持续占有,则无法发生以持续占有为要件的法律效果(如以10年或20年持续占有为条件的取得时效),而根据该款规定,如果能够证明在某一期间的始期与终期处于占有状态,则可以推定期间的持续占有状态。始期与终期之间的间隔越长,越能体现上述法律上的事实推定与普通的事实推定(推定的形态一般是"实际情况大概是这样吧")在性质上的差异(也就是说,即便中间持续占有的实际可能性越来越小,也不会改变持续占有的推定结论[48])。占有的期间越长,占有人证明自己持续占有的难度越大,因此可以说该款规定从保护占有人的角度出发,极大地减轻了占有人的证明负担。由此可见,法律上的事实推定与事实上的事实推定性质迥异,前者具有政策性质,其目的在于使某些事实(推

---

[47] 参见司研『要件事実第1巻』第24、25页。关于法律上的事实推定的适例,除正文所列三处外,中野ほか編『新民事訴訟法講義』第377页(青山善充)还列举了《民法》第619条第1款、第629条第1款、第772条,以及《破产法》第47条第2款等规定。

学界普遍认为《破产法》第51条属于法律上的事实推定规范。在该推定规范中,为了证明在对破产人进行清偿时并不知道破产程序已经开始的事实,即《破产法》第50条第1款规定之"不知",可以通过证明清偿发生在破产公告发布前(前提事实),来证明并不知道破产程序已经开始的事实(推定事实)。当事人也可以直接证明推定事实。因此,在法律上的事实推定制度下,当事人可以选择证明责任对象事实(要件事实)。但《民法》第186条第2款并非如此。作为前提事实的"两端之占有",必然包含在作为推定事实的"持续占有"之中,因此当事人无法撇开前提事实直接证明推定事实。由于存在上述差异,也有观点认为《民法》第186条第2款规定并非法律上的事实推定,而应属于暂定真实(参见柴谷晃「民法186条2項の推定規定の性質について——法律上の事実推定か暫定真実か」駒澤法曹1号〔2005〕第1页以下)。不过笔者对这一观点持反对意见,因为该款规定根本不具有暂定真实的本质特征。参见后述第二章第三节"三、通过改变证明责任对象事实缓解举证困难的方法"之"(七)暂定真实"。

关于《民法》第186条第2款的性质,从笔者的观点来看,"占有"属于"评价性概念",该推定规范应当属于后述第二章第三节"三、通过改变证明责任对象事实缓解举证困难的方法"之"(八)法律上的评价推定"法律上的评价推定规范。

[48] 当然也有观点认为,"在前后两端占有的情况下,基于经验法则一般可以认定中间持续占有",这是《民法》第186条第2款的立法出发点。参见藤原弘道「取得時効における前主の占有と民訴法186条〔判例批判〕」判タ323号(1975),收录于藤原弘道『時効と占有』(日本評論社,1985)第171页以下。

定事实)的证明更加容易,与根据经验法则进行的事实推定相比,在内容上未必具有一致性。[49]

□ *证明责任对象事实的改变*

与不存在推定规范的情形相比,法律上的事实推定会不会导致主张责任或者证明责任发生变化?与事实上的事实推定不同,法律上的事实推定未必都与事物的自然经过相符,它只是一种以解决举证困难为目的的政策性规范。有一种观点认为,“推定事实乙必须得到直接证明,在推定事实真伪不明的情形下,由于证明责任的作用,无法发生以乙事实存在为前提的法律效果”。这种观点将导致推定规范的立法变得毫无意义,因此是不能成立的。假设乙事实原本由原告负担证明责任,由于存在法律上的事实推定规范,此时原告只需要证明前提事实甲的存在,法院通过适用推定规范,在法律上推定乙事实之存在。对于原告来说,其在成功证明甲事实的同时,也完成了对乙事实的证明活动,这就相当于免除了原告对乙事实的证明责任。这种情形下,虽然是法律上的事实推定,但毕竟只是从减轻原告举证负担的角度对乙事实进行的推定,当然也允许被告推翻这一推定结论。否则法律上的事实推定就不是推定规范,而变成了不允许推翻的证明责任转换规范,这当然是不正确的。 109

推定乙事实存在的前提条件是甲事实之存在,因此如果被告针对甲事实提出反证,并动摇了法官的心证,则法官不得启动推定规范。不过这与推翻推定结论在性质上是完全不同的,后者以法官已经推定乙事实存在为前提。 110

---

[49] 兼子一「推定の本質及び効果について」前引注解24,第309页指出,法律上的事实推定,“或是基于公平之要求而为平衡当事人实际诉讼地位计,或是出于迅速解决纠纷之合目的性考量,又或者适用实体法之际而应给予某一方当事人更多之优遇,而该优遇恰符合人民的正义情感”。虽然该文年代较为久远,但依然属于研究推定制度的基础性文献。

□ 推定效果之消灭

111 那么,如何才能推翻推定结论呢?简单来说,就是即便甲事实存在,也能够证明推定事实乙不存在。[50] 我们以持续占有(如果不存在法律上的推定规范,该事实应由原告负担证明责任)为例,即便原告证明了两端之占有,但只要被告能够证明中间的某一个时点未继续占有状态,则可以推翻该推定结论。就整体而言,虽然原告原本就持续占有负担证明责任,但由于推定规范的介入,中间未持续占有的事实改由被告负担证明责任。也就是说,关于是否持续占有的证明责任,由原告方转移至被告方。

□ 主张责任对象事实的改变

112 从法律上的事实推定规范的性质出发,证明责任发生转换并不存在特别的疑问,那么,关于持续占有的主张责任是否也从原告方转移到被告方呢?也许有观点认为,法律上的事实推定以减轻举证负担为目的,能否因此就导致主张责任也发生转换,恐怕不能断言。但如果从笔者所倡导的作为裁判规范之民法的学说出发,主张责任应与证明责任保持一致,在法律上的事实推定导致证明责任发生转换的情况下,主张责任也应一并发生转换。[51] 但问题在于,笔者的这一观点在法律上的事实推定的场合下,会不会带来新的不和谐?

113 我们依然以《民法》第 186 条第 2 款为例。《民法》第 162 条第 1、2 款分别规定了持续占有 20 年或 10 年可以取得占有物之所有权。假设不存在

---

[50] 参见『条解民事訴訟法』第 1020 页(松浦馨 = 加藤新太郎)、『注釈民事訴訟法(6)』第 64 页(福永有利)、中野ほか編『新民事訴訟法講義』第 377 页(青山善充)。

[51] 认为主张责任也发生转换的观点可参见司研『要件事実第 1 巻』第 25 页、伊藤真『民事訴訟法』第 364 页、遠藤浩ほか監修『民法注解・財産法第 2 巻・物権法』(青林書院,1997)第 319 页(山本和敏),认为只有证明责任发生转换的观点参见『条解民事訴訟法』第 895 页(竹下守夫)。前一种观点的基本立场是主张责任与证明责任不可分离,后一种观点似乎认为在法律上的事实推定的情况下,例外地可以认可其分离,不过并未阐述任何理由。

第186条第2款之推定规范,即便从裁判规范之民法的要件的角度,上述条文规定的持续占有的条件(其他要件暂且不论)也属于积极要件(如果所有的要件都得到了证明,取得时效成立,如果把"未持续占有"作为妨碍要件来处理则是令人费解的)。但在存在第186条第2款规定的前提下,持续占有的要件已经变为始期占有与终期占有。作为主张取得某不动产所有权的请求原因,在原告已经主张了始期占有和终期占有的情形下,该主张是以取得时效为目的而对第186条第2款规定之两端占有的主张,这是很容易识别的,法院和被告都能够充分理解原告主张的整体内容。因此,即便原告没有主张中间持续占有(实务中的情形恰恰相反),法院也没有任何理由以主张本身失当而予以驳回。上述逻辑同样适用于其他推定规范,如《票据法》第20条第2款、《破产法》第58条(现行《破产法》第51条)。

实务中,提出主张本身并不存在什么困难,原告也往往会提出持续占 114
有的事实主张。因此,如果单纯从主张的角度来看,上述讨论并不具有实际意义。真正的意义在于,即便将主张责任与证明责任一致性的原则应用于法律上的事实推定场合,也不会存在任何理论上的破绽(有观点认为在法律上的事实推定等例外情形下可以放弃一致性原则,其理由是很难成立的)。

(四)法律上的权利推定

□ 定义

在法律上的事实推定的场合,存在作为前提事实的甲事实与作为推定 115
事实的乙事实,"如果根据甲事实作出的法律上的推定结论乙,并非事实,而是权利或者法律效果(如《民法》第188、229条*),则该种推定被称为法

---

* 日本《民法》第229条规定,土地边界线上设置的界标、围障、围墙及沟渠,推定为相邻人共有。——译者注

律上的权利推定,或者简称为权利推定。[52]”(通说认为《民法》第188条属于法律上的权利推定,[53]个别观点持反对见解[54])

116 我们以《民法》第188条为例。为了保护占有人,对于占有的合法状态,即便占有人没有主张证明任何相关的根据事实,也可以从占有这一事实本身直接推定其占有系基于合法的占有权原这一法律状态。权利推定是最为彻底的减轻举证困难的规范,具有浓重的政策规范色彩。

□ 证明责任对象事实的改变

117 在权利推定中,当事人不必证明作为推定结论的乙权利(法律效果)的发生要件事实,只需要证明甲事实(前提事实)即可。这种对证明责任对象事实的改变,一如笔者关于法律上的事实推定的解说,从法律上的权利推定作为减轻证明负担的制度性质来看是没有问题的。

□ 主张责任对象事实之有无与变更

118 一如前述,法律上的事实推定中存在主张责任的问题。也就是说,当事人就推定事实既不负担证明责任,也不负担主张责任,或者当事人不需要负担证明责任,但仍需要负担主张责任。在法律上的事实推定中,从导致某一法律效果发生的角度来看,存在与前提事实具有同等价值的推定事实[55](如在《民法》第186条第2款规定情形中,与“两端之占有”这一前提

---

[52] 参见司研『要件事実第1巻』第26页。关于法律上的权利推定的立法例,除正文所载条文外,中野ほか編『新民事訴訟法講義』第377页(青山善充)、『注釈民事訴訟法(6)』第64页(福永有利)尚列举了《民法》第250条、第762条第2款。

[53] 『注釈民事訴訟法(6)』第64页(福永有利)、遠藤浩ほか監修『民法注解·財産法第2巻·物権法』(青林書院,1997)第338页(山本和敏)均认为此说为通说。

[54] 参见藤原弘道「占有の推定力とその訴訟上の機能」司研論集1968—Ⅰ号(1968),收录于前引注解48『時効と占有』第179页以下;藤原弘道「占有正権原の立証と占有の推定力」判タ302号(1967),收录于同书第209页以下。

[55] 即便前提事实得到证明,对方当事人还是有可能证明推定事实不存在,即其反对事实存在,因此严格说来,前提事实与推定事实并不具有同等价值。只有在不存在类似证明的情况下才具有等值关系。

事实具有同等价值的"持续占有"这一推定事实),当事人有可能对该推定事实直接主张并加以证明,[56]因此存在就推定事实有无主张责任的问题。但在法律上的权利推定中,由于并不存在具有上述含义的推定事实,因此与关于前提事实的主张责任不同,并不存在关于推定事实的主张责任问题。

□ *不依赖推定规范的权利证明*

当事人可能采取完全有别于前提事实的证明路径,来证明推定的权利 119
(法律效果)已经发生。此时,由于作为该权利(法律效果)的发生要件事实与前提事实没有任何理论上的关联,就该发生要件事实当然存在主张证明责任,但并不存在主张责任与证明责任相分离的问题。比如,假设我们通过原告占有某物的事实,直接推定其为所有权人(由于《民法》第188条的推定力过于强大,因此实务中大多情况下并不启动该推定。[57] 能否如此简单地作出所有权的推定是有问题的,此处只是假定存在可以进行推定的诉讼场景),如果原告提出了与该前提事实(对该物之占有)毫无关联的其他事实——比如,"该物原本归A所有,原告自A处买受所得"——并加以证明(该事实当然存在主张责任和证明责任),则该事实也可以作为原告系所有权人的根据。

---

[56] 同样地,在《民法》第186条第2款规定中,只能大致认为"持续占有"(推定事实)与"两端占有"(前提事实)对于时效取得这一法律效果的发生来说具有同等价值,由于后者包括在前者的范畴内,因此现实中并不存在将"持续占有"作为有别于"两端占有"的事实加以主张证明的问题。只不过存在关于始期与终期之间的期间占有的主张责任问题。参见遠藤浩ほか監修『民法注解·財産法第2巻·物権法』(青林書院,1997)第320页(山本和敏)。

[57] 最判昭35·3·1民集14卷3号第327页[20]指出,"如果当事人主张占有他人不动产具有正当权原,则就该主张应负担证明责任"。该案的大致情形是,原告以土地所有权为由要求居住在该地上建筑物的被告,搬离建筑物并返还土地。被告主张,该地上建筑物为A所有,A从原告处获得该土地的使用权,被告从A处获得该建筑物的使用权。

此外,关于登记的推定力具有何种性质,观点不一。最高法院曾经指出:"登记簿上的现所有权人,如果主张于前所有权人处取得不动产所有权,则对该前所有权人,不得援用登记之推定力。"(最判昭38·10·15民集17卷11号第1497页[93])另请参见本书前引注解32。

□ 推定效果之消灭

120　在原告利用推定规范主张并证明了某一权利(法律效果)发生的情况下,被告可以主张并证明在法院启动推定规范时,推定的权利已经不存在(即使被告主张曾经存在但现在已经消灭的情形也可以)的根据事实。当然,在原告利用推定规范主张证明该权利(法律效果)存在时,由于并没有主张证明特定的原因事实,因此对于被告而言,主张证明权利不存在是极为困难的事情。

(五)大致推定

1. 关于过失的大致推定

□ 判例、学说的基本观点及其问题所在

121　最具代表性的判例之一,是大审院时代的判例(大判大7·2·25民录24辑第282页)。该判例指出:“在对他人所有之山林恣意砍伐情形下,应大致推定该砍伐行为系出于故意或者过失,主张不存在故意或者过失之砍伐者,应就相关事实负担证明责任。”

122　笔者认为,关于“过失”的大致推定,传统学说存在一定问题。主流观点均将之视为关于过失事实的事实上的推定,[58]但笔者认为,关于“过失”的

[58] 中野贞一郎教授在论及过失的大致推定问题时,是把过失本身作为主要事实看待的。比如,中野「過失の一応の推定」第18页认为,“妨碍过失认定的特殊事由”,属于“针对过失事实之存在能够产生合理怀疑的间接事实”。中野教授还将过失事实的认定作为选择性认定之一种。比如,中野「過失の一応の推定」第41页在论及砍伐他人所有之山林的问题时指出,“法院可以对‘甲明知该山林为乙所有,或者因疏忽大意而不知径自砍伐’作出选择性的事实认定,并在对选择后加以认定的事实进行法律评价后,将之认定为基于‘故意或者过失’的侵害行为”。

而且,中野教授一方面将过失作为主要事实,另一方面主张将选择性认定的事实进行法律评价后认定为过失,这两种不同的观点能否实现整合是存在问题的。前一种观点将过失作为事实来处理,后一种观点似乎又将过失作为评价来处理(中野教授认为,“……进行法律评价后,将之认定为侵害行为”,这种表述是存在问题的——“侵害行为”既属于“法律评价”,同时也构成“认定”的对象)。

大致推定在性质上应当属于对价值判断的拟制:当前提事实存在时,如果没有特殊事由(该特殊事由的证明责任由对方当事人负担),法院应当作出拟制性结论,即在法律评价上成立“过失”。主流观点的代表人物中野贞一郎教授将“过失”这一抽象结论作为案件的主要事实,而且在某种程度上把过失事实的认定理解为选择性认定的一种类型。这种观点均源于中野教授将大致推定作为事实上的事实推定的认识。但是,“过失”本身并非主要事实,“过失”作为法律评价,其评价根据事实才应当属于主要事实。[59]

此外,选择性认定有其存在的必要性,笔者已经在第二章第三节“二、无须调整证明责任对象事实情形下的减轻对策”之“(四)选择性认定·概括性认定·比例认定”部分进行了说明,此处不赘。 123

综上所述,笔者无法赞同“关于过失的大致推定”的相关学说,[60]但认为大致推定可以用于关于“缺陷”的判断过程。 124

潮见『不法行為法Ⅰ』第320~321页,就过失“推定”引用了笔者的观点,见解基本与笔者相同。

但该书所引判例是根据间接事实进行的纯粹的事实上的推定,殊难赞同。潮见教授所引判例见于最判平8·1·23民集50卷1号第1页[1]。最高法院的观点是,在医疗事故诉讼中,当事人关于医疗过失评价根据事实进行主张证明存在根本性的困难,鉴于此,如果医生没有按照药品说明书进行用药,只要该行为不存在特别的合理事由,则应评价为该医生存在过失。详见后述关于缺陷的大致推定之说明。

从最高法院判决在上述情形下的表述方式(可参见最判平25·9·13民集67卷6号第1356页)来看,所谓“特别的合理事由”,应属于医生一方负担的主张证明责任对象事实(过失的评价妨碍事实)。这就从侧面说明笔者的观点是正确的(如果认为该判决将过失本身作为事实上的事实推定来处理的话,则不会采用这样的表述方式)。

另外,围绕该判决有不少判例评释和相关研究,笔者精力所限,无法一一查证,就目前所见,尚没有能够意识到“过失推定”的性质并进行准确分析的成果。

在流感疫苗预防性接种案件中,涉及关于“预见可能性”的推定问题。最判昭51·9·30民集30卷8号第816页[29]明确指出,在满足一定条件的前提下,被告医生一方也应当负担证明责任(如果没有证明,则应负担侵权行为责任)。关于这一推定的性质,第344页刊载的该案件调查官的说明对此把握得十分准确,认为该判示应“被理解为在被接种人员与医生之间分担证明责任”。这就说明,关于这一推定,该判示承认了评价根据事实与评价妨碍事实的分类。

⑲ 参见本书第五章第三节“一、评价性要件的思维方式”之“(二)关于评价性要件之主要事实说的正当性”部分说明。

⑳ 笔者的观点详见拙著『事実認定の基礎』第140页以下,其中也涉及与表见证明的关系。

2. 关于缺陷的大致推定[61]

□ 研究意义

125 缺陷这一概念具有评价的属性(该评价作为要件时,被称为“评价性要件”[62])。前述“关于过失的大致推定”的相关学说在此亦有探讨余地。过失的大致推定理论与我们判断主张责任之所在并没有直接关联,而作为推定缺陷的前提事实,则既存在证明责任,也存在主张责任。

□ 以《产品责任法》为例

126 笔者以产品责任法案件为例探讨缺陷的大致推定问题。

127 在讨论这一问题时,需要明确一些基本观点:(1)《产品责任法》的基本理念在于保护被害人(主要是消费者);(2)因产品缺陷的性质不同,在某些场合下,对于原告(被害人)来说,就产品缺陷提出具体的主张证明存在一定困难;(3)在上述情形下,如果存在充足的事实可资判断该产品存在某种缺陷,我们可以类推适用“关于过失的大致推定”思路。也就是说,如果不存在关于“特殊事由”这一除外情形的主张证明,当存在某一事实时,我们可以大致推定缺陷成立。这一思路可称为“关于缺陷的大致推定”。

128 也就是说,考虑到(1)《产品责任法》的基本理念,当存在(2)(3)的情形下,法院可以作出存在某种产品缺陷的判断。当然,这一推定的本质是法律评价,并非对缺陷的具体评价根据事实进行推定。

129 比如,原告自用的家用电视机后部突然起火,原告的住所因此被烧毁。如果原告在诉讼中主张并证明了“自己正常使用的家用电视机后部起火”

---

[61] 此后两节的主要内容与笔者「裁判規範としての民法に関する一考察」第26~29页基本相同。所举家用电视机起火造成损害的赔偿案例,也是根据实际判例(参见大阪地判平6·3·29判タ842号第69页,该案发生在《产品责任法》颁布之前)改编而成。在因手机异常发热导致损害的案件中,法院支持了原告的损害赔偿请求,关于该案的仙台高判平22·4·22判時2086号第42页的判示,采用了与笔者相同的观点。

[62] 评价性要件与以事实为要件的事实性要件存在若干显著不同之处,参见本书第五章第三节部分说明。

的事实(此即“缺陷现象”),根据上述大致推定的法理,应当认为原告已经就该电视机存在《产品责任法》第3条*所指缺陷进行了主张证明,此时法院即可作出存在缺陷的判断结论。理由有如下几点:电视机属于《产品责任法》所指的产品,就其导致的损害应尊重保护被害人的立法目的;对于普通消费者而言,就电视机的内部结构提出具体的主张和证明是存在相当困难的;原告是普通消费者;在没有特殊事由的情况下,家用电视机自燃的现象说明其内部存在某种产品缺陷(欠缺应有的安全性)等。

根据法律规定,缺陷在产品投入流通时应当已经存在,但上述证明活动只能证明在事故发生时存在缺陷,这对于缺陷的判断来说还是不充分的。根据大致推定得出的缺陷判断虽然直接针对的是缺陷现象(发生事故)发生的时刻,但原则上来说,如果事故发生时存在缺陷的话,也可以认定该缺陷在产品投入流通时已经存在。这种认定逻辑是根据事实上的推定法理得出的,应当予以肯定。 130

□ 不应启动大致推定的情形

一如上述,对缺陷进行大致推定是有前提条件的,即对于原告(被害人)来说,就产品存在缺陷进行具体的主张证明一般是比较困难的。大致推定也是为了缓和原告的主张证明负担而提出的一种对策。但假如被害人恰恰是熟悉该产品的专业人士,而对于专业人士来说,在某些案件中,主张证明该产品缺陷的评价根据事实并没有那么困难(比如,从事家电销售修理的专业人士,在打开电视机外壳进行修理时,电视机突然起火造成损害)。此时(与消费者作为被害人的案件不同,指的是那些并不存在主张举证困难的案件),原告有必要就评价根据事实进行主张和证明。此外,在关于产品缺陷的主张证明并不困难的其他案件类型中(比如,作为婴幼儿玩具的刀剑制品十分锋利),原告也应当直接主张和证明缺陷的评价根据事实。 131

---

* 日本《产品责任法》第3条规定,制造业人对其制造、加工、进口或者符合前条第3款第2项规定且已交付的产品,因其缺陷而侵害他人生命、身体或者财产时而产生的损害,负赔偿责任。但损害仅涉及产品本身的不在此限。——译者注

132 从要件事实理论的角度来看,关于缺陷的大致推定思路完全可以被其基本原理之一的“等值理论”吸收。

3. 等值理论

□ 含义

133 该当于要件A、B、C的具体事实(要件事实)存在时,产生相应的某一法律效果。其中,A作为评价性要件,当事人需要主张证明可被评价为A的具体根据事实(评价根据事实),但对当事人来说,对该事实的主张证明普遍存在困难,如果强行要求会违反该当实体法的制度目的,有违公平。[63]此时,该当事人可以进行替代性主张证明活动(与主张证明A的评价根据事实具有等值关系)。替代性主张证明活动包括如下两个步骤:首先,既然对于普通的当事人来说,直接对A的评价根据事实进行主张证明存在困难,而且违反该当实体法的制度目的,因此有违公平。那么,当事人须对能够作出这一评价结果的根据事实(笔者称为a事实)进行主张证明。其次,虽然对A的评价根据事实进行主张证明十分困难,但该当事实一定是存在的。当事人须对足以令法院得出“A的评价根据事实一定是存在的”这一结论的事实(笔者称为a'事实)进行主张证明。简言之,当事人不必主张证明A的评价根据事实,但须对a事实与a'事实进行主张证明。上述基本原理(等值理论[64])应予肯定。

---

[63] 单纯的“举证困难”不应作为证明责任负担的决定性要素,参见本书第三章第六节“五、根据制度目的确定主张证明责任对象事实”之“(二)民法的规范结构分析”部分说明。

[64] 笔者在法律上的事实推定部分已经做过说明,即便缺陷现象能够得到证明,但对方当事人也可能成功证明该当于缺陷的事实不存在(与可被评价为大致存在缺陷的相反的事实)。因此,严格说来,举证困难的评价根据事实(a)与缺陷现象事实(a')的综合事实,与该当于缺陷的事实(A)并不具有等值关系。只有在当事人无法证明的情况下,才可以暂时作为等值关系加以处理。

此外,『条解民事訴訟法』第896页(竹下守夫)阐述了民事诉讼法学上的“等值陈述理论”,需要注意的是,该理论与本书所指等值理论毫无关系。

□ 理论依据

等值理论的基本依据与证明责任分配理论的基本依据是一致的，即公平理念。此处需要进一步说明 A 的评价根据事实与 a'事实之间的差异。以前述电视机自燃案件为例。要得出电视机存在产品缺陷的结论，当事人需要针对自燃原因的具体状况（如电视机绝缘体不良、显像管材质不良）提出符合特定化和具体化要求的事实主张并加以证明。这些具体状况即属于缺陷 A 的评价根据事实。而电视机自燃并非缺陷的评价根据事实，只是缺陷现象而已。但对于法院来说，该等事实已经可以作为本案存在缺陷的评价根据事实这一认定结论的依据（电视机绝缘体不良、显像管材质不良等诸如此类的事实，但无法达到特定化和具体化的要求）。这种缺陷现象就是前述的 a'事实。从有利于对方当事人防御的角度，当事人应当就评价根据事实进行主张证明，但当这一要求有违证明公平的理念时，作为次佳的解决方案，该当事人可以就违反证明公平的评价根据事实（a 事实）以及缺陷现象（a'事实）进行主张和证明（与产品缺陷的评价根据事实的主张证明活动具有等值关系）。 134

园尾法官提倡的医疗诉讼“外观理论”[65]，同样以减轻一方当事人举证困难为目的，颇有借鉴价值。但该理论是否已经超越了基于经验法则的评价性要件的传统理论，是否与上述关于缺陷的评价根据事实的等值理论具有同样的逻辑基础，尚难作出判断。 135

---

[65] 園尾隆司「医療過誤訴訟における主張立証責任の転換と外形理論」青山善充ほか編新堂幸司先生古稀祝賀『民事訴訟法理論の新たな構築（下巻）』（有斐閣，2001）第 231 页，对最高法院的若干判例进行了分析，认为其中存在共同的裁判逻辑，即“在医疗过失诉讼中，关于因果关系、过失的特定方面存在困难的案件并不少见。在该类案件中，综合某些能够得到确认的外观事实即可推定诊疗措施与患者的损害结果之间存在因果关系或者医疗方存在过失。这些外观事实可以包括医疗行为的过程、症状发生的经过、医疗行为与症状变化的过程、对该症状通常采用的医疗措施等”。该理论即“外观理论”。

(六)民法上的任意性规定

1. 序

136 除上述介绍的内容外,民法中使用“推定”字样的条文还包括解释性规定(不过有些条文中并没有使用“推定”的字样,参见后述说明)与暂定真实。从民事诉讼制度目的角度来看,上述规定均具有减轻一方当事人证明负担的作用,也会导致证明责任对象事实发生改变。[66]

137 除上述概括性的说明外,民诉法教科书一般不会涉及更多内容(笔者的检索可能不够全面,但仅就笔者所知应是如此)。民法(包括其他与民法典具有同样基本性质的实体法)中有所谓任意性规定的理论(包括此处的解释性规定和补充性规定),应当一并加以讨论。不过需要注意的是,此处所指任意性规定,并非诉讼法上的制度(诉讼法中的任意性规定极其少见,当事人可以合意变更除专属管辖之外的管辖法院为其适例)。

138 以下就本节结构稍作交代。笔者首先介绍民事诉讼法教科书关于解释性规定的内容并做简短评价,然后从解释性规定与补充性规定同属任意性规定的角度阐述任意性规定的一般法理,并在最后进行总结性说明。

139 理论上较为适宜的做法应当从任意性规定的一般法理出发展开论述,但由于民事诉讼法教科书一般仅介绍解释性规定,为了使读者易于理解,笔者按照上述结构展开论述。

2. 解释性规定(与补充性规定同属任意性规定之一种)

□ *定义*

140 解释性规定与补充性规定同为民法上的任意性规定。但民事诉讼法教科书一般对此鲜有讨论,笔者暂且以民事诉讼法教科书的说明作为讨论的切入点。

---

[66] 当然,有些条文虽然使用了“推定”的字样,也起到了减轻证明负担的作用,但并不导致证明责任发生转换。参见本书第二章第三节“二、无须调整证明责任对象事实情形下的减轻对策”之“(五)其他方法”部分。

关于“解释性规定”,民事诉讼法教科书一般采用“意思推定”的术语,[67]在内容上并无差异。相关立法例一般包括《民法》第136条第1款,第420条第3款,第530条第3款,第569条第1、2款以及第573条等*。但法典中也存在部分条文,虽未使用“推定”的字样,但与上述法条具有同样的性质,比如《民法》第557条第1款(讲学上一般将该条解释为关于解约定金的推定规定[68]**)。因此,笔者认为采用“解释性规定”的表述方式更为准确。 141

根据司研《要件事实第1卷》(『要件事実第1巻』)第26页的表述,所谓解释性规定,是指按照当事人通常的意思解释将特定的法律行为赋予相对应的法律效果的一种立法技术。条文上虽然有时会使用“推定”的字样,但并不意味着具有法律上的事实推定的性质。 142

□ 证明责任对象事实的改变

为了证明发生了某一法律效果,当事人只需要证明条文中规定的法律行为即可。而否定该当法律效果之发生的当事人,只证明当事人之间关于该法律效果之合意不成立的事实是不足够的,还需要积极地主张证明当事人之间达成了否定该法律效果之合意。我们以《民法》第557条第1款为例。当事人要推翻关于解约定金的推定结论,仅仅证明当事人之间关于保留合同解除权的合意不成立尚不足够(如果第557条第1款在性质上属于法律上的事实推定则是可以的),必须证明当事人之间达成了不保留合同解除权的合意(此为民事诉讼法学之通说)。从这一角度来看,在证明责任发生转换这一点上,解释性规定与法律上的事实推定相同,但从推定的程度来看,可以说解释性规定的推定程度要高于事实推定。[69] 143

---

[67] 参见伊藤真『民事訴訟法』第365页,『注釈民事訴訟法(6)』第63页(福永有利)。

* 比如,日本《民法》第136条第1款规定,期限,推定为债务人之利益。第420条第3款规定,违约金推定为预定的赔偿额。——译者注

[68] 比如,有斐閣『法律学小辞典』第906页之说明,“民法……推定为合同当事人为了保留合同解除权而交付定金(解约定金)(《民法》第557、559条)”。

** 日本《民法》第557条第1款规定,买受人向出卖人交付了定金的,在一方当事人着手履行合同前,买受人可以放弃定金,出卖人可以双倍返还定金,以解除合同。——译者注

[69] 参见『要件事実小辞典』第17页“解释性规定”条目的说明,司研『要件事実第1巻』第26~27页,伊藤真『民事訴訟法』第365页,『注釈民事訴訟法(6)』第63~64页(福永有利)。

144 民事诉讼法教科书一般仅介绍解释性规定会导致证明责任对象事实发生变化(仅着眼于解释性规定在整个推定规范中的作用),并不涉及解释性规定在民法上的作用。这种研究的缺失会导致我们无法充分理解解释性规定为何会具有如此效力以及为何还存在其他的类似规定?

3. 包括补充性规定在内的任意性规定之概要

□ *作为行为规范之民法视阈下的任意性规定*

145 上述解释性规定属于任意性规定之一种,其与补充性规定共同构成民法上的任意性规定。

146 民法学说关于任意性规定的定义大概有如下几种:“任意性法规是法律行为解释的标准。……当欠缺意思表示内容时,可据此予以补充。……当意思表示不明了时,可据此加以解释。……根据上述不同功能,任意性法规可分为补充性法规和解释性法规”[70]。“民法……为了填补不甚明了之内容,基于对当事人意思之推测或添加立法者之价值判断,制定了被称为任意性规定的条文规范”。[71] “一般认为,任意性规定……从合同双方当事人的利益出发就较为合理的内容加以规定”[72]。虽然学界关于任意性规定的定义稍有不同,但从其基本性质来看,不应当将任意性规定理解为一种满足法定条件[73]情形下的强制性规范。[74] 从任意性规定的性质来看,当事

---

[70] 参见我妻『民法総則』第253~254页。

[71] 参见四宫和夫·能美善久『民法総則(第8版)』(弘文堂,2010)第191页。

[72] 参见前引注解71书,第250页。

[73] 所谓法定条件,是指法律规定的、某一法律行为生效的当然必要条件。法定条件或者基于政策(如《农地法》第3条关于农业委员会之许可的规定),或者基于法理上当然且必要的规范目的(如《民法》第994条第1款关于遗赠的规定),法定条件属于一种强制性规范(即便当事人达成与强制性规范相反的合意,该合意也不生效力)。关于法定条件与任意性规定之间的关系,可参见本书第六章第四节“三、与法定条件具有同一内容的合意”部分解说。

[74] 笔者认为,从作为裁判规范之民法的观点来看,与法律规定具有相同内容的合意是没有意义的(参见拙著「要件事実と実体法」第29页),“但并不意味着《民法》第614条之任意性规定与《农地法》第3条法定条件之规定在性质上是相同的”(参见拙著「要件事実と実体法」第29页注解34)。

人作出与任意性规定内容相一致的合意，与作出同强制性规范内容相一致的合意（此时，强制性规范具有优先效力。但请读者注意的是，本文并不涉及违反强制性规范的情形，比如当事人达成了合意，但违反《民法》第 90 条关于公序良俗的规定），在合意的性质上是不同的。将法律行为的效力归结于合意并没有不妥之处，而且是恰当的。[75]

因此，仅从传统民法理论（作为行为规范之民法）的角度来看，当事人 147
达成的与任意性规定具有相同内容的合意是有效的（当然，根据《民法》第 91 条*之明确规定，与任意性规定具有不同内容的合意也是有效的）。总之，一如前述，任意性规定或者是与某些法律行为相关的解释标准，或者是就某些合理性内容加以立法的产物，这些性质是我们必须要关注的。从作为裁判规范之民法的视角出发，与任意性规定具有相同内容的当事人之合意不具有特别的法律上的意义，这一结论同样具有实质合理性。

---

[75] 这一结论同样也符合意思自治原则。关于私的自治、意思自治问题，参见星野英一「意思自治の原則私的自治の原則」星野英一編集代表『民法講義第 1 巻民法総則』（有斐閣，1984）第 335 页以下。

关于从作为裁判规范之民法的视角（司法研修所的观点与之类似）对这一问题的研究成果，可参见拙著「要件事実と実体法」第 28 页以下、司研『要件事実第 1 巻』第 58 页。

出身实务界的桥本升二教授与笔者观点相同，参见橋本昇二「法律の規定と同一の内容の合意又は意思表示と要件事実」笠原俊広編『日本法の論点第 3 巻』（文真堂，2013）第 57 页以下。

此外，賀集「要件事実の機能」第 67 页的观点在结论上与笔者是一致的，但其论述中有不解之处。该论文第 69 页注解 42 引用了司研『要件事実第 1 巻』第 58 页和拙著「要件事実と実体法」第 28 页的内容，并提出了批评意见，“认为那些与任意性规定具有相同内容的当事人合意是没有意义的观点，可能混杂着强制性规定一般原则的色彩”。笔者的上述观点并不存在与强制性规定比较的含义，賀集教授可能误解了笔者的观点。

新近的研究成果采用了稍有差异的研究视角，值得关注。参见長坂純「強行法と任意法・14　典型契約冒頭規定の強行法規性」法時 85 巻 7 号（2013）第 84 页以下，椿久美子「強行法と任意法・16　半強行法概念の生成とその機能」法時 85 巻 9 号（2013）96 页以下，椿寿夫「強行法と任意法・26　連載を終えて上」法時 86 巻 8 号（2014）第 108 页以下。

* 日本《民法》第 91 条规定，法律行为之当事人，若其意思表示与无关公共秩序之法律规定不同时，则从其意思表示。——译者注

□ 作为裁判规范之民法视阈下的任意性规定

148 当事人之间达成与任意性规定具有相同内容的合意时,从作为裁判规范之民法的角度来看,即便当事人没有证明该合意之成立,也会基于法律规定产生同样的法律效果(比如,在因债务不履行而产生的损害赔偿诉讼中,当事人约定以金钱确定赔偿数额,即便当事人没有证明该合意之成立,根据《民法》第417条这一补充性规定,损害赔偿应以金钱定其数额;根据《民法》第557条这一解释性规定,定金之交付具有保留合同解除权之效力)。因此,当事人证明该合意之成立是没有法律意义的,关于合意成立的举证行为也不应理解为以主张法律效果为目的的攻击防御方法。[76]

149 从作为裁判规范之民法的角度来看,至少不应认为法律效力系基于当事人之合意。理由在于,既然法律已经规定了几乎完全相同的法律效果,仅仅因为对方当事人对该合意是否成立产生争议,法院就顺从当事人的意愿——法律效果之发生系基于当事人合意,而不希望基于法律规定而发生——转而展开证据调查。从民事诉讼妥当、正确、迅速地解决纠纷的制度目的出发,这种审理行为是不应当被允许的(即便法院错误地进行了证据调查,当事人的合意也不能产生相应的法律效果。即便当事人就合意成立不存在异议,当事人也没有必要将合意成立作为事实主张在诉讼文书中予以记载)。

150 简单说来,从作为裁判规范之民法的视角来看,上述合意不具有法律意义。

---

[76] 与笔者相同观点的另请参见司研『要件事实第1卷』第58页,村田ほか編著『要件事実30講』第8、105页(村田涉)。

上述情形下,需要慎重研究当事人之合意是否与任意性规定具有相同内容。比如,在基于使用借贷终了而请求返还借用标的物的诉讼中,当事人达成的和解条款中写明,"本案之使用借贷,在被告(借用人)死亡后终止,仅限于一代人"。当事人之原意在于不承认存在不适用《民法》第599条规定的例外情形,但该合意内容与第599条(日本《民法》第599条规定,使用借贷因借用人死亡而失其效力。——译者注)并非完全相同,此时从作为裁判规范之民法的角度来看,这一合意具有法律上的意义(尽管有这样的约定,但是否存在允许例外情形存在的"特殊事由"尚须讨论)。

□ 任意性规定相互之间的关系

一如上述,当事人之间达成的与任意性规定具有相同内容的合意,从作为行为规范之民法的角度来说是有效的合意,而从作为裁判规范之民法的角度来说是“没有法律意义的合意”(简单来说是不具有诉讼中法律意义的合意),那么如何在理论上解释这一现象呢(就笔者所见,这一问题尚无人关注⑰)? 151

上述问题与诉讼中不具有法律意义的待证事实具有一定关联,笔者从两者联系与区别的角度尝试对这一问题进行回答。后者包括所谓的情况举证与所谓的“a + b”关系中的 b 事实举证两种情形。 152

□ 与“情况”的异同点

所谓“情况”,是指与某一法律效果之发生毫无关系的事实。无论从作为行为规范之民法的角度,还是从作为裁判规范之民法的角度,该种事实都是毫无意义的,当然也不具有诉讼上的意义。比如,“缔约当天天气晴朗”(缔约当天的天气状况,对于判断证人证言的可信度来说是有意义的,可以作为案件的辅助事实或者间接事实,但与此处所讨论的问题无关)。 153

与任意性规定具有相同内容的合意,从作为行为规范之民法的角度来看是有效的,因此该合意之成立的事实,并非此处所指单纯的“情况”。 154

□ 与“a + b”的异同点

一如后述(参见本书第六章第四节“a + b 现象——攻击防御方法的包含与被包含关系”部分内容),“a + b”是指如下事实关系,即如果抗辩 A(如清偿之提供,日本《民法》第 492 条)和抗辩 B(如清偿之提存,《民法》第 494 条)存在交叉事实 a(清偿之提供),则在 a 事实得到证明的情况下,法院可 155

---

⑰ 倉田卓次監修『要件事実の証明責任　契約法(上巻)』(西神田編集室,1993)第 39 ~ 52 页(岡久幸治),就任意性规定与根据法律规定决定合意内容的问题进行了详细的研究,很有意义,不过与笔者视角有所不同。

以直接判定抗辩成立、请求原因无理由,而没有必要判断与 a 事实共同构成抗辩 B 的 b 事实是否存在。如果 a 事实没有得到证明,那么抗辩 A 不成立,同时抗辩 B 也无法成立,因此也不存在 b 事实的证明问题。上述情况下,b 事实属于过剩事实,其主张和证明都是没有意义的。

156 与任意性规定具有相同内容的合意,则与上述事实关系无关。我们以《民法》第 614 条*任意性规定为例。

157 租金请求权的发生要件事实包括"缔结租赁合同""租赁标的物之交付"以及"一定期间的经过"等事实,至于"租金应在月末结清"的事实,无论是当事人达成了合意,还是没有合意而根据《民法》第 614 条之规定(租赁标的物为动产、建筑物以及宅地的场合),都会产生同样的法律效果。因此,如果当事人证明了"缔结租赁合同"与"租赁标的物之交付"的事实,即便没有证明"租金应在月末结清"的事实,同样会产生"租金之清偿期应为月末"的法律效果。从这一点来看,具有与"a + b"同样的性质。

158 但是,上述情形下,即便把①"缔结借贷合同以及租赁标的物之交付"和②"达成租金应在月末结清的合意"(从形式上来看与"a + b"类似)合并起来,也并不会成立任何抗辩事实。也就是说,①事实相当于前述举例说明中的抗辩 A(比如,清偿之提供)事实,① + ②事实相当于抗辩 B(比如,清偿之提存)事实,但① + ②事实并不能产生类似于抗辩 B(比如,清偿之提存将导致债务消灭之抗辩)的法律效果。

159 当事人根据不同的民法规范(比如,提供清偿可免除债务不履行之责任,清偿提存可消灭债务)提出了具有同样结果意义的防御方法时,就会出现"a + b"的问题,其实质仍是诉讼中的攻击防御方法问题。

160 因此,上述以《民法》第 614 条所举事例,不属于"a + b"之情形。从作为裁判规范之民法的角度来看,②事实不具有法律上的意义。

---

* 日本《民法》第 614 条规定,动产、建筑物以及宅地之租金,应于每月末结清。其他类型土地之租金,应于每年末结清,但有收获季节的,应于收获季节后从速结清。——译者注

4. 小结

一如前述,所谓解释性规定,是指按照当事人通常的意思解释将特定的法律行为赋予相对应的法律效果的一种立法技术。为了证明该当法律效果之发生,当事人只需证明条文中规定的法律行为即可。而否定该当法律效果之发生的当事人,只证明当事人之间关于该法律效果之合意不成立的事实是不足够的,还需要积极地主张证明当事人之间达成了否定该法律效果之合意(此为民事诉讼法法学之通说,笔者亦持相同观点)。关于补充性规定,民事诉讼法法学论述较少,但补充性规定、解释性规定基本上具有相同的性质。 161

一如前述,任意性规定一般都具有在当事人意思表示不明的情况下予以填补的性质,可以分为补充性规定和解释性规定。补充性规定的功能在于填补当事人欠缺的意思表示,[78]* 解释性规定的功能在于按照一定的含义解释当事人不明确的意思表示。当然,两者的边界比较模糊,很多情形下无法准确区分,甚至可以说在基本原理上也无法区分。[79] 不过从作为裁判规范之民法的角度来看,在补充性规定的情形下,如果当事人证明了条文中规定的构成要件,则根据该规定产生相应的法律效果,对方当事人要推翻这一法律效果,必须证明其相反的法律效果的发生根据事实。此外,从民法学的原理来看,由于补充性规定适用的前提是欠缺当事人的意思表示,因此,为了推翻该规定产生的法律效果,应以存在与该规定内容相反的 162

---

⑱ 补充性规定的立法例包括《民法》第 272、370、417、755 条(上述条文中均规定了“在没有其他特殊规定的情形下”的适用条件),以及第 560 条以下(没有上述限制性适用条件)。

* 日本《民法》第 272 条规定,永佃权人可以将权利让与他人,或于权利存续期间出租土地用于耕作或畜牧。但以设定行为加以禁止的,不在此限。第 370 条规定,抵押地上建筑物的,抵押权及于该建筑物之附属物。但设定行为另有约定或者债权人可依第 424 条之规定撤销债务人行为的,不在此限。第 417 条规定,无其他意思表示的,损害赔偿以金钱定其数额。第 755 条规定,夫妻婚前未就财产关系订立其他契约的,应适用法定财产制。第 560 条规定,以他人权利为买卖标的的,出卖人负有取得该权利并移转于买受人之义务。——译者注

⑲ 关于补充性规定和解释性规定的含义与例示,可参见我妻『民法総則』第 254 页。

意思表示为充分必要条件。

163 如此看来,从作为行为规范之民法的角度出发,即便可以区分补充性规定与解释性规定之不同,但从作为裁判规范之民法的角度来看,补充性规定和解释性规定均具有前述相同的性质。也就是说,只要能够证明条文规定的法律行为之成立,在当事人不能证明成立相反的合意的情况下,确定地发生条文所规定的法律效果。因此,如果诉讼中涉及解释性规定、补充性规定这些任意性规定的场合,当事人在证明了成立所规定的法律行为之外,还去证明当事人达成了规定的法律效果的合意,这是没有法律意义的。只要我们把握住"没有法律意义"这一点并不会造成理解上的困惑。

164 申言之,"没有法律意义"在理论上的含义就是"无效"。理由在于,仅仅从作为行为规范之民法的角度来看,当事人达成的产生任意性规定确定的法律效果(比如,"在交付定金的场合下,买卖合同的当事人可以通过放弃定金或者双倍返还定金解除合同""损害赔偿以金钱定其数额")的合意是有效力的,即"有效",但从作为裁判规范之民法的角度来看,该合意"不具有法律意义"。因此,无论这一结论听上去多么刺耳,但"不具有法律意义"的本质,只能是无法产生相应的法律效果,即"无效"。

(七)暂定真实

□ 定义

165 暂定真实(《民法》第186条第1款*、《商法》第503条第2款等**)在性质上基本与法律上的事实推定相同,但也存在以下区别。法律上的事实推定中,其前提事实(如《民法》第186条第2款"两端占有")不存在于其他条文中,因此无法利用其他条文证明该前提事实。与此不同,在暂定真实

---

* 日本《民法》第186条第1款规定,对占有人,推定其以所有的意思,善意、和平且公开地实行占有。——译者注

** 日本《商法》第503条第1款规定,商人以营业为目的的行为,属于商行为。第2款规定,商人之行为,推定为以营业为目的。——译者注

的结构中,某一条文规定的事实(《民法》第162条第1、2款*)属于其他条文(《民法》第186条第1款)的推定事实。

但是,法律上的事实推定与暂定真实都属于推定规范,其基本性质是相同的(多数见解认为前者属于存在前提事实的推定,后者属于没有前提事实的无条件推定,笔者观点与此不同)。只不过与法律上的事实推定相比,暂定真实的本质特征在于⑳,法律将其前提事实和推定事实都规定为同一法律效果之必要的要件事实,前提事实必须得到证明,而前提事实一旦得到证明,推定事实也同时得到证明(推定事实无法直接证明)。在这一含义上,只有前提事实才属于要件事实,而推定事实不再属于该条文规定的积极要件。 166

从上述特征来看,作为减轻举证困难的一种对策,暂定真实属于变更(证明责任转换)要件事实(证明责任对象事实)的一种立法技术。㉑ 167

《商法》第503条第2款(与同条第1款综合视之)比较明显地体现了上述特征,以下笔者将以《民法》第162条第1、2款与《民法》第186条第1款之间的关系为例,进行更为详细的说明。 168

□ 证明责任对象事实的改变

《民法》第162条第1、2款(从作为裁判规范之民法的角度来看,该条文属于典型的规范结构)规定了取得时效的必要积极(根据)要件,即"以所有的意思,和平、公开占有他人之物"。另外,《民法》第186条第1款规定,"推定占有人以所有的意思,善意、和平且公开地占有"。上述两个条文的 169

---

* 日本《民法》第162条第1款规定,以所有的意思,和平且公开占有他人之物达20年的,取得该物之所有权。第2款规定,以所有的意思,和平且公开占有他人之不动产达10年的,如果其占有之初系善意无过失,则取得该不动产之所有权。——译者注

⑳ 参见伊藤真『民事訴訟法』第365~366页。此外,在暂定真实的场合下,也会存在前提事实未见于其他条文的情况,如从《民法》第162条第1、2款与《民法》第186条第1款之间的关系来看,作为前提事实的"占有"(此处为叙述方便将其作为事实处理)并未规定在其他条文中。

㉑ 参见『要件事実小辞典』第76~77页(关于暂定真实的条目解释),司研『要件事実第1巻』第27~28页。

重复规定只能是作为积极要件的前提事实“占有”。该要件当然不会消灭，但会变化为消极(妨碍)要件的存在方式(但书的方式)。也就是说，综合两个条文来看，第162条第1款应该变为“占有某物20年者，取得其所有权。但无所有的意思，或暴力、隐秘占有者不在此限”。本文部分规定的事实属于取得时效完成的根据要件事实，但书部分规定的事实属于取得时效完成的妨碍要件事实。由此可以确定证明责任对象事实(单纯从第162条来看，占有的状态似乎属于主张取得时效完成的一方当事人负担的证明责任对象事实，但综合第186条第1款之规定，应当是其反对事实成为否认取得时效完成的对方当事人负担之证明责任对象事实)。

170 此外，多数见解认为暂定真实属于没有前提事实的无条件推定。[82] 但至少从上述解说来看，“占有”应当属于暂定真实的必要前提事实(“占有”在本质上属于评价，此处暂以事实处理)。[83]

(八)法律上的评价推定

171 就笔者所知，“法律上的评价推定”并不见诸文献，关于法律上的推定种类，一般仅列举法律上的事实推定、权利推定、任意性规定以及暂定真实。将评价作为推定对象的“法律上的评价推定”与上述推定种类均有明显不同。这一概念由今出川幸宽律师(原创价大学法科大学院教授)首创(今出川幸寛「商事法要件事実研究会を傍聴して——法律上の評価推定」伊藤編『商事法の要件事実』第242页以下有详细说明)。笔者认为这一概念十分贴切，深表赞同(不过今出川律师关于评价规定的攻击防御方法结构的观点，与笔者不同。参见该书第244～245页)。法律上推定的种类也由此细化为法律上的事实推定、法律上的权利推定以及法律上的评价推定，这一概念对于推定规范结构的重塑具有重大意义。

---

[82] 参见高橋『重点講義民事訴訟法(上)』第563页、中野ほか編『新民事訴訟法講義』第377～378页(青山善充)、『条解民事訴訟法』第1020页(松浦馨＝加藤新太郎)、『注釈民事訴訟法(6)』第64页(福永有利)。

[83] 伊藤真『民事訴訟法』第365页指出，“根据第186条第1款之规定，由占有之事实可以推定其他要件事实”。这一观点至少否定了“无前提之推定”的结论。

比如,《公司法》第423条第3款*,《专利法》第103条所规定的推定,虽然属于法律上的推定(条文中使用了“推定”的字样),但其推定的对象既不是事实,也不是权利,而是评价。因此,采用“法律上的评价推定”加以概括是十分贴切的。 172

除上述所列条文外,根据笔者的观点,“占有”也属于评价性概念,因此《民法》第186条第2款也应当属于法律上的评价推定(上述三个条文中,推定的根据无一例外都是评价,当然,某些情形下也可以把第186条第2款中的占有作为事实加以考虑)。 173

关于法律上的评价推定所涉攻击防御方法的结构,可做如下考虑。《专利法》第103条规定,“侵害他人之专利权或专用实施权者,其侵害行为推定为过失”。在当事人以此为据提出的损害赔偿请求诉讼中,针对该推定的请求原因,对方当事人关于推定为过失的评价妨碍事实之主张属于抗辩。在请求原因的结构中,原告无须主张过失的评价根据事实,只需要使用该推定规范即可,被告的抗辩是关于过失的评价妨碍事实之主张(换个视角来看,作为结果可以认为是对无过失的主张),而非新的无过失之主张。如果还存在针对该评价妨碍事实的评价妨碍事实,则对该事实的主张构成原告的再抗辩。 174

上述“法律上的评价推定”场合下的攻击防御方法的结构,与“非常态评价性要件”场合下的攻击防御方法结构是何种关系,参见后述第五章第三节“一、评价性要件的思维方式”之“(一)评价性要件的定义”部分说明。 175

---

* 日本《公司法》第423条第3款规定,因进行本法第356条第1款第1、3项(包括本法第419条第2款准用本项之情形)规定之交易,而使有限公司遭受损失时,董事长或者执行董事符合以下情形之一的,推定其怠于履行职责。第一,第356条第1款(包括本法第419条第2款准用本款之情形)规定之董事长或者执行董事;第二,董事长或者执行董事决定进行该等交易的;第三,董事会决议赞成该等交易,董事长就该决议投赞成票的。——译者注

四 | 关于多种举证困难解决方案如何定位的基本思路

□ 基本思路

176 一如笔者在本章第三节“一、要件事实理论与举证困难现象之间的关系——本节之构成”部分所指出的，应对举证困难应包括两个不同阶段不同性质的工作过程。

177 第一个阶段的工作是准确确定证明责任对象事实。[84] 本阶段的工作具有确定作为裁判规范之民法的构成要件的性质，是否存在举证困难，必须从诉讼中如何实现实体法制度目的出发。[85] 因此，这一阶段所考虑的举证困难，仅仅是个案中存在的特殊情形尚不充分，必须是普遍存在的、可类型化的举证困难情形。这一特征类似于要件事实在“事案解明义务”（狭义）中的功能。[86]

178 第二个阶段的工作是对于已经确定的证明责任对象事实存在的举证困难，思考相对应的减轻对策。

179 上述两个阶段均有可能存在举证困难，但其具体情形如何，应值思考。思考时采用的方法即前述各种减轻举证困难的对策（包括本章第三节“无须调整证明责任对象事实情形下的减轻对策”以及第二节中的相关内容）。

---

[84] 详见本书第三章第六节“五、根据制度目的确定主张证明责任对象事实”部分说明。

[85] 民法规范结构并未考虑举证问题，仅据此确定的要件事实对于一方当事人来说存在举证方面的巨大困难，如果由此导致违背该实体法制度目的的结果，则应当从考虑到举证问题的民法，即作为裁判规范之民法的角度出发，妥当确定证明责任对象事实，也就是通过改变证明责任对象事实加以应对。

为了更好地理解上述观点，可参考第二章第三节“一、要件事实理论与举证困难现象之间的关系——本节之构成”中关于证明责任对象事实的确定过程，以及维持或者调整证明责任对象事实基本形时的举证困难情形等部分的说明。

[86] 如第二章第二节“六、‘事案解明义务’（狭义）的肯定裁判例”中所述，通过确定证明责任对象事实即可妥当应对的诉讼中，“事案解明义务”（狭义）具有补充规定证明责任对象事实的功能。而确定证明责任对象事实应当以举证公平为标准并做某种程度的类型化思考（比如买卖、借贷、债务不履行、不法行为、撤销作为侵害处分之行政处分等多种类型），“事案解明义务”（狭义）则应以个案特殊情形为据。

□ 不同阶段举证困难之定位及其性质

对于不同阶段的举证困难,是采用普通的减轻对策,还是通过改变证明责任对象事实来应对,都必须遵从上述基本观点(首先准确地确定证明责任对象事实,如果该事实的举证存在困难,则再考虑其他减轻对策)。由于举证困难在两个不同的阶段都有可能出现,如果不能准确地理解其不同的定位和性质,则无法准确理解上述基本观点。简单而言,上述两个阶段中的举证困难,虽有关联,但系出于不同的视角,且针对不同的事实。以下通过两个具体事例(分别是《消费者合同法》第9条第1项,《民法》第186条第2款法律上的事实推定)加以说明。 180

在具体事例的解说之后笔者即做一小结,读者可以就事例解说与小结相互参照,有助于加深对笔者基本观点的理解。 181

□ 《消费者合同法》第9条第1项之情形

笔者首先以《消费者合同法》第9条第1项*中"平均损害额度"(另请参见第三章第六节"五、根据制度目的确定主张证明责任对象事实"之"(二)民法的规范结构分析"部分说明)的证明问题为例,说明举证困难减轻对策的应用方法。 182

假设经营者(债权人)根据该项规定向消费者(违反合同之债务人)提出损害赔偿请求。根据该项规定,违反合同时的违约金数额,如果超过了该经营者应发生的平均损害额度,则超过部分为无效。如果仅从未考虑举证问题的民法规范结构出发,由于违约金合意已经成立,那么作为无效原因的超额部分应由消费者负担证明责任。此时,对于消费者而言,该证明责任对象事实的准确表述应该是"违约金数额超过平均损害额度及其超过 183

---

* 日本《消费者合同法》第9条第1项规定,消费者合同条款符合下列情形的,该条款无效。消费者合同预先确定了解除合同的损害赔偿或违约金数额,根据该条款设定的解除事由、时期划分等因素,该数额总计超过了该消费者合同以及同类合同解除而带来的经营者平均损害额度的,超过部分无效。——译者注

部分的具体数额”。

184 但这一事实的证明对于消费者来说是极为困难的(关于经营者平均损害额度的证明本身极为困难,由此导致违约金额度超过平均损害额度的证明,以及超过部分的数额证明也极为困难),且这种困难属于某种程度上普遍存在的、类型化的困难,对照《消费者合同法》保护消费者的制度目的,应当改变根据民法规范结构得出的证明责任分配结论,由经营者对“违约金数额未超过该经营者应发生之平均损害额度”负担证明责任是妥当的。[87]此时,关于该经营者负担的证明责任对象事实的正确表述应该是,“违约金数额在平均损害额度以下”(至于违约金低于平均损害的程度则不在证明范围之内)。在该事实的证明过程中,如果存在特殊的事由(并非一般情况下的事由,而是个别的、具体的事由,比如突发大地震,导致经营者过去数年关于平均损害额度的证明资料全部灭失,这种情况下准确证明该额度是十分困难的)导致举证困难,而且减轻该举证困难存在合理的理由(以上所举大地震导致的举证困难可算作合理的理由),此时法院应灵活运用无须改变证明责任对象事实的诸多减轻方法,致力于事实认定的工作。

185 上述事例中,简单来说,对于消费者而言的举证困难事实是“该违约金数额超过了该经营者应发生的平均损害额度”,对于经营者而言的举证困难事实是“该违约金额度在该经营者应发生的平均损害额度之下”。假如双方当事人的证明责任对象事实都是平均损害额度本身,则双方举证困难事实为同一事实,这与上述情形并不相同。其差异之处在于,对于消费者来说,即便超过的部分数额小的可怜,他也必须证明违约金数额超过了平均损害额度,而经营者必须证明违约金数额在平均损害额度之下。理论上,消费者与经营者的证明责任对象事实应当是不同的。比如,在法院只能确定平均损害额度在违约金 Z 元上下 a 元的幅度之内(实务中可能存在这种情况)的情形下,消费者需要证明违约金数额超过了“Z 元 + a 元”,经营者需要证明违约金数额低于“Z 元 − a 元”,这种差异就十分明显了。上

---

[87] 另可参见第三章第六节“五、根据制度目的确定主张证明责任对象事实”之“(二)民法的规范结构分析”部分内容。

述事例中所举举证困难的性质，对于消费者来说属于某种程度普遍存在的、可类型化的困难，而对于经营者来说则是个别的、具体的困难。

通过上述说明可见，对于不同阶段的举证困难，虽有一定联系，但仍需 186
要针对不同的事实，采用不同的视角加以判断。

□ *法律上事实推定之情形*

以下笔者以法律上的事实推定中存在的举证困难情形为例。根据《民 187
法》第186条第2款之规定（此处暂不将“占有”作为评价性概念加以处理[88]），如果当事人能够证明在长期占有的两端保持占有状态，即始期A时点、终期B时点为占有，则可以认定A时点与B时点之间持续占有。这一推定规范的理由在于，时点期间的持续占有之证明，属于某种程度上普遍存在的、可类型化的举证困难，如果不加以改变，会导致时效制度难以利用。通过法律的规定，将证明责任对象事实由长期占有转换为时点之间的占有，由此化解举证困难，方便时效制度之利用（在上述《消费者合同法》第9条第1项情形下，举证困难是通过法解释克服的，此时则力图直接通过法律规定加以化解）。此种情形下，当事人依然需要就新的证明责任对象事实——A、B时点之间的占有——加以证明，如果此时偶尔存在个别的、具体的特殊事由（比如某一时点居住在涉诉土地上的事实，由于天灾等原因无法直接加以证明），则可以认为减轻关于占有的举证困难存在合理的理由（以上所举天灾导致的举证困难可算作合理的理由）。此时法院应灵活运用无须改变证明责任对象事实的诸多减轻方法，致力于事实认定的工作。

上述情形下的举证困难并非持续占有，而是A、B时点的占有。因此， 188
所谓举证困难，在不同的阶段分别指向不同的事实，第一个阶段是长期占有，第二个阶段是两端之占有，我们应采用不同的视角（某种程度上普遍存在的、可类型化的视角，以及个别的、具体化的视角），分别进行判断。

---

[88] 参见第五章第二节“二、事实的评价性”之“（一）‘事实’与‘评价’的示例”部分内容。

□ 小结

189 简言之,判断某一事实是否存在举证困难,需要从不同的视角分别判断。

190 在确定证明责任对象事实的阶段,面对可能发生的举证困难,首先应选用无须调整证明责任对象事实的诸多减轻对策,如果依然无法消解举证困难,则应考虑该困难是否属于某种程度普遍存在的、可类型化的举证困难。如果答案是肯定的,则应对最初确定下来的证明责任对象事实重新考察,对事实内容进行适当调整,并最终确定妥当的、新的证明责任对象事实(证明责任对象事实发生变更)。接下来,对于变更后的证明责任对象事实,如果还存在个别的、具体化的举证困难,则可选用无须调整证明责任对象事实的减轻对策,致力于事实认定工作。

191 需要注意的是,在两个阶段分别讨论的举证困难,并非就同一事实进行的无意义的重复性工作。

□ 与降低证明标准的关系

192 降低证明标准也属于减轻举证困难的对策之一,其适用标准如何,应予探讨。笔者的基本观点是应当严格把握降低证明标准的做法。在本章前述部分,就这一问题笔者分别表达了如下观点:"对于降低证明标准的方法,必须采取非常慎重的态度。总体而言,只有在为了解决纠纷而有必要考虑司法政策,且为了维系当事人之间的公平而有充分必要性的条件下,才可以降低证明标准。""关于降低证明标准的基本条件,可以考虑如下因素:因案件性质所带来的举证困难在本质上是无法避免的,比如举证所花费的金钱、时间等成本因素,而且根据案件所涉法律制度的旨趣、适用情形以及应当类推适用的实定法规范旨趣,在进行综合考量后,如果认为由于证明不充分而令一方当事人败诉,将明显违背举证的公平性,此时才应考虑降低证明标准的要求。"

193 上述基本要求与确定证明责任对象事实的标准在内容上"基本"(为何

是“基本”？详见下文)相同。那么就会存在如下问题,根据同样的基本要求,是通过降低证明标准加以应对,还是通过调整证明责任对象事实加以应对呢(到目前为止学界基本没有意识到这一问题的存在)？不需要调整证明责任对象事实的减轻对策,比如事实推定并不会面对这样棘手的问题。

我们以“违约金数额超过平均损害额度”的证明问题为例,此时存在两 194
种减轻举证困难的思路:一种思路是,以该事实为证明责任对象事实(根据未考虑证明问题的民法规范结构,该事实应当由消费者负担证明责任),通过降低证明标准减轻举证困难;另一种思路是,将“违约金数额在平均损害额度以下”作为证明责任对象事实(《消费者合同法》的基本立法目的在于保护消费者,为了实现这一目的,需要减轻消费者面临的举证困难,因此有必要改变仅仅依据民法规范结构确定的证明责任对象事实,而由经营者就平均额度以下负担证明责任)。由于两种思路所依据的判断标准“基本”是相同的,因此孰优孰劣,判断起来存在很大困难。笔者的观点如下。

当上述问题与确定作为裁判规范之民法的构成要件具有相同的性质 195
时,应当以确定构成要件的工作为优先。对确定下来的要件事实(证明责任对象事实)再考虑降低证明标准的问题。也就是说,降低证明标准的方法,要解决的是已经确定下来的证明责任对象事实的认定工作(以证明责任判决的方式解决民事纠纷是迫不得已的做法,因此应采用多种方法尽量避免已经确定下来的证明责任对象事实陷入真伪不明的境地,而降低证明标准则属于其中一种方法,这与应当优先确定证明责任对象事实的思路并不矛盾)。[89]

那么,此处所指“当上述问题与确定作为裁判规范之民法的构成要件 196
具有相同的性质时”,究竟是指怎样的一种情形呢？

笔者认为,该情形即指存在某种程度的普遍存在的、可类型化的举证 197
困难情形,与要件事实功能和“事案解明义务”(狭义)的关系类似。

---

[89] 高橋『重点講義民事訴訟法(上)』第564页以下以“回避证明责任判决的方法”为题进行的说明与此处所讨论的问题密切相关,可资参考。

198 我们还应当区分以证明责任思维加以应对的一般情形,与以降低证明标准方法加以应对的个别情形。

199 证明责任思维是一种以举证公平为标准、以某种程度类型化纠纷(比如买卖、借贷、债务不履行、不法行为、撤销具有侵害处分性质的行政处分等)为基础,确定证明责任对象事实的思维方式。

200 与此不同,降低证明标准的思维一如前述,“总体而言,只有在为了解决纠纷而有必要考虑司法政策,且为了维系当事人之间的公平而有充分必要性的条件下,才可以降低证明标准”。在前述事例说明中,无论是经营者面临的举证困难,还是A、B两个时点占有的举证困难,都是具有强烈个案色彩的事例。在这种个案中,如果能够满足上述降低证明标准的基本条件,则可以采用降低证明标准的方法(而不应采用证明责任思维加以解决)。

201 由此可见,虽然证明责任的思维方式与降低证明标准的思维方式在判断标准上“基本”是相同的,但前者着眼于解决普遍的、可类型化的举证困难情形(通过改变证明责任对象事实的方法),后者着眼于解决个别的、具体案件中的举证困难情形(通过降低证明标准的方法)。

202 证明责任思维方式优先的观点可能招致如下误解:与通过降低证明标准完成事实认定相比,应当优先考虑通过真伪不明情形下的证明责任判决方式解决纠纷。对这一可能的误解笔者预先做如下澄清。

□ 与尽量避免证明责任判决的关系

203 我们以《消费者合同法》第9条第1款规定为例。笔者主张将证明责任对象事实由“超过平均损害额度”变更为“在平均损害额度以下”,并不意味着笔者放弃了通过事实认定解决纠纷的可能性(不再进行事实认定工作,而是通过证明责任判决解决纠纷)。在变更证明责任对象事实之后,经营者关于该事实的举证更为容易,因此也很难出现因事实真伪不明而需要采用证明责任判决解决纠纷的局面。

204 因此,改变与“平均损害额度”相关的证明责任对象事实,其实质是如何确定证明责任对象事实,而不是原本可以通过事实认定解决纠纷,却转而寻求证明责任判决的方式。由经营者而不是消费者负担证明责任,反而更有利于事实认定工作。

五 | 间接反证理论批判

□ 间接反证理论的基本内容

间接反证理论属于事实认定理论的范畴。关于这一问题的讨论,对于 205
我们区分要件事实理论与事实认定理论的不同性质具有重要意义,[90]因此也是本书不可或缺的一部分内容。

众所周知,罗森贝克先生是间接反证理论的首倡者,他认为,“间接反 206
证……不是直接尝试对看上去已经得到证明的主张进行反驳,而是借助其他事实——或者能够得出已经证明的事实是虚假的,至少是存在疑点的推论,或者能够得出法律要件事实本身不存在的推论——以达到反驳的目的。……间接反证所指向的该其他事实,如果构成法院作出推论的基础,则该事实必须得到积极的确定。在这一限度内,间接反证提出者就该事实负担真正的确定责任”。[91] 除了在表述上存在稍许差异外,日本的标准教材或注释书基本继承了上述论述内容。新近的一些教材,无论是间接反证理论的支持者还是反对者,对该理论的介绍也基本没有发生变化。从罗森贝克先生关于间接反证的说明来看,间接反证的特征在于“间接反证所指向的该其他事实”,即间接反证事实必须得到证明。必须注意的是,这种证明

---

[90] 河村「事実認定とはどのような考え方か(上)」第 15 ~ 16 页就事实认定理论和要件事实理论的异同点进行了说明,关于两者的不同点,作者认为,“证明标准和证明责任适用于要件事实”,“就事实判断(事实认定)而言,无论是原则性的经验法则,还是例外性的经验法则,对于构成这些认定规范的复数的间接事实来说,并不适用证明标准和证明责任”。河村「事実認定とはどのような考え方か(中)」第 23 页指出,“如果某一间接事实的证明程度超过了 50%,该心证……应当朴素地反映到事实认定(心证形成)的综合判断中”。很明显,河村法官也否定了间接反证的观点。

[91] 转引自ローゼンベルク『証明責任論(全訂版)』(判例タイムズ社,1987)第 230 页(倉田卓次訳)。

的性质,与间接"反证"的用语无关,而是存在证明必要性的"本证"。

□ 围绕间接反证理论的争鸣

207 时至今日,间接反证的概念并未发生变化,围绕间接反证理论,学界分为肯定说⑫和否定说⑬。否定说逐渐占据优势。

208 间接反证理论是适用于间接事实的理论,对于以过失、正当事由等评价性要件⑭为内容的事实[比如,"出租人一家原本住在距离出租房较远的住所,但现在工作调动到出租房附近的公司事务所"的事实,属于有必要搬回出租房的根据事实(请求原因事实);"该公司优质低廉的员工宿舍紧邻该公司事务所"的事实,属于妨碍出租人有必要搬回出租房的事实(抗辩事实)],则不应存在适用余地(这一观点应当属于通说)。

209 此外,事实认定的前提、事实判断的基础在于对处于多样化事实关系中的对象事实达到判明的程度。通过间接事实进行事实认定也是如此,而

---

⑫ 比如,司研『10 訂民事判決起案の手引き』第 85 页(当然没有说明任何理由),中野ほか編『新民事訴訟法講義』第 383 页(青山善充)认为,"只要我们无法否认可以通过间接事实否定主要事实的认定结论,就无法否定间接反证理论的功能"。

田中『事実認定の考え方と実務』第 170~174 页论述了间接反证的功能,在结尾处,作者从实务需求出发总结道"不能认为间接反证概念是有害的或者无用的"。不过作者关于实务需求的说明并不具体,因而缺乏说服力。也没有理由认为实务界采用了与该作者同样的观点(参见前引注解 90 河村法官的见解)。

此外,正如田中律师在该书第 171 页所认可的,围绕间接反证的争鸣,其对立焦点在于有无必要要求间接事实(反对间接事实)必须得到证明。否定说认为,某些情况下,即便反对间接事实没有得到证明,也可以推翻间接事实的推定结论(比如本节结尾所举事例)。针对这一观点,肯定说本应当作出充分的反论,但该书并未如此。当然,我们否定间接反证理论,并非否定某些情形下应当要求反对间接事实达到证明的标准,只是认为某些情形下并不需要提出如此高的证明要求。

关于"反对间接事实"的概念,可参见『要件事実小辞典』第 201~202 页。

⑬ 比如,伊藤真『民事訴訟法』第 367 页注解 271 认为,"间接反证概念的成立缺乏理由"。高橋『重点講義民事訴訟法(上)』第 551 页以下(特别是第 553、556 页),引用了笔者的观点,详细论述了否定间接反证理论的理由。『条解民事訴訟法』第 1022~1024 页(松浦馨＝加藤新太郎)对该理论持消极态度。加藤『民事事実認定論』第 190 页注解 12 为了否定"间接反证事实"这一概念,引用了笔者主张的"反对间接事实"的概念,并且在该书第 246 页正文中也使用了这一术语。

⑭ 关于评价性要件,参见第五章第三节部分内容。

间接反证理论则违背了事实认定的这一性质,并不妥当,⑮实难赞同。

关于间接反证理论的详细批评意见,以及"反对间接事实"思维方式的 210
具体内容,可参见笔者的其他相关著述。⑯

□ 要件事实理论与事实认定理论的性质差异

笔者需要在本书中强调的内容是,在间接反证的名义下,将证明责任 211
思维方式导入间接事实的做法,无异于将要件事实理论移植到事实认定理论之中,难谓妥当。在要件事实理论中,根据举证公平原则确定相应的要件事实,如果该要件事实未得到充分证明,则不能将之作为存在的事实加以对待(此为一种法律判断的规则),这是根据要件事实理论判断要件事实是否存在的前提条件。事实认定理论并不存在类似的前提,它是以判明的事实状态本身(比如,不论是已经得到证明的间接事实,还是只有60%~70%存在可能性的间接事实,或者可能性更低的其他事实等)为基础,对待证事实整体作出综合性判断,以得出妥当的事实认定结论,即能否作出要件事实是存在的这一判断或认定。两个理论在这一点上的性质差异是我们必须要留意的。

在本节结尾,作者将通过一个虚构案例,即平常教学中所谓的"教室设 212

---

⑮ 比如,在300万日元的借款返还请求诉讼中,原告向被告交付了300万日元的借款属于要件事实,为了证明该要件事实,原告提出了如下间接事实(假设这些事实作为间接事实已经十分充分):在原告主张借款的前一日,原告从银行提取了300万日元的现金;原告与被告当天有过面谈;原告系金融业者;被告当时陷入财务危机;被告在第二天向其他债权人清偿了300万日元的债务。为了阻止法官通过上述间接事实推定要件事实的存在,被告提出了如下阻止法官心证形成的根据事实:被告当天向其他人借款300万日元(该事实属于可以与"被告当天向原告借款300万日元"同时存在的其他事实)。从肯定说的角度来看,该事实属于"间接反证事实",笔者称之为"反对间接事实"。问题在于,在多样化的事实关系中,如果该事实没有得到证明,就无法推翻通过间接事实推定要件事实的结论吗?笔者认为,在某些案件中,如果该反对事实在极大可能性上是真实存在的,也应当认可其具有推翻推定结论的效力。我们以其他间接事实为例,比如,法院判明被告当天彩票中大奖,奖金5000万日元。被告已经领取了奖金的事实几乎可以达到证明的程度,这种情况下还不能推翻推定的结论吗?

⑯ 参见拙著『事実認定の基礎』第104~123页。

例”,用于说明间接反证理论有时将会带来令人无法理解的案件处理结果,并以此作为笔者对该理论批评的终结。

□ 具体事例

213　在因不法行为导致的损害赔偿请求诉讼中,X 主张以下①之伤害行为系 Y 之所为,Y 予以否认。

214　×年×月×日 21 时整,在×地昏暗的街道上,X 被人从背后用形态极为特殊的刀具刺伤,X 向前倒地,虽不能断定行凶者为 Y,但能够断定该人与 Y 极为相像(①事实已经被证明)。21 时 2 分左右,Y 出现在距离案发现场以北 50 米处(②事实已经被证明)。日后查明,Y 对 X 怀有强烈的仇恨,具有充分的行凶动机,案发日第二天早上,Y 将同种类的形态极为特殊的刀具秘密带入案发现场附近的自家住宅(③事实已经被证明)。

215　同日 21 时 3 分左右,与 Y 相貌极为相似的双胞胎兄弟 A 出现在距离案发现场以南 50 米处(④事实属于 Y 主张但 X 否认的事实)。日后查明,A 对 X 也怀有强烈的仇恨,具有充分的行凶动机,案发日第二天早上,A 也将同 Y 所持有的同种类形态极为特殊的刀具秘密带入案发现场附近的自家住宅(⑤事实属于 Y 主张但 X 否认的事实)。

216　上述刀具是否属于作案凶器,无法通过血液痕迹等得到证明。

217　上述案例中,如果完全不考虑事实④⑤,则可以得出 Y 是不法行为人的结论。但由于事实④⑤成为案件争点,那么即便法院强烈怀疑该等事实实际存在,但只要没有得到证明,还只能认为关于 Y 是不法行为人的证明是充分的。这样的事实认定恰当吗?

□ 上述问题的启示

218　即便法院强烈怀疑事实④⑤是有可能存在的,但由于该等事实距离证明仅有一步之遥,则应继续维持 Y 是加害人的心证结论。如果我们认可间接反证理论,则必须维持这样的结论。但这样的结论对于大多数读者来说,恐怕是极不协调的。这种违和感的存在,不正意味着我们不应认可间接反证理论吗?

上述设例在现实中恐怕很难发生,但在本质上类似的情况则极有可能 219
存在。比如,我们也可以将上述事实②中的时间和场所根据实际情况略加调整。此外,虽然双胞胎较为罕见,但相貌较为接近的兄弟则不少见,假如他们具有相同的爱好且共同居住,由于与邻居产生激烈的冲突而对邻居都抱有强烈的仇恨等,这种类似的情况是有可能存在的。

第三章 裁判规范民法

【第一节 本章主要内容】

笔者所提倡的“裁判规范民法”是一种狭义的概念，其具体内涵是指，“诉讼中有时会出现符合某一法律要件的具体事实陷入真伪不明的情况，此时法院依然必须适用民法进行裁判。为方便法院适用而针对该种情形对条文进行重构之民法”，除此之外不含有任何其他意义。① 1

虽然“裁判规范民法”是一种狭义的概念，但此处所指“民法”则是广义的民法概念，即以民事纠纷中广为涉及的基本法——民法作为民事实体法的代表，而并不意味着应该对其他民事实体法采用不同于本节的观点加以讨论。从最恰当的角度来看，也许采用“裁判规范实体法”的名称更为合适，但笔者最初的目的是探讨与民法相关的问题，因此采用了“裁判规范民法”这一术语。就目前的情形来看，“裁判规范民法”这一术语已经具有相当程度的辨识度，②因此不再予以替换。但请各位读者务必注意，“裁判规范民法”实际上指的是“裁判规范实体法”。 2

笔者当初提倡此种裁判规范民法的思维方式时，③类似的研究成果 3

---

① 笔者所倡导的“裁判规范民法”这一术语，其含义与学界惯常使用的含义存在些许差异，详见本章第四节“二、裁判规范民法的意义”相关内容。

② 比如，2012 年出版的加藤「要件事実論の到達点」第 25 页，在论及关于“要件事实论的定义”的不同观点时，明确指出，“出现了围绕‘裁判规范民法’的争论状态”。

③ 笔者早期关于“裁判规范民法”较为系统的观点总结，可参看伊藤「要件事実と実体法」、伊藤「続・要件事実と実体法(上)、(下)」。前者第 19 页以下“第 2 要件事实与实体法”的介绍尤为详细。

笔者认为，定塚孝司法官虽然在具体问题上的思维方式与我存在截然不同的见解，但对于裁判规范民法这种思维方式基本上具有类似的观点。定塚法官指出，“主张某一权利的发生、消灭时，应当主张哪些要件事实？不需要主张与证明何种事实？这些都是诉讼中的重要问题，这些问题的答案都要依赖以诉讼实践为目的的实体法解释”。[定塚孝司「主張立証責任論の構造に関する一試論」司研論集 74 号〔1984〕，收录于故定塚孝司判事遺稿論集『主張立証責任論の構造に関する一試論』(判例タイムズ社，1992)所收，第 5 页]，“如此，应将民法这一实体法规作为裁判规范加以处理，用以说明对于具体诉讼中的权利的发生以及消灭，民法规范作为请求原因、抗辩、再抗辩的具体依据应当如何发挥作用？相对应的要件事实(应该主张的事实)又是什么？”(该书第 6 页)

极少。④

④ 如笔者所知，除了前述注解介绍的定塚法官的研究成果外，作为通用于裁判规范民法的思维方式只有广中俊雄教授在其著作『民法綱要第1巻総論上（民法の意義·権利）』（創文社，1989）中有所提及，值得关注，即"对于A对B的买卖价款请求诉讼的情形，可以在综合考虑民法第555条等规定的基础上，通过解释论形成如下规范性命题，即'卖方可以按照买卖合同向买方请求支付价款，但买方存在错误或买方已作出清偿的除外'……按照这一规范性命题可以对举证责任作出如下分配：请求支付价款的买方对买卖合同成立的意思表示承担举证责任，意图通过基于错误而导致合同无效或基于清偿价款债务而导致合同消灭的买方应当对错误或已经清偿的事实承担举证责任"。

严格而言，由于导致合同无效的原因还有很多，在但书部分只列举错误是不太准确的，但广中教授的本意应该是举例说明，因此作为概说问题不大。广中教授的上述见解与笔者相同，但该书介绍较为简略，无从得知其得出这一结论的具体过程。

【第二节　要件事实理论与实体法学】

一如前述(本书第一章第二节"一、要件事实的定义"以及上述第一节),如果脱离了民事实体法,要件事实理论是根本无法存在的。⑤ 此种无法脱离,是要件事实理论的当然要求。 4

虽然在前述章节中(本书第一章第六节"要件事实理论在民法解释领域中的功能"),笔者已经阐述了要件事实理论在丰富民法解释学方面作出一定贡献的可能性,但与之相比,民法解释学对于要件事实理论则是绝对重要的。即便不依赖要件事实理论,民法解释学在某种意义上也可以独自成立(比如传统的民法解释学),而如果没有民法解释学的支持,要件事实理论则根本无法存在。相关理由可参见前述第一章第二节"一、要件事实的定义"。要件事实是指符合裁判规范民法构成要件的具体事实,而裁判规范民法的具体内容则是在行为规范民法(笔者将假定所有的案件事实都能够得到确定而无须考虑举证问题的民法称为行为规范民法)解释结论的基础上加以确定的(一般情形下,行为规范民法是民法解释学的逻辑前提)。 5

笔者在此无意深入介绍相关具体内容,只是希望着重说明的是,要件事实理论与民法解释学存在极为密切的关系:一方面,要件事实理论植根于民法及其解释学;另一方面,要件事实理论也会对民法解释学带来一定影响。 6

此外需要强调的是,上述观点同样适用于要件事实理论与其他民事实体法解释学之间的关系,这一点务必留意。 7

---

⑤ 也有部分学者明确指出要件事实、要件事实理论与实体法之间存在紧密联系,参见笠井「要件事実論と民事訴訟」第160~161页、竹下「民事訴訟における事実の確定に関する判例・学説・立法」第9页等。

【第三节 主张责任与证明责任】

一 | 主张责任

(一)定义

8 当事人在口头辩论中没有主张某一要件事实,则法院不得将该事实视为存在,也不能认定以该要件事实存在为前提的某一法律效果,此种不利后果或风险即为主张责任。⑥

9 主张责任这一概念成立的前提是辩论主义。

□ 辩论主义的依据

10 众所周知,关于辩论主义的依据,学界存在多种观点。笔者赞同“本质说”(在这一问题上是否存在所谓的通说尚难有定论,但本质说应该是最具影响力的学说),即辩论主义的依据在于以解决私益纠纷为目的的民事诉讼的本质。也有观点认为,(辩论主义)有助于发现真实或防止裁判突袭,但这样的观点无法合理解释为何职权探知主义同样不排斥上述价值。多

---

⑥ 参见伊藤「要件事実と実体法」第 16 頁。此种定义为学界通说,广泛存在于各种文献。例如,伊藤眞『民事訴訟法』第 301 页、司研『要件事実第 1 巻』第 11 页、中野ほか編『新民事訴訟法講義』第 368 页(青山善充)、高橋『重点講義民事訴訟法(上)』第 405 ~406 页、『注釈民事訴訟法(6)』第 83 页(福永有利)、『条解民事訴訟法』第 892 ~893 页(竹下守夫)。但多以主要事实这一用语代指要件事实。另请注意的是,一如后述,在上述定义的背景之下,仍有部分学者坚持认为重要的间接事实也适用辩论主义。

此外,严格来说,以上文献关于主张责任的定义与笔者的观点并不完全相同。笔者将符合裁判规范民法的构成要件的具体事实作为要件事实,而上述文献并未采用裁判规范民法这一思维方式,因此还无法断定按照裁判规范民法确定的要件事实与上述文献中的要件事实(主要事实)是完全一致的。

元说(该说主张不应将辩论主义的依据单一化,而应从民事诉讼的本质、发现真实以及防止裁判突袭等多种角度予以考虑)关注的重点,则可以在采用本质说的前提下将之作为具体的适用问题对待,并通过采取恰当的对策获得解决(这种做法与本质说并不存在矛盾)。

□ *辩论主义的内容*

辩论主义的标准性解释如下,即"辩论主义的内容一般被概括为如下3个命题("命题"有时也被称为"原则"):(甲)法院不得将当事人未主张的事实作为审判资料;(乙)法院必须将当事人之间没有争议的事实(自认的事实)作为审判资料直接采用;(丙)如果通过证据认定当事人之间争议的事实,必须依据当事人提出的证据"。⑦ 11

根据辩论主义的第1命题(有时也称为"原则")[上述(甲)],作为审判基础的诉讼资料(事实)只限于当事人提出的事实主张(不得考虑当事人未提出的事实主张)。 12

作为第1命题的反面,在当事人提出事实主张以后,以该事实为前提的法律解释以及当该事实产生争议而需要进行的事实认定,都属于法院的职责,并不受当事人陈述意见的拘束(意即均落在辩论主义之外)。⑧ 从辩论主义本质说——辩论主义的依据源于民事诉讼的本质——的角度出发,上述观点非常重要,不容忽视。⑨ 当然,在坚持辩论原则的前提下,为防止因过于强调该原则而导致的负面效果,需要充分考虑释明义务等观点。⑩ 13

以下将逐一阐述与主张责任相关的事项。 14

---

⑦ 中野ほか編『新民事訴訟法講義』第190页(鈴木正裕)。

⑧ 比如『条解民事訴訟法』第877页(竹下守夫)。

⑨ 需要注意的是,这一结论成为笔者采用评价性要件的主要事实说的重要依据(参见本书第五章第三节"一、评价性要件的思维方式"相关内容)。

⑩ 释明义务非常重要,参见本书第二章第二节"七、'事案解明'与释明权(义务)"相关内容。

(二)主张责任的适用场景及其功能

□ 适用主张责任的诉讼

15 一如上述,主张责任是当事人因未主张某一要件事实而由此负担的不利后果或风险,因此对于那些不需要当事人主张要件事实的诉讼来说,并不涉及辩论主义的适用问题。需要当事人对要件事实加以主张的,仅限于采用辩论主义的诉讼类型,而采用职权探知主义的诉讼(比如离婚诉讼等人事诉讼)则不需要当事人主张要件事实。因此,采用职权探知主义的诉讼不存在主张责任的问题。尽管如此,由于采用辩论主义的诉讼在实践中占据了大多数,因此主张责任的重要性一点也不会减少。

□ 释明权(义务)的重要性

16 释明权当然以采用辩论主义的诉讼为前提,有学者对此提出批判性意见,即"'要件事实理论'赋予了主张责任过多的意义。作为裁判基础的要件事实,在辩论主义之下,可以由任何一方当事人提出,而对于当事人未主张的必要事实,法院也应根据具体情况行使释明权,以便解明案情。这样一来,根据主张责任作出裁判的情形仅限于当事人未回应法院释明权的行使、从而没有主张必要事实的情形,因此主张责任的实际意义并不大"。[11]

17 的确,法院"根据主张责任作出裁判的情形仅限于当事人未回应法院释明权的行使、从而没有主张必要事实的情形"。但主张责任的功能并不仅限于此(当然这属于主张责任非常重要的功能)。笔者认为,法院应尽量避免以"因主张不够详尽而主张本身失当"为由作出判决(当然,那些因不具有实质内容而无须整理主张的案件除外),而应尽量让双方当事人提出对自身主张可能有利的依据,继而对双方当事人的主张进行充分的对比梳理,然后再根据证据针对真正的争点作出判断,最终决定诉讼的胜败。此

---

⑪ 参见松本『証明責任の分配』第345页。

时,在理论上,⑫法官应事先判断如何根据当事人实际主张的情形分析其是否具备充分的依据从而构成完整的主张。主张责任这一思维方式对于法官的上述判断具有非常重要的意义。

当然,如果某一要件事实已经在口头辩论中由任意一方当事人提出, 18
则视为满足了辩论主义的要求,并非一定需要负担主张责任的当事人加以主张。⑬ 但如果双方当事人都没有加以主张,则需要法院适当的行使释明权。如果法院只是漫不经心地提醒双方当事人"与此相关的要件事实,请哪一方当事人考虑主张",这种做法并不恰当(一方面,不希望将该事实纳入辩论范围的当事人当然不会加以主张;另一方面,负担主张责任的当事人也不一定意识到法院关注的重点正是由自己负担主张责任的部分)。恰当的做法应当是,法院向对该事实负担主张责任的当事人提出明确的要求,比如"法院认为你的主张在这一点上并不充分,请分析并补充适当的主张",⑭如此才能期待当事人作出适当的反馈(当事人不仅应当主张要件事实,而且还应该尽量提供有助于明确案件实际情况的具体事实,但是在很多情形下法院并无法从当事人的主张中明确识别出关键的要件事实)。司法实践中,法院经常以类似于"我想向原告代理人请教的是"这样的方式行使释明权。鉴于上述,笔者认为松本教授的观点并不妥当。

(三)主张责任的对象事实

成为主张责任对象的事实(主张责任对象事实)也包括对法院而言显 19
著的事实。该类事实无须证明(《民事诉讼法》第179条*),但如果该事实

---

⑫ 实际上,法院对主张的整理以及根据证据作出判断的工作时常处于一种复杂的反复调整(feed back)状态。也就是说,需要法院在证据与主张之间循环往复,反复考察主张的完整性问题。

⑬ 参见后述本章第六节相关内容。

⑭ 这里存在的问题是,法院给予的暗示可以具体到何种程度?关于这一问题,请参见本书第二章第二节"七、'事案解明'与释明权(义务)"相关内容。

* 日本《民事诉讼法》第179条规定:诉讼中,当事人对于自认的事实以及显著的事实无须证明。——译者注

属于主要事实,仍需要当事人加以主张。此为学界通说,但就其他问题则存在重大分歧。

□ 传统的通说见解

20 接下来的问题是,成为主张责任对象的事实(主张责任对象事实)是否仅限于主要事实(要件事实,学界在讨论这一问题时基本上均采用主要事实这一术语,笔者从之)?以及是否所有的主要事实都应成为主张责任的对象(何种范围的事实应当成为辩论主义的适用对象)?对于上述问题,传统理论认为作为辩论主义的事实只限于主要事实。即主张责任只涉及主要事实,而不涉及间接事实(有助于通过经验法则推认主要事实的事实)以及辅助事实(关于证据的真实性的事实)。例如,在借款返还请求诉讼中,如果当事人没有提出清偿的主张,则法院不能作出原告主张的借款返还请求权因清偿而消灭的判断结论(即使在证据上能够认定已经清偿)。理由在于,清偿属于主要事实,而借款返还请求诉讼应适用辩论主义。另外,只要当事人提出了清偿的事实主张,法院即可以选择恰当的间接事实进行认定。比如,虽然当事人提出了某一间接事实(在当事人主张的清偿日期的前夕,被告从其存款账户提取了与清偿数额相同的现金),但法院也可以将其他间接事实(比如,原告当时手头拮据,但在被告主张的清偿日期的同时,原告即向其债权人清偿了与被告的借款同等数额的金钱)作为认定清偿的依据之一,而且法院无须就当事人提出的间接事实展示自己的判断结论。此外,传统观点认为上述主要事实均应适用主张责任。

21 上述观点被视为学界通说,⑮但目前也存在很多不同见

---

⑮ 青山「主要事実・間接事実の区別と主張責任」(尤其是第399页以后)维持通说见解,但也介绍了最新的不同观点。笔者认为青山教授的相关阐述具有相当的说服力。

解。[16] 比如，目前的有力说认为，“即便某一事实属于主要事实，但如果其并不重要，则当事人无须主张；即便某一事实属于间接事实，但如果是重要的间接事实，则当事人也需要加以主张”。当然，也还有不少支持通说的声音。[17] 此外，实务界人士对此是何种态度，较难判断。据笔者的观察，大部分实务界人士应持通说立场。如果将判例视为展示实务界立场的指标，则结论同样如此。[18]

笔者认为，基于维持辩论主义本质说的立场（也包括在事实认定领域 22
采自由心证主义的法理，该法理与辩论主义本质说互为表里[19]）、确保诉讼审理的安定性以及对照民诉规则的规定（《民事诉讼规则》第 53 条第 1、2

---

⑯ 详见高橋『重点講義民事訴訟法（上）』第 423～434 页。另请参见『条解民事訴訟法』第 890 页（竹下守夫）、中野ほか編『新民事訴訟法講義』第 198～201 页（鈴木正裕）。

虽然关于主张责任存在仅限于主要事实还是也包括重要的间接事实在内的不同观点，但由于前者也主张法院对于重要的间接事实存在释明义务，因此在何种具体的案件中会产生这种差异是非常微妙的。也正是由于这个原因，可以说两种不同观点在实践中几乎不会产生差别。高橋·前引第 433～434 页所举案例虽是教学设例，但却准确说明了两种观点的细微差异。

对于该设例，高桥教授采用后一种观点，但笔者在深入分析该设例的具体内容后还是认为前一种观点更为妥当。从司法实践的情况来看，诉讼中经常混杂着各种不同性质的事实，很难准确辨认重要的间接事实，当事人也常常因此陷入主张是否妥当的迷惑之中，因此如果认为主张责任同样适用于重要的间接事实，则可能导致审理状态的不安定，这一点应该充分注意。

⑰ 伊藤眞『民事訴訟法』第 298 页、梅本『民事訴訟法』第 492～496 页认为，只有维持主张责任适用对象的明确性才能防止法院审理出现困难，另外，则应通过行使释明权预防裁判突袭。『条解民事訴訟法』第 892～893 页（竹下守夫），在介绍主张责任有力说的基础上，也明确指出“主张责任只涉及法律效果的构成要件的事实，即主要事实”。司研『要件事実第 1 巻』第 14～15 页同样坚持通说立场，笔者认为司研『新問題研究』（虽然笔者认为该书观点存在不少问题）第 7～8 页，也是如此。

⑱ 青山「主要事実·間接事実の区別と主張責任」第 375 页以下就此前的判例进行了详细分析，得出了判例持通说立场的基本结论，并就某些例外情形的判例恰当地进行了说明。

⑲ 参见本章第一节关于辩论主义第 1 命题的说明。

款,第79条第2款等*),上述通说的观点(主要事实均属于主张责任对象事实,主张责任对象事实仅限于主要事实)是正确的。笔者在此强调的是,当我们思考这一问题时容易忽略一个重要问题,即如何才能正确理解何为主要事实、何为间接事实?(比如,因果关系属于评价性要件,作为该评价根据的事实属于主要事实,而非间接事实,参见注解20)。

23 详言之,根据辩论主义第1命题的基本要求,当事人的任务是提出案件事实,对该事实进行法律解释以及对争议事实进行认定均属于法院的职权。虽然部分学者从预防裁判突袭的角度对通说进行了批判,⑳但笔者认为这一批判并不成功。

---

* 日本最高法院《民事诉讼规则》第53条之Ⅰ规定,诉状中除记载请求旨趣以及请求原因外,还应详细记载事实理由、需举证证明的事实、与该需举证证明的事实相关的重要事实、证据。第53条之Ⅱ规定,诉状中记载的事实主张,应尽量区分记载请求有理由的事实主张、与该事实相关的事实主张。第79条之Ⅱ规定,准备书面中记载的事实主张,应尽量区分记载请求有理由的事实、抗辩事实或再抗辩事实,以及"与该等事实相关的其他事实主张"。——译者注

⑳ 高橋『重点講義民事訴訟法(上)』第426页列举了两个标志性的案例,即大判大5·12·23民録22輯第2480页(主旨在于防止对重要的事实出现裁判突袭)以及最判昭33·7·8民集12卷11号第1740页[81](判旨认为由代理人签订合同的事实不属于主要事实)。

第一个判例年代久远,需要讨论目前最高法院判例是否依然沿用该判旨,学界对此意见不一。高橋·前引注解第430~431页注解24的说明饶有趣味,但笔者更赞同『条解民事訴訟法』第890页(竹下守夫)的观点,即最高法院目前的判例依然维持"辩论主义的对象仅限于主要事实这一立场"。第二个判例曾招致部分学者强烈的批判,比如青山「主要事実·間接事実の区別と主張責任」第382页、『条解民事訴訟法』第883页(竹下守夫)等,均认为该事实应该解释为主要事实,笔者对此亦表赞同。

有力说提出的"重要的间接事实也需要当事人加以主张"的观点之所以具有相当的影响力,恐怕存在如下背景,即因果关系的证明是诸如公害诉讼、产品责任诉讼、药品损害诉讼等现代型诉讼的重点,间接反证理论对于缓和因果关系的证明难度具有一定的效果(而作为该理论前提的观点认为,虽然因果关系的根据事实属于间接事实,但该等间接事实十分重要)[参见中野ほか編『新民事訴訟法講義』第382页(青山善充)]。但上述观点的错误在于,因果关系属于法律评价,而不应理解为事实,因此应该以"因果关系的存在"的评价根据事实为主要事实(参见本书第五章第三节"一、评价性要件的思维方式"之"(五)因果关系要件的性质"相关内容)。如此,当我们对有力说与通说进行比较分析的时候,需要格外关注不同的学说在如何界定主要事实方面存在的差异。

□ 有力说及其批判意见

有力说认为，对于主要事实中并不重要的事实，无须当事人加以主张。[21] 这一观点存在的问题在于，既然主要事实是发生某一法律效果直接且必要的事实，其重要性当然是不言而喻的。即使存在重要程度相对较低的主要事实，并且也被当事人的主张所忽略，但经法院要求释明，如果当事人希望发生该法律效果，则一定会主张这种事实；如果当事人由于某种原因不希望发生该法律效果，则不会加以主张，这是当事人的自由。因此，经法院要求释明后，如果当事人斟酌的结果是明确表示不主张某一主要事实，那么该主要事实应被视为未主张。笔者认为，有力说通过创设“不重要的主要事实”这种概念，认为即使当事人未加主张也应产生相应的法律效果，这种观点违背了当事人的自由意志，不应允许。由于当事人不理性的决定带来的风险与采用不重要的主要事实这种观点带来的风险，两相比较，显然后者的风险更大，理应尽量避免。 24

此外，有力说认为主张责任应适用于“重要的间接事实”。但事实认定的问题并不属于辩论主义的范畴，应该交由法院的自由心证。假设法院根据当事人的举证结果发现了间接事实，即使属于重要的间接事实，但由于当事人并未加以主张，则法院不应斟酌，这样的做法违背了自由心证主义，殊难赞同。 25

而且，何为“重要”？其标准并不明确，容易带来审理不安定的风险，引起司法实务的混乱。这也是笔者难以赞同有力说的原因。主要事实与间接事实的区别在某些情形下尚难明辨，遑论所谓“重要的”间接事实？如果以这种更为模糊的标准来判断是否违反了辩论主义，缺陷极大。 26

有力说认为，如果从预防裁判突袭的角度来看，通说观点会带来不妥当的结果，但这一缺陷完全可以通过法院适当地行使释明权予以补正，因 27

---

[21] 参见高橋『重点講義民事訴訟法(上)』第429页。

此，预防裁判突袭无法成为妨碍通说成立的理由。㉒

28 此外，立法者在制定《民事诉讼法》[平成八年(1996年)法律第109号]时所采取的立场也可以作为有利于通说观点的依据。最高法院《民事诉讼规则》[平成八年(1996年)最高法院规则第5号]根据新的《民事诉讼法》进行了相应修订，该规则第53条第2款明文规定，“请求有理由的事实主张”“与该事实相关的主张”“必须分别记载”；该规则第79条第2款明文规定，“请求有理由的事实、抗辩事实或者再抗辩事实的主张”“与该等事实相关的主张”“必须分别记载”。上述规定维持了旧的《民事诉讼规则》第8条的立场，即“记载于诉状、答辩状及其他准备书面上的事实主张，应尽量区分关于请求原因、抗辩事实的主张、与该等事实相关的事实主张，并分开记载”。新旧规则的起草者关于上述条文的说明也保持了一致，即“请求有理由的事实、抗辩事实或者再抗辩事实”是指主要事实，“与该等事实相关的事实”是指间接事实。㉓

29 上述规定说明，《民事诉讼规则》的立法者采用了通说见解，维持了主要事实与间接事实的分野，并将之作为辩论主义的适用标准。㉔《民事诉讼

㉒ 对于释明权或者释明义务的问题，参见上述第二章第二节“七、‘事案解明’与释明权(义务)”(第72页以后)(上述注解14以及对应的正文说明)。

㉓ 参见最高法院事務総局民事局監修『条解民事訴訟規則』(司法協会，1997)第117、173页。

㉔ 关于诉状的记载事项，参见中野ほか編『新民事訴訟法講義』第50～51页(徳田和幸)；关于准备书面的记载事项参见同书第264页(上原敏夫)，上述文献关于《民事诉讼规则》相关条文的见解与笔者相同。

竹下守夫「新民事訴訟法ノ制定の意義と将来の課題」竹下守夫ほか編『講座　新民事訴訟法Ⅰ』(弘文堂，1998)第30～31页，将《民事诉讼规则》的相关规定解释为辩论主义发生了一定变化，即重要的间接事实也适用辩论主义。但笔者认为上述观点与『条解民事訴訟法』第892～893页(竹下守夫)的说明是相互矛盾的。

此外，中野ほか編『新民事訴訟法講義』第200～201页(鈴木正裕)援引《民事诉讼规则》第53条第1款、第80条第1款、第81条第1款等规定，认为“民诉规则以通说观点为立法前提”，但“上述规定却可以佐证重要的……主要事实以及间接事实由当事人来主张，不重要的主要事实以及间接事实不要求当事人主张这种见解”。笔者认为这一观点是以上述规定中均包含“相关的事实中重要的”这一措辞为依据的。但如果立法者要求将所有“相关的事实”均应记载于诉状等文书中，则会导致不必要的麻烦，也缺乏相应的合理性，因此立法者将记载事项仅限于“重要的”是理所当然，我们不能因此就认为立法者已经改变了通说观点。此外，如果立法者改变了通说观点，那么同样应当对第53条第2款以及第79条第2款的相关规定作出调整，但显然，这些条款并未采用“重要的”这种措辞。

规则》要求当事人尽可能将多种事实记载于各种书面的要求,实际上反映了《民事诉讼法》立法时所强调的一个大原则,即法院应提前把握案件全貌、提前确定案件争点,以便集中进行证据调查。㉕ 将之作为辩论主义的适用范围已经扩张至重要的间接事实的依据,恐怕有些草率。

围绕评价性要件(也称为规范性要件或一般条款)的要件事实问题,学界存在不同观点,主要涉及主要事实如何确定、辩论主义适用范围如何等方面,详见后述[参见本书第五章第三节“一、评价性要件的思维方式”之“(二)关于评价性要件之主要事实说的正当性”相关内容]。 30

此外,对于涉及违反公序良俗等具有高度公益性的案件,主张责任也许并不适用(但笔者认为最终也还是要按照辩论主义加以判断,比如,应当综合考虑预防裁判突袭与尊重公益的不同要求。该问题与此处所探讨的问题存在性质上的差异,不再深入展开)。 31

(四)主张的解释与主张事实的同一性

根据通说见解,主张责任对象事实仅限于主要事实。需要注意的是,如果不能恰当处理主张的解释与主张事实的同一性问题,则会导致不合理的结果。㉖ 32

案情不同,当事人的主张当然也不相同,模糊主张的情形也不少见。某些情形下,即使当事人没有对主张加以明示,但从其主张的整体内容来看则有可能成立默示性的主张。此外,当事人的某些主张在表面上似乎是关于案情的说明,但也许可以解释为一种预备性主张(同样属于要件事实)。对于上述情形,当然需要法院通过恰当地行使释明权明确其内容和目的,但首要的,则是需要法院从通情达理的普通人的视角加以分析。 33

㉕ 关于此种所谓的大原则,可参见法務省民事局参事官室編『一問一答　新民事訴訟法』(商事法務研究会,1996)第6、168页。

㉖ 参见司研『要件事実第1巻』第12~13页。另请参见最判昭52·5·27集民120号第607页。

34 一如上述[第三章第三节“一、主张责任”之“(二)主张责任的适用场景及其功能”],法院应当尽量避免以“主张不够详尽而主张本身失当”为由作出判决(如果案件的实际情况不具有实质内容,不需要法院整理主张的情形当然除外),而应当在双方当事人充分地对各自的理由加以主张的基础上,对双方的主张进行对比梳理,整理出真正的争点,并按照证据加以判断,最终决定诉讼的胜败。那么,对于主张的解释则是非常重要的问题。

35 如何对主张加以解释还涉及主张事实的同一性问题。

36 实务界经常从主张事实与认定事实的同一性角度对此加以说明。比如,最判昭32·5·10民集11卷5号第715页[42]的判旨指出,“即使法院认定的事实与当事人主张的事实之间在事实状态、发生时间方面存在稍许不同,只要在社会观念上能够认可同一性,则不能认为法院认定了当事人未主张的事实”。(因此,在解释上可以认为只要满足了这种同一性,则法院认定的事实可以视为当事人已经主张)㉗对于能否承认这种同一性,则需要合理、灵活地考虑当事人的本意;另外,如果对同一性的把握超过一定限度,则可能给对方当事人造成裁判突袭而侵害其防御权,因此同样需要法院采取慎重的态度,同时恰当地行使释明权。

□ 具体示例

37 下面举个非常简单的例子,比如,在借款返还请求诉讼中,作为请求原因事实,原告主张,“原告借给被告100万日元”,据此请求返还100万日元。假设被告主张“借的不是100万日元,而是999,000日元”(对请求原因事实予以否认)。经过证据调查,如果只能认定999,000日元的借款,则可以视为原告已经预备地主张了“原告借给被告999,000日元”并据此提出了预备性请求[问题在于,我们不能从主张共通原则(无论要件事实由哪

㉗ 司研『要件事实第1卷』第13页也持同样立场。但是,正文所引最判昭32·5·10的案件与判断医疗过失的评价根据事实相关,需要更为细致地讨论,详见本书第五章第四节相关内容。

一方具体提出,都视为该主张可作为法院裁判的依据,从而满足辩论主义的要求)出发,想当然地认为,既然由于被告的主张行为,法院可以视为原告已经提出了这一主张,那么由于该主张构成新的请求原因事实,当然也就揭示了新的诉讼标的]。此时,法院应该作出的判决为"被告应偿还原告999,000日元。驳回原告的其他诉讼请求"(至少以往的做法是这样)。这种判决结果的正当性在于,原告在诉讼中将两种请求原因事实与两种请求按照"主位、预备"的顺序予以主张(虽然100万日元的借款主张与999,000日元的借款主张在社会观念上有可能视为满足了同一性的主张,但是作为借款的事实实际上是不同的。也就是说,不能认为100万日元的借款事实中包含了999,000日元的借款事实)。顺便提及的是,判决主文中所谓的驳回"其他诉讼请求",表面上看起来是指关于"1000日元的请求",但正确的理解应该是关于"100万日元的请求"。"1000日元"仅仅属于被驳回的主位请求即"返还100万日元"与被支持的预备性请求即"返还999,000日元"之间的差额(并不存在以"借给1000日元"为请求原因事实的"返还1000日元"的诉讼请求)。

如果从避免误解的角度来看,判决主文应记载为"驳回原告的主位请 38
求。被告应返还原告999,000日元"。近来的司法实践似乎比较认可这种做法。㉘

但是,即使在这种情形下,万一(实际上难以想象)原告明确要求"我借 39
给被告的是100万日元,1日元也不少。如果法院对借款金额的认定哪怕少了1日元,那就请法院驳回我的诉讼请求,千万不要作出部分支持的判决来"。此时,法院不能视为诉讼中存在999,000日元这一预备性请求,也不能在认定该事实的基础上作出"返还(原告)999,000日元"的判决。如果法官作出了这样的判决,不仅违反辩论主义,而且就原告未提出的诉讼标的作出裁判,同样违反了处分权主义。

㉘ 参见塚原朋一編著『事例と解説 民事裁判の主文』(新日本法規,2006)第378页。

40 上述示例属于笔者设计的教学案例,实践中发生的可能性很小。与此不同,对于100万日元的借款返还请求,如果法院认可被告提出的抗辩,即已经清偿了1000日元,从而判定被告应返还999,000日元,那么在这种情况下,由于请求原因事实并没有发生变化,因此与上述主张"事实"的同一性问题,在性质上有所不同。

(五)主张责任对象事实的确定㉙

41 按照笔者的见解,在确定主张责任的对象事实(主张责任对象事实)的问题上,并不存在专门的、独立于证明责任对象事实的标准。主张责任之所在与证明责任之所在经常保持一致。因此,主张责任对象事实之确定,应当服从证明责任对象事实的确定结果。在这一问题上存在不同意见,详见后述(本章第三节"三、主张责任与证明责任的关系")。

(六)现实的主张活动与主张责任

□ 主张共通原则

42 如果当事人在口头辩论中没有主张于己有利的、导致某一法律效果发生的根据事实(如已清偿借款的事实),则没有完成主张责任,法院不得在诉讼中将该事实视为存在,法院也没有必要对该事实进行证据调查。从避免这一情形的目的出发,只要该事实在诉讼中得以主张即可,而不一定必

㉙ 笔者使用"主张(证明)责任对象事实的确定",而不采"主张(证明)责任的分担"这一术语,具体理由如下:

主张(证明)责任的分担并非与主张(证明)责任对象事实的形式无关。比如,不是先存在"有无清偿"这样表述模糊的事实,然后再考虑应当由哪一方当事人承担主张(证明)责任,而是要首先确定"已经清偿"还是"尚未清偿"属于主张(证明)责任的对象事实,一旦确定下来,就该事实承担主张(证明)责任的当事人也就获得了确定。例如,在请求返还借款(本金)的诉讼中,如果法院认为主张(证明)责任对象事实为"已清偿"的话,就不能考虑该事实的主张(证明)责任由原告来承担,而当然地由被告来承担。相反,如果法院认为主张(证明)责任的对象事实为"未清偿"的话,就不能考虑由被告承担该事实的主张(证明)责任,而当然地由原告来承担。

须由负担主张责任的当事人加以主张。例如,即使清偿的事实不是由借款返还请求诉讼中的被告而是由原告加以主张,也会发生因清偿而消灭借款返还请求权这一法律效果。

□ 权利抗辩的情形

一如上述,主张责任是指因当事人在口头辩论中没有主张相应事实而遭受的不利后果。因此,为了恪尽主张责任,该事实可由任意一方当事人加以主张。但对于权利抗辩的情形——比如,在基于买卖合同的价款请求诉讼中,被告(买受人)以主张标的物交付和买卖价款的同时履行抗辩权的方式,试图阻止法院作出支持原告关于价款的诉讼请求——只有享有该抗辩权的当事人才能行使,理论上并不存在可由另一方当事人替代行使的余地(当然,在买卖价款请求诉讼中,由作为原告的出卖人行使被告的同时履行抗辩权实际上也没有意义)。权利抗辩的前提是存在当事人需要在诉讼上行使的某种实体法上的权利,因此除非是享有该权利的人,否则不会发生行使该权利的法律效果。[30] 43

□ 所谓的不利益陈述的情形

此外,诉讼实践中有时也会出现这样的情形,即某一当事人主张了并非其负担主张责任的事实,但对方当事人,也就是真正负担主张责任的当事人却对该事实加以否认。例如,原告以土地所有权人的身份起诉,要求在该土地上建有建筑物并占有该地的被告拆除该建筑物并腾退该地。此时,原告的基本立场是被告没有占有权原,因此对于被告提出的该地系无偿租赁的主张,原告应当持否认的立场。但是,假如被告主张时效取得,有时候原告也会主张无偿租赁,并以此作为被告之占有不具有所有的意思的评价根据事实。此时,对于原告主张的被告无偿租赁的事实,被告也有可能会加以否认。简单而言,无偿租赁这一事实如果针对的是对他人所有土 44

---

[30] 关于权利抗辩与事实抗辩的显著不同,详见本书第六章第三节相关内容。

地具有占有权原这一主张，则对被告为有利而对原告不利；如果针对的是时效取得他人所有土地这一主张，则对原告为有利而对被告不利。因此，对于请求拆除建筑物并腾退土地的案件，如果原告提出了无偿租赁的事实，其目的在于推翻被告以所有的意思实施占有，而被告予以否认，那么从被告具有占有权原的立场出发，构成了“对方（被告）拒绝援用的、于已（原告）不利的陈述”。对于原告而言，根据案件实际情况，其可以提出如上主张，嗣后再主张该无偿租赁合同已终止（如合同规定的使用期限已届满）即可。上述事实主张可以满足原告的诉讼目的，即被告目前既不享有系争土地的占有权原，也不具有时效取得所需要的自己所有的条件（租赁合同终止后经过的时间无法满足取得时效的期间要求）。于此情形，由于被告没有承认无偿租赁的事实（不构成自认），因此该事实依然需要原告加以举证，但该事实属于已呈现在辩论中的主张事实，可以作为法院判决的基础。[31]

45 以上即所谓的“对方不援用的于已不利的陈述”（实践中多称为“不利益陈述”）的问题。[32]

二 | 举证责任（证明责任）

（一）定义

46 当诉讼中某一要件事实存在与否最终陷入真伪不明，法院不得将该事实视为存在，从而不能认定以该要件事实存在为前提的某一法律效果，这

㉛ 类似的案件可参看最判昭41·9·8民集20卷7号第1314页［72］。该案中，由于法院对当事人的2个诉讼请求进行了合并辩论，因此涉及时效取得和占有权原（无偿租赁）之间的关系。该案中，最高法院的判旨认为，“如果以所有权为由请求腾退土地的当事人提出了允许对方当事人使用土地的事实主张，并且经法院证据调查可以认定，即使对方没有为了自己的利益加以援用，法院于判决时亦应加以斟酌”。

㉜ 关于不利益陈述（与自认的条件问题亦有关联）的最新发展，可参见高橋『重点講義民事訴訟法（上）』第480～491页。

样的不利后果或风险即为举证责任。[33] 笔者所指举证责任即所谓的客观举证责任。除非作出特别说明,本书所指举证责任均指客观举证责任。

一如上述,此种含义上的举证责任是一种结果责任。在适用辩论主义的诉讼中,证据的提供主要依靠当事人,因此当事人为了避免败诉应该努力举证,学说将当事人的这种行为责任称为主观的举证责任。虽然有观点指出,除了作为结果责任的举证责任以外,是否有必要承认主观的举证责任?但主观的举证责任依然是目前的有力说。论者并以实定法为佐证,即《民事诉讼法》"第149条、第161条第2款第1项以及第2项、《民事诉讼规则》第2条以及第85条等规定,应该被理解为以主观举证责任为前提的。此外,尚可考虑诉讼过程中主观举证责任的观念对当事人以及法院的诉讼行为带来的重要影响"。[34] 47

□ 关于"证明责任"这一用语

此处还涉及用语习惯的问题。目前,多数学说将举证责任称为"证明 48

---

[33] 参见伊藤「要件事実と実体法」第17页。此种定义应为目前的通说,当然表达上存在些许差异(比如,"真伪不明时,假定该事实存在或不存在,并据此作出裁判,此时一方当事人遭受的风险或不利后果"),与笔者所用定义较为一致的文献可参见『条解民事訴訟法』第1015页(松浦馨=加藤新太郎)、司研『要件事実第1巻』第5页、高橋『重点講義民事訴訟法(上)』第518页、『注釈民事訴訟法(6)』第36页(福永有利)、中野ほか編『新民事訴訟法講義』第365~366页(青山善充)、林屋『新民事訴訟法概要』第307页。

采用上述括号内定义的方式应该是以证明责任规范说(关于该说参见后述第四章第二节"三、证明责任规范说"相关内容)为背景的。但是,应该理解为至少在日本,无论采用何种定义,大家都赞成"当事实存在与否陷入真伪不明时,不会发生以该事实为要件的法律效果"这一结论,参见『条解民事訴訟法』第1016页(松浦馨=加藤新太郎)。按照证明责任规范说的思维方式,至少在日本,不应当、也不需要采用"特别规定"这一思维方式,详见后述注解107中的说明。

此外,上述文献关于举证责任的定义,严格来说与笔者的见解并不相同。笔者将符合裁判规范民法的要件的具体事实视为要件事实,而上述文献并不采用裁判规范民法这种思维方式,因此不能断定笔者所指要件事实与上述文献中的主要事实是完全一致的。

[34] 参见『条解民事訴訟法』第1017~1018页(松浦馨=加藤新太郎)。

责任”,这与判例以及诉讼实践中的用语习惯不同,㉟但两者的含义完全相同。学说上之所以采用证明责任这一用语,其理由被概括为“问题的焦点不在于当事人提出证据的行为责任,而在于法官未能形成心证时一方当事人受到的不利后果(结果责任)。因此,为了避免误解而采用证明责任这一用语应该是恰当的”。㊱ 但是,假如通过采用证明责任这一用语就能完全避免对客观证明责任的误解,那么“客观”的证明责任这一用语就没有存在的必要了。而且严格来说,采用“主观”证明责任这一用语是存在矛盾的。但实际情况却是学界普遍采用客观证明责任和主观证明责任的术语。㊲ 此外,日语中的“证明”(日语:証明)也被普遍地用以指称“加以证明”(日语:証明する)这一当事人的行为。因此,即便采用了“证明”这一用语也并不当然代指“客观上已经得到了证明”这样一种状态。综上,采用举证责任这一用语是没有问题的。㊳ *

㉟ 例如,上述注解 33 中引用的学者的著作无一例外都是在举证责任这一含义上使用证明责任这一用语的(唯一例外的是林屋『新民事訴訟法概要』第 307 页采用了举证责任这一用语)。另外,最高法院的判例中也采用举证责任这一用法,比如“主张准消费借款合同有效的当事人对存在旧债务不负担举证责任”(最判昭 43·2·16 民集 22 卷 2 号第 217 页[33])以及“(《国籍法》)第 2 条第 3 项‘父母不明情形’这一要件的举证责任应当解释为由主张取得国籍的人负担更为适当”(最判平7·1·27民集 49 卷 1 号第 56 页[3])等。其他审级的法院在实务中一般也采用举证责任这一用语。

㊱ 参见『民事訴訟法』Sシリーズ第 153 页(上原敏夫)。

㊲ 笔者曾经提出过同样的观点,参见伊藤「要件事実と実体法断想(上)」第 104～105 页。

㊳ 林屋『新民事訴訟法概要』第 309 页指出:“虽然使用证明责任这一词语的学者不断增多。但是,……由于‘证明’也意味着当事人的行为……因此即使采用证明责任的用语,依然有可能被误解为当事人应该加以证明的责任。……本书采惯常用语,即‘举证责任’。”

* 一如伊藤教授所指出的,日本学界采用的“证明责任”与实务界采用的“举证责任”,仅存在用语习惯的差异,内涵上并无不同,均指结果责任意义上的客观证明(举证)责任。但由于我国实务界在双重含义说的背景下创设了“举证证明责任”这一概念,其中的举证责任当指行为责任,而证明责任则指结果责任,因此为了避免给读者造成误会,除第三章第三节“二、举证责任(证明责任)”之“(一)定义”外,译者将原文中的“举证责任”均翻译为“证明责任”。——译者注

(二)证明责任的作用场合与功能

□ 全部诉讼

一如前述(本章第三节“一、主张责任”之“(二)主张责任的适用场景及其功能”部分),在不适用辩论主义的诉讼中,主张责任没有适用的余地,但证明责任则否。因为任何诉讼都会涉及某一要件事实存在与否陷入真伪不明时应该如何处理的问题,即是否将该事实视为存在(证明责任最直接的功能在于妥当解决这一问题)。 49

证明责任的基本功能在于,当证明责任对象事实存在与否陷入真伪不明时,因法院不得认定该事实为存在,从而亦不能认定以该事实存在为前提的法律效果。因此,只要没有发生证明责任对象事实陷入真伪不明的情况,法院就不会根据证明责任作出关于事实存在与否的判断。 50

如果事实关系明确,则法院无须考虑由哪一方负担证明责任(如果认为该种情形下法院也须考虑证明责任之所在,则实属误解)。证明责任实际发挥作用的情形仅限于证明责任对象事实存在与否陷入真伪不明的境地,在这一意义上,可以说证明责任的功能仅限于此。 51

□ 释明权(义务)的重要性

但是,一如前述(本章第三节“一、主张责任”之“(二)主张责任的适用场景及其功能”部分),与法院考虑适用主张责任的情形相同,如果法院不清楚证明责任之所在以及当事人的具体举证行为是否充分,则无法恰当地行使释明权。由于释明权之行使贯穿民事诉讼全过程,因此可以说证明责任的功能也是极为重要的。 52

另如后述(本章第五节“三、裁判规范民法的重构过程与内容”之“(五)裁判规范民法的重构与证明责任”相关内容),证明责任的对象事实是要件事实,而要件事实具有极为广泛且重要的功能(本书第一章相关内容),在此意义上,证明责任通过要件事实放大了其功能。 53

□ *证明责任与权利*

54 证明责任仅针对事实问题,而不针对权利本身。例如,对于买卖价款请求诉讼,价款支付请求权本身并不存在证明责任问题。证明责任只存在于事实问题。比如,订立买卖合同这一事实,作为价款支付请求权的发生要件事实,由原告负担证明责任;价款清偿这一事实,作为该请求权的消灭要件事实,由被告负担证明责任。上述事实都属于要件事实,以下将展开详细说明。

(三)成为证明责任对象的事实

55 证明责任涉及要件事实,而不涉及间接事实。因为"间接事实本来就不存在该等事实必须得到证明的观念。因此,只要某一事实具有推导某一要件事实的性质,都可以将之称为间接事实。如果某一间接事实存在的可能性非常小,那么就意味着对要件事实的证明实际上没有帮助,但这并不意味着没有达到证明标准的间接事实不存在任何意义,即并不意味着间接事实必须得到证明。从当事人关于间接事实的证明程度以及该事实具有的推认力的强度,法院有时也会通过综合衡量的方式达到对待证要件事实进行证明的目的,比如综合衡量将该间接事实纳入心证范围以及将该间接事实排除在心证范围的不同情形下的证明状态"。[39] 既然间接事实具有这种性质,因此考虑间接事实的证明责任是不合理的。[40]

56 顺便提及的是,对于间接反证理论存在赞成与反对的不同意见(参见本书第二章第三节"五、间接反证理论批判"部分内容),由于间接反证理论

---

[39] 参见伊藤『事実認定の基礎』第 180 页。关于间接事实是否需要证明可参见该书第 175 页以下。

[40] "证明责任的负担仅限于主要事实是必要且充分的……。对于间接事实,虽然无法形成存否的确信,但如果心证达到 5 比 5 或 7 比 3,则法官可以通过综合其他间接事实或辩论全旨趣达到对主要事实存否的认定,这种方法更有利于做到细致的事实认定[伊藤(滋)・認定(伊藤『事実認定の基礎』——笔者注)第 175 页的分析更为详细]。间接事实不需要假设其存在或不存在,否则是有害无益的。"(参见高橋『重点講義民事訴訟法(上)』第 524 页)

主张间接事实也应适用证明责任,因此笔者不能赞成。

(四)证明责任对象事实的决定[41]

这一问题十分重要,参见后述第六节的详细说明。 57

(五)实际的举证行为与证明责任

诉讼实践中,有必要举证的当事人与负担证明责任的当事人未必一 58
致,有时也会产生误解,务必注意。

□ *"举证必要性"与"证明责任"的区别*

对某一事实负担证明责任的当事人,当对方当事人对该事实存在争议 59
的情况下,原则上需要对该事实加以证明。但有时也会出现该事实在审理程序的某一环节中已经得到证明的情形,此时,负担证明责任的当事人无须进一步举证。在这一含义上,负担证明责任的当事人未必需要在诉讼中经常提供证据。反之,即使对某一事实不负担证明责任的当事人,如果该事实处于已经被证明或接近证明的情况下,[42]也需要提供证据以达到动摇法官心证状态的目的(否则一旦该事实得到认定,则会产生以此为前提的

---

[41] 此处涉及的问题一般情况下称为"证明责任的分配"。关于用语问题可参见注解 29。

[42] 一般情况下,相比"已经得到证明"的情形,"接近证明"的情形更有举证的迫切性。高橋『重点講義民事訴訟法(上)』第 526 页指出,"当法官即将形成有利于对方的心证状态,即对方当事人的证明活动接近成功时",中野ほか編『新民事訴訟法講義』第 367 页(青山善充)同样指出,"当法官即将形成确信的心证状态时",当事人均有必要通过举证动摇法官的心证。但严格来说,对于接近证明的情形而言,如果该事实最终并不会得到证明,则当事人没有举证的需要。司法实务中很多情况下无法判断某一事实已经得到证明或者接近证明,而且有时也很难判断接近证明的事实最终会否得到法官的认定。在对方当事人证明成功之后,己方也很难颠覆法官的心证结论,有时甚至存在己方证据申请被法官驳回的风险。因此,除非在特殊情形下(比如虽然处于接近证明的状态,但该事实最终并不会得到证明是至为明显的),只有在对方当事人接近证明的情况下己方才存在举证的必要性。因此,存在举证必要性的情形,不仅包括"已经得到证明",也包括"接近证明"的情形。

于对方有利的法律效果,导致己方败诉)。

□ 具体事例

60 在借款返还请求诉讼中,原告提供了一张以被告名义出具的借条(被告对该借条成立无异议,其上记载有原告向被告交付了金钱的内容),而且在审理过程中尚未出现让法院怀疑该借条记载内容真实性的任何情况。此时,可以认为原告主张的借款事实已经得到充分的证明。在此情况下,虽然原告对于"借款予被告"的事实承担证明责任,但是不需要进行额外的举证活动。相反的是,在此情形下,虽然被告对于"原告并未借款予被告"的事实不负担证明责任,但如果弃之不理,则很有可能造成法院得出借款的事实已经得到证明的认定结论,从而导致败诉。为了避免出现败诉的结果,被告需要提供相反的证据。比如,借条虽然是真实的,但被告实际上并未受领金钱(这一举证活动只要能够使法院对于借款的事实产生疑问即可,不需要达到证明的程度)。上述设例中,原告的举证活动属于本证(本证需要证明),而被告的举证活动属于反证(反证只要动摇法院的心证即可,不需要达到证明的程度)。再如,在当事人就被告是否清偿产生争议的情形下,被告的举证活动属于本证,而原告的举证活动属于反证。如此一来,根据案件审理阶段的具体情况,就某一要件事实不负担证明责任的当事人,为了避免在审理上受到不利后果,也有必要进行举证活动,这种情况称为"举证的必要"。因此,诉讼中可能会出现如下情形:在某一阶段,原告对某一事实的存在有举证的必要,随着原告举证的完成,在下一个阶段,被告为了证明该事实不存在而有提出反证的必要,随着被告反证的完成,举证的必要再次移转给原告。

61 一如上述,所谓"举证的必要",会根据案件审理的具体阶段,在原被告双方当事人之间产生移转,这一概念与诉讼中不会发生任何变化的证明责任是明显不同的。

三 | 主张责任与证明责任的关系

（一）主张责任与证明责任一致的理由

关于这一问题，学界存在分歧。㊸ 笔者的意见是，主张责任与证明责任保持完全一致，而且没有例外情形。㊹ 依次说明如下。㊺ 62

□ 从各自的定义出发能否得出两者必然保持一致的结论？

一如上述［第三章第三节“一、主张责任”之“（一）定义”部分］，当事人 63

㊸ 高橋『重点講義民事訴訟法（上）』第531页指出，“通说认为主张责任的分配与证明责任的分配相同”，同时对若干学说及反对观点进行了详细说明。高桥教授认为：“只要有合理的理由，应该可以承认例外情形下证明责任与主张责任并不一致。”（不过高桥教授并未明确何种情形属于存在合理理由，因此也许可以认为，高桥教授总体上认可两种责任应当在理论上保持一致）目前来看，认为两种责任一致的学说能否称为通说，也是存在疑问的。

从最近的公开出版物来看，认为两种责任保持一致的占大多数。例如，伊藤眞『民事訴訟法』第301～302页、第363～364页（后者为推定相关的说明），梅本『民事訴訟法』第783页，新堂『新民事訴訟法』第473页，『条解民事訴訟法』第1024页（松浦馨＝加藤新太郎）。也有观点认为，两种责任不一致。例如，加藤「要件事実論の到達点」第31页，该论文认为竹下说与其观点相同，不过笔者认为两者之间在思维方式方面存在差异，以及以“推定”为限例外地承认两种责任不一致，参见『条解民事訴訟法』第895页（竹下守夫），学说介绍较为详细。

虽然司法研修所长期以来坚持两种责任一致的见解（例如，司研『要件事実第1巻』第20～21页、司研『改訂問題研究』第9页等），但最近的观点似乎发生了变化，在承认两种责任一致的观点较为流行之外，同时也指出“也有观点认为主张责任与证明责任未必总是一致”（司研『新問題研究』第8页）。虽然这一变化并不能解释为司法研修所的立场以经发生变化，但与以往的出版物相比，确实可以看出司法研修所目前承认存在例外情形（让笔者感到非常遗憾的是，司法研修所对于这一重大变化丝毫没有说明任何理由）。

此外，畑瑞穂「主張責任と立証責任に関する覚書」河上正二ほか編『要件事実・事実認定論と基礎法学の新たな展開（伊藤滋夫先生喜寿記念）』（青林書院，2009）第46页以下的内容较有价值，但作者并未明确表明自己的立场。

㊹ 河村「要件事実論とはどのような考え方か（上）」第18页、第23页注解40、第32页的说明基本与笔者见解相同。

㊺ 拙著『要件事実の基礎（初版）』第81页对这一问题也有论述，但本书的论证更为细致。

在口头辩论中没有主张某一要件事实,则法院不得将该事实视为存在,也不能认定以该要件事实存在为前提的某一法律效果,此种不利后果或风险即为主张责任。

64 此外,一如上述[第三章第三节“二、举证责任(证明责任)”之“(一)定义”部分],当诉讼中某一要件事实存在与否最终陷入真伪不明,法院不得将该事实视为存在,从而不能认定以该要件事实存在为前提的某一法律效果,这样的不利后果或风险即为证明责任。

65 从两种责任各自的定义来看,似乎两种责任之所在当然一致(存在逻辑上的当然),但笔者认为,只有在讨论两种定义的实际理由后才能判断两种责任是否保持一致。原因在于,上述定义中的“某一要件事实”是否在主张责任和证明责任的不同场景下均指向同一事实?定义本身并未给出答案。因此,仅以上述定义为依据不能断言两种责任当然一致。我们也不应当以“既然同为要件事实,则主张证明责任的对象事实是同一事实”为前提展开讨论(该前提本身即构成待解决问题的答案,因此这种讨论是毫无意义的)。

□ 设例说明

66 在民法规范中(笔者所指行为规范民法),为了保护虚伪表示纠纷中的第三人,至少需要该第三人为善意(此处暂不考虑该第三人是否存在过失的情形)。需要注意的是,在民法规范中,所有的案件事实均不存在证明的问题。

67 假设第三人认知的内容成为诉讼中的争点,笔者设例如下:X 主张“×年×月×日,X 系涉案土地的所有权人,Y 现占有该土地”(请求原因),据此要求 Y 返还涉案土地。被告 Y 对于该请求原因没有争议,但主张“X 在该日后将涉案土地转让给 A”,X 则主张“X 向 A 的买卖属于虚假表示”,Y 又主张“Y 从 A 处购买涉案土地时有 X 向 A 的涉案土地所有权移转登记,因此 Y 相信了 A 是涉案土地的所有人。(Y 为善意)”[46](严格来说,“相信

[46] 此处刻意回避使用抗辩、再抗辩、再再抗辩等这种有可能意味着主张证明责任对象事实保持一致的用语。关于主张整理的性质,参见司研『改訂類型別』第 81 页。

了”与“善意 = 不知”有所不同,此处略过)

上述情形下,可以认为,如果 Y 希望获得作为第三人的法律保护,那么 68
必须主张“Y 为善意”(对“Y 善意”具有主张责任)。但即便如此,如果未主张“Y 为善意”,则其直接后果是 Y 不得被视为涉案土地的所有权人而已。如果 X 对于“Y 为善意”的主张提出争辩,则并不意味着 Y 必须证明“Y 为善意”(存在逻辑上的必然)。因为我们也可以认为,除非 X 证明“Y 为恶意”,否则我们也可以将 Y 视为涉案土地的所有权人(X 对于“Y 为恶意”负有证明责任)。也就是说,由于“Y 为恶意”属于妨碍 Y 取得所有权这一法律效果的原因事实(如果 Y 已经主张“Y 为善意”,如果 X 未能证明“Y 为恶意”,则法院认可 Y 取得所有权,在此情形下,“Y 为恶意”的事实属于妨碍发生此一法律效果的原因事实)。如此,将“Y 为恶意”作为要件事实也不是不可能的(“逻辑上的必然”虽非不可能,但其结论的妥当与否则是另外一个问题)。在上述思维框架下,主张责任的对象事实是“Y 为善意”,但是证明责任对象事实却是“Y 为恶意”,虽然主张责任对象事实与证明责任对象事实均是要件事实,但两者是不同的事实(负担主张责任的人与负担证明责任的人并不一致)。

笔者当然不赞同以上思维方式,但是不能认为上述思维方式当然(逻 69
辑上必然地)不成立。那么,两种责任应当保持一致的理由又是什么?

□ *主张责任与证明责任保持一致性的理由之一*

一如前述(参见本书第一章第三节“二、民事判决中法律判断的基本结 70
构”部分),在民事诉讼中,法官作出裁判的基本结构是,就作为案件诉讼标的的权利(如借贷返还请求权)或者法律关系,需要法院通过对相关法律效果之发生(消费借贷合同的订立)、妨碍(该合同存在虚伪表示)、消灭(借款债务的清偿)的各要件事实是否存在进行判断,并对不同的判断结论进行排列组合。对于相应的法律效果而言,必要且充分的事实(本质事实)就是要件事实。严格而言,权利或法律关系之发生是指发生这一法律效果,所谓的“妨碍”即妨碍这一法律效果的发生,最后的“消灭”是消灭这一法律效果的发生。在我们谈论上述问题时,如果在每一种法律效果中都使用了“发生”这一用语,则是在“广义上”使用“发生”这一术语,而如果仅在前面说明部分的意义上使用,则是一种“狭义上”的“发生”。

□ 证明责任覆盖全类型诉讼,且是基础、必要的

71 民事诉讼中,当事人就事实问题产生争议的现象十分普遍,即使经过审理,作为判断诉讼标的依据的事实(要件事实)陷入真伪不明的情况也并不少见,因此能够适当处理这种情况的方案是非常必要的。在民事诉讼中也存在不涉及主张责任的诉讼,如人事诉讼(家事案件在性质上不属于诉讼,但也同样不涉及主张责任)。因此,有必要考虑能够妥善应对全类型诉讼、且首尾一贯的处理方案。正因如此,就需要法院经常性地确定证明责任对象事实,与确定主张责任对象事实的标准相比,确定证明责任对象事实的标准具有先决意义(在解决了证明责任对象事实的确定标准之后,才应该讨论在采用辩论主义的诉讼中应该按照何种标准确定主张责任)。

72 以应对要件事实真伪不明情形为目的(不区分是否采用辩论主义)而构建的民法即裁判规范之民法(详见本章第四节“裁判规范民法的思维方式”)。符合该民法构成要件的具体事实即上述要件事实。只有该当要件事实存在才能产生该民法相应的法律效果,否则不应产生相应的法律效果。

□ 适用辩论主义的诉讼类型还需采行主张责任

主张与证明之间有机关联的必要性

73 适用辩论主义的诉讼类型除了证明责任以外还涉及主张责任。虽然主张责任主要涉及某一事实的主张与发生相应法律效果的关系,但并非与证明无关,反而常见于当证明成为问题的诉讼中(当事人对主张的事实产生争议的情况很常见,一旦存在争议,则需要对该事实加以证明)。因此,当事人主张的事实与相应的法律效果之间的对应关系是否满足“必要且充分”这一要求,就应当根据裁判规范民法的构成要件加以判断(不能认为事

实主张的确定标准与证明无关)。笔者认为,在适用辩论主义的民事诉讼中,此种要件事实成为当事人主张以及攻击防御的对象。如果当事人对要件事实 A 加以主张且存在争议,除非该事实属于显著的事实,否则必须加以证明(日本《民事诉讼法》第 179 条)。笔者认为,当事人主张的事实为事实 A,但得到证明的事实却为事实 B,这种情形是绝对不应当允许发生的,否则当事人的攻击防御活动就不能恰当且迅速地进行。理由在于,如果允许这种情况发生,诉讼中就可能出现这样的情形:假如一方当事人认为自己主张的事实 A 系出于失误,一旦得到认定的话将于己不利,因此予以否认,而此时事实 B 却得到证明从而导致该当事人败诉,且该事实与事实 A 不同。这种突袭现象的发生是由于辩论主义具有的实质重要功能失灵导致的,而当事人攻击防御的对象事实也将陷入混沌不明的状态,招致审理的混乱。[47]

□ *主张责任与证明责任保持一致性的理由之二*

主张的对象事实与证明的对象事实都是本质性事实

上述论述已经很充分了,在此需要补充说明的是辩论主义视阈下主张 74
与证明的密切关系。在适用辩论主义的诉讼中,如果当事人没有主张某一要件事实(以下论述意在说明要件事实的"本质性事实"属性),则法院不能认定该事实之存在,也不能判定已经发生以该事实为依据的法律效果。在一方当事人提出了关于某一要件事实存在的主张之后,除非对方当事人予以认可或者该事实属于显著的事实(日本《民事诉讼法》第 179 条),否则该事

---

[47] 笔者在本书初版第 97 ~ 98 页指出,单独为主张责任的分配设立标准是极为困难的(实际上也是不可能的)。但目前来看,上述表述并不妥当。本书对此进行了修正,详见本章第六节"五、根据制度目的确定主张证明责任对象事实"之"(二)民法的规范结构分析"部分。笔者现在的观点是,在不考虑证明问题的情况下我们也可以确定正确的民法规范结构即"规范结构乙",因此单独设立主张责任对象事实的标准在理论上并非完全不可能。

如果我们不考虑证明问题,仅根据民法规范结构来确定主张责任对象事实,虽然数量很少,但也会出现主张责任对象事实与证明责任对象事实不一致的情形(比如,将"超过平均损害额"作为主张责任事实,而将"损失在平均损害额以下"作为证明责任对象事实)。但笔者对此持反对意见,一如该部分指出的,这种分配方式在逻辑上是可能的,但在结论上是不妥当的。

实必须得到证明。法院也只有在确定该要件事实存在后才能认可以该事实为依据的法律效果。如果法官的心证状态最终陷入真伪不明,则该要件事实既无法视为存在,也无法视为不存在(法官既不能确信该事实存在,也不能确信该事实不存在),因此无法认可以该要件事实存在为前提的法律效果。

75 在上述说明中,主张的对象事实和证明的对象事实是相同的事实,而且以其存在为依据的法律效果也是同一的,这一点十分重要。由于要件事实是导致某一法律效果发生的根据、是本质性事实,因此在适用辩论主义的诉讼中,如果当事人没有主张相关的本质性事实,则不会发生相对应的法律效果,如果法院未能对该本质性事实形成确信,也不会产生该法律效果。

76 由上可知,主张责任对象事实与证明责任对象事实是一致的(主张责任与证明责任一致)。

□ *"要件事实真伪不明时,可否视之为存在?"*

77 此处讨论的问题是,"要件事实真伪不明时,可否视之为存在?[48]"[49]如果答案是肯定的,则意味着即使某一要件事实陷入真伪不明,也应视之为存在,法官对其存在形成确信。这样一来,我们也可以认为对于相同的要件事实(例如,前述之"Y 为善意"),可以由 Y 就"Y 为善意"负担主张责任,而由 X 就"Y 为善意"负担证明责任。也就是说,由于 X 就"Y 为善意"负担证明责任,因此当"Y 为善意"陷入真伪不明时,可以考虑由 X 承担不利后果,即法官可以对"Y 为善意"形成确信。这种思维方式对笔者的立场[如果当事人没有主张相关的本质性事实,则不会发生相对应的法律效果,如果法院未能对该本质性事实形成确信(真伪不明不能视为确定),也不会产生该法律效果]形成了挑战,甚至有可能得出与后述[本章第三节"三、主

---

[48] 前田达明教授应该对此持肯定意见(参见前田「ブックレビュー・法時 85 巻 7 号」第 103 页)。

[49] 如果答案是肯定的,则可以做如下解释:对于"Y 为善意",由 Y 负担主张责任,而对于"Y 为恶意",由 X 负担证明责任。如果"Y 为恶意"陷入真伪不明,则视"Y 为恶意"成立,则 Y 会败诉。这一思考方式与正文所说以人们一般的思考方式为前提对"Y 为善意"进行的解释,在最终结果上是相同的(由于"Y 为恶意"真伪不明同时意味着"Y 为善意"同样真伪不明,因此结果相同)。

张责任与证明责任的关系”之“(二)主张责任与证明责任不一致见解之批判”之“4. 笔者关于证明责任的定义是否有误?”“笔者关于证明责任的定义是否有误?”]前田说同样的结论。但从人们一般的逻辑出发,当某一事实真伪不明时,直接承认这种状态即可,既不会视其为存在,也不会视其为不存在。因此,对于“要件事实真伪不明时,可否视之为存在”这一问题,笔者无法给出肯定的回答(当然,一如上述,笔者并非在逻辑上否定这一思考方式的可能性,而是认为其妥当性存在很大问题)。这种思考方式违背了人们的一般认识,是不合理的(因此,也令人难以理解)。

简言之,在适用辩论主义的诉讼中,如果当事人未主张某一要件事实,则 78
对该事实负担主张责任的当事人会败诉;在当事人加以主张的前提下,除非该事实属于显著的事实,否则在对方当事人争议的情形下,相同的事实必须获得证明(“相同”这一点很重要),否则负担证明责任的当事人会败诉。

一如上述,在民事诉讼中,主张责任对象事实与证明责任对象事实均 79
属于以发生某一相同法律效果为目的的本质事实,因此在理论上经常保持一致(主张责任之所在与证明责任之所在在理论上经常保持一致)。[50]

顺便提及的是,在不适用辩论主义的诉讼中,由于不存在主张责任,因 80

---

[50] 关于这一问题另请参照前述本章第三节“一、主张责任”之“(五)主张责任对象事实的确定”部分说明。

如果认为主张责任对象事实不仅涉及要件事实,还涉及重要的间接事实,但证明责任对象事实仅涉及要件事实的话(如前述注解16、注解40中介绍的高桥宏志教授的观点),那么两种责任在其范围内存在不一致的情形。但笔者并不赞同这一观点(本章第三节“一、主张责任”之“(三)主张责任的对象事实”)。

此外,前田「要件事実について」第4~15页认为,主张责任的根据在于《宪法》第13条,证明责任的根据在于《宪法》第32条,而证明责任的分配根据则是《宪法》第14条等,并据此认为主张责任与证明责任之所在不一致。笔者认为,即使我们可以把主张责任、证明责任以及证明责任分配的最终依据归结为上述宪法条文,也不能按照前田说的逻辑直接推导出关于两种责任之所在这种极为具体的民诉问题的结论。我们只能通过具体的探讨才能说明两种责任所在是否一致的问题,作为反驳笔者观点的武器,前田说的论据并不充分。此外,前田认为,对于可能存在的事实却经常视为不存在,这是不妥当的。关于这一观点的批判,可参见后述本章第三节“三、主张责任与证明责任的关系”之“(二)主张责任与证明责任不一致见解之批判”之“4. 笔者关于证明责任的定义是否有误?”部分说明。

此也不存在主张责任与证明责任是否保持一致的问题。这并不意味着存在两种责任不一致的特殊情形,而是由于只存在证明责任,因此不属于此处讨论的两种责任是否一致的问题。

(二)主张责任与证明责任不一致见解之批判[51]

1. 导言

81 主张两种责任例外地存在不一致情形的论者,对于两种责任无一例外地保持一致的主张提出了批评意见。其主要论据大概如下所示。不过需要注意的是,此处并不涉及关于具体的要件事实构成的意见分歧。比如,原告X以案涉不动产的所有权为由提起诉讼,要求占有该不动产的被告Y予以返还,Y对于X的所有权产生争议。在此种情况下,一般来说,本案请求原因为“X对案涉不动产享有所有权。Y现占有该不动产”,而“其后X→A买卖*”可能成为抗辩之一。但也有观点认为,本案请求原因为“X对案涉不动产享有所有权,因其后不存在X→A买卖的情形,因此不存在导致该所有权消灭的事由。Y现占有案涉不动产”。[52] 只要后者认为针对请求原因同时产生主张责任和证明责任,那么就不属于此处讨论的两种责任是否存在不一致的例外情形,因此下文不涉及此类问题。

---

[51] 限于篇幅,笔者难以回答所有批判性意见,作为对上述批判的一种总体性辩解立场,難波「主張責任と立証責任」对此作出了精彩的分析。另请参照伊藤「続・要件事実と実体法(下)」第58~63页、伊藤「要件事実と実体法断想(下)」第102~105页。

另有学者认为推定情形属于主张责任与证明责任例外不一致的情形,笔者对此已经做了说明[本书第二章第三节“三、通过改变证明责任对象事实缓解举证困难的方法”之“(三)法律上的事实推定”相关部分]。

对于所谓一般条款,与此处所讨论的两种责任之所在并非同等性质,山本「総合判断型一般条項と要件事実」指出,主张责任对象事实可否不予证明?针对这一问题,可参见本书第五章第三节“二、评价性要件的要件事实特征”之“(三)派生特征之二:评价根据事实与评价妨碍事实”相关部分的说明。

* 其后X将涉案不动产转让给A。——译者注

[52] 松本「要件事実と法学教育(2)」第63~66页应该属于这种见解,但松本教授认为此时主张责任与证明责任保持一致。

2. 无例外的一致性观点是否专断(无实质依据的自以为是的教义)?

□ 无例外的实质依据

以适用辩论主义的通常民事诉讼为对象,在比较主张责任与证明责任的不同功能并进行实质性考察后,我们主张应采用相同的确定标准,即两种责任之所在(负担方)是相同的(笔者的观点即从此而来),这一观点具有确切的实质性依据,没有理由将之批判为蛮横专断。[53] 82

做统一的、无例外的要求也常见于民事诉讼中的诸多制度。比如,诉状必须记载请求内容(《民事诉讼法》第133条第2款)。这是原告起诉时必须满足的绝对性要件,并不存在例外。虽然关于请求的内容应当记载到何种程度存在一定的解释空间,但如果从诉状整体可以明显判断原告并未提出请求内容,则原告违反了《民事诉讼法》第133条第2款,其诉状不能视为合法。这一点也是不存在例外情形的(经法官释明,原告对诉状进行了补正,记载了请求内容,则其并不属于例外情形)。恐怕没有人会认为这种规定过于专断而欠缺正当性。 83

笔者是在就主张责任与证明责任的一致性这种具体问题进行实质探讨后得出了“无一例外”的结论,不应因结论本身缺乏灵活度而被冠以专断的恶名,关键是“无一例外”是否具有合理性。 84

3. 不具有“有理性”的理论是否是无理由的理论(欠缺合理性的理论)?

□ 同意重复的提问

笔者认为,这种问题本身属于同意重复,不具有任何价值。按照中田贞一郎教授的观点,“诉的有理性(Schlüssigkeit)是指原告主张的诉讼请求 85

---

[53] 笔者的这一观点(或其部分内容)被前田达明教授评价为“专断地认为主张责任与证明责任之所在必须保持一致性”,笔者反而认为前田教授的观点有武断的嫌疑。

本身符合实体法之规定”。[54] 针对笔者两种责任一致性的观点,中田教授以有理性理论为依据进行了批判。笔者认为,不具有“有理性”的理论当然是“无理由的理论(欠缺合理性的理论)”。中野教授的上述说明虽然仅针对请求原因,但也同样适用于抗辩及其他要件事实。

□ 与“主张本身失当”的差异何在?

86 在诉讼实践中,即使当事人主张的事实不存在争议或者全部得到了证明,但在实体法上并不会产生任何法律效果,这种主张即属于“主张本身失当”的情形,会被法院判断为无理由。这种“有理性”理论是当然成立的。其具体适例如,当事人的主张缺乏必要的主张责任对象事实(根据《民法》第446条第2款之规定,未以书面形式订立的保证合同无效。如果当事人没有提出书面订立合同的事实主张,而要求履行保证合同规定的保证债务,即属于此处的主张本身失当的情形[55])。

87 笔者认为,问题不在于“不具有理性的理论没有理由”,而在于“不具有有理性的理论”的内容为何?

88 中野教授认为,当事人未将“未履行”作为请求原因加以主张,而直接要求因债务不履行而产生的损害赔偿,此种情形不具有有理性,因而不当。但是,至于为何不具有有理性,笔者认为中野教授并未作出具体说明。

□ 中野贞一郎教授的见解

89 中野教授之所以认为笔者的见解缺乏有理性,理由大概如下所述。虽

[54] 参见『民事手続の現在問題』第216页。关于该理论的详细介绍可参见中野貞一郎「主張責任と証明責任」判タ668(1988)第4页以下(收录于中野『民事手続の現在問題』第213页以下)。

[55] 与笔者在正文中所举适例稍有不同,对于当事人提出的不具有任何实体法法律效果的事实主张,最高法院在判决中也曾采用“主张本身失当”这一措辞。最判平10·6·12民集52卷4号1087页[23]判示指出,“对于在除斥期间届满后提起的损害赔偿诉讼,即使当事人没有主张,法院也应当得出请求权因除斥期间经过而消灭的结论。因此,如果当事人提出除斥期间的主张构成违反诚信原则或属于权利滥用的话,则该种主张应解释为主张本身失当”(参见第1090~1091页)。

然这些批评意见针对的是司法研修所在某一时期的见解，[56]但由于笔者见解与当时的司法研修所相同，因此也可视为对笔者见解的批评意见。对此，笔者提出如下反驳意见（至于司法研修所民事裁判教官室目前对此是何意见，笔者当然无从得知）。

中野教授指出，“一如上述，基于履行迟延而请求损害赔偿的原告，必须对被告未履行的事实加以主张，这是诉之有理性的必然要求”。[57] 但中野教授并没有指明欠缺有理性的具体理由，笔者认为，从以下引文中可窥一豹：“『要件事实第 1 卷』中指出，原告基于履行迟延而请求损害赔偿时，并不需要对迟延履行的事实加以主张，即使加以主张，在判决书的事实摘示部分法院也可以不予记载。笔者认为，此种观点与一般人（也包括法律人）的认知相悖。该书认为，如果原告已经主张‘约定履行期限的事实’和‘履行期限经过的事实’这两个要件事实，即使没有主张‘在履行期内未履行的事实’也可以得出其已经主张履行迟延的发生。但是，即使当事人约定了履行期限且期限经过，但实际上可能出现两种情形，即债务人在期限内已经履行与期限内未履行，如果债务人的履行符合债务本旨，根本不会产生损害赔偿请求权，因此在未主张‘履行期内未履行’的情形下突然进入关于未履行的可归责事由或违法的主张阶段，此种思维方式缺乏逻辑上的连贯性。”[58]中野教授的上述见解存在很多问题。 90

首先，上述见解存在引用不当而招致误解的问题。 91

司研《要件事实第 1 卷》（『要件事实第 1 卷』）第 21 ~ 24 页的表述为：“基于履行迟延的损害赔偿请求权，作为其发生要件中的履行迟延，并不包括履行期内未履行的事实，原告无须主张该事实。即使未主张该事实，也不妨碍履行迟延的主张效果。”（并未出现中野教授所指出的“原告无须主张履行迟延的事实”之类的内容）。如果按照中野教授的 92

---

[56] 司研『要件事実第 1 巻』第 21 ~ 24 页、第 255 ~ 256 页所载内容。

[57] 参见中野『民事手続の現在問題』第 219 页（同样见于中野「主張責任と証明責任」第 6 页）。两处文献在表达方式上稍有差异，但内容完全相同，以下的引文据前者。

[58] 参见中野『民事手続の現在問題』第 215 页（同样见于中野「主張責任と証明責任」第 5 页）。

理解并且以不会招致误解的方式对上述内容加以概括的话,应该为“基于履行迟延而请求损害赔偿时,原告不需要主张履行期限内未履行的事实”。

93 此外,中野教授认为,“即使当事人约定了履行期限且期限经过,但实际上可能出现两种情形,即债务人在期限内已经履行与期限内未履行”,这一观点完全正确。另外,如果当事人没有主张“履行期限内未履行”,恐怕也不能当然地认为其主张不具有理性。至于中野教授认为,“如果履行符合债务本旨则根本不会产生损害赔偿请求权”,这一点也完全正确。但尽管如此,也没有充分的理由认为中野教授的前述见解完全正确,或者司研说以及笔者的见解完全错误。如果存在符合债务本旨的履行(诉讼上需要对此加以主张和证明),则不会产生损害赔偿请求权,笔者对此深表赞同,同时,笔者也从未认为即使存在符合债务本旨的履行(同样需要主张和证明),同样会产生损害赔偿请求权(根据要件事实理论,笔者主张未履行可以不作为损害赔偿请求权的发生要件,笔者的这一观点当然与符合债务本旨的履行依然产生损害赔偿请求权的观点是截然不同的)。笔者的立场是,如果存在符合债务本旨的履行,那么可以考虑将之(准确的说法应该是债务清偿之提供)作为抗辩(《民法》第492条规定,清偿之提供将免除任何因债务不履行而产生的责任),应该由被告加以主张和证明。[59]如果该抗辩成立,则法院不会认可原告的损害赔偿请求权。笔者的观点是,如果原告的请求原因能够得到证明,虽然请求原因中并没有主张未履行的事实,但这仅意味着在该阶段并未涉及是否存在清偿之提供的问题(既未考虑“存在提供的事实”,也未考虑“不存在提供的事实”),法院只需根据该阶段的主张证明状态加以判断即可,即请求权已经产生。如果清偿之提供这一抗辩事实在其后得到主张和证明,则在案件审理的最终阶段法院应判断该请求权未产生。这种思维方式与妨碍抗辩相同,并不存在特别

---

[59] 参见伊藤「続・要件事実と実体法(下)」第59~60页。另可参见伊藤「続・要件事実と実体法(上)」第92页,在该部分,笔者介绍了裁判规范民法与行为规范民法的关系,同时就债务不履行的归责事由进行了讨论。

之处。[60]

其次，中野教授认为，“突然进入关于不履行的归责事由或违法的主张阶段，此种思维方式缺乏逻辑上的连贯性”，此处的“突然”一词比较令人费解。按照笔者的观点，清偿之提供的事实属于被告的抗辩，则对该事实的主张，一如当事人关于不履行的归责事由（准确的表述应当是“基于不可归责于债务人的事由”）以及违法事由（准确的表述应当是“存在违法阻却事由”）的主张，同样成为法院审判的对象，至于审判的顺序则是根据具体的诉讼情况决定的。因此，如果中野教授所谓的“突然”，是指“当事人并未就履行的相关事实加以主张的情况下，法院贸然将之作为审判对象”的话，显然与笔者所持立场不同，因此也无法接受这样的批评意见。[61] 94

最后，从笔者的直觉出发，虽然只是一种猜测，但能感受到中野教授对 95

---

[60] 类似的情形尚见于“债务不履行系不可归责于债务人的事由”，一般认为，债权人就存在归责事由并不负担主张责任。

为了更为准确地理解这一点，需要读者认真阅读后述的本章第六节“五、根据制度目的确定主张证明责任对象事实”之“（三）开放理论”部分，笔者想强调的是，如果未能准确理解该理论，则会对相关问题产生误解。

[61] 如果存在免责事由或违法阻却事由，那么以履行迟延为由提起的损害赔偿请求权将不会成立。这种情形与存在符合债务本旨的履行是相同的。因此，逆言之，中野教授所谓的“缺乏逻辑上的连贯性”大概是指在没有判明是否存在归责事由或违法的情况下即断定因履行迟延而产生的损害赔偿请求权是成立的，当然笔者并未如此考虑。同样的道理，债权人以履行迟延为由请求损害赔偿时，假如原告没有主张债务人未履行存在可归责事由，我们也不会认为原告的主张构成主张本身失当。关于未履行、可归责事由以及违法性等要件，缺乏何种要件将不会产生损害赔偿请求权，抑或即使缺乏何种要件也不会妨碍请求权之产生，这样的问题需要按照裁判规范民法的思维方式予以分析并作出判断，即对于因履行迟延而产生的损害赔偿请求而言，何种要件应视为积极要件，需要作为请求原因加以主张？何种要件应视为消极要件，需要作为抗辩加以主张？

如果被告提出了多种抗辩事由，原则上法院可以任意决定审判顺序，因此可能出现关于“不可归责于债务人的事由”之判断先于“履行”之判断。同样的情形也存在于借款返还诉讼中。如果被告同时提出清偿与免除的抗辩，法院有可能首先就是否存在免除的事实进行判断，如果该抗辩成立，则不再就是否存在清偿的事实加以判断。

于诉之有理性的批判有一种强烈的拒斥感。[62]

4. 笔者关于证明责任的定义是否有误?

□ 前田达明教授的观点

96 前田教授认为,笔者关于证明责任的定义[参见本章第三节“二、举证责任(证明责任)”之“(一)定义”部分]存在错误,[63]且围绕这一主题发表了若干论文,基本内容应该是相同的,因此笔者以其最近的论文为例加以探讨。[64]

97 “前田说”的核心内容在于(新近发表的论文依然如此),“当要件事实陷入真伪不明时,无法将之视为存在(视为不存在),这种观点较为专断,存在错误。笔者认为,在此种情形下,既可以视为存在,也可以视为不存在。比如,就某一事实是否存在的可能性,法官的心证状态达到50%,如果据此将之视为不存在是非常不公平的,而且非常专断,没有依据。我们应该把

---

[62] 对于这种拒斥感,伊藤「要件事実と実体法断層(下)」第106页围绕有理性理论进行过阐述,为了消除这种拒斥感,一如注解60中的说明,准确理解“开放理论”至关重要。

此外,中野教授在「要件事実の主張責任と証明責任」一文中也发表了类似的批评意见(对该意见的再批评,可参见難波「主張責任と立証責任」第182~186页)。不过中野教授对要件事实理论的批评态度与前引论文稍有不同,总体上似乎体现了对要件事实理论的理解倾向。另可参看中野『民事裁判入門』第67~68页(该书是一部上佳的入门级读物)。

[63] 参见前田「要件事実について」第1928~1931页,该文可视为前田教授反复强调其批评意见的例子之一。

[64] 参见前田「要件事実について」第1928~1931页。就主张责任和证明责任,前田教授的最新成果采用了与学生对话体的方式,参见前田達明「特別連載『法解釈入門』の入門(3)」法教2014年9月号第36页以下。虽然从发表时间来看,该成果是最新的研究成果,但笔者选取的论文应当是最富有含金量的成果(此书评实际上可以视为论文)。

此外,前田教授在前田達明「コラム　続・権威への挑戦」書斎の窓636号(2014年11月)第32页上指出,“就主张责任、证明责任在作为债务和不作为债务中是否存在区别,虽然笔者才疏学浅,但尚未听说司法研修所在这一问题上存在不同见解”。不过据司研『要件事実第2巻』第108页所载,依约使用租赁合同标的物若属于不作为债务,则就出租人存在违反义务的行为,承租人负担主张责任和证明责任。

这一问题作为证明责任分配领域的事项加以处理”。对于前田教授的上述观点,难波孝一法官曾经提出非常中肯的批评意见,[65]但由于时间较早,尚未涉及前田「要件事実について」(2013年8月)(据笔者所知,这是最新的论文成果)以及前田「ブックレビュー・法時85巻7号」(2013年6月,发表时间稍早于前者)两篇文章,笔者在此补充意见如下。

此外,下文中所指“事实”,均为要件事实之义自不待言(笔者认为间接事实不存在证明责任的问题)。[66] 要件事实是导致某一法律效果发生的根据事实。因此,在一方当事人因该事实未被认定而承担不利后果的同时,对方当事人也会因该事实得到认定而承担不利后果,这一辩证关系需要我们特别留意。民事诉讼应当对双方当事人(甚至普通民众)的利害关系进行适当调整,而不应该仅关注特定当事人可能承担的不利后果(从前引内容来看,似乎前田说对此有所忽略,且仅着眼于抽象事实存在的可能性,并据此批评通说关于证明责任的定义)。 98

□ 事实的确凿程度在什么范围内属于证明责任问题?

前田教授的观点是,虽然当事人的主张存在一定的可能性,但无视这种可能性而将之视为不存在是不正当的,应该依据公平原则适当分配证明责任,努力在符合案件性质以及实际情况的基础上谋求案件的恰当解决。笔者就此并不持完全的反对意见。 99

但是,前田教授的解决方法则存在很多问题。 100

前田教授并未指明某一事实存在与否的可能性达到何种程度时才可将之视为真伪不明,从而可以作为证明责任问题加以处理。这是前田说的 101

---

[65] 参见難波「主張責任と立証責任」第186~190页。较正文所引前田说稍早的文献,尚包括前田「主張責任と立証責任について」第789页(前田『民法学の展開』第76页)。笔者就前田教授的观点也发表过若干次意见(可参见伊藤「要件事実と実体法断想(下)」第98~102页),本书不再赘述。

[66] 参见本章第三节“二、举证责任(证明责任)”之“(三)成为证明责任对象的事实”相关内容。

重要内容,但正文所引两篇论文成果均未对此加以说明。[67] 如果作为证明责任问题来处理的话,无论采用何种标准,当该事实是否存在处于某种可能性的时候,也需要将该种状态视为真伪不明,此时也需要我们在存在与不存在之间假定一个结果(无论是否存在,只能以假定结果为限,并忽视与其相反的可能性)。尽管这样,如果我们无法确定事实存在与否的可能性达到何种比例时才可以作为证明责任问题加以处理的话,则无法决定该种可能性达到何种程度时我们可以忽略不计,而且这种忽略是公平的(比如,某一事实为真的可能性为50%,此时将之作为证明责任问题是否公平?在可能性达到60%之前,均无视其存在的可能性,而将之作为证明责任问题加以处理是否公平?或者完全相反,将之视为存在又是否公平?可能性仅为30%的情形才作为证明责任问题予以处理是否公平?或者直接将之视为不存在是否公平?诸如此类)。在没有确定可能性程度时,考虑证明责任问题是不妥当的(当然,此时需要从证明公平的角度进一步考虑由哪一方当事人为此承担不利后果)。

102 假设舍弃存在的可能性是最大的问题,那么我们可以做如下推断。从事实认定的角度,如果(这也正是前田说的模糊之处,因此笔者只能以"如果"进行假设)前田说将证明标准(证明所需的最低限度)下调到51%[如果法官的心证状态(事实存在的可能性所达到的程度)达到51%,那么应当认定事实存在],并以此为前提考虑证明责任的分配,那么根本无法取得当事人以及其他民众的理解,因此也是笔者坚决反对的(这并不是笔者的专断,而是多年来从事法官以及律师实务所产生的真实感受,而且也是大多

[67] 也许(前田教授)认为在前田「主張責任と立証責任について」第789页(前田『民法学の展開』第6页)已经作出了相关说明,即存在的可能性达到51%以上时就应当视为存在。但这一观点与通说立场相矛盾(通说立场在可预见的未来也不存在调整的可能性),也无法求得当事人的赞同。笔者对此持反对意见(難波「主張責任と立証責任」第187页也持笔者立场)。如果对前田教授的观点进行更合理的解释,应当说证明责任问题并不仅仅存在于存否可能性为50%的情形,只要我们设定了一个存否比例,在任何情形下都存在如何判断是否存在的问题。

数实务界人士的真实感受)。[68]

□ 事实真伪不明时应以民众一般的思维方式为前提

暂且不论前田说的依据何在,但该说主张当待证事实陷入真伪不明的 103
状态时,由于涉及证明责任的对象事实,因此应当将之视为存在。[69] 这一观点显然违背了民众一般的思维方式,[70]殊难赞成。[71] 前田说认为,通说以高度盖然性作为证明标准(如80%)明显过高,但问题在于,越是降低证明标准,其不合理性将越明显。比如,将证明标准降低到极限的51%,此时法官的确信状态达到50%,但由于尚未达到证明标准,因此该事实陷入真伪不明,此时,虽然该事实不存在的可能性达到了50%,但按照前田说的观点应

---

[68] 关于证明标准,伊藤眞「証明、証明度及び証明責任」主张采用较高盖然性的标准,另外也有主张采用比例认定的标准。但这些主张并未改变上述通说以及实务界的态度。关于证明标准以及比例认定等问题,详见伊藤『事実認定の基礎』第154~222页。就事实认定的证明标准,学说以及实务界认为需要70%~80%的确凿程度(高度盖然性),这一立场目前尚难以改变。

不仅如此,伊藤真教授虽然主张采用较高盖然性的标准,但也不会同意将证明标准普遍下调到51%的程度,参见伊藤眞『民事訴訟法』第331~332页。

[69] 比如,前田「ブックビュー・法時85卷7号」第103页认为,"《民法》第415条的'客观'证明责任的对象为'未履行的事实',如果其陷入真伪不明,则应在诉讼中将此要件事实视为存在,并由作为被告的债务人承担不利后果"。

[70] 这一判断并非笔者一孔之见,类似观点尚见于難波「主張責任と立証責任」第187页。

前田教授的这一观点十分令人费解(违背一般的思维方式,但在逻辑上并非无法成立),该教授在前田「続々・主張責任と立証責任」第29页也指出,在某次研讨会上,前田教授为其观点进行辩护时(笔者在伊藤「要件事実と実体法断想(下)」第101页对此也有所介绍),与会的部分著名学者(包括松本博之教授在内的几位著名学者以及实务界人士)对此给予了"不懂""不能理解"的评价。

另请参照本章注解107相关说明,该注解意在说明证明责任规范这一"原则规定"的合理性。

此外,也可参照本章第五节"二、裁判规范民法的结构原理的基础"之"(二)事实真伪不明时人们一般的思维方式"以及"(三)以人们一般的思维方式为前提的构成"等相关内容。

[71] 上述说明框架是假设某一事实为要件事实,研究该事实陷入真伪不明的相关问题。如果我们考虑评价性要件在司法实践中常见的问题,如"存在相当程度的可能性"的证明问题(参见本书第二章注解42),则有助于加深理解,请各位读者务必留意。

当视之为存在,这一结论显然是不合理的。另外,单纯从数字比例来看,按照通说高度盖然性的观点,忽视21%的不存在的可能性显然比忽视79%的存在的可能性更为自然。但是,问题并不在于这种单纯的数字比例的大小。通说之所以要求采用高度盖然性的证明标准,是因为如果达到这一标准,大家应该都会同意视之为存在,如果低于这一标准,则不会同意视之为存在,通说将同意还是不同意的分界线考虑为,如80%。

□ 应当以何种目的考虑事实的确凿程度?

104 在此必须回答的问题是,我们为什么需要考虑确凿程度的比例?理由在于,一旦我们认可某一要件事实所产生的法律效果,就需要将因此产生的利益赋予某一方当事人,而同时将不利益课以另一方当事人。此时,对于承担不利后果的当事人来说,事实的确凿程度至少应当达到何种标准才能让他接受这一不利益呢?(逆言之,作为利益没有得到承认的当事人,法院应当以何种确凿程度为标准,才可以以所谓“因未完成证明所以不得不”接受其利益无法得到承认这一不利后果?)推而广之,这一问题关系到司法制度能否维系普通民众对于法院事实认定工作的信赖程度。[72] 因此,如果我们从证明公平的角度来看,如果待证事实的确凿程度低于必要的证明标准,我们也可以视之为存在,则根本无法求得民众和当事人(尤其是败诉的一方当事人)的理解,这一点应该铭记在心。

□ 证明责任要求我们必须在某一特定阶段放弃事实的某种可能性

105 前田教授认为,“在某一阶段即放弃讨论某种现实存在的可能性是有问题的”,虽然笔者对此并非完全无感,但既然我们必须采用证明责任这一概念来处理事实真伪不明的问题,放弃某种可能性就是无法回避的。笔者主张,我们应该采用恰当的思维方式来考虑应将何种状态作为真伪不明加以处理(以何种事实的确凿程度作为民事诉讼中的证明标准),然

---

[72] 主张采用相当程度盖然性标准的伊藤教授,也在伊藤眞『民事訴訟法』第332页讨论了维系“普通民众对于司法事实认定结论信赖”的重要性。

后以证明公平作为最终标准恰当地确定证明责任对象事实,[73]在这一过程中可以辅之以事实的解明义务[74]等方法(换言之,这一问题无法通过抽象的判断加以解决,如放弃百分之多少的可能性就是不公平的,这一点十分重要)。

□ 星野英一教授的观点

此外,前田教授曾提出过这样的问题,即关于"'裁判规范之民法'与 106
'行为规范之民法'这种思维方式,星野英一老师如何评价?"[75]笔者对此曾作过如下两点说明:第一,所谓要件,究竟是指客观事实还是指诉讼中需要主张证明的事项?星野教授认为均可。第二,关于要件事实理论的具体内容,经笔者说明后,对于裁判规范民法这一思维方式,星野教授表达了深刻的理解之意。[76]

□ 前田说的依据是否充分

关于前田教授对笔者观点的批判,笔者辩护如上。我们现在要探讨的 107
是,前田说又是如何积极地寻求理论依据的呢?关于证明责任分配的标准,前田教授主张应采用公平原则等标准。[77] 但是由于这些标准过于抽象而不具有操作价值,而且从笔者的立场来看并不妥当。[78] 此外,对于某一事实陷入真伪不明时,前田说主张采用与民众思维方式明显不同且并不恰当的方法加以处理。前田教授以不恰当的理论为依据,并且在没有充分补充

---

[73] 关于主张证明责任对象事实的确定标准,详见本章第六节"裁判规范民法的要件确定方法——主张证明责任对象事实的确定标准"。

[74] 参见本书第二章第二节"要件事实理论与事案解明"相关内容。

[75] 参见前田「続・主張責任と立証責任」第 70 页。

[76] 参见伊藤「要件事実と実体法断想(下)」第 101 ~ 102 页。

[77] 前田「要件事実について」第 16 页指出,证明责任分配的标准为:第一,证明责任规定(该页使用"证明法规定"这一用语);第二,一般性地规定公平原则的"诚信原则"规定(《民法》第 1 条第 2 款);第三,抽象的公平原则[《宪法》第 14 条指导审判的原理(证明的难易程度以及证据距离的远近等)]。

[78] 关于笔者的观点,详见本章后述第六节"裁判规范民法的要件确定方法——主张证明责任对象事实的确定标准"。

新的论据的情况下，坚持己见，反复强调其观点的正当性，这一立场的强烈动机来自何处？通过考察前田教授反复引用的一篇论文，笔者猜测如下，前田教授在文中指出："在未主张某一法律效果（损害赔偿请求权）所需的符合法律要件的事实（'没有履行'）的情况下，到底为什么能够主张该法律效果？"⑲如果确实如此的话，笔者认为真正的问题在于，"没有履行"是否属于"履行迟延损害赔偿请求权不可缺少的符合法律要件的事实"？前田教授在没有对此提出任何根据的情况下即做如此断定，这一态度并不科学。⑳ 当然，如果"履行迟延损害赔偿请求权不需要以迟延履行为要件事实"确实属于笔者的观点，那么这一观点与前田教授存在矛盾，受到相应的批评也是可以理解的，但这并非笔者的观点。笔者认为，"履行迟延"不属于请求原因，不需要原告主张证明"没有履行"的事实，而应作为抗辩，由被告主张证明其妨碍事由，如提供了清偿即可（需要我们通过攻防整体来判断是否构成"履行迟延"）。

5. 应当如何评价主张责任与证明责任的对象事实完全相反的观点？

□ 松本博之教授的见解

108 上述观点系松本博之教授的主张。松本教授认为，"虽然我们不允许主张责任和证明责任系针对完全不同的事由，但如果主张责任的对象与证明责任的对象在形式上出现不一致。比如，债务履行与债务未履行是完全相反的内容，但两者从债务是否履行这一角度来看属于相同范畴的事实，因此这种形式上的不一致并不重要。"㉑

---

⑲ 参见前田「ブックビュー・法時85巻7号」第103页。

⑳ 坦率地说，笔者认为这一态度类似专断。而前田教授之所以表现出如下强烈的拒绝感，恐怕与该教授并未完全理解本章后述第六节"五、根据制度目的确定主张证明责任对象事实"之"（三）开放理论"有关。需要说明的是，竹下教授在没有任何预设前提的情况下对"开放理论"进行了理论分析，得出了肯定的结论［『条解民事訴訟法』第894～895页（竹下守夫）］。

㉑ 参见松本「要件事実論と法学教育（1）」第112页。松本教授在论文中对于主张责任与证明责任一致说的观点予以了批评，对此難波「主張責任と立証責任」进行了适当的反驳。

笔者对上述观点无法赞同。 109

某一事实与其完全相反的事实是不同的事实,如果主张责任对象事实是要件事实,则与之完全相反的证明责任对象事实就不是要件事实,如果认为此等事实也存在证明责任,则将导致不属于要件事实的事实也存在证明责任问题,因此是不妥当的。松本教授一方面认为主张责任对象事实与证明责任对象事实不应针对完全不同的事实,但另一方面认为形式上不同的事实可以存在不一致的情形,这种观点的依据为何?松本教授并未说明(单纯地认为"形式上的不一致并不重要"相当于没有说明任何理由)。证明对象是某一事实还是与其完全相反的事实,这是重大的差异。如果松本教授认为主张责任对象事实与证明责任对象事实都是要件事实,两者可以存在不一致的情形,那么根本不需要将证明责任对象事实限于与主张责任对象事实完全相反的事实,完全不同的事实甚至也是可以的。 110

□ 以"善意""恶意"为例

如果按照松本教授的观点,我们需要讨论以下问题,即所谓"未履行的事实"严格来说是何种情形(例如,"未提供履行"应当是其正确的方式,"未清偿"则是不充分的)?"已经履行的事实"则并非如此抽象的形式,而是应该具体化为"已经清偿的事实""已经进行代物清偿的事实"等,才可以成为证明责任的对象。因此,这种探讨的外延会有所扩大,而可能变得更复杂。 111

为方便讨论,笔者选择更为简单的例子(示例的变化不会影响讨论的质量)。按照传统的民法要件理论,如果将"A 事实(如善意)"作为导致某一法律效果的要件,根据松本说的观点,假设由原告负担"A 事实"的主张责任,而由被告负担"非 A 事实(如果 A 为善意,则非 A 事实即为恶意。两者是完全相反的事实)"的证明责任,那么"A(善意)"构成某一法律效果的积极要件,而且该法律效果对被告一方是不利的。如果在诉讼中,"非 A(恶意)"陷入真伪不明,由于被告对于"非 A(恶意)"负担证明责任,则法院不得将"非 A 事实"视为存在(松本教授应该赞同这一结论,因为在前述 112

关于“已经履行的事实”的讨论中，松本教授认为，如果该事实陷入真伪不明，即不得视之为“已经履行”）。但需要注意的是，这仅仅意味着不得将“非A（恶意）”视为存在，而不能当然的认为应该将“A（善意）”视为存在。因为，“非A（恶意）”与“A（善意）”是完全相反的事实，[82]因此从客观的角度来说，只能存在其中一种状态，即如果不是“非A（恶意）”，则一定是“A（善意）”。但是在诉讼中，由于证明的缘故，也会出现无法确定“非A（恶意）”还是“A（善意）”的情形。当上述“非A（恶意）”陷入真伪不明时，由于两者是完全相反的事实，因此我们不能认为只有“非A（恶意）”真伪不明，而“A（善意）”存在与否是明确的。在上述情形下，“A（善意）”也属于真伪不明，即我们最终无法确定“非A（恶意）”还是“A（善意）”。如果由被告负担证明责任的“非A（恶意）”最终陷入真伪不明，法院应当得出被告败诉的结论，但从逻辑上讲，由于“A（善意）”属于于被告不利的法律效果的积极要件，因此需要在诉讼上将“A（善意）”视为存在。这就意味着，虽然“A（善意）”真伪不明，但在诉讼上需要将“A（善意）”视为存在。这种思维方式与松本教授批判的前田教授的立场，至少在结论上是相同的。一如笔者对前田教授观点的批评意见，这种思维方式也是笔者无法赞同的。

---

[82] 松本「要件事実論と法学教育(1)」第115页对笔者的意见提出批评，认为恶意不是与善意完全相反的事实。但问题在于，从诉讼中证明的角度来看，法官可以在“恶意”与“善意”之间确定一个状态，但从社会生活的角度来看，在某一时间节点上，人的认知状态只能是“善意＝不知道”或者“恶意＝知道”。

笔者正是在此意义上讨论“善意”与“恶意”的关系，因此两者属于完全相反的事实。

另外，如果将“善意”理解为《民法》第192条中的“善意”，即不是在“不知其为无权利人”的含义上使用，而是在“相信其是权利人”的含义上使用，那么作为“非善意”情形的认知状态包括“怀疑其是否为权利人（半信半疑）”，以及“知道其为无权利人”，因此与上述说明并不相同。不过需要注意的是，《民法》第192条中的“善意”属于特殊用法，并不具有普遍意义。

【第四节 裁判规范民法的思维方式】

一 | 裁判规范民法作为一种思维方式的必要性

□ *民法条文的制定基本未考虑真伪不明的情形*

立法者在制定民法(除了平成16年法律第147号,即《民法现代语化法》的一些条文之外)时,并未考虑民法条文结构形式与相应要件事实真伪不明情形之间的关系。因此,无论条文就要件的规定方式有多么明确,也不能从该条文的结构形式直接得出立法者关于真伪不明的处理结论。无论学界是否赞同裁判规范民法这一思维方式,对上述结论是不存在多大争议的。 113

对于"T('某一事实')→R"这种常见的法律规范形式能否适用于T真伪不明的情形,一般认为,该种法律规范形式"未曾预料到该种情形",因此,从该规范形式无法得出可否适用的答案[83];"总之,实体法所规范的内容仅限于:(a)如果存在某一主要事实,则发生相应的法律效果。(b)如果不存在某一主要事实,则不发生相应的法律效果。而(c)主要事实真伪不明这种情形,并非实体法所规范的内容"。[84] 笔者认为,这种解释是正确的,应予赞成。 114

法典调查会第75次会议上,富井政章以及梅兼次郎关于《民法》第415 115

---

[83] 参见石田『証拠法の再構成』第73页。

[84] 参见春日偉知郎「証明責任論の一視点——西ドイツ証明責任論からの示唆」判タ350号(1977)第100页〔载于『民事証拠法研究』(有斐閣,1991)第339~340页〕。前田「続・主張責任と立証責任」第68页(1987)认为,民法典中"如果存在事实A,则发生权利B"这一条文结构,"对于事实A真伪不明这种灰色地带并没有说明应该如何处理"。

条(当时第414条)的发言也清晰地印证了这一点。[85] 虽然《民法》第415条将归责事由按照积极要件的结构形式加以规定,但是在分配证明责任的时候,则应按照"但是,其债务的不履行系由于不可归责于债务人之事由的除外"这样的结构,将归责事由作为消极要件(免责要件)加以规定。

116 民法的条文结构并未考虑到要件事实真伪不明的情形,这一结论不仅可以从当时起草者的论述中得出,而且也可以从包括第415条在内的不少条文中得到清晰的印证。

□ 证明责任分配结论明显不合理的民法规范

117 从证明责任分配的视角来看,《民法》中存在条文结构不合理的规定(如《民法》第466条第2款)、条文结构相抵触的规定(如《民法》第147条第1款与第167条第1款、第548条第1款与第2款、第561条与第563条第3款)以及从条文结构来看无法明确证明责任归属的规定(如《民法》第557条)等。

118 以上条文中明显不当的内容此处不赘,仅就部分条文简略说明如下。

119 如《民法》第466条第2款。考虑到债权原则上具有可转让性,因此应当由债务人主张证明存在禁止转让特约的事实以及受让人知道该特约的事实(受让人为恶意)。[86]

---

[85] 从条文结构形式来看,《民法》第415条似乎将存在归责事由作为积极要件加以规定,但立法者并未如此考虑。在第75次法典调查会中,围绕当时的第414条但书部分"因可归责于债务人事由致履行不能者,亦同"这一条文,有委员提出疑问,即从条文的措辞来看,如果出现履行不能的情形,需要由债权人就存在归责事由予以说明,这样的规定是否妥当?富井政章委员答复如下:"债务原则上必须得到履行,如果存在无须履行的特别事由,则必须由债务人来证明。此系依据法律的根本原因,因此是毫无疑问的。如果该但书规定在证据编,那么确实存在您提出的问题,但是规定在此处并没有考虑证明责任的问题。债权人为追究未履行的责任而提起诉讼,如果债务人主张履行不能系由于不可归责于自己的事由,则必须由债务人来提出其不存在过失的相关证据,这一点绝对不会因为本条的存在而受到影响。"(法務大臣官房司法法制調査部監修『日本近代立法資料叢書3·法典調査会民法議事速記録3』)。此外,梅谦次郎委员也提到"民法典的起草以便于民众理解为主要目的"(同书第642页)。

[86] 司研『改訂類型別』第126页也持相同见解。

再如《民法》第561条与第563条第3款。该两条均涉及无权处分买卖情形下,因权利移转不能而买受人可以请求损害赔偿的事项,其区别仅在于无法移转的他人权利是全部(《民法》第561条)还是部分(《民法》第563条)。但如果仅从条文结构形式来看,似乎恶意在前一条文中属于消极要件,善意在后一条文中属于积极要件。暂且不论哪一种规定方式是正确的,由于条文的区别仅在于无法移转的他人权利是全部还是部分,因此应该没有理由对于两者的损害赔偿请求权的发生要件采用不同形式的条文结构。[87] 类似的情况也存在于其他条文中,此处不赘述。 120

□ *无法明确证明责任分配结论的民法规范*

《民法》中的部分条文,单从条文结构来看无法明确证明责任之所在(如《民法》第557条第1款)等。 121

《民法》第557条第1款规定,“在着手履行合同之前”可以解除合同,这样的规定无法明确证明责任之所在。单纯就文义而言,既可以理解为“未着手履行时可以解除合同”,也可以理解为“在着手履行后不能解除合同”。司法研修所的观点是,“对于按照定金合同保留的解除权之行使,附带‘在一方当事人着手履行合同之前’这种限制,因此可以解释为以着手履行为保留解除权的消灭事由”[88](这一观点背后有司法研修所的实际考量,但其观点本身也是以条文文义蕴含的多种解释可能为依据的)。司法研修所并未将不存在消灭事由作为要件,因此至少不能认为其观点采用了第一种文义解释的结论,而有可能采用了后一种结论。[89] 如此,证明责任分配与条文结构的关系并非不言自明的(实际上,笔者在教学过程中曾经问及学 122

---

[87] 参见司研『要件事实第1卷』第175页。

[88] 参见司研『要件事实第1卷』第150页。

[89] 要准确地厘清这一问题,应当做如下思考,即“将解除合同系依据解约定金这一主张作为请求原因,而将着手履行作为抗辩,一般是没有分歧的,那么在涉及解除的意思表示与着手履行的先后顺序时,是否应该将后者先于前者作为抗辩?抑或将前者先于后者作为再抗辩?在这一点上可能存在着争议”,然后再说明采用何种立场。司研『要件事实第1卷』第151页对此介绍了两种不同的观点。

生们如何解释《民法》第557条，暂且不论何者为多数说，但总会分为两大不同的观点）。

123 一如上述，《民法》第557条对于证明责任的分配并不明确，但即便我们采用"以着手履行之前为限可以解除"这种表达方式，从传统民法（而非裁判规范民法）的角度来看，也只能理解为"如果解除的意思表示早于着手履行，则可以解除，如果与着手履行同时或晚于后者，则不能解除"，即以解除的意思表示和着手履行的先后顺序加以规定，而对于先后顺序不明的情形，实际上没有作出任何规定。

□ 民法教科书中的说明

124 民法教科书是否也能明确地指出上述问题呢？在颇具代表性的若干民法教科书中，有的仅依据条文本身作出说明，而没有提供更多的信息。比如，"在一方当事人着手履行合同之前，可以依据解约定金行使解除权"或"以定金为由的解除，仅限于一方当事人着手履行合同之前（第557条）"。[90] 有些则采用了不同的说明方式。比如，"在一方当事人'着手履行'合同之后，不得解除合同（《民法》第557条第1款）"。[91] 当然，这也说明传统民法学在看待《民法》第557条第1款构成要件的问题上，采用了第二种解释结论（在着手履行后不能解除）。但是无论怎样，这些教科书中的论述并未考虑到民法关于要件的规定方式，尤其是证明责任问题。除了法科大学院设立后基于法科大学院教育所需而编著的部分教科书外，[92]类似的论述同样见于其他教科书（笔者并非要批评这种论述方式）。由此可见，民法教科书也无法回答上述问题。

125 一如上述，对于某一事实真伪不明情形下的处理方法，既不能从民法条文结构中得出答案，也无法按照传统的民法教科书加以解决。假如置之

---

[90] 分别参见内田『民法Ⅱ』第120页、近江『民法講義Ⅴ』第126页。

[91] 参见星野英一『民法概論Ⅳ（契約）』（良書普及会，1987，合本新訂2刷）第121页。

[92] 例如，山本『契約』。

不理,则意味着在证明出现问题的诉讼中,法官将无法按照法律解决纠纷。当然,解决的依据也只能来自于民法,那么我们就需要思考另一种妥当的解决方案,这就是笔者提出的"裁判规范民法"的思维方式。

此外,正在进行中的民法(债权部分)修订工作会对笔者的上述观点有 126
何影响?笔者认为,从 2015 年 3 月 31 日提交至国会的部分民法修订草案来看,基本上不会影响裁判规范民法这一思维方式的成立。[93]

二 | 裁判规范民法的意义

□ 定义

裁判规范民法是笔者在要件事实理论上所倡导的思维方式,即在以判 127
决(仅限于判决。要件事实理论对于和解方式解决纠纷也具有相当重要的意义,但需要些微调整后方可适用,此处暂不考虑和解[94])解决民事法律纠纷的场合,当事实陷入真伪不明之际,为了避免发生法官判断不能的情形,而在构成要件中考虑证明责任问题的民法规范。[95] 申言之,所谓裁判规范民法,是指因未证明符合某一要件的事实而在诉讼中认为不会产生相应的

---

[93] 关于这一问题,详见本书第七章"民法(债权部分)修订与要件事实理论"。

[94] 关于这一问题,参见本书第一章第四节"要件事实理论在和解与调解中的功能"。

[95] 本书在要件事实理论的视角下使用"裁判规范""行为规范"的术语。一如后述(第四节"三、裁判规范民法与行为规范民法的不同特征"),其区分标准在于是否考虑诉讼中证明的问题。在一般情况下,当人们在使用这两个不同的术语时,虽然也会考虑诉讼裁判的需要,但并未关注证明问题。有些法学入门教材认为,"以普通民众为对象以'不得做某件事情'或'得做某件事情'这种形式存在的法律规范被称为'行为规范'。法官作出裁判所依据的法律规范则被称作'裁判规范'"[成田博『民法学習の基礎(第 3 版)』(有斐閣,2014)第 178 ~ 179 页]。賀集「要件事実の機能」第 34 页则明确指出了两个不同术语的差异。

关于裁判规范民法的意义,尚可参见本章第一节"本章主要内容"相关部分。

河村「要件事実論とはどうのような考え方か(上)(中)(下)」也对裁判规范民法的内容进行了准确的论述和说明。

法律效果,将之体现在条文结构中且能够保证裁判结果妥当性的民法规范。[96] 裁判规范民法的构成要件以法条本文(即作为积极要件。当然在与其他条文的关系上,也存在法条本文整体均属于消极要件的情形,如《民法》第 95 条本文)或但书的方式(作为消极要件)加以规定。

128 在采用辩论主义的民事诉讼中(大多数民事诉讼),由于主张责任的作用,如果当事人未主张符合裁判规范民法构成要件的具体事实(要件事实),则法院不得视该事实为存在,因此也无法认可相应的法律效果,这与该事实确定不存在的结果是相同的。因此,如果在诉讼中只出现了本文中的要件事实而没有出现但书中的要件事实,则法院只能以本文中的要件事实为前提认可相应的法律效果,而无法认可但书中的要件事实对应的法律效果。当然,即使上述事实均已主张,但如果因存在争议而需要证明,且证明不能时,则该等事实无法被法院视为存在,从而导致相同的结果。

□ 裁判规范民法适用于诉讼实践的基本方式

129 我们以简单的设例对此加以说明。在 X 向 Y 请求返还借款的诉讼中,如果当事人没有主张相关事实,如消费借贷合同系出于虚伪意思表示、该合同存在要素错误以及该合同债务已经清偿等事实,则该等事实无法成为法院的审理对象(当然首先需要法官恰当地行使了释明权)。另外,如果当事人主张了该等事实,但假如存在争议则需要证明,在证明不能的情况下同样不得视之为存在。也许有观点会认为,当存在上述事实时,至少 Y 没有返还借款的义务,因此应当由请求返还借款的 X 主张证明不存在上述事

---

[96] 由于裁判规范民法是法院在通过诉讼程序解决民事法律纠纷时应当作为依据的民法规范,因此一个问题是,需要在构成要件的设计上能够恰当地处理要件事实真伪不明的情形。这也导致裁判规范民法与行为规范民法在构成要件方面存在差异,而这种差异正是为了妥当应对上述情形的。但另一个问题是,在逻辑上,当符合裁判规范民法构成要件的具体事实陷入真伪不明时,可以选择将该事实在诉讼中视为存在(尽管笔者对此不能赞同),那么为何要采用正文中论述的构成要件规定方式?对这一问题的回答,需要我们首先明确裁判规范民法的基本原理,虽然已经有所涉及,但更为详细的内容参见后述第五节“二、裁判规范民法的结构原理的基础”之“(三)以人们一般的思维方式为前提的构成”。

实，否则显得有违常理。但包括最高法院判例中的态度在内，[97]司法实践中的处理方式都是如此，而且学界对此也没有表达过不同意见[98]（当然对于法院在不同案件中关于个别主张证明责任对象事实的确定结论，[99]学界存在很多争议）。由于法院不可能抛弃实体法而判断实体法权利之有无，因此这种态度应该意味着，"只要订立了消费借贷合同且期限届至这样的事实得到了主张和证明，法院即可命令返还借款。至于要素错误、虚伪表示、清偿等事实，只有在当事人主张并证明之后才可以考虑。这就是裁判时应当遵循的民法规范的内容。"对这一思维方式进行民法结构化的产物，即笔者所指的"裁判规范民法"。虽然对于具体的主张证明责任对象事实的确定结论，即裁判规范民法的各构成要件的规定方式，大家可能存在不同意见，但对于此种诉讼中的基本思维方式，如果考虑证明的问题，而且从公平解决纠纷的目的来看，应该没有异议。

以下设例则稍显抽象。假设裁判规范民法中有这样的规定，即"某 A 130
取得权利。但是恶意的除外"。如果只有符合本文构成要件的事实得到主张和证明，而符合但书构成要件的事实没有得到主张，那么法院只能作出本案符合本文构成要件的判断结论，并据此（在对于本案是否满足但书构成要件完全没有作出判断的情况下）认可某 A 取得权利。如果符合但书构成要件的事实得到了主张，但由于存在争议且无法得到证明，则法院将完

[97] 此处没有使用"最高法院判例"的措辞，而是采用"最高法院判例中的态度"，是因为最高法院并没有在判例中直接对此加以说明。

不过最高法院的很多判例显然是采用了正文所指的裁判思维方式。例如，最判平3·11·19民集45卷8号1209页[24]指出，"对于不存在因交付金钱而发生的不当得利的事实，应当由主张不当得利返还请求权已经消灭的当事人主张与证明"（裁判要旨）。该判例意味着，既然发生了不当得利，除非主张并证明请求权已经消灭，否则该等事实即视为不存在（同时请求权未消灭的事实也被忽略了），法院可以命令返还不当得利（虽然也许有观点认为，如果不当得利依然存在的事实并未明确，则不得命令返还）。

[98] 但是也有例外，如前田「ブックレビュー・法時85卷7号」第103页较为典型地体现了前田达明教授的观点（参见前述注解69）。

[99] 笔者采用了"主张证明责任事实的确定"这种表述方式，而未采用常用的"主张证明责任分配的确定"，是因为笔者认为前者更为妥当，相关理由详见后述第六节"二、证明责任分配的性质"。

全无视但书所产生的法律效果,依然认可某A取得权利。[100] 虽然有时候难以判断何为裁判规范民法的本文或但书,但是一旦确定下来则据此作出裁判,这一做法在司法实践中已经固定下来,无人对此提出异议。因此,可以说实践中存在类似于裁判规范民法的事物(即使未采用“裁判规范民法”这一用语)。否则即意味着法院未依据实体法判断A取得权利,这一结论显然是我们无法接受的。

131 以上内容即裁判规范民法在诉讼实践中存在的基本形式。

132 笔者在本部分依次说明了裁判规范民法的定义及其价值,即如果不采用这种思维方式则无法合理地说明诉讼实践已经固定下来的习惯做法。以下将依次讨论这种民法与一般民法的关系以及该种民法的具体构成规则。

三 | 裁判规范民法与行为规范民法的不同特征

□ *两种性质民法的基本特征*

133 相较裁判规范民法,笔者将以传统民法学作为对象的民法称为“行为规范民法”。[101] 当然民法所具有的这两个方面的性质都很重要,笔者之所以强调裁判规范民法的重要性,是因为面对诉讼中证明的问题,至少需要法官根据裁判规范民法作出判断,而且到目前为止并没有任何理论明确地指出证明与实体法之间的关系。在将民法视为一个整体的前提下,笔者并未强调其作为裁判规范的重要性要大于其作为行为规范的重要性(有时会对此产生误解,但笔者从来没有采取过这种立场)。

134 以下将说明两种规范民法的各自特征并简单考察其差异。

135 一如上述(第三章第四节“二、裁判规范民法的意义”),相较行为规范民法,裁判规范民法在考虑构成要件时是以能够妥当处理要件事实在诉讼

---

[100] 为了准确理解这一点,首先需要准确理解后述[本章第六节“五、根据制度目的确定主张证明责任对象事实”之“(三)开放理论”]的内容,否则会产生不必要的误解。

[101] 关于“行为规范”这一用语的示例,可参见注解95。

中陷入真伪不明状态为目的的。因此,同一要件是规定在本文还是规定在但书中,需要对该要件同时从两个方面进行考察。当然,主张责任和证明责任是思考的前提,并不存在问题。

与之不同的是,行为规范民法是以要件事实一般均能够得到认定为前提的,因此其要件构成方式并不能应对要件事实在诉讼中陷入真伪不明的情形,而且无论是以本文的形式还是但书的形式规定要件,均需要从要件整体加以考察。当然,此处均不涉及主张责任或者证明责任的问题。 136

□ 两种民法的不同特征(具体设例)

假设某一民法条文存在如下两种不同的结构:(1)"因欺诈而进行的意思表示,可以撤销。但不得以之对抗善意第三人"(现行《民法》第96条第1款相当于本文的规定,第3款相当于但书的规定);(2)"因欺诈而进行的意思表示,可以撤销。该撤销仅得对抗相对方以及恶意第三人"。此处要讨论的是,我们从前述两种不同性质的规范出发,对于撤销某一意思表示与第三人的关系问题,上述不同的条文形式在结论上是否存在差异? 137

□ 以裁判规范民法为视角

以主张证明责任为前提的裁判规范民法是如何看待上述条文的呢? 138

假设原告X与A订立不动产买卖合同,并交付完毕,Y向A购买该不动产且实施了占有。现X以欺诈为由撤销该合同,并以Y为被告请求返还该不动产(本设例涉及一些较为困难的问题,如诉讼标的如何确定,请求原因事实为何?但设例主要意在说明两种不同条文结构产生的差异,因此暂不涉及这些问题)。如果相关要件采用(1)的结构方式,那么在诉讼中,虽然"Y是第三人"这一事实在X的请求原因中出现,但是并不需要X主张证明"Y是恶意"这一事实。而Y却需要将"自己为善意"这一事实作为抗辩加以主张证明。对于未主张Y为善意或者虽有主张但未能证明的情形,法院均应承认X的诉讼请求。如果相关要件采用(2)的结构方式,那么需要X将"Y是恶意第三人"这一事实作为请求原因加以主张和证明。如果 139

未加以主张，则法院应以主张本身失当为由驳回 X 的诉讼请求；如果虽有主张但未能证明，同样也应驳回诉请。简单而言，围绕 Y 为善意或恶意的主张证明问题，两种不同的条文结构会产生重大差异，即按照(1)的要件结构会产生承认 X 诉请的结果，而按照(2)的要件结构则会驳回 X 的诉请。

□ 以行为规范民法为视角

140 如果不考虑主张证明问题，从行为规范民法的视角又该如何看待上述条文呢？

141 在同一主体的某一时间节点上，第三人为善意或恶意意味着相反的事实，而且行为规范民法并不考虑证明或者真伪不明的问题，因此，无论是从善意的角度按照(1)的要件结构加以规定，还是从恶意的角度按照(2)的要件的结构加以规定，均意味着完全相同的构成要件。此外，由于行为规范民法也不考虑主张责任，因此为了得出具体的法律结论，需要我们考虑案件事实是否符合条文规定的全部要件，如果存在个别要件事实真伪不明的问题，也无法得出任何答案。因此，如果从行为规范民法的角度来看，无论采用(1)还是(2)的结构方式，答案均不存在差异(如果 Y 知道存在欺诈的事实，则 X 可以因欺诈而撤销合同并对抗之；如果 Y 不知道欺诈的事实，则 X 的撤销行为不能对抗之)。

142 我们再举一个稍微抽象的示例。比如，假设民法规定："某人(以下称之为 A)为善意，则取得某权利。"(此种抽象的条文在实践中是不可想象的，此处只是为了方便讨论而做的假设)此时，从传统民法(而非裁判规范民法)的角度来看，由于该规定是以善意这一事实(某人是否为善意)能够得以明确为前提的，而并未考虑其陷入真伪不明的情形，因此当善意陷入真伪不明时，法官无法按照该规定得出 A 是否取得权利的结论。也就是说，"某人为善意，则取得某权利"(逆言之，如果善意是取得某权利的唯一原因，则"A 不为善意，则 A 不应取得某权利"同样成立)的规范，对于不知 A 是否为善意的情形没有作出任何规定。

□ 民法教科书中的说明

除了法科大学院的部分教科书以外,[102]常见的民法教科书对民法相关规定的解释均未考虑到真伪不明的问题。比如,关于《民法》第561条,有的教科书认为,"买受人在订立合同时知道权利不属于出卖人的,不能请求损害赔偿……反之,如果买受人不知道该情况的(善意),则可以请求损害赔偿……"[103]新近出版的教科书也是如此,如"根据第561条后段的规定,恶意的买受人X不得请求损害赔偿",就《民法》第563条则解释为"善意的买受人……被赋予了损害赔偿请求权"。[104] 上述教科书中的表述均未考虑到如果无法判断买受人是否知晓权利不属于出卖人这种情形(前者是从第三人善意与恶意两个方面论述的,后者应该是考虑到《民法》第561条、第563条关于第三人为善意或恶意的证明责任没有发生任何变化,[105]但由于条文结构不同,因此只是按照条文结构形式进行的表述。如果考虑到证明责任问题,教科书应该不会这样表述)。 143

我们必须注意裁判规范民法与行为规范民法之间存在的如此重大的差别。另外,一如上述,如果对于符合各要件的具体事实是否存在能够得出明确的结论,而且所有事实均得到了主张,则两种规范的适用结论是相同的,这一点也不应忘记。 144

四 | 裁判规范民法与证明责任规范说

以下将探讨裁判规范民法与证明责任规范说之间的关系。 145

□ 证明责任规范的定义

证明责任规范关注的问题是当实体法所规定的"法律要件陷入真伪不 146

---

[102] 比如,山本『契約』第246页。

[103] 参见星野英一『民法概論Ⅳ(契約)』(良書普及会,1987,合本新訂2刷)第127页。

[104] 参见内田『民法Ⅱ』第150~152页。

[105] 参见司研『要件事実第1巻』第175页。

明时应该如何处理？自近代法以来，法官在事实真伪不明的情形下也不得拒绝裁判。此时，法官需要决定是否适用实体法。指示法官如何适用实体法的规范就是证明责任规范”。[106]

□ 证明责任规范说关于证明责任规范必要性的观点

147 证明责任规范说以下述观点为出发点，即“由于行为规范民法未考虑符合要件的事实陷入真伪不明的情形。因此诉讼中需要一种如何处理上述情形（比如，此时是将该等事实视为存在还是视为不存在）的裁判规范”。不仅如此，一般认为，为了应对行为规范民法所规定的要件事实在诉讼中陷入真伪不明的情形，作为裁判规范的证明责任规范需要与行为规范民法实现相互结合。[107] 但笔者认为，如果我们采用裁判规范民法这一思维方式，

---

[106] 参见高橋『重点講義民事訴訟法（上）』第519页。该书在第519～522页对证明责任规范进行了详细介绍。

[107] 参见石田『証拠法の再構成』第73～74页以及春日偉知郎「証明責任論の一視点—西ドイツ証明責任論からの示唆」判タ350号第100頁（1977）［收于『民事証拠法研究』（有斐閣，1991），第339～340页］。尤其是春日『民事証拠法研究』第340页指出，“对于主要事实陷入真伪不明的……情形……需要按照实体法加上证明责任规范才能作出判决”。

在关于证明责任规范的学说中，需要特别留意的是石田说（石田称为举证责任规范）的观点。其主要内容如下：在逻辑上（当然也仅限于“从逻辑的角度”）可以无限扩张证明责任规范的具体内容。如石田『証拠法の再構成』第74页指出：“既然证明责任规范在性质上与‘凡T（某事实——笔者注）是R’这种法律规范完全相同，从逻辑上讲，我们可以抛开上述法律规范，而创造出‘凡T真伪不明时是S’这种法律规范。但是这种创造出来的法律规范与上述（实体法规范的——笔者注）客观的法律关系是相悖的。……因此，一如所见，不仅存在当T真伪不明时假定其不存在的‘一般的证明责任规范’，还存在当T真伪不明时假定其存在的‘特别的证明责任规范’。当然，除此之外还可能存在其他无限的证明责任规范。”（常见的情形是，将“一般的证明责任规范”称为“原则性规定”，而将“特别的证明责任规范”称为“特别规定”）。但是，除了“一般的证明责任规范（原则性规定）”，其他性质的证明责任规范由于违背了人们一般的思维方式，因此显得不合理且令人费解。

此外，春日『民事証拠法研究』第368～370页以德国民法为例，主张证明责任规范应该以特别规定的结构为主。比如，德国民法中存在这样的条文，即“10年间自主占有动产者，取得其所有权。但非善意的情形除外”。如果将这一条文改为权利根据规范，即“10年间自主占有动产者如果是善意的，则取得其所有权”。当“善意”陷入真伪不明的情形时，为了不让主张时效取得的人负担过重，则应将善意视为存在。这种关于“善意”的规定应该理解为特别规定。

则证明责任规范的思维方式不仅显得没有必要,[108]而且前者明显优于后者。详见后述说明。

另外需要补充说明的是,春日教授在阐述上述观点之前还指出:"学说对权利妨碍规范大致存在两种态度:有的主张从证明责任的观点维持权利妨碍规范,有的则主张应以实质理由代替之。如果从证明责任规范的角度来看,笔者主张将权利妨碍规范作为证明责任的'特别规定',重新思考其规定方式。"(第368~369页)

但在笔者看来,将上述民法结构视为权利根据规范这种看法本身并不妥当。如果按照裁判规范民法关于主张证明责任对象事实的确定标准,条文本身,即"10年间自主占有动产者,取得其所有权。但恶意的情形除外",完全可以按照权利根据规范(本文)和权利妨碍规范(但书)两分法进行分析,当不同规范所规定的要件事实陷入真伪不明时,则直接将之以真伪不明处理(至少不视其为存在。从证明责任规范的立场考虑,这些都属于符合人们一般思维方式的"原则性规定"),这同样可以得出妥当的裁判结论(与上述春日说相同的裁判结论)。至少在日本,证明责任规范中不需要考虑所谓的特别规定(当然如果存在关于证明责任的具体规定,如德国《民法》第282条,那么出于德国法上特有的理由,笔者的观点可能并不合适,但从思维方式的角度来看,笔者的观点并没有问题)。实际上,日本法上数量极少的所谓证明责任规定(《民法》第117条第1款、第453条及第949条但书等)以及商法中的证明责任规定(《商法》第577条等)(参见春日『民事証拠法研究』第415~416页)都不属于特别规定,而是原则性规定。

此外,关于证明责任规范本身,高橋『重点講義民事訴訟法(上)』第520页指出,"按照最近的证明责任规范说的观点,对于绝大多数真伪不明的情形,均应不适用相应的实体法规范"。

松本博之教授应该是证明责任规范说中最有影响力的学者,其新作[松本博之ほか『民事訴訟法[第7版]』(弘文堂,2012)第423页]认为,"由于符合法律规范构成要件的事实陷入真伪不明而无法判断法律要件要素是否实现,此时,除非存在关于证明责任的明文规定或法律上的推定规范,否则我们必须假定该要件要素未实现,并据此作出裁判。假设需要由对方来证明权利不归属于主张权利者,当法官对于主张权利者所主张的事实尚未形成确信,单凭对方当事人未能证明主张权利者所主张的事实为假,而认可主张权利者的诉讼请求,这种结果是完全不合理的。因此,为了避免鼓励或优待无理由的诉讼,必须采用'真伪不明的要件=不存在'的原则。这可以称为证明责任的消极基本法则"。松本教授关于认可"特别规定"是"完全不合理的"这一感受,特别引人注目。

上述讨论的结果在于,在证明责任规范这一思维方式的前提下,"原则性规定"的思维方式是正确的,这也印证了笔者如下见解的正当性,即"当符合要件的事实陷入真伪不明时,将该事实直接视为真伪不明(至少将其不视为存在),是符合人们一般的思维方式的"。关于此处所指"人们一般的思维方式",可参见后述第五节"二、裁判规范民法的结构原理的基础"之"(二)事实真伪不明时人们一般的思维方式"以及"(三)以人们一般的思维方式为前提的构成"。另请参见本章注解33和注解70。

[108] 同样内容亦可参见賀集「要件事実の機能」第33页。

□ 裁判规范民法视阈下证明责任规范之无必要

148 如果我们采用裁判规范民法的思维方式,则证明责任规范就丧失了存在的价值。在裁判规范民法的视阈下,要件事实是指符合该民法构成要件的具体事实,当该事实在诉讼中陷入真伪不明时,在诉讼上将该事实不视为存在,如此,法官当然无法适用以该事实存在为前提的对应要件(以该要件为内容的法律规范),这是从裁判规范民法所具有的性质当然推导而来的结论。在这种情况下,当然也就不需要证明责任规范来指示法官是否适用实体法规范。

□ 裁判规范民法思维方式的优越性

149 相较证明责任规范的思维方式,裁判规范民法这种思维方式具有明显的优越性。首先,从证明责任的角度来看,作为行为规范民法的民法中存在若干极不合理的条文规范,在这种情况下即使我们结合证明责任规范也很难得出恰当的结论。《民法》第415条即其适例。该条将“可归责于债务人之事由”采用了损害赔偿请求权的积极要件的方式加以规定,以此规定方式为前提,即便我们结合了证明责任规范的理论加以讨论,也依然得出类似于通说(正当)的结论,即债务人应就存在“不可归责于债务人之事由”负担证明责任,那么,当“可归责于债务人之事由”在诉讼中陷入真伪不明的情形时,只能将之视为存在。原因在于,为了推导出上述通说的结论,法官在未能对“存在不可归责于债务人之事由”形成确信的情形下,只能得出“存在可归责于债务人之事由”的结论。证明责任规范这一思维方式是以类似于《民法》第415条的规定方式为前提的,并在结合其条文结构的前提下考虑具体的证明责任规范,最后只能得出当“可归责于债务人之事由”陷入真伪不明时应视之为存在的结论。一如后述[本章第五节“二、裁判规范民法的结构原理的基础”之“(三)以人们一般的思维方式为前提的构成”],这种证明责任规范的结论违背了人们一般的思维方式,既不合理,也令人费解。

一如上述，除了《民法》第 415 条以外，还存在条文结构不合理的规定（如《民法》第 466 条第 2 款）、条文结构相抵触的规定（如《民法》第 167 条第 1 款与第 147 条第 1 款、第 548 条第 1 款与第 2 款、第 561 条与第 563 条第 3 款）以及从条文结构来看无法明确证明责任归属的规定（如《民法》第 557 条）等。对于上述条文，恰当地实现其与证明责任规范理论的结合都很困难。而这种困难在裁判规范民法中是不存在的。 150

其次，关于证明责任对象事实的确定标准，一如后述（参见本书第四章第二节“三、证明责任规范说”），证明责任规范说似乎并未提出独立的确定标准，而裁判规范民法说是存在独立标准的（参见本章第六节“裁判规范民法的要件确定方法——主张证明责任对象事实的确定标准”）。 151

最后，证明责任规范的对象仅限于与证明相关的问题，而与主张问题无关，因为后者并不以事实是否存在为前提。因此，证明责任规范这一思维方式无法解决主张责任的问题（无法根据证明责任规范确定主张责任对象事实）。与之不同的是，裁判规范民法这一思维方式同时关注了主张责任问题，即对于符合裁判规范民法构成要件的具体事实（要件事实）也一并存在主张责任。[109] 152

---

[109] 高橋『重点講義民事訴訟法（上）』第 519 ~ 520 页的论述，虽然主张采用证明责任规范说，但并未说明如何解决证明责任规范说面临的诸多困难。

伊藤眞『民事訴訟法』第 357 页则主张，“如果认为证明责任规范来源于实体法规范，那么就没有必要专门建构独立的规范”。

【第五节　裁判规范民法的结构】

一 | 裁判规范民法的结构之含义

153 一如上述，由于民法并未设想符合其规定要件的具体事实陷入真伪不明的情形，因此无论其要件规定得多么明确，从民法规范中都无法直接找到如何应对真伪不明情形的答案。此处所谓的“民法规范”，不仅包括现行民法典的明文规定，也包括在解释上准用明文规定的情形以及民法以外的实体法规范。这种民法的具体化规范就是传统民法学以“民法”为名的研究对象，也是上述（第三章第四节“三、裁判规范民法与行为规范民法的不同特征”）所指的行为规范民法。

154 另外，一如上述，裁判规范民法必须能够恰当地处理符合该民法构成要件的具体事实在诉讼中陷入真伪不明的情形。因此，裁判规范民法并未以实际可见的方式存在，如何探寻这种民法自然是一大问题。这就是所谓的裁判规范民法的结构问题，首先需要讨论的是裁判规范民法的基础。

□ *裁判规范民法的客体*

155 首先，行为规范民法在日常生活中以实际可见的方式广泛存在，因此合理的做法应当是同样将之作为裁判规范民法的出发点。

156 其次，一如上述（第三章第四节“三、裁判规范民法与行为规范民法的不同特征”），虽然裁判规范民法与行为规范民法存在各自不同的特征，但如果满足一定条件，两种规范的适用结论是相同的。这些条件包括所有符合构成要件的具体事实是否存在均是明确的；所有的相关事实同时成为法院审理的对象；所有的事实均获得主张（或者无须适用主张责任）。我们以前述设例为例。在“因欺诈而为的意思表示可以撤销”这一问题上,从行为规范民法的角度来说,需要研究撤销的效果能够对抗何种第三人?该第三人对欺诈的认知状态与可否对抗撤销的法律效果有何关系?根据其不同的认知状态决定可否产生对抗的法律效果是否妥当?如果研究的结果认为区分不同的认知状态是妥当的,那么再讨论应当如何区分(例如,以第三人善意或恶意为标准进行区分),并在此基础上确定全部构成要件(与第三人认知状态相关的问题,可能还包括是否存在过失)。如果与被确定下来的构成要件相关的全部事实是否存在可以得到认定,而且这些事实均同时成为法院的审理对象,也不存在主张责任的问题,那么,对于撤销的法律效果能够对抗何种第三人这一问题,我们就可以从上述确定的行为规范民法推导出相应的结论,这一结论与我们从裁判规范民法的角度推导出的结论是相同的(构成要件规定为“不得对抗善意第三人”,或者规定为“可以对抗恶意第三人”在所不问)。这一问题的核心在于,当第三人的认知状态为善意时,不能对抗,为恶意时可以对抗。[110]

但是,上述两种规范对于第三人的认知可能采用不同的规定方式(从 157
善意的角度加以规定或者从恶意的角度加以规定),而且并非所有的相关事实同时成为法官的审理对象,此外还存在个别事实真伪不明的情形,如此一来,根据不同性质的规范将推导出不同的结论。换言之,虽然两种规范实际处理的问题是相同的,但是由于存在上述情形,不同的规范将推导出不同的结论。

既然两种规范存在上述联系,因此不能完全脱离行为规范民法来讨 158
论裁判规范民法的问题。在分析行为规范民法的基础上,通过调整其规范结构方式,使之能够应对要件事实陷入真伪不明的诉讼实践,这种调整后的民法规范正是法院通过诉讼解决民事纠纷的裁判标准,也就是裁判

---

[110] 严格而言,此时还存在另一个问题,即哪一种结构方式作为行为规范民法是正确的?参见后述本章第六节之“五、根据制度目的确定主张证明责任对象事实”之“(二)民法的规范结构分析”。但从结论来讲,在所有的事实均成为审理对象且能够得到认定的前提下,无论采用何种结构方式均不会产生结论上的差异。因此,暂不涉及这一问题。

规范民法。[111]

159 基于上述两个理由(行为规范民法实际且广泛地存在、在满足一定条件的前提下行为规范民法与裁判规范民法的适用结论相同),即从客观实际以及理论的角度来看,将行为规范民法作为裁判规范民法的结构起点都是合理的。以下将讨论相关作业需要遵循的基本原理。

二 | 裁判规范民法的结构原理的基础

(一)事实真伪不明时的处理方式

160 裁判规范民法必须能够妥当处理符合其构成要件的具体事实在诉讼中陷入真伪不明的问题,具体而言,在这种情况下,裁判规范民法必须能够成为法官在诉讼中判断与该要件对应的法律效果是否发生的裁判标准。这种裁判规范民法脱胎于行为规范民法,在进行这种重构作业时应当遵循怎样的原理呢?以下依次论述。[112]

(二)事实真伪不明时人们一般的思维方式

161 当某一事实(事实A)真伪不明时,以该事实存在为前提的另一个事实(事实B)是否发生?人们对此的普遍答案是什么?假设"如果存在事实A,则发生事实B"(事实A是事实B的唯一发生原因)。在此命题之下,如

---

[111] 虽然目前尚未见到与笔者观点类似的文献,但广中俊雄教授在其著作『民法綱要第1巻総論上(民法の意義・権利)』(創文社,1989)第76页提出了如下见解,即鉴于实体法条文明确规定证明责任分配的情形并不多见,因此,"如果希望通过条文结构体现证明责任分配的标准,那么应当从证明责任分配的解释结论出发对相关实体法条文进行重构。当我们在考虑证明责任分配的一般原则时,应当根据相关实体法规范的目的(立法者希望其应当发挥的功能作用),并考虑到诉讼中当事人之间的平衡"。另请参见注解4以及对应的正文部分。

[112] 对于以下采用的火山喷发的示例,也许有读者感到奇怪,但这一设例曾经引发过学界的争议,相关争议可参见伊藤「要件事実と実体法」(第22~25页)、前田「続・主張責任と立証責任」(第67~68页)、伊藤「要件事実と実体法断想(下)」(第98~100页)等。也可参见第三章第三节"三、主张责任与证明责任的关系"之"(一)主张责任与证明责任一致的理由"相关内容。

果事实A真伪不明,人们的普遍结论应该是,“为了得出事实B已经发生的结论,需要事实A是明确存在的。当事实A真伪不明时,我们既不能视之为存在,也不能视之为不存在,只能视之为真伪不明。在此情形下,事实B是否已经发生也是真伪不明的”。简言之,即“由于事实A真伪不明,导致事实B也真伪不明”。例如,将“存在事实A”置换为“火山喷发”,将“发生事实B”置换为“火山灰落到附近的土地上”,人们为了得出“火山灰落到附近的土地上”这一结论,应该确认“火山喷发”这一事实。如果无法断定火山是否喷发,那么在一般情形下,人们应该得出这样的结论,即“由于无法断定火山是否喷发,因此火山灰有否落到附近的土地上也是不清楚的”。这应该是人们一般的思维方式。

(三)以人们一般的思维方式为前提的构成

□ *假设“如果存在事实A,则发生法律效果B”*

162 在我们开始裁判规范民法的重构作业之前,假设普通民法中(此处将民法作为实体法的代表,当然不仅限于民法)存在“如果存在事实A,则发生法律效果B”这种条文规定。

163 “法律效果B”的内涵是十分丰富的。常见的也许是指导致某一权利的产生,但除此之外,广义来讲也包括导致某一已经发生的法律效果归于消灭(例如,买卖价款债务的消灭),从要件事实的思维方式出发,还包括妨碍某一法律效果的发生(例如,买卖合同因要素错误而无效)。

164 此外,这一假设的一般规范并未考虑事实A在诉讼中陷入真伪不明的情形,因此我们在对该规范进行解释时也不能当然地得出任何答案。那么,对于这一问题,人们一般应如何考虑呢?按照日常生活中的一般常识[上述第三章第五节“二、裁判规范民法的结构原理的基础”之“(二)事实真伪不明时人们一般的思维方式”],人们一般的认识应当是这样的,即“为了得出法律效果B已经发生这一结论,需要事实A是明确存在的。当事实A在诉讼中陷入真伪不明时,在诉讼上我们既不能视之为存在,也不能视之为不存在,只能视之为真伪不明。在此情形下,法律效果B是否已经发生在诉讼上也是真伪不明的”。虽然存在“发生事实 B”与“发生法律效果 B”的差异，但实际上两种思维方式应当是相同的，这种思维方式是人们一般的思维方式，既合理，⑬也因此容易理解。

□ 思维方式的分类与根据人们一般的思维方式为前提的重构作业

165 当某一事实在诉讼中陷入真伪不明时，应当如何处理，包括上述思维方式在内，可以分为以下六种：(1) 当事实 A 在诉讼中可以确定不存在时，诉讼上视之为存在或者视之为真伪不明；(2) 当事实 A 在诉讼中可以确定存在时，诉讼上视之为不存在或者视之为真伪不明；(3) 当事实 A 在诉讼中真伪不明时，诉讼上视之为存在；(4) 当事实 A 在诉讼中真伪不明时，诉讼上视之为不存在；(5) 以上处理方式均应排除，当事实 A 在诉讼中真伪不明时，诉讼上视之为真伪不明；(6) 当事实 A 在诉讼中可以确定存在时，诉讼上视之为存在，处理方式(5)与(6)实际上基于相同的思维方式。与处理方式(6)相关联，即当事实 A 在诉讼中可以确定不存在时，诉讼上视之为不存在，这一处理方式只是在表达上存在差异，在内容上与(6)实际是相同的(如果将“不存在事实 A”置换为“存在非事实 A”，就应该能理解)，因此不需要将之作为独立的处理方式。

166 那么，上述六种处理方式是否妥当呢？

167 首先，处理方式(1)和(2)实际上无法成立(虽然从纯粹逻辑的角度来说并非完全不可能，但实际上无人如此考虑问题，因此在实践中是无用的)。

---

⑬ 前一节中的设例是关于事实的命题，而此处的设例却存在性质的差异。虽然表面上看起来“如果存在事实 A，则发生法律效果 B”与“如果存在 A，则存在 B”都属于关于事实因果关系法则的命题，但前者的实质则是“当存在事实 A 时，承认发生法律效果 B 是妥当的”。但这种差异并不影响我们采用前节设例的思维方式来处理作为法律效果 B 前提的事实 A 真伪不明的情形，按照人们关于事实命题的一般思维方式分析法律命题是符合人们一般的思考方式的，因此是合理的，也易于理解。

这一思维方式也可以从证明责任规范说对“原则性规定”的分析得到同样的印证。另请参见上述注解 107。

其次,处理方式(3)有可能成立,但其与人们一般的思维方式相悖,因此既不合理,也令人费解。[114] 168

最后,处理方式(4)也有可能成立,但也与人们一般的思维方式不同,因此笔者无法赞同。 169

因此,上述(1)~(4)的四种处理方式是不合理的,而以前述人们一般的思维方式为出发点的处理方式(5)即属于裁判规范民法的处理方式,既合理,也易于理解,应当将之作为裁判规范民法的基本结构范式。[115] 但是,如果直接采用(5)的表达方式则不易进行文本操作,因此需要在表达方式上进行必要的调整。也就是说,只要事实A在诉讼中可以确定为存在,那么在诉讼上应视之为存在[处理方式(6)]。这一思维方式和调整后的表达方式应当成为裁判规范民法的基本结构范式,这也是构成裁判规范民法原理基础的思维方式。 170

鉴于此,对于设例"如果存在事实A,则发生法律效果B"这种民法规范,如果采用上述处理方式重构为裁判规范民法的规范,则意味着只有当事实A在诉讼上可以确定为存在时,才可以在诉讼上作出发生了法律效果B的判断。 171

□ 重构作业时也应考虑到实体法效果的妥当性

上述讨论的重点在于,人们一般的思维方式对于如何处理事实在诉讼中真伪不明的重要性,而并未涉及因此而发生的法律效果B是否妥当这一 172

---

[114] 据笔者观察,笔者在本章第三节"三、主张责任与证明责任的关系"之"(二)主张责任与证明责任不一致见解之批判"之"4. 笔者关于证明责任的定义是否有误?"中言及的前田达明教授应持此种观点。一如笔者在该部分注解65中所指出的,难波孝一法官对该种观点也提出了批评意见。

[115] 除此之外还可以考虑其他的处理方式,比如,当事实A在诉讼中真伪不明时,在诉讼上不视之为存在或者在诉讼上不视之为不存在。这些处理方式虽然不能认为与人们一般的思维方式不同,但并不完整,只相当于其中的部分内容[仅相当于处理方式(5)的部分内容],因此不需要单独提出并分析。

以上正文中所指出的问题,是从证明责任规范说的立场来看,作为证明责任规范的内容所存在的问题。至于证明责任规范的内容则请详见前述注解107。

问题。存在事实 A 时发生法律效果 B 的妥当性,当然需要我们从法的角度加以考察。但一旦将事实 A 的存在与发生法律效果 B 相结合,则从裁判规范民法的角度必然得出上述结论。关于如何保证实体法效果的妥当性,详见后述第三章第五节“三、裁判规范民法的重构过程与内容”之“(一)导言”以及第三章第六节“五、根据制度目的确定主张证明责任对象事实”之“(二)民法的规范结构分析”之“1. 实体法制度目的的实现与举证困难之间的关系”。

(四)与民法规定方式的整合性

173 一如前述,从裁判规范民法的视角来看,民法的规定并不完备,[116]因此必须从裁判规范民法的角度予以重构。虽然如后述所见,即便经过重构的条文结构与民法的规定完全相同,我们也必须针对民法整体开展这一重构作业(参见后述注解 125 对应的正文部分。至于那些与实际必要性无关的作业当然应予排除)。经过重构后我们会发现,民法中大量存在的类似于“如果存在事实 A,则发生权利 B”这种条文,在最终结果上也是妥当的,即当事实 A 在诉讼中真伪不明时,将之在诉讼上视为真伪不明(只有诉讼中可以确定存在的事实才可以在诉讼上视之为存在)。比如,《民法》第 561 条关于无权处分买卖中买受人损害赔偿请求权的规定就是恰当的[参见后述第三章第五节“三、裁判规范民法的重构过程与内容”之“(四)以行为规范民法为基础的重构作业的基本过程”]。《民法》第 93 条至第 96 条关于意思表示效力的规定也是其适例。

174 换言之,从结果上来看,民法中的很多条文符合上述“只有诉讼中可以确定存在的事实才可以在诉讼上视之为存在”这一思维方式(当然只是从“从结果上来看”而已,因为起草《民法》时并没有考虑到这一点)。因此,按照这一思维方式进行符合裁判规范民法要求的重构作业,结果上只会产生少数与民法规定不同的条文,这也会减少受众心理上的抵触情绪(如果我

---

[116] 关于民法在这一含义上的不完备之处,参见本章第四节“一、裁判规范民法作为一种思维方式的必要性”,尤其是该部分注解 83、84、85。

们采用相反的思维方式对《民法》第93条至第96条进行重构,将会导致受众心理上极大的反感与抵触)。这也就意味着,裁判规范民法的重构作业具有对民法再解释的性质,[117]按照上述思维方式进行重构作业时,大多数情形下我们都会感受到,按照原结构进行解释是有道理的。

当然,这只是说明重构作业的结论符合我们关于民法的一般感受而 175
已,因此其最多可以作为上述思维方式妥当性的辅助理由,并不能成为主要理由。

(五)小结

鉴于上述理由(由于符合人们一般的思维方式,因此既合理也易于理 176
解,而且在大多数情形下,重构后的条文结构与民法典现行规定相符,减少了异质感),裁判规范民法应当按照"当事实A在诉讼上真伪不明时,应当在诉讼上视之为真伪不明"这一思维方式,即"只有诉讼中可以确定存在的事实才可以在诉讼上视之为存在"这一思维方式重构其构成要件。当然,以事实A的存在为前提发生的法律效果B是否妥当,应从法的角度加以考察。此即为裁判规范民法基本原理的思维方式。

三 | 裁判规范民法的重构过程与内容

(一)导言

□ *裁判规范民法的重构原理*

一如上述,裁判规范民法的重构作业必须以能够恰当处理符合其构成 177
要件的具体事实(要件事实)真伪不明的情形为目的。为达成这一目的,需要采用"只有诉讼中可以确定存在的要件事实才可以在诉讼上视之为存

---

[117] 参见后述第三章第五节"三、裁判规范民法的重构过程与内容"之"(三)裁判规范民法重构作业的性质"相关内容。

在"这一思维方式。[118] 另外,当我们根据裁判规范民法得出某一事实状况符合其构成要件或者不符合其构成要件的结论时,其要件构成需要满足从法的角度来看是妥当的这一要求(以后述的无权处分买卖为例,将恶意规定为妨碍要件还是将善意规定为积极要件,需要考虑何种规定方式在处理真伪不明时能够得出妥当的实体法结论)。因此,在进行裁判规范民法的重构作业时,需要我们同时采用这两种思维方式,这就是裁判规范民法的重构原理。

178 上述所谓"诉讼中可以确定存在的要件事实"是指"当事人之间对于该要件事实的存在没有争议的情形"(《民事诉讼法》第179条。以采用辩论主义的民事诉讼——占据大部分——为前提)以及"当事人之间对于要件事实的存在有争议但其存在属于显著的事实(《民事诉讼法》第179条。虽然对于显著的事实还存在争议的情况在司法实践中几乎不存在)或由证据证明的情形"(《民事诉讼法》第247条。也包括辩论全旨趣)这两种情形。除此之外,诉讼中还存在要件事实明确不存在的情形(与上述相同、当事人之间没有争议的情形以及由证据证明的情形等)以及要件事实真伪不明的情形。

179 在这一含义上,如果能够在诉讼中明确某一要件事实是否存在(如果是采用辩论主义的诉讼则须满足主张责任的要求),则无论作为裁判规范民法采用何种构成要件的规定方式,其适用结果都是一样的。

180 以下将以现行民法关于无权处分买卖的规范为例。笔者认为,即使将来修订这些规范(顺便提及的是,根据现行《民法》第561条与第563条之规定,买受人是否享有损害赔偿请求权应根据买受人主观认识的不同加以确定,这一规定在2015年3月31日向国会提交的民法部分修订法案中并未获得认同),也无损于在此讨论的重要性。我们讨论的重点在于,以现行民法中易于理解的规范为例,从裁判规范民法的角度来考察不同的规定方式具有怎样的重要意义,这种讨论同样适用于民法中类似的规范。

---

[118] 参见前述第三章第五节"二、裁判规范民法的结构原理的基础"之"(三)以人们一般的思维方式为前提的构成"以及"(四)与民法规定方式的整合性"。

□ 现行法关于无权处分买卖的规定

我们假设现行法关于无权处分买卖的规定同样符合裁判规范民法的要求。现行法第 561 条与第 563 条都属于无权处分买卖的规定,对于出卖人不能将该权利从他人取得并移转给买受人的情形,上述条文均认可买受人因此取得对出卖人的损害赔偿请求权。两个条文的唯一区别在于,移转不能的他人权利是作为买卖标的的全部还是部分,这一差异对于两个条文关于要件的规定方式不应带来实质影响。[119] 但实际情况并非如此。第 561 条规定:“如果买受人于订立契约时,已知该权利不属于出卖人,则不得请求损害赔偿。”第 563 条规定:“不妨碍善意买受人提出损害赔偿的请求。”简单而言,前者将买受人的恶意以损害赔偿请求权的妨碍要件的方式加以规定,而后者则将买受人的善意以损害赔偿请求权的发生要件的方式加以规定。虽然这种规定方式的差异没有任何特殊的理由,但如果恶意或善意这一要件事实在诉讼中能够得到确定(由于当事人之间没有争议、属于显著事实以及有证据证明等),那么无论采用上述哪一种规定方式,都不会导致不同的裁判结论。 181

但如果要件事实真伪不明,作为裁判规范民法,不同的要件规定方式将导致适用结论的重大差异。在上述例子中,如果买受人的认知状态不明,在采用第 561 条规定方式的前提下,买受人可以请求损害赔偿,如果采用第 563 条的规定方式,则买受人不能请求损害赔偿。 182

(二)行为规范民法的要件规定方式

□ 民法关于无权处分买卖规定的应考虑事项

这一内容是我们进行重构作业时必须时刻牢记的。一如上述(第三章第五节“一、裁判规范民法的结构之含义”),裁判规范民法应以行为规范民法为基础。因此,我们需要首先明确行为规范民法在设定构成要件时需要 183

[119] 参见司研『要件事实第 1 卷』第 175 页。

考虑哪些因素。以上述无权处分买卖为例。

184 因购买他人之物而无法获得完整权利的买受人,得享有损害赔偿请求权,行为规范民法在设计相应要件时,关于买受人对于买卖标的物归属于他人这一事实是否知悉,可能会采取如下立场:第一,买受人是否知悉在所不问(即使买受人知悉这一事实也不影响损害赔偿请求权的成立);第二,根据买受人善意还是恶意之不同,区分损害赔偿请求权能否成立;第三,不采用买受人善意或恶意的标准,而区分善意无过失、善意有过失或恶意的不同情形。在决定采用何种立场时,应当综合考虑制度目的、该制度与民法其他制度之间的关系、交易安全等其他利益衡量的因素。综合考虑的过程也就是行为规范民法的制定过程,其结果体现为构成要件。比如,最终形成类似于《民法》第561条及第563条的具体规范(此处暂不考虑通过民法解释改变明文规定的情形)。

185 关于行为规范民法要件的规定方式,除上述内容外,还需要充分考虑如下因素,即一如上述(本章第四节“三、裁判规范民法与行为规范民法的不同特征”),对于同一主体来说,善意与恶意意味着完全相反的状态,由于行为规范民法并不考虑证明以及真伪不明的问题,因此无论从恶意的角度规定为类似于第561条的形式,还是从善意的角度规定为类似于第563条的形式,都意味着完全相同的内容。此外,与诉讼的场景不同,由于不需要考虑主张责任的问题,因此为了对某一法律问题作出回答,就需要对条文中规定的所有构成要件同时进行考察。因此,从行为规范民法的角度出发,无论采用何种方式规定构成要件,得出的结论都是一致的,并不存在差异。

(三)裁判规范民法重构作业的性质

186 民法同时具有行为规范与裁判规范的性质。[120] 一如上述(本章第五节“一、裁判规范民法的结构之含义”),作为一种实际可见的规范,行为规范

[120] 参见本章第四节“二、裁判规范民法的意义”以及“三、裁判规范民法与行为规范民法的不同特征”。

民法广泛地存在于我们的社会生活中(作为实定法规范的民法典是其中最重要且典型的例子),因此裁判规范民法也应当以此为出发点。另外,虽然裁判规范民法与行为规范民法具有不同的特征,但假如满足如下条件:所有要件事实是否存在均可得到认定、所有要件事实同时成为审理对象且不存在主张责任问题(或者无须适用主张责任),则两种规范的适用结论是相同的。鉴于以上两个理由,我们认为将行为规范民法作为裁判规范民法的基础是合理的,这也是我们探讨重构作业原理的出发点。

那么,以行为规范民法为基础重构裁判规范民法这样的作业,具有何 187
种性质呢?

□ *重构作业的本质是民法解释*

一如后述[第三章第五节“三、裁判规范民法的重构过程与内容”之 188
“(五)裁判规范民法的重构与证明责任”],以民事实体法(包括民法以及其他实质性民法)的制度目的(例如,对于无权处分买卖中的买受人,应当提供何种程度的法律保护?对于存在合同欺诈情形下的第三人,当我们考虑到交易安全与受欺诈的被告人保护这两个方面,又应当提供何种程度的法律保护?)为基础,对民法规定进行解释是裁判规范民法重构作业的重要出发点。在此前提下,以“只有诉讼中可以确定存在的要件事实才可以在诉讼上视之为存在”这一思维方式为基础,确定构成要件的呈现方式,这构成了裁判规范民法的重构作业的本质。前者属于对民事实体法的解释范畴,后者属于将解释结论作为要件如何呈现的技术范畴。虽然具有一定的技术性因素,也因此具有了与一般的民法解释学不同的性质,但就整体而言,裁判规范民法的重构在本质上依然属于民事实体法的解释作业。

如果打个比方的话,裁判规范民法的重构,是按照上述原理重新发现 189
蕴藏在民事实体法中的裁判规范。这一作业的本质当然是民法解释。

一如上述(本章第四节“一、裁判规范民法作为一种思维方式的必要 190
性”),由于立法者在制定民法时基本上未考虑证明的问题,因此将它作为裁判规范民法进行重构是必要的,其实质也属于民法解释,因此当然是合法而应被允许的(这一观点笔者已经在伊藤「要件事実論の現状と課題」第16～17页进行过详细阐述,此处不赘述)。

191 以下将讨论以行为规范民法为基础的重构作业的基本过程。既然只是概要性介绍,因此继续以无权处分买卖为例,更为详细的说明参见本章第六节“裁判规范民法的要件确定方法——主张证明责任对象事实的确定标准”。

(四)以行为规范民法为基础的重构作业的基本过程

□ *以无权处分买卖为例*

192 裁判规范民法是以作为行为规范民法的民法典为基础的,我们继续以无权处分买卖为例加以说明。在前述第三章第五节“三、裁判规范民法的重构过程与内容”之“(二)行为规范民法的要件规定方式”中,我们探讨了三种不同的立法立场,现行民法应该采用了其中的第二个立场,即根据买受人对于买卖标的物归属于他人的不同认知状态,善意还是恶意,作为区分买受人损害赔偿请求权成立的标准。当然,此时还可能涉及过失或无过失的不同区别,但本文的目的在于探讨以某种立场为前提的情况下应该按照何种结构呈现裁判规范民法的构成要件,而不在于讨论何种实体法见解是妥当的,因此将第二种立场视为普遍见解。在此需要讨论的是,以上述立场为前提重构裁判规范民法时,应该以何种方式呈现民法典中规定的买受人之善意或恶意。

□ *假设以可自由缔结买卖他人之物合同的立场为出发点*

193 关于无权处分买卖的民法上述规定(《民法》第561条以及第563条),虽然作出了买受人善意时可请求损害赔偿以及买受人恶意时不能请求损害赔偿的规定,但并未涉及买受人善意还是恶意在诉讼中真伪不明的情形。因此,我们需要首先考虑对此应如何判断的问题。虽然可能有不同观点,但作为前提的实体法上的思维方式应当是,“由于买卖属于债权合同,因此可以自由订立买卖他人之物的合同,但合同一旦订立,出卖人即有义务使买受人取得作为合同标的物的权利。否则,出卖人原则上应承担买受人的损害赔偿责任,而对于买受人为恶意的情形,由于没有必要对之提供法律保护,因此恶意的买受人不能请求损害赔偿(简单而言,'对于购买他人之物的买受人原则上给予保护,但例外情形,即恶意的不予保护')"。这一观点[121]应当是妥当的(符合无权处分买卖的制度目的)。[122] 也就是说,这一立场符合民法上关于买卖他人之物(并非出卖人所有)制度的规范目的(简单而言,即无权处分买卖的制度目的),因此应予维持。需要注意的是,在此阶段并不需要考虑当买受人为善意时可否请求损害赔偿的问题。[123] 这一问题的答案虽然无法从上述立场当然推导而来,但由于采用了对购买他人之物的买受人提供法律保护的基本立场,因此当诉讼中可以确定买受人为恶意时,应当否认其损害赔偿请求权,当买受人恶意还是善意在诉讼中陷入真伪不明时,赋予其损害赔偿请求权才有助于对买受人的保护,因此也是妥当的(符合无权处分买卖的制度目的)。那么,接下来的问题是,如何在裁判规范民法的构成要件上恰当地体现这一结论呢?

□ 如何将上述立场体现为裁判规范民法的构成要件?

一如上述,裁判规范民法应当以"只有诉讼中可以确定存在的要件事 194
实才可以在诉讼上视之为存在"这一思维方式为基础,因此具体的要件呈现方式应当同时满足这一思维方式以及上述关于买受人损害赔偿请求权的结论。因此,我们应当首先规定购买他人之物的买受人能够请求损害赔偿的其他条件(除了买受人主观认知状态之外的构成要件),然后再规定

---

[121] 参见司研『要件事实第 1 卷』第 165 页。

[122] 当我们决定采用这一立场时即意味着,我们已经完成了后述第三章第六节"五、根据制度目的确定主张证明责任对象事实"之"(二)民法的规范结构分析"中在多种规范结构中选择一个最为恰当的规范结构这种性质的作业。只不过此处的无权处分买卖的情形并不复杂,不需要由于出现了"证明困难"的现象,比如,后述第三章第六节"五、根据制度目的确定主张证明责任对象事实"之"(二)民法的规范结构分析"之"5. 关于《消费者合同法》第 9 条第 1 款之平均损害额",而有必要逆转其规范结构。

[123] 常见的民法教科书并未采用类似的论述方式。参见本章第四节"三、裁判规范民法与行为规范民法的不同特征"部分的注解 103、104 及对应的正文部分。

“但买受人于订立合同时,已知该权利不属于出卖人的除外”即可。在这种但书的规范方式下,只有当诉讼中可以明确认定买受人存在恶意的情形下,才可以视之为存在,并因此否认买受人损害赔偿请求权之成立(如果陷入真伪不明,则应承认买受人成立损害赔偿请求权)。这样的结构方式能够恰当地体现前述关于买受人损害赔偿请求权的实体法立场(符合买卖他人之物的制度目的)。

□ 上述分析结论与无权处分买卖的实定法之间的关系

195 上述分析结论在结果上与第561条的规定相一致,而与第563条的规定不同。当然,在将上述实定法规范作为行为规范民法理解的前提下,一如前述,并没有理由需要采用不同的规范结构,特别是这种结构上的差异也不会带来实际的消极影响,因此没有必要加以修正(当然,严格而言,由于实定法并未体现我们关于民法规范结构的立场,因此在理论上存在问题)。如果从裁判规范民法的视角来看,第561条更为恰当,而第563条并不妥当。由于裁判规范民法是以行为规范民法为基础的重构产物,因此有必要将重构后的条文与实定法条文之间的关系再次梳理一下。

196 首先说明其与第561条之间的关系。从裁判规范民法的视角对该条文分析的结果表明,该条文的规范方式是合理的。尽管如此,这只是“从结果来看”,在我们进行相应的分析之前并无法判断该条规定作为裁判规范民法是否妥当。在这一含义上,也有必要对该条文按照裁判规范民法的要求进行重构作业。

197 其次说明其与第563条之间的关系。一如上述,从裁判规范民法的视角对该条文分析的结果表明,该条文的规范方式是不合理的。因此需要对“不妨碍善意买受人提出损害赔偿的请求”这一表述进行调整,即重构为“但买受人于订立合同时,已知该权利不属于出卖人的除外”。

198 当然,我们在此只是以第561条和第563条为例,同样的作业当然并不限于上述条文。而且,即使立法者对上述条文进行了修订,重构作业本身的重要意义也不会发生改变。例如,在2015年3月31日提交到国会的民法部分修订案中,存在大量类似于第541条的条文,即在本文中以发生要件的方式规定原则,在但书中以妨碍要件的方式规定例外情形。此外,修订案第95条对包括主观认知在内的要件采用了较为复杂的原则与例外的规定方式,因此均有必要从裁判规范民法的角度进行分析重构(参见本书第七章)。因此,对于那些分析结论认为是合理的条文,有必要采用类似于第561条的分析作业,而对于那些分析结论认为不合理的条文,也有必要采用类似于第563条的分析重构作业。确实,民法中的很多规定,即使从裁判规范民法的视角来分析,其结构形式在结果上可以认为是合理的,但类似于第563条需要重构的条文也不少见。[124]

鉴于上述,在理论上有必要从裁判规范民法的视角对民法的全部条文 199
进行分析。但从司法实践的角度,仅需要在为了解决具体案件的必要范围内进行即可,而没有必要事先进行。比如,对于那些要件事实能够得到认定的具体案件,实际上并没有必要进行从行为规范民法到裁判规范民法的分析重构作业。[125]

□ 民法第563条是否妥当?
——从在诉讼中实现无权处分买卖的制度目的的角度出发

为何《民法》第563条不能从裁判规范民法的角度直接加以适用?在 200
此补充说明如下:按照第563条的规范方式来处理的话(根据裁判规范民法的基本要求,该条规定的基本内容应当是"买受人为善意的,可以请求损害赔偿"),由于裁判规范民法应当以"只有诉讼中可以确定存在的要件事实才可以在诉讼上视之为存在"这一思维方式为基础,因此如果在诉讼上无法确定买受人在订立合同时不知道该权利不属于出卖人(善意)这一事

---

[124] 关于民法并不完备的缺陷,参见前述本章第四节"一、裁判规范民法作为一种思维方式的必要性",尤其是该部分注解83、84、85。

[125] 这种处理方式面临的一个问题在于,司法实践中引为裁判标准的民法在理论上应当是裁判规范民法,根据实际需要进行的有选择性的分析重构作业在理论上如何解释?笔者认为这种处理方式在理论上不存在问题,参见伊藤「要件事実と実体法断想(上)」第111~113页。

实,则在诉讼上不能视为当时处于善意,这样一来,当善意还是恶意真伪不明时,法官不得视之为存在,由于善意是作为损害赔偿请求权的发生要件之一,因此在诉讼上不得认为买受人损害赔偿请求权成立。但是,这一裁判结论并不符合前述关于买受人损害赔偿请求权的基本结论(原则上应尽量保护无权处分买卖中的买受人,即无权处分买卖的制度目的)。另外,如果维持保护买受人这一制度目的,那么需要将善意这一损害赔偿请求权的发生要件之一在诉讼上视为存在,因此不得不采用"不仅事实 A 在诉讼中可以确定的情形、即使其他情形(事实 A 真伪不明的情形也包括在内)下,也需要在诉讼上将事实 A 视为存在"这一思维方式[当"不知"(善意)在诉讼中陷入真伪不明时,在诉讼上需要将之视为"不知"]。但是,这一思维方式与我们在第三章第五节"二、裁判规范民法的结构原理的基础"之"(三)以人们一般的思维方式为前提的构成"中确立的"只有诉讼中可以确定存在的要件事实才可以在诉讼上视之为存在"这一基本出发点相悖,即如果将真伪不明视为存在,则无异于承认这一不合理的思维方式,尽管其与人们一般的思维方式相悖。

(五)裁判规范民法的重构与证明责任

□ *裁判规范民法的要件结构方式的基本内容*

201 一如前述,裁判规范民法的构成要件应当按照如下原则确立,即只有当符合其构成要件的具体事实能够在诉讼中得以认定的,才能确认其存在并发生相应的法律效果,而且这一结论从实体法的角度来看也是妥当的。依据这一原则确立的要件结构方式符合人们一般的思维方式以及实体法制度目的,因此是合理的。以此为前提(以"只有诉讼中可以确定存在的要件事实才可以在诉讼上视之为存在"),如果对于某一方当事人有利的事实(如果该事实存在,则能够得出有利于该当事人的法律效果)没有得到证明,则不能认可发生了相应的有利的法律效果,该当事人在此意义上承担不利后果。我们应当按照上述逻辑构建裁判规范民法的构成要件,而符合相应构成要件的具体事实即为要件事实。

□ 证明责任定义的基本内容

另外,这种当事人可能承担的不利后果或者风险又是什么? 一如前述 202
[第三章第三节"二、举证责任(证明责任)"之"(一)定义"],"当诉讼中某一要件事实存在与否最终陷入真伪不明,法院不得将该事实视为存在,从而不能认定以该要件事实存在为前提的某一法律效果,这样的不利后果或风险即为证明责任",而成为这一证明责任的对象事实即为上述的要件事实。

虽然学界关于证明责任的定义多种多样,[126]但上述定义不仅符合人们 203
一般的思维方式,而且从诉讼管理的角度来看也是合理的。理由在于,按照裁判规范民法构成要件的规定方式,除非要件事实能够得到证明,否则不会发生相应的法律效果,这对于当事人而言是重大的不利后果。这一重大不利后果由某一方当事人承担(不可能由双方当事人同时承担),我们称为证明责任并将之作为诉讼管理的原则之一,[127]当事人和法院在此原则之下进行诉讼活动,法院据此确定裁判结果的基本框架(除非要件事实得到证明,否则不认可对应的法律效果,并通过对产生各种法律效果的要件事实进行排列组合判断最终的裁判结果[128]),这种方法有助于我们通过民事诉讼恰当且迅速地解决民事纠纷。

□ 准确定义证明责任需要理解其对象事实的性质

上述关于证明责任的定义,其正当性源于上述思维逻辑。也就是说, 204
只有采用裁判规范民法这一思维方式来判断诉讼中实体法上之权利或法

---

[126] 比如,前田达明教授的观点,参见本章第三节"三、主张责任与证明责任的关系"之"(二)主张责任与证明责任不一致见解之批判"之"4. 笔者关于证明责任的定义是否有误?"相关内容。

[127] 关于诉讼管理的其他原则,可参见本书第一章第三节"四、要件事实理论的判断标准时"。

[128] 这只是裁判的基本框架,还包括许多变化形态。参见本书第一章第三节"五、要件事实理论与实际的审判形态"。

律关系是否存在，以符合其构成要件的具体事实为要件事实，并在此基础上思考证明责任的问题，才能赋予证明责任定义以正当性依据。也只有在准确地判断何为证明责任对象事实之后，才能理解当该事实真伪不明时不能认可相应的法律效果这一判断方式的妥当性（例如，尽管无权处分买卖的制度目的在于重视保护买受人，但如果我们错误地将“善意”作为证明责任对象事实，由于真伪不明时不得视为“善意”，由此导致该制度目的在出现证明问题的诉讼中落空的结果，这是不妥当的）。

□ 对于无权处分买卖采用类似于《民法》第561条规定方式的意义

205 前述关于无权处分买卖中损害赔偿责任的要件规定方式（从结果来看，与《民法》第561条相同）具有如下含义：首先，当买受人知道（恶意）或者不知道（善意）标的物系他人财产这一事实陷入真伪不明时，我们认为这无碍于买受人损害赔偿请求权之成立是妥当的（法律价值判断）；其次，为了将这一价值判断在出现证明问题的诉讼中得以恰当地实现，需要考虑当恶意在诉讼中陷入真伪不明时，法院不得视之为存在，由此并不发生妨碍买受人请求权成立的法律效果，这种不利后果应由出卖人承担。如果从前述证明责任定义的角度来看，这种关于无权处分买卖中损害赔偿责任的要件规定方式，首先采用了上述特定的思维方式（法律价值判断），为了实现这一思维方式（法律价值判断），应由责任承担方（出卖人）就买受人为恶意这一要件事实负担证明责任。

206 实际上，当我们在思考出现举证困难的要件事实应当采用何种规范结构加以规定时（以买受人为善意这一结构加以规定，还是以买受人为恶意这一结构加以规定），我们同时作出了该事实应当由谁负担证明责任的判断（从要件事实的角度来看，这一判断是最为重要的）。也就是说，以前述证明责任的定义为前提，如果考虑以买受人为善意这一结构进行规定，则不能再考虑由出卖人就此负担证明责任。[129]

---

[129] 关于这一问题，详见后述第三章第六节“二、证明责任分配的性质”。

□ 裁判规范民法重构作业的核心内容

鉴于上述,当我们从裁判规范民法的角度进行重构作业时,其核心内 207
容在于将何种内容的具体事实作为证明责任对象事实。

在此前提下,当我们进行裁判规范民法的重构作业时,在呈现方式(如 208
何具体地规定要件)上就需要满足具体且恰当的要求。关于这一问题,我们将在本章第六节“裁判规范民法的要件确定方法——主张证明责任对象事实的确定标准”[130]中详加论述。

为了便于读者理解,我们提前透露一下第六节的研究结论,即确定主 209
张证明责任对象事实的最终标准是符合证明的公平(与证明责任负担的公平相同含义),为此,当证明在诉讼中成为问题的时候,则应最恰当地实现该实体法的制度目的。

---

[130] 学界向来使用“主张证明责任的分配标准”,但笔者认为采用“主张证明责任对象事实的确定标准”更为恰当,理由详见本章第六节“二、证明责任分配的性质”。

【第六节　裁判规范民法的要件确定方法
——主张证明责任对象事实的确定标准】

一 | 导言

210 一如前述[第三章第五节“三、裁判规范民法的重构过程与内容”之“(五)裁判规范民法的重构与证明责任”],裁判规范民法重构作业的核心内容在于确定以何种内容的具体事实作为证明责任对象事实(这当然得同时确定由谁来负担证明责任)。

□ *本节概要*

211 笔者在本节首先分析证明责任的对象事实与其证明责任负担方之间的关系,分析的结论是,我们对这两个问题应同时作出判断,而不是分别作出判断。即一旦确定了前者,意味着同时确定了后者。此外,由于确定证明责任对象事实意味着同时确定以此为对象的裁判规范民法的构成要件,因此为了确定裁判规范民法的构成要件,也需要分析如何确定证明责任对象事实的具体标准。

212 符合裁判规范民法构成要件的事实(要件事实)是成为证明责任对象的具体事实(简称为证明责任对象事实),而且证明责任对象事实无一例外地与主张责任对象事实保持一致。[131] 因此,要件事实即是主张证明责任对象事实,要件事实的确定标准与主张证明责任对象事实的确定标准是同一个问题。

---

[131] 参见本章第三节“三、主张责任与证明责任的关系”之“(一)主张责任与证明责任一致的理由”。

我们应当按照如下顺序确定主张证明责任对象事实。首先,确定主张证明责任对象事实的出发点,应当是该事实的结构形式问题,此时需要讨论以下内容:该事实作为事实本身是“可分的”还是“不可分的”;(例如,作为买卖标的物的整块土地或一串葡萄是不是可分的?)该事实作为社会实在是“可分的”还是“不可分的”。(比如,在买卖合同的场合,能否将标的物所有权的转让与对价的支付分开考虑?能否将价款的约定与其金额的约定分开考虑?)如果在上述含义上都属于不可分的事实,那么能否考虑在法律上是可分的?或者,与此相反,即使在上述含义上属于可分的事实,应否在法律上视情况作为不可分的事实?上述问题均属于“分析民法规范结构”的范畴(此时,如何准确理解民法的制度目的与举证困难之间的关系就是十分重要的)。同时,与之相关的,“开放理论”也不可或缺。 213

以下依序说明。 214

二 | 证明责任分配的性质

□ 证明责任对象事实的确定与证明责任负担方(证明责任分配)的确定是相同的作业

为了恰当地处理民事诉讼中要件事实真伪不明的情形,需要提前确定证明责任对象事实以及由谁就该事实负担证明责任(后者一般被称为证明责任分配)。虽然在性质上,证明责任对象事实的确定与证明责任负担方的确定有所不同,但从裁判规范民法的构成原理来看,构成要件在性质上同时确定了证明责任对象事实以及证明责任负担方。例如,在我们确定“订立买卖合同”这一事实为证明责任对象事实的同时,我们也确定了(分配了证明责任)该事实的证明责任负担方,即应由该事实之存在将产生有利法律效果的当事人(例如,买卖价款请求诉讼中作为原告的出卖人)负担证明责任。在此情形下,不应认为该事实之存在将导致不利法律效果的当事人负担证明责任(证明责任分配给被告)。理由如下。 215

□ 双确定是同一作业的理由

216 根据裁判规范民法所具有的性质,一旦确定了证明责任对象事实,同时意味着确定了对应的裁判规范民法的构成要件。而构成要件的确定应当遵循“只有诉讼中可以确定存在的要件事实才可以在诉讼上视之为存在”的原则,并且构成要件必须能够产生相应的法律效果。在这一前提下,一旦我们确定了某一构成要件,当符合该要件的具体事实在诉讼中陷入真伪不明的情形时,我们自然会得出这样的结论,即不能认可发生了相应的法律效果。而这一法律效果之发生或者不发生对于该诉讼中哪一方当事人为有利,是可以明确判断的。因此,当我们一旦确定了裁判规范民法的构成要件(在理论上也可以认为此时同样确定了相符的具体事实),同时也应当作如下理解,即以此为前提,我们同时确定了对于符合其构成要件具体事实的证明责任负担方。我们以买卖价款请求诉讼为例。因为“订立买卖合同”这一事实将产生买卖价款请求权,如果该事实未得到证明,法院只能驳回原告的诉讼请求,[132]因此该事实显然属于对原告有利而对被告不利的事实。如果“订立买卖合同”这一事实未得到证明,法院至少据此就可以判定不得请求买卖价款。因此,如果该事实能够得到证明,无论被告能否主张证明何种抗辩,均不影响该事实的上述性质。对于具有如此性质的“订立买卖合同”的事实,当然不能考虑由被告负担证明责任。

217 也有观点认为,当订立买卖合同在诉讼中真伪不明时,视之为合同已经订立,并据此(此种不利后果由被告承担)将订立买卖合同的证明责任交由被告负担。从纯粹逻辑的角度来说,这种观点并非绝对不可能成立,但显然违背了人们一般的思维方式,因此既不合理,也令人费解。按照这一观点,当订立合同这一事实真伪不明时,被告也须支付价款,对于这一结论

---

[132] 关于买卖价款请求诉讼,也有观点未将“订立买卖合同”作为请求原因事实,而是将“原告向被告承诺支付一定数额的金钱”作为请求原因事实,笔者对此无法赞同[参见后述第三章第六节“四、作为社会存在的不可分”之“(一)与合同相关的合意之不可分性”]。

的不合理性,笔者已经多次重申,不再赘述。[133]

□ 以清偿为例

218 从方便读者理解的角度,笔者以清偿为例作简单说明。关于证明责任,我们不应当以“关于清偿的事实”这种抽象的结构来考虑由哪一方当事人负担证明责任。比如,在借款返还请求诉讼中,我们应当分析是以“已经清偿”还是以“未清偿”作为要件结构形式,自然而然,应由哪一方当事人就此负担证明责任(证明责任的分配)也同时得以确定。比如,前者的情形下,证明责任由作为借款人的被告负担,后者的情形下,则应由作为贷款人的原告负担(如果作出了相反的分配则是不被允许的)。

219 一如上述,确定证明责任对象事实的作业同时意味着确定该事实的证明责任的负担方(证明责任的分配)。因此上述两个问题应做一体考虑、同时决定,而不应当将证明责任负担的问题单独作为另一个事项考虑。两者无法分开,而且确定证明责任对象事实是最核心的工作。鉴于此,本书不采用“证明责任的分配”这一用语,而采用“证明责任对象事实的确定”这一用语。

220 正如笔者多次重申的,确定证明责任对象事实直接意味着确定与此相应的裁判规范民法构成要件的结构形式。因此,我们关于证明责任对象事实规定方式的研究,将直接推导出裁判规范民法构成要件的结构方式。

三 | 作为事实本身的可分与不可分

221 主张证明责任对象事实是某种法律效果的发生根据(此处将妨碍、消灭也作为一种法律效果的发生形态[134])事实,因此首先需要满足必要且充分

---

[133] 前田达明教授应持如此观点,参见前述第三章第三节“三、主张责任与证明责任的关系”之“(二)主张责任与证明责任不一致见解之批判”之“4. 笔者关于证明责任的定义是否有误?”相关部分,尤其是注解69。

[134] 严格来讲,“发生”这一术语有广义狭义之分。狭义仅指权利或者法律关系之产生这种法律效果,而“妨碍”则是妨碍相应法律效果的产生,“消灭”则是消灭相应的法律效果。正文中对于上述所有法律效果均采用了“发生”的术语,是一种广义的用法。

的要求,即作为该发生根据事实的本质事实。为此,我们需要检视与该法律效果之发生有关的各种事实,然后从事实的性质或者社会存在的角度寻找出不可分的事实群,最后对其从民法规范结构的角度加以分析[参见后述第三章第六节"五、根据制度目的确定主张证明责任对象事实"之"(二)民法的规范结构分析"]。

□ *设例说明*

222 我们以买卖价款请求权、买卖标的物交付请求权、买卖标的物所有权移转登记手续请求权、基于买卖价款支付债务的履行迟延而产生的损害赔偿请求权等的发生要件事实为例。在具体的案件中,相关事实可罗列如下:(1)Y与X约定了移转案涉土地(×市×町×丁目×番的土地)的所有权;(2)X与Y约定了×年(以下省略)×月×日之前作为其对价支付1亿日元;(3)×月×日已到来;(4)在×月×日之前进行了所有权移转登记或者清偿了价款;(5)在×月×日之前未进行所有权移转登记或者清偿价款;(6)经过了×月×日等的事实。

223 上述事实为什么是必要且充分的?对这一问题显然需要更为详尽的说明,但简单而言,以上均来自行为规范民法[135]的研究成果(传统民法学的研究成果)。如果我们参看传统民法教科书中关于买卖合同或者基于履行迟延的损害赔偿请求的说明就可以了解,这一研究虽然并未考虑证明责任问题,但是却涵盖了与相应法律效果之发生相关的全部必要事实。

224 根据前述的分析顺序,我们首先探讨基于事实本身性质上的原因而不可分的事实。

□ *就事实本身而言,何者不可分? 何者可分?*

225 上述设例中,事实(1)至事实(6)显然不是一个不可分的事实整体,而是至少可以分为以上6个事实,在此含义上属于可分事实。其中,事实(1)

---

[135] 关于行为规范民法的用语,参见本章第四节"三、裁判规范民法与行为规范民法的不同特征"。

中的“案涉土地”在整体上属于买卖的标的物,当然不可再分,[136]事实(3)“×月×日已到来”以及事实(6)“经过了×月×日”,基于这些事实性质上的原因,对其再进行细分是没有意义的。[137] 上述事实作为事实本身是不可分的。这样考虑的意义在于,我们不能将事实中的一部分作为买卖价款请求权的发生要件事实,而将剩余的其他部分作为该请求权的妨碍要件事实。

但是,由于事实(1)至事实(6)是相互可分的独立事实,因此可以将其 226
中部分事实[如事实(1)]作为交付请求权的发生要件事实。对于其他事实,比如,我们可以把事实(2)拆分为事实(2)-1“X与Y约定了作为其对价支付1亿日元”与事实(2)-2“支付期限约定为×月×日”两个事实,如果再进一步,我们还可以将事实(2)-1细分为“X约定了支付对价”与“对价金额约定为1亿日元”,将事实(2)-2细分为“约定了支付期限”与“支付期限约定为×月×日”。从事实本身的性质来看,上述再划分是可能的。但这种划分只是从事实本身的可分或不可分出发的结果,作为要件事实如此划分是否正确则是另外一个问题。因此,接下来我们需要讨论的是,对于事实本身可再分的情形,从某种法律效果发生要件的角度来看,应当将何种事实作为一个整体来考虑,而不可再分?其标准为何?

---

[136] 以下所举事例实际上极为少见,但可说明问题。例如,我们在超市的水果柜台买一串葡萄,此时按照一般的交易观念,显然是将一串葡萄作为一个整体加以购买,而不是以一颗一颗的葡萄粒作为独立的买卖对象。但在其他场合下并非如此简单。例如,买卖对象是2颗昂贵的宝石时,大多数情况下与其说是将之作为1个买卖合同的标的物,不如说是作为2个买卖合同的不同标的物加以对待。在考虑为2个独立的买卖合同时,有时也需要判断其相互关系(比如,其中一个合同出现了要素错误,是否会影响另一个合同的效力?)司法实践中也有过类似的案例,比如,买卖合同的标的是作为度假设施的运动俱乐部的会员权,同时还订立了一套公寓的买卖合同,这两个合同可否分开处理?参见最判平8·11·12民集50卷10号第2673页[35]。

[137] 如果再进行细分,也可以分为“某时间已到来”这一事实与“其时间为×月×日”,但细分的结果不具有独立的意义。

四 | 作为社会存在的不可分

(一) 与合同相关的合意之不可分性

227 如果人们将某一单位作为一种社会存在[138]考虑,那么可以说为了与其他不同的单位相区别,而将该单位作为一个整体加以考虑。具体如下。

□ 能否只主张买卖合同中的所有权移转之合意?

228 例如,在以土地为买卖合同标的物的诉讼中,当事人请求所有权移转登记手续,如果将订立买卖合同这一事项作为请求权的发生要件,那么原告当然需要主张且证明买卖合同订立的事实(此时是否需要主张证明价款额是另外一个问题)。但是,作为事实本身,订立买卖合同这一事实并非不可再分,一如在前述设例中可以分为事实(1)和事实(2),即“将某财产权移转给对方”这一合意以及“作为其移转的对价支付金钱”这一合意。那么,在现行的实体法秩序之下,除非存在违反公序良俗等例外情形,应该可以发生基于当事人合意的法律效果。因此,X 通过主张“被告 Y 承诺将案涉土地的所有权移转给原告 X”这一事实,应该可以请求 Y 办理所有权移转登记手续。

229 但是,从社会一般观念出发,人们会否将这种完全中立的合意视为一种独立的社会存在?对于买卖合同的情形,一般情况下,人们都是将买卖合同作为一个独立的单位来考虑当事人合意的问题,而不会切分成两个合意分别考虑。[139] 也就是说,人们是以买卖合同为独立的单位来认识其所包

---

[138] 这一用语稍显夸张,但笔者希望表达的是,人们认为社会中实际存在的某一类事物。

[139] 这只是说明对于类似于买卖合同的合意,一般情况下人们不会再从中提取出关于金钱支付的合意以及所有权移转的合意,而并不意味着我们在考虑人与人之间达成的协议仅以买卖、承揽这种典型合同的方式存在,有时也会出现混杂有典型合同和非典型合同特征的合同形式,比如,产品供应合同这种混合型合同。

此外,正文中所指社会一般观念,可举如下事例。司法实践中,在询问证人或当事人本人时,有时诉讼代理人或者法官从确认合意本身的角度会提出这样的询问,即“暂且不讨论其他事实问题,你承诺了支付 1 亿日元,是吗?”,对于这一询问,有时候证人或者当事人会十分生气地辩解:“我并没有单纯地作出支付的承诺。承诺是有理由的。这种询问我无法回答。”

含的合意特征并区别于其他合意的。因此,在上述设例中,人们应该认为X应当主张证明买卖合同的存在,如果单纯地证明抽象的所有权移转合意,则是不充分的。否则就有可能出现如下的结果:为了排斥X主张的所有权移转合意所产生的法律效果,Y需要提出如下两种抗辩,Y应主张证明与Y之所有权移转合意相关的、X支付对价的合意;在此基础上主张同时履行抗辩权。如果Y未能证明X作出了支付对价的合意,则Y败诉。在社会一般观念中,人们对于这种诉讼结果(换言之,导出这种结果的要件事实的构成)应该觉得有失公平。[140] 因此,笔者认为,只能根据上述社会一般观念

---

[140] 类似的观点可参见司研『要件事実第1巻』第47页。一如笔者在正文所指,如果允许X主张证明单纯的合意,而导致Y只有在主张证明该合意的性质后才有胜诉的可能,司法研修所对于这样的结果也认为是不合理的,其理由在于,"虽然实际生活中存在的都是诸如买卖合同或赠与合同这样的合意,而并没有单纯的金钱交付合意,将后者视为独立的存在,是因为把作为合同本质内容而原本不可分的整体强行拆分所致"。笔者认为,司法研修所的观点与笔者相同。

根据笔者的实务经验,债权转让的合意即其适例,可供参考。根据《信托法》第10条,禁止以诉讼行为为主要目的的信托,否则信托无效。但是,在原告主张证明受让债权之际,如果认为其只需要主张证明从债权人A受让债权这种单纯的事实就满足了充分的要求,那么,如果被告债务人认为其受让行为违反了第10条的规定,则需要主张并证明符合其构成要件的具体事实。但是,对于无法知悉原告与债权人A之间关系的被告来说,这种主张和证明并不简单,实际上极有可能导致被告败诉。在实际生活中,一般不存在单纯的债权转让合意,而应该存在与此成为一个整体的实质合意(例如,债权买卖或者代物清偿)。如果这样考虑,那么仅主张和证明单纯的债权转让合意就意味着原告从社会存在不可分的合意中仅选取了部分内容,因此是不充分的,原告必须主张证明债权的买卖合同或代物清偿合同的成立。这样一来,原告(债权受让人)应该难以规避《信托法》第10条之规定。

高橋『重点講義民事訴訟法(上)』第494页也指出,"目前多数说认为,关于债权转让,应将其原因行为(债权的买卖、转让担保等)也作为主要事实……返还约定说逐渐被抛弃"。

不过三井哲夫教授坚持返还约定说,对此持反对意见。该说认为,在买卖合同中,买受人Y向出卖人X(请注意,X与Y的标记含义与正文相反)主张"财产权移转请求权,以X对Y的'承诺财产权移转'为直接发生事实。这并非以《民法》第555条这一权利发生规定而来。对此,被告X则可以X、Y之间存在买卖法律关系为由主张行使同时履行抗辩权"。[三井哲夫『要件事実の再構成(増補・新版)』(信山社,1993)第42~43页]。

松本博之教授认为,"返还约定说无法得到支持。因为实体法并未将单纯的当事人之间关于抽象的返还承诺作为返还请求权的发生要件,就典型合同而言,法律效果必须与符合其标识的合同相结合。此外,返还约定说过于扩大被告的抗辩范围,其结果是迫使被告负担过重且不公平的证明责任(司研『要件事実第1巻』第47页)。目前该说几乎无人支持"。[倉田卓次監修『要件事実の証明責任契約法(上)』(西神田編集室,1993)第454页;松本博之『証明責任の分配——分配法理の基礎的研究〔新版〕』(信山社,1996)第372页)]。高橋『重点講義民事訴訟法(上)』第558页对于返还约定说也作了一定说明。

来划分关于社会存在的单位。

□ 当事人可否仅主张买卖合同中价款支付的合意，而未涉及支付期限?

230 此外,我们再设想一下 Y 作为反诉请求支付案涉土地的买卖价款的情形。以上述观点为前提,Y 仅仅主张证明 X 的单纯的金钱支付承诺是不充分的,必须主张证明以案涉土地买卖合同之订立为前提的买卖价款支付承诺。此际,Y 需要主张证明上述设例中的事实(1)以及事实(2)中除了价款期限以外的部分,学界对这一观点没有争议。但在价款支付期限方面则存在争议。比如,如果 Y 主张没有约定付款期限,是否需要由 Y 证明不存在期限?该问题属于法律行为附加限制的条件以及期限的证明责任问题众所周知,在这一问题上一直存在抗辩说与否认说的不同观点,[141]论者也会将《民法》第 528 条作为论证的依据。但笔者认为,我们应当首先从社会一般观念来分析这一问题,即一般情况下,人们是否将条件以及期限作为独立于其所附加的买卖等合同的社会存在(或者逆言之,人们是否将买卖等合同与条件期限作为毫无关系、可独立的社会存在)?如果答案是肯定的(换言之,对于买卖等合意,如果不存在特殊合意——在此意义上是独立的合意——则可以随时请求支付买卖价款,而不受到特殊限制),则意味着将买卖等合意可以作为一个整体而与其他社会存在相区别,同时,如果某一合意附带条件或者期限,则人们更倾向于由对方当事人,即主张按照该合意发生法律效果的对方当事人负担证明责任更为公平。如果答案是否定的(换言之,对于买卖等合意,应当将条件、期限等内容作为合意本身的一部分来看待),那么对于某一合意并未附带条件或者期限(可以随时请求)的情形,则人们应该更倾向于由主张按照该合意发生法律效果的当事人负担

---

[141] 参见司研『要件事实第 1 卷』第 48～51 页。

证明责任更为公平。[142]

□ 清偿的主张是否需要包含其与特定债务的关系?

如果Y提出反诉,要求X支付案涉土地的买卖价款,对此X主张已经 231
清偿。此时存在的问题是,X的证明责任对象事实仅为"X将1亿日元作为某债务的清偿已经交付给Y"还是"X将1亿日元作为本案买卖价款债务的清偿已经交付给Y"(清偿与债务之间关系的证明责任问题)。解决这一问题的基本思路应该是,与前述问题相同,关于债务清偿这一社会存在,在人们一般的理解中,是否应当与其具体的债务关系相脱离(逆言之,是否只有在考虑到其与某特定债务的关系的前提下,才能将该行为识别为具有清偿意义的行为)?如果可以是抽象的清偿,则人们应该倾向于由Y证明

---

[142] 关于付款期限有必要讨论以下问题,即"从抽象的制度目的来看,不动产买卖的所有权移转时间应当是合同订立时,但从社会观念来看,原则上应为支付全额价款或者交付移转登记的必要文件时",这种法律与社会观念的差异如何解释?首先需要研究的问题是,是否应当在要件事实领域将"不动产买卖"作为一种特殊类型,而适用特殊的规则?如果答案是肯定的,那么"所有权转移时间为支付全额价款或者交付移转登记必要文件时"就构成抗辩,主张所有权移转的当事人在此阶段需要主张上述期限已经届至的事实(否则构成主张本身失当)。如果答案是否定的,即不动产买卖也属于买卖合同的大框架之下,不动产买卖并不需要考虑特别的规则,那么,就应当按照《民法》第176条关于意思表示时移转所有权的规定确定移转的时间(具有期限的性质),如果将此作为请求原因,则关于移转时间的合意为抗辩,已经支付全额价款的事实或者已经交付移转登记必要文件的事实则构成再抗辩。虽然有可能与社会一般观念相脱离,但笔者赞成后者(应为通说)。理由在于:能够维持理论的整合性;抗辩的证明较为容易;无论是将之作为请求原因或是作为再抗辩,主张取得所有权的当事人需要主张证明的事实没有发生变化,因此也符合妥当处理不动产交易的制度目的。为了尽量减少与实际观念的不同,笔者主张将不动产买卖合同成立的时间解释为移转登记所需文件的交付时间(这样一来则不需要将与此不同的时间作为期限另行考虑,也能够取得与实际观念一致的结果)。

至于消费贷款合同、租赁合同等租赁型合同的清偿期或返还期,则与买卖合同的期限有所不同,参见后述(本书第六章第五节"二、请求原因中的常见问题——冒头条文的性质与借贷型合同")。

在请求交付买卖合同标的物的诉讼中,于主张证明买卖合同成立的情形(即使并非请求支付买卖合同价款的诉讼),是否必须主张证明买卖合同价款的金额(当然首先需要主张证明关于买卖价款的约定)?这一点也存在意见分歧。笔者认为,买卖合同作为一种社会存在,应当需要确定的买卖价款的金额(或者确定金额的具体方法)。

X交付的金钱并非针对本案买卖价款债务(例如,X对Y同时承担其他相同金额的金钱债务)更为公平;如果应当是具体的清偿,则人们应该倾向于由X证明清偿行为系针对特定债务更为公平。

232 一如上述,作为一种社会存在,我们可否认为某种合意或准法律行为是不可分的(在此含义上的独立),这对于证明责任的分配具有重大意义[这一问题最终应当按照社会生活中人们的一般观念(虽然经常被称为社会常识,但这已经成为一定程度的套话,需要警惕)来处理]。经由上述讨论,笔者认为,对于那些可以视为独立的社会存在,原则上可以将其视为可区别于其他事物的存在,并将构成该存在的事实作为一个整体,使之成为产生某一法律效果的根据。

233 此种方法对于分析要件事实是必要的,一如前述设例中,应该作为社会存在的独立的事物,不是单纯的所有权合意,而是买卖合同的成立,因此我们应该将后者作为要件事实。

□ 能否将一个完整的社会存在进行再拆分?
——这一问题的性质如何?

234 此处涉及的问题是,对于一个完整、独立的社会存在,其已经可以与其他事实相区别,但就事实本身而言是可分的,此种情况下,依然存在如下①和②的例外情形。

235 例外情形①:例如,某些合同类型既可以作为买卖合同,也可以作为承揽合同,此时应如何处理?笔者认为,此时应考虑哪一个更接近本质(原则),哪一个更接近非本质(例外)(例如,是否以买卖的性质为主而以承揽的性质为辅?)通过考虑这些因素来决定主张证明责任之所在。一般情形下,主张法律效果应当按照原则性部分处理的当事人,应该主张证明构成原则性部分,即具有买卖性质的事实;主张法律效果应当按照例外部分处理否则脱离案件真实情况的当事人,应该主张证明构成例外部分,即具有承揽性质的事实(例如,存在订货人的指示权以及订货人实际作出了指示的事实)。

236 此外,由于涉及法律的具体规定,有时也会存在与此相类似的问题。人们一般认为,当涉及物之买卖时,出卖人应当是标的物的所有权人,由买受人向其购买所有权(如果从此处涉及的问题意识的角度来看,应当将标的物所有权与出卖人作为一个不可分的社会存在)。但从民法的角度来看,由于将买卖合同作为债权合同,因此在法律上认可(标的物与出卖人是可以各自独立的社会存在)无权处分买卖(日本《民法》第560条之后的条文,在2015年3月31日向国会提交的民法部分修订案中也没有发生变化,参见修订案第561条)。既然有法律的规定,我们当然不能认为不存在无权处分买卖(社会生活中应该存在这种交易)。因为从整个社会经济活动的需要出发,民法在法律体系上认可债权合同的存在是较为适宜的,因此我们不能仅从民法解释的角度加以否认。笔者认为,从社会一般观念出发,原则上出卖人应当具有标的物的所有权,例外情形下,所有权人为其他第三人。学界的一般观点是,出卖人并非所有权人不构成要素错误,而属于动机错误,这一点需要进一步探讨。[143]

例外情形②:当某事实作为一个不可分的社会存在,就其中的部分事 237
实,对一方当事人而言存在举证困难,而由对方当事人证明相反的事实更为容易,这种情形值得重视,甚至有时需要替换证明责任负担方。这一问题的实质在于,在涉及证明责任负担的公平性与妥当性的诸多因素中,“当事人应当证明作为独立的社会存在的事实更为公平”以及“总体而言,由当事人就存在举证困难的事实负担证明责任是不公平的”这两个因素中,我们应当更重视哪一个因素,且重视到什么程度为宜?[144]

---

[143] 在某些情况下,订立买卖合同时,买受人认为出卖人是所有权人这一内容有可能构成该买卖合同要约的意思表示内容,此种情形下,如果出卖人并非所有权人,则应构成要素错误,而导致该意思表示无效。

[144] 比如,在前述关于清偿的设例中,一方面,社会一般观念是将清偿与具体债务联系起来看待的;另一方面,有时也会考虑到清偿与具体债务的关系存在证明极为困难的情形(例如,需要证明不存在其他同类金钱债务)。以此为前提,主张债务清偿效果的当事人只要证明具有清偿性质(比如,在金钱债务的场合,交付与该债务金额相当的金钱的事实)即可,至于存在其他同样债务的事实,则应该由否认该债务清偿效果的当事人加以证明。这一观点存在成立的可能性(其理由可能在于,如此处理符合清偿消灭债务的制度目的)。采用类似观点,即清偿的内容不需要包含与特定债务的关系的,可参见山木寛「弁済充当の主張立証責任」判タ145号(1963)第30页以下[近藤完爾=浅沼武編集代表『民事法の諸問題第2巻』(判例タイムズ社,1966)第77页以下](但该说的依据是否为证明困难,并不清楚)。

238 其他情形③:与上述例外情形相反,有些情形下,即使从社会存在的角度来看是可以再拆分的事实,但从法律的角度则不应允许拆分。

239 不管采用何种观点解决上述问题,一如上述,最终均属于法律的价值判断范畴,也就是后述第三章第六节“五、根据制度目的确定主张证明责任对象事实”中所指出的,应当符合考虑到举证困难因素的实体法制度目的。

(二)实际上有可能存在的单纯合意

□ *存在单纯合意的可能性*

240 关于事实的可分与不可分的问题,我们已经在第三章第六节“四、作为社会存在的不可分”之“(一)与合同相关的合意之不可分性”中进行了理论探讨,在此还需要进行补充说明。原因在于,在上述说明中,对于买卖合同,由于人们一般不会从买卖合同中单独提取“所有权移转合意”或“金钱支付合意”,因此不允许当事人就这种抽象性的合意进行主张和证明,但假如实践中存在这种抽象的合意(在此称为“单纯合意”),而且可以完全独立于其他要件事实,那么上述讨论就是不完整的。

□ *关于单纯合意的主张方法*

241 笔者认为,单纯合意的情形在社会生活中即使存在,数量也是极少的。就笔者目前的观察而言,我们尚不能断言实践中不存在单纯合意,[145]因此也需要对之进行研究。笔者的观点大致如下:假如原告将单纯合意作为请求权发生的根据加以主张,我们首先应该考虑到这种合意本身是难以想象的(即使存在,也只能是极为特殊的情形),如果原告虽然主张存在单纯合意,但实际上只是提取了合同的部分内容,则被告会不正当地遭受不利后果,

---

[145] 实践中,当事人有时候会将“备忘录”作为书证提出,仅从其记载的内容(例如,在“备忘录”的标题下写有类似“本人承认有义务向您支付1万日元。特此签名确认”的内容)来看,似乎属于这里讨论的单纯支付约定的情形。但笔者认为,这种备忘录之所以存在,往往是已经存在构成整体的有偿合同,当事人只是为了确认的目的而只记载其中关于金钱支付的合意内容。

因此需要恰当地选择请求原因的必要事实。也就是说，作为请求原因，原告需要主张证明如“被告承诺支付原告100万日元。此承诺是独立的约定，与其他合意完全无关”(在极为特殊的场合，如果在性质上明显属于“单纯合意”的情形，则应该将其特殊的合同以能够识别的方式主张即可。参见后述注解146)。如果被告认为原告主张的金钱支付承诺是其与原告之间的买卖合同中被告关于支付价款的承诺，则需要对原告主张的这一请求原因事实作出“否认”。由于原告是从不可分的买卖合同这一完整的合意中单独提取了关于金钱支付的合意，因此该合意无法成立(并非在承认金钱支付合意后主张与此对价关系的所有权移转合意)。当然，在明确实际争点的意义上，被告应该说明原告主张的金钱支付合意在性质上属于关于买卖价款的支付合意，但被告的这一说明并不免除原告对“被告作出承诺的单纯性”的证明责任。如此处理的话，被告并不会受到上述[第三章第六节“四、作为社会存在的不可分”之“(一)与合同相关的合意之不可分性”]的不利后果，而且这一后果欠缺正当性。

□ ***有必要探讨单纯合意的法律拘束力***

上述说明中关于单纯合意成立的请求原因，对于单纯合意作为具有法律拘束力的合意来说，是否充分，依然存在探讨的余地。因为对于这种单纯合意的法律拘束力来说，其拘束力依据涉及多种因素。除了上述内容外，还涉及无因合同的效力以及其他很多需要讨论的问题，是一个比较棘手的领域。因此我们目前无法得出确切的结论。[146] 当然，这一问题并非要 242

---

[146] 关于无因合同，可参看吉川義春「無因債務契約をめぐる若干の研究(1)－(3・完)—裁判実務からみた訴訟法上及び実体法上の諸問題」判タ345号第12页以下、同346号第23页以下、同347号第21页以下(1977)。

关于日本法上合同的特征，可参看北川善太郎「日本の契約と契約法—裁判規範と行為規範を統合する法解釈の枠組み」『京都大学法学部創立百周年記念論文集第3巻・民事法』(有斐閣，1999)第31页以下。值得注意的是，加藤雅信『民法ゼミナール』(有斐閣，1997)第222页认为，对于无偿合同的保护可以弱于对有偿合同的保护。广中俊雄教授对此也多有论述[『契約とその法的保護』広中俊雄著作集1(創文社，1992)、『契約法の理論と解釈』広中俊雄著作集2(創文社，1992)]。此外，佐藤節子『権利義務・法の拘束力』(成文堂，1997)也从不同的视角对此进行了分析，值得参考。

件事实理论能够单独解决,因此不再展开。

五 | 根据制度目的确定主张证明责任对象事实

(一)导言——分析事实异同点的重要性

□ *后述分析与前述讨论的差异*

243 经由上述讨论,我们认为,如果从事实本身的性质来看,已经不可再分的事实,则没有必要进行后述分析。如果从社会存在的角度来看,已经不可再分的事实,原则上也没有必要进行后述分析(例外的,有些事实还需要

吉田邦彦「贈与法学の基礎理論と今日的課題(1)-(4・完)—市場外の財貨移転研究・序説」ジュリ1181号第50页以下、1182号第68页以下、1183号第152页以下、1184号第108以下(2000)[『契約法・医事法の関係的展開』(民法理論研究第2卷),北海道大学大学院法学研究科叢書17(有斐閣,2003)第226页以下]也值得我们重视。

此外,还应该从英美法上的约因(consideration)理论的角度进行分析。关于英美法上协议的拘束力的依据,除了约因理论以外,"约定性禁反言"的理论也很重要。可参见Robert A. Hillman = 笠井修編著『現代アメリカ契約法』(弘文堂,2000)第1~132页。

新近的文献尚可参见在澤英俊「無因契約の形成」法学政治学論究74号(2007)第35页以下、在澤英俊「無因契約の展望—日本における具体的検証に向けた序論的考察として」法学雑誌tâtonnement10号(2008)第129页以下。这两篇论文详细介绍了德国法的相关情况,后一篇论文还讨论了日本最判平8・4・26民集50卷5号第1267页[16]所载判例,该案例涉及银行给收款人账户的进款记账行为的性质,认为在特殊情形下应当承认无因合同,讨论了此种情形下无因合同的有效性问题。该文认为,"在诉讼中,应按照是否存在无因意思识别合同性质,并根据无因意思的解释承认无因合同"。(第145页)这一点与笔者关于单纯合意的主张方法中所表达的意见存在相通之处,但该文的观点也可以理解为认可内心的无因意思,因此尚有讨论的余地。

此外,既有文献中讨论的"无因合同",如果只意味着并未将其他合同作为原因,而可与其他合同相区别的"无因"合同,那么与笔者所指"单纯合意"未必相同,这也是需要厘清的重要问题。

另外需要指出的是,对于笔者所指"单纯合意"是否具有法律上的拘束力这一问题,也需要考虑日本最近对无偿协议的态度[如《民法现代语化法》(平成16年法律第147号)规定,未采用书面形式的保证合同无效(《民法》第446条第2款)]。

另可参见拙文「問題提起論文・『単純合意』というものの捉え方—要件事実論の視点からする『法的拘束力をもつ合意』への模索」伊藤編「商事法の要件事実」第82页以下(大杉谦一教授基本持赞同意见,参见该书第228页以后)。

在此进行分析,[147]但实际上这种分析也是不充分的,还需要继续研究)。

但是,一如上述(第三章第六节"一、导言"),作为上述讨论的延伸,对于那些作为事实本身可分的事实、或者作为社会存在也可分的事实,是否需要将之作为一个整体不再拆分,或者采用何种结构再进行细分? 244

比如,因履行迟延而产生的损害赔偿请求诉讼中,根据前述关于事实可分性的判断,(1)合同的成立(债务的发生原因事实);(2)清偿的提供;(3)清偿期的经过都是可以再拆分的事实,但在法律上应否视之为一个整体(比如,"清偿的提供"这一事实,还可以表述为"不存在妨碍履行迟延法律效果的事实,比如清偿的提供"),还是采用某种结构予以拆分?这都是需要进一步研究的问题。 245

这里所要解决的问题是,按照前述标准可分的事实群(多个有关联的事实),如何把握才能成为某一法律效果的发生根据事实?因此,我们不能按照前述关于事实可分或不可分的标准,需要另行寻找新的标准。[148] 246

关于新标准的论述详见后述第三章第六节"五、根据制度目的确定主张证明责任对象事实"之"(二)民法的规范结构分析"。实际上,关于事实可否再分的标准与新的标准之间的区别有时并没有那么明显,因此可能造成读者一定的困惑。对于这一问题,只能尽量把握这两个不同标准所解决的不同面向,参见前述第三章第六节"四、作为社会存在的不可分"之"(一)与合同相关的合意之不可分性"之文末关于"合同的成立"的论述。 247

---

[147] 关于这一问题,参见前述第三章第六节"四、作为社会存在的不可分"之"(一)与合同相关的合意之不可分性"末段的说明。

[148] 本书初版中,笔者主张将"是否可分这一问题"与在判断为可分后"根据制度目的确定主张证明责任对象事实的问题"区分为两种问题,这一观点不一定妥当,也可能不恰当地在前一问题中讨论了后者的内容,由此造成了混淆,参见本书初版第265~275页之后"5.从法律层面的分析"。此外,在本书初版第275~276页"6.总结"部分中关于"主张证明责任对象事实的确定标准"的内容,虽然从"证明责任负担的公平"这一基本原则来看,上述分析与本书相同,但在具体内容方面存在一定模糊之处。也就是说,虽然笔者认为条文结构(形式)并不具有决定性意义,而将之列在确定标准之后,但就其他应考虑的因素,仅采用了司研『要件事实第1卷』第10~11页的模式,只是进行了单纯的列举,并未说明相互之间的关系。对上述疏漏给读者造成的困扰,笔者表示由衷的反省之意。

□ 用于民法规范结构分析的标准示例

248 以下关于民法(需要注意的是,此处所使用的民法这一概念,与前文相同,均代表民事实体法)规范结构与要件事实的讨论过程中,如果不能事先确立一个大概的框架,则不易理解讨论的内容。因此,虽然以下示例并不十分完整,但从要件事实分析整理的角度有助于我们确立大致的框架。关于请求原因、抗辩、再抗辩等概念详见后述(本书第六章第三节"攻击防御方法体系")说明,以下示例(严格来说,只是将要件事实的内容进行摘要而已。以下称为标准示例)只是便于读者确立大致的概念。

249 诉讼标的:基于买卖合同的价款(1亿日元)支付请求权(关于迟延损害赔偿请求略去)。

请求原因:X将案涉土地以1亿日元的价格出售予Y。

抗辩1:本合同价款支付期限约定为Y的父亲死亡时(不确定期限)。

再抗辩:Y的父亲已经死亡(抗辩中的不确定期限已届至)。

抗辩2:本合同签订时Y存在要素错误(Y误以为在案涉土地附近将增设新的地铁出口才做出如上表示内容)。

再抗辩:Y对于要素错误存在重大过失(重大过失的评价根据事实:Y相信传闻或相信周刊杂志的报道)。

复再抗辩:Y对于要素错误不存在重大过失(例如,与周刊杂志相关的重大过失的评价妨碍事实:该杂志在房地产信息方面具有非常高的可信度并且该报道由专家所写)。

□ 分析事实相同与否的重要性

250 上述的各要件事实(请求原因与抗辩、抗辩与再抗辩)当然不是评价而是事实,而且是不相同但可以同时存在的事实。要件事实理论对于事实相同与否的判断有着严格的标准,理由如下。

251 从作为攻击防御方法体系的视角来看,要件事实具有如下性质,即如果对该事实存在争议,则该事实成为证明的对象(对法院而言显著的事实除外),如果得到证明,则该事实在诉讼中被视为存在,相应地,产生于己有利的法律效果(包括如下说明的情形,即排斥先行要件事实产生的法律效果)。因此,假如请求原因与抗辩同为相同的事实,则没有任何意义(抗辩是由被告负担证明责任的事实,而请求原因则是由原告负担证明责任的事实,只有抗辩不同于请求原因,才能在其得到证明后产生固有的法律效果,即排斥请求原因产生的法律效果。如果两者是相同的事实,则意味着在证明抗辩的同时证明请求原因)。此外,如果请求原因与抗辩是互相矛盾的事实,那么由于具有不同功能的要件事实分别由对立的当事人负担证明责任,将导致要件事实这一系统无法发挥作用(比如,上述标准示例中,如果将没有收到价款这一事实作为请求原因,同时将已经支付价款这一事实作为抗辩,在未支付和已支付都陷入真伪不明的情况下,法院将无法作出哪一方当事人胜诉的判断)。

之所以如此严格地考虑事实的相同性问题,是进行分析[第三章第六节 252
“五、根据制度目的确定主张证明责任对象事实”之“(二)民法的规范结构分析”]并确定主张证明责任对象事实标准的前提。关于民法的规范结构分析,总体而言是一种原则与例外的规范结构,也只有不同且可以同时存在的事实才能够纳入这一原则与例外的结构框架(如果是相同的事实或即使不同但相互矛盾、无法同时存在的事实,均无法纳入这一原则与例外的结构框架)。

(二)民法的规范结构分析

1. 实体法制度目的的实现与举证困难之间的关系

□ *要件事实理论首先是实体法性质的理论*

毫无疑问,要件事实理论的功能在于帮助实现民事诉讼正确且迅速地 253
解决民事纠纷的制度目的,当我们在思考要件事实理论的诸多问题时,必须牢记其大前提,即要件事实理论基本上[149]属于民法学(实体法学)性质的

---

[149] 之所以是“基本上”而不是“全部”,是因为隐含重要问题,比如,如何思考证明困难的定位,如何确定民法学的学科范围等。

问题。[150]

254 确定主张证明责任对象事实（要件事实）的最终标准是证明责任负担的公平（与证明的公平同义，从主张责任对象事实与证明责任对象事实同一的角度来看，也与主张证明责任负担的公平同义）。证明责任负担的公平应根据实体法规定的制度目的[151]加以确定。也就是说，首先应确定相关实体法的规范目的，当诉讼中出现证明的问题时，在结果符合该制度目的的前提下（有利于实现制度目的）确定证明责任的负担方。这样一来，对于证明出现问题的诉讼，最为恰当地实现相关实体法制度目的的方案，也是最符合证明公平（与证明责任负担的公平同义）要求的方案。

□ 证明责任负担的公平就是实现实体法的制度目的

255 证明责任负担的公平与否取决于实体法规定的制度目的实现程度，理由如下。

256 在我们考虑裁判规范民法的构成要件时，最重要的前提是，只有在符合其构成要件的具体事实（要件事实）得到证明的情况下（对法院而言显著的事实除外），才能在诉讼中将该事实视为存在，当无法确定该事实得到证明时，不能视之为存在。在这一前提之下，前者将产生该要件对应的法律效果，而后者则否［详见第三章第五节“二、裁判规范民法的结构原理的基础”之“（三）以人们一般的思维方式为前提的构成”］。

257 以此为前提，由于主张证明责任对象事实（要件事实）一旦在民事诉讼中得到确认（其存在得到证明）将直接产生相应的实体法法律效果，因此从实体法的视角来看，裁判规范民法就该事实的规定方式必须是妥当的。而

---

[150] 附带提及的是，笔者1986年发表的第一篇关于要件事实理论的论文题目即「要件事実と実体法」（《要件事实与实体法》——译者注），这也是笔者一贯的主张。

[151] 这里所说的“制度目的”，不是直接指立法者立法当时的态度，而是指制度预先设定的目的，即以立法者当时的态度为基础，同时准确把握某一制度在民法整个体系中的定位，对社会实际状态加以正确考察，以达到妥当地调和所涉及的多种利益状况的目的。

把握某一具体制度的制度目的是十分困难的，相关内容可参见伊藤『民事法学入門』第153～177页。

所谓实体法的视角，即意味着构成要件规定方式与实体法规定的制度目的保持了一致。

那么这里所说的制度目的又是什么呢？这取决于我们对实体法的解释。简单而言，实体法的解释与证明责任负担公平之间的关系是，前者决定实体法的制度目的，制度目的决定后者。两者并非并列关系。[152] 258

□ 实体法制度目的之实现与举证困难的关系（后者的恰当定位）

我们在对实体法进行解释的时候，不应考虑证明责任负担的公平问题。因为，一如前述，首先应当确认实体法制度目的，然后以此为前提确定证明责任之所在，这一逻辑顺序不能颠倒。 259

另一个重要的问题是，事实证明的困难程度在这一过程中应当如何定位？笔者的观点是，实体法的解释决定实体法的制度目的，而制度目的又决定证明责任的公平负担，在这一过程中，举证困难会成为需要考虑的重要因素，但绝对不能把举证困难作为确定证明负担的最终标准。 260

此外，在确定了证明责任对象事实之后，应将该当事实作为主张责任对象事实。[153] 261

接下来需要思考的问题是，如何确定制度目的？如何根据制度目的具体地确定主张证明责任对象事实？以及在此过程中如何处理举证困难的因素？ 262

之前的内容已经多少触及了上述问题，详尽的说明一如后述，在此提前概括一下结论。也就是说，确定主张证明责任对象事实的最终标准是证明的公平（与证明责任负担的公平同义），为此，在证明成为问题的诉讼中，我们必须采用最为恰当地实现该实体法制度目的的方案。 263

---

[152] 河上正二教授指出，“实体法本身是由多层结构的复数规则建构而成，为了理解制度是如何使用原则、例外、例外之例外这些形式，首要的是正确把握体现在平衡的法的规范目的与制度结构中的利益衡量。如能确定其内容的本体，我们就可以自然地推导出具体攻防中应有的主张证明状态”。（参见河上正二「法科大学院における民法教育と『要件事実論』」法学セミナー2005年10月号第53页）。上述所谓“可以自然地推导出具体攻防中应有的主张证明状态”，可能与笔者意见稍有不同，但由于作者并未具体说明，因此也不宜多加评论。不过，对于上述见解的基本立场，笔者持赞同意见。

[153] 这一问题可参见本章第三节“三、主张责任与证明责任的关系”。

□ 关于举证困难问题的理论定位之乱象

264 据笔者观察，这一问题在以往关于证明责任对象事实确定（如果按照以往的用语表达，即“证明责任分配的决定”）标准的争论中，是最为混乱的部分。

265 通过解释实体法来确定证明责任对象事实这一观点，学界并不存在不同意见。但这种实体法解释的具体内容应当是什么？特别是在解释的过程中，证明公平以及举证困难这些因素与制度目的之间又应当是怎样的关系？对于这些问题，理论界并没有给出明确的答案。[154]

---

[154] 以下尽量介绍最新的主要文献成果。

一般认为司法研修所也认同主张证明责任对象事实取决于实体法解释结论，但是司法研修所对于实体法解释的具体内容、如何据此确定主张证明责任对象事实、在这一过程中证明困难的具体定位等问题几乎没有任何具体说明。司研『問題研究』（2003）第58～59、104～105页的观点是不恰当的，司研『改訂問題研究』（2006）第59、105～106页的观点也不甚明确。司研『新問題研究』（2011）第8页对于实体法解释的性质似乎完全没有涉及。上述问题可详见拙著伊藤「『新問題研究　要件事実』について（上）、（中）」。

伊藤眞『民事訴訟法』第360页注解257关于证明责任的分配问题，作了如下说明："在我们对法律要件进行分类的时候，一方面要考虑到立法者通过条文结构样式所表达的意图，同时也应当在条文文义允许的范围内斟酌待证事实盖然性等实质性因素，这种观点有时被称为修正的法律要件分类说。但无论如何，这都属于进行分类作业时对实体法的解释问题，而对于分类本身的合理性以及根据分类的结论分配证明责任的合理性没有人持怀疑态度。"笔者认为，上述说明也没有涉及证明困难与制度目的之间的关系。

『条解民事訴訟法』第1018页（加藤新太郎＝松浦馨）总体认为属于实体法问题，但应考虑证明的困难性。由于其表述较为复杂晦涩，笔者无力进行简要概括。

加藤「要件事実論の到達点」第32～33页认为，"证明责任的分配标准一般认为应由'客观的法规结构'或'实体法秩序'的解释确定的法律要件的分类来决定。具体而言，需要综合平衡地解释法的目的、法规的措辞、形式（本文还是但书）以及性质（一般规定还是特别规定）等"。以此为前提，主张考虑证明难易等实质性因素的"利益衡量说所列举的考量因素，也有可能被纳入修正法律要件分类说的范畴"。上述讨论也没有关注证明困难与制度目的之间的关系。

竹下「民事訴訟における事実の確定に関する判例・学説・立法」第9页指出，"虽然到目前为止法律要件分类说基本仍维持通说地位，但司法实践以及学说普遍认为，证明责任的分配也应考虑实质性依据，有时也应因此修正法律要件分类说的结论。但是其实质性依据并非证据距离的远近，而是实体法的目的，这既是多数意见，也是笔者的立场"。该说也没有涉及证明困难与制度目的之间的关系。

□ 传统理论的示例——新堂幸司说

新堂教授的《新民事诉讼法》(『新民事訴訟法』)[155]是具有代表性的民 266
事诉讼法教科书,我们以其中的相关内容为例。

该书在"证明责任的分配"这一标题下,首先指出"一般情况下,须由作 267
为规范权利要件的各实体法规的解释结论加以确定。作为分配的实质因素可以考虑以下内容",即"(1)法规的立法目的"与"(2)当事人之间公平的观点"。在(2)的下位分类中,(ロ)项涉及证据偏在的现象,"由更容易

山崎敏彦「民法教育における要件事実論的要素の組み入れについて」太田知行ほか編·鈴木禄弥先生追悼論集『民事法学への挑戦と新たな構築』(創文社,2008)第912页同样表达了与上述竹下同样的观点。此外,该论文第903页将笔者的观点概括为"主张证明责任对象事实根据民法等实体法制度目的加以确定"。

顺便提及的是,村田ほか編著『要件事実論30講』第48页(山野目章夫)认为,"要件事实理论的内容来源于分析民法实体法得到的原理。……证明的难易以及经验法则不能直接作为确定主张证明关系的决定性因素,必须与实体法分析结论进行比较后才可以作为考量因素"。但是,这里并没有说明证明难易等因素与民法实体法原理是何种关系。该书第106页(村田涉)将证明困难的定位描述为"辅助性、补充性"。但笔者认为依然不够明确。

山本敬三教授一直十分关注民法规范、证明责任、证明的公平、证明困难等重要问题,其观点广泛见于座谈会(例如,「〔座談会〕要件事実論の教育·研究における役割」ジュリ1290号〔2005〕第6页以下,特别是第22、24、25、28、30、31页等。虽然把握其真正的含义存在一定困难,但笔者认为其中"首先确定民法由何种规则构成"的观点十分重要)。学会(2005年度日本私法学会シンポジウム「要件事実論と民法学との対話」私法68号第52~54页,其发言的真实含义把握起来也存在难度,但就笔者所见,山本教授强调了民法制度目的的重要性。研讨会上出现了意见分歧,但山本教授发言时并未谈及对不同意见的态度)的发言以及著作(山本『契約』第Ⅱ、XVI、XVII页,第159页注解13)中。山本教授似乎对于民法的规范结构与证明的公平(包括证明的困难性)关系持保留意见(但就主张责任而言,山本教授似乎认为主张责任不得与民法的结构规则相悖)。参见伊藤「要件事実論と民法学」第20~22页(包括该页注解30)。此外,山本『民法総則』对要件事实与民法规范之间的关系进行了详细分析(该书第XIX~XXVII页)。在该书第XXII页上,山本教授指出,"本书莫不如将研究焦点置于作为要件事实基础的民法规范,并以明确其内容与结构为主要目标,毕竟要件事实就是由此派生而来"。但是,仅仅依据上述内容依然无法明确山本教授对于民法规范结构与证明公平(包括证明的困难性)关系的态度。但是,该书不像山本『契約』一书中那样持有保留意见,也许我们可以由此窥得教授对这一问题的某种见解,或许我们应当在通读山本『契約』的基础上概括出相关立场,但就笔者所见只能概括如上,而且一定有疏漏之处。

[155] 以下内容来自该书第609~614页。

利用必要的证据方法的当事人就该事实负担证明责任更为公平"。在笔者看来,新堂教授也没有说明"(1)法规的立法目的"(相当于笔者所指"制度目的")与"(2)当事人之间公平[包括(ロ)项在内]"之间的关系。

□ 高桥宏志教授的观点中值得关注的部分

268 高桥宏志教授首先将证明责任对象事实确定标准的现有学说进行了分类,即分为"利益衡量说的石田·新堂说"以及"以实体法目的、实体法价值判断作为主要标准(对于"主要"一词的含义并没有作出额外说明),并且不将证明的难易以及证据距离远近等证据法上的考量作为分配标准"的观点。接下来介绍了新堂说(高桥教授就新堂所主张的多种考量因素并未作出特别说明)。

269 应该关注的是高桥教授对这一问题的立场。高桥教授指出,关于证明责任分配的标准,"在真伪不明的情形下,基本的出发点应当是此时由哪一方当事人胜诉更符合该实体法法规的目的"。接下来,"如果举证困难会导致某一方当事人在特定类型的诉讼经常败诉,且这一结果并不符合设定该实体法规的目的,此时举证困难应该成为证明责任分配的标准"。[156] 这里明确论述了举证困难性与制度目的之间的关系。

270 随后,高桥教授还探讨了作为证明对象的重要事项,即"在相当程度的可能性上是存在的"(并介绍了最判平12·9·22民集54卷7号第2574页[32]判例),但笔者认为,这一问题实际上对于家事审判中的要件事实思维方式以及评价性要件的思维方式更为重要。关于笔者在这一问题上的观点,参见本书第一章第五节"二、家事审判案件要件事实之特征"之

---

[156] 参见高橋宏志『重点講義民事訴訟法(上)(第2版)』(有斐閣,2011)第539~540页(高橋『重点講義民事訴訟法(上)』第547页)。笔者认为,上述观点与拙著伊藤「要件事実論の変遷と今後の展望」第35~36、40~41页,伊藤編著『要件事実講義』(2008)第248~251页的立场相同,不过高桥教授在说明中并未提及笔者的上述观点。此外,作为当事人之间公平的标准之一,高桥教授主张"原则上由变更现状的一方负担证明责任",那么这些不同的考量因素应当如何实现整合,这一点似乎并不明确。高桥教授在该书第546页介绍了新堂说的观点。

关于笔者在2010年之前立场的变化过程,参见上述拙著第34~36页。

“（五）区别要件事实与其他事实之重要性”以及后述第五章第三节“二、评价性要件的要件事实特征”之“（三）派生特征之二：评价根据事实与评价妨碍事实”之“4. 评价性要件中证明责任对象事实存在之有无”之“（2）否定说与肯定说”相关内容。

以下就实现实体法的制度目的与举证困难性之间的关系（尤其是后者 271
的正确定位），具体阐述笔者的立场。

2. 从制度目的视角来看分析规范结构的具体步骤（总论）

□ 要件事实理论在诉讼中的适用方式

民事诉讼的结论来自法院对案件诉讼标的的判断，即对实体法权利之 272
有无作出的判断。为了帮助实现民事诉讼的制度目的，即妥当、正确且迅速地解决民事纠纷，要件事实理论提供了如下方式：（1）将要件分解为作为诉讼标的的实体法权利的发生要件以及妨碍、消灭要件；对该等要件（妨碍、消灭要件）的再次妨碍、消灭要件。（2）对上述不同性质的要件，抽取能导致该要件法律效果发生必要且充分的事实（这一事实对于该要件而言，应为原则性事实，其他事实则属于例外性事实）分别作为原则性要件和例外性要件。（3）通过对符合各要件的具体事实（主张证明责任对象事实，即要件事实）存在与否的判断进行排列组合，以此判断作为诉讼标的的实体法权利之有无。

□ 标准示例所体现的“原则·例外”的结构

接下来我们将通过前述的标准示例（参见第三章第六节“五、根据制度 273
目的确定主张证明责任对象事实”之“（一）导言——分析事实异同点的重要性”）具体说明如何体现上述原则和例外的结构。

标准示例中涉及的要件事实及其原则例外关系如下：缔结买卖合同 274
（请求原因。原则上合同视为有效）；缔结买卖合同时，存在要素错误（抗辩。要素错误属于合同有效的例外，该例外将导致原则上合同被视为无效）；因存在重大过失才导致“要素错误”，存在该当评价的根据事实（再抗辩。重大过失属于要素错误导致合同无效的例外,该例外将导致原则上合同视为有效);存在妨碍从前述评价根据事实导出评价判断的根据事实(复再抗辩。重大过失的妨碍事实属于因重大过失导致合同有效的例外,该例外将导致原则上合同视为无效)。法院对于上述要件事实的判断结论最终都会体现为对诉讼标的的判断,并由此决定诉讼的胜负。

275 上述适用方式仅仅是“实务中确定下来的操作习惯,有利于妥当、正确且迅速地解决民事纠纷”,但结论未必就是正确的。因此在区分原则性要件和例外性要件时,必须要说明所采用的方法论以及理论根据。

276 以下将分别以基于所有权的标的物返还请求权以及基于履行迟延的损害赔偿请求权为例加以说明,此外还包括在具体问题上稍有不同的平均损害额问题,即《消费者合同法》第9条第1项之规定。

3. 基于所有权的标的物返还请求权的场合

(1)导言

□ 该请求权的民法制度目的

277 应当首先以基于所有权的标的物返还请求权的制度目的为出发点。该制度目的取决于民法学的研究成果。民法学界一般认为,“所有权是财产权的核心权利,应尽量予以尊重”。[157] 将这一结论作为所有权的制度目的应该没有问题,但是问题在于,如果涉及其他权利或者某些具体的事实状态关系,所有权应当被尊重到何种程度?如果我们无法确定尊重所有权的具体边界,则无法说明从制度目的出发如何确定主张证明责任对象事实这一问题。

□ 对民法规范结构进行分析的必要性

278 我们以基于所有权的标的物返还请求权中的主张证明责任对象事实为例,按照后述“(2)两种类型的民法规范结构”“(3)两种类型的民法规范

---

[157] 参见村田ほか編著『要件事実論30講』第33页(山野目章夫)。

结构中应视为正确的规范结构”的顺序,尝试着对上述问题进行回答。最大的问题在于,哪一种规范结构应当成为主张证明责任对象事实的确定标准的规范结构。笔者的结论是,在基于所有权的标的物返还请求诉讼中,应当按照后述甲乙两种规范结构中的乙型模式作为确定要件事实的实体法规范结构,即“某物的所有人,对该物的占有人,有权请求返还该物(原则性规范)。但该占有基于占有权原的除外(例外性规范)”。

以下将就上述结论展开详细说明,其后按照同样的方法分析基于履行 279
迟延的损害赔偿请求权。

(2)两种类型的民法规范结构

□ 两种类型的民法规范结构的具体提示

以下我们将具体分析两种不同的民法规范结构。需要注意的是,我们 280
在(2)以及(3)的前半部分分析的民法规范,首先是完全未考虑证明问题的民法结构,随后将渐次展开对纳入证明问题的民法结构之分析。

规范甲　某物的所有人,对该物的占有人,当该占有未基于占有权原 281
时,有权请求返还该物。

规范乙　某物的所有人,对该物的占有人,有权请求返还该物。但该占有基于占有权原的除外。

在民事裁判中,一旦主张证明责任对象事实(要件事实)被确定为存在 282
(自认或通过证据认定),则直接发生相应的实体法法律效果,因此从实体法的角度来看,要件事实的确定规则必须是妥当的。所谓从实体法的角度来看为妥当,一般认为,即该确定规则与实体法制度目的保持一致。[158] 因此,首先要明确民法规范具有何种内容以及应当具有怎样的规范结构。对于那些原本就不属于民法规范的内容,当然不能作为主张证明责任对象事实的确定标准。

---

[158] 参见前述第三章第六节“五、根据制度目的确定主张证明责任对象事实”之“(二)民法的规范结构分析”之“1.实体法制度目的的实现与举证困难之间的关系”。

□ 民法规范的内容与结构之间的关系

283 我们首先来讨论民法规范的具体内容,但这一问题与规范结构并无法完全分开讨论,因为规范内容毕竟需要通过一定方式来体现,此时也必须首先考虑规范结构的问题。比如,前述甲、乙两种结构模式(甚至还有其他更多的表达模式)都表达了某一民法规范的具体内容,但实际它们也是以某一具体的规范结构为前提的。

284 因此,我们必须尝试着同时考虑民法规范的内容与结构问题。对于民法规范结构的问题,既需要我们考虑其作为民法规范在内容方面可能产生的差异,也需要考虑在民法规范性质方面导致的差异。后者还与主张证明责任对象事实的确定标准有关。

□ 可以成为基于所有权的标的物返还请求权的规范结构模式

285 关于基于所有权的标的物返还请求权的规范结构,存在上述甲、乙两种结构模式。除此之外,还可能存在另外一种规范结构,即"某物的所有人,对该物的占有人,除非该占有基于对该物的占有权原,否则有权请求返还该物",此处略过不提。原因在于,此种结构基本上具有与规范乙相同的性质,因而可以归为一类,没有必要作为独立的研究对象。

□ 两种模式的规范内容相同,但规范性质不同

286 上述甲、乙两种结构模式,从民法规范的内容来看是完全一致的,且都阐述了该制度的本质,但是两种结构模式所具有的民法规范的性质却完全不同。也就是说,甲型模式将基于所有权的标的物返还请求权的全部(包括占有人无占有权原)要件,都采用原则性要件的规范方式作为发生要件予以处理。与之不同的是,乙型模式将部分要件采用原则性要件的规范方式作为发生要件,而将其他要件(占有人有占有权原)采用例外性要件的规范方式作为妨碍要件予以处理。基于上述两种不同的民法规范结构模式,可以得出如下结论:如果将甲型模式作为民法规范结构,则因全部事实(包

括占有人没有占有权原)都属于原则性事实,应该考虑将其作为基于所有权的标的物返还请求权的发生要件事实。如果将乙型模式作为民法规范结构,则只有本文部分的事实属于原则性事实,应该考虑将其作为基于所有权的标的物返还请求权的发生要件事实,而但书部分的事实(占有人有占有权原)具有例外性质,所以不属于该权利的发生要件,而是妨碍权利发生的要件事实。

□ 两种模式所体现的"原则·例外"的结构(各由其本质部分构成)

上述说明的前提在于,作为原则说明的部分,应当构成该请求权发生的本质上必要(该请求权的发生必要且充分的)的要件,作为例外说明的部分,则不属于请求权发生的本质上必要的要件,而应成为妨碍该请求权发生的本质上必要的要件。需注意的是,在这一意义上,不能因为它不属于请求权发生的本质上必要的部分,就没有任何价值,这些例外性要件属于构成妨碍要件的本质上必要的部分。以下将进一步说明以方便读者理解。 287

如果将乙型模式作为民法规范结构,我们能否考虑将导致请求权发生的原则部分(本文)中的部分事实("某人所有某笔土地"或"他人占有该土地")作为例外性事实呢?这样一来(将其中任一部分作为例外),该部分将丧失作为该请求权的发生要件的意义,因此不能如此处理。同样地,能否将作为例外部分(但书)中的部分事实("某人有该土地的占有权原如租赁权"或"占有该土地是基于该占有权原")排除出去呢?这样一来,它们就会丧失作为该请求权的妨碍要件的意义,同样也是不被允许的。那么,为什么这样一来就会丧失作为发生要件或妨碍要件的意义呢?这一问题的答案在于民法学的研究成果(上述关于各要件必要内容的说明,均属于民法学中的通说)。上述结论意味着,本文与但书的不同内容,对于本文、但书所发生的法律效果而言,在本质上是必要的。 288

进而,如果将甲型模式作为民法的规范结构,那么全部事实(包括占有人不具有占有权原)都将成为请求权的发生要件事实,不能将其中任一部分作为例外性事实(这一结论对法律人来说是难以想象的,因为一如后述, 289

如果从民法体系的整体来看的话,乙型模式是正确的)。

290 那么,接下来需要我们思考的是,甲、乙两种模式中,哪一种才是正确的呢?

(3)两种民法规范结构中的正确模式

□ ***对未纳入举证困难因素的民法规范结构的体系性考察***

291 上述“原则·例外”的结构是基于什么样的标准呢?笔者认为,一般而言,需要分析整个民法体系以及民法规范所具有的相互关系。[159] 就其整体而言,基本上,[160]民法规范总是在某种意义上遵守“原则·例外”这一结构。表面上看,有些情况下,也许只应当考虑原则性结构,但实际上也存在“例外情形”。此外,还有些情况下似乎不存在“原则·例外”关系,但通过体系性考察,我们也会发现在某种意义上依然存在这种关系。[161]

292 如此,我们应当从民法体系的角度明确整体结构中的“原则·例外”关系,并据此确定正确的民法规范结构模式。这样才能使人更好地理解众多制度之间的层级关系,并且能够明确首先应当适用的制度。我们也应该按照上述思维方式来处理基于所有权请求返还标的物的相关问题。如果可

---

[159] 村田ほか編著『要件事実論30講』第33页(山野目章夫)指出,“我们应该采用一种体系性的视角来考察民法规范之间存在的竞合、排除关系”。

如果我们仅通过比较法条的文字差异来进行这种体系性考察显然是不充分的,应当全面分析不同的民法规范在保护不同利益方面采用了怎样的保护方式,相互之间存在何种联系(不同规范的制度目的)。笔者认为,前述注解152中引用的河上教授的观点,基本上与笔者上述观点相同。

[160] 当然,民法中也存在一些并列性的制度,因此无法考虑原则·例外的关系,比如占有保持、保全、回收等3种占有诉权,以及买卖、消费借贷、租赁等典型合同。

[161] 例如,与不存在任何合意的人相比,具有合同关系的人和人之间的关系可以理解为例外性关系。参见前述注解152中河上正二教授的观点。

此外,曾野和明=常岡史子『私法秩序の構造—法的論理への誘い—』(有信堂高文社,2003)第44~45页,描述了民法条文的编纂体例,十分有趣,“民法的编纂体例被称为潘德克顿方式。它和计算机多层数据处理中的深层结构非常相似,因此极富效率。民法中的很多条文是被体系性地建构起来的,因此避免了内容的重复。……关键在于,这样的编纂体例具有一种能够从法典的多层结构中检索出与待处理问题相关信息的优点”。笔者认为,修改后的民法(债权法)的体系,也基本上维持了这一潘德克顿方式。

以将前述模式乙中的但书部分作为例外,那么我们就可以说,作为此处所指的完全不考虑证明问题的民法规范结构模式,乙型模式是正确的。

□ 基于所有权请求返还标的物的场合下民法规范结构的确定方式

在基于所有权请求返还标的物的场合,一般认为,“设定限制性物权,比如存在租赁关系等,对于作为一般法的物权请求权规范而言属于特殊情形”。[162] 从这一民法学理论出发,乙型模式是正确的。 293

□ 对松冈久和教授观点(“不合法状态”必要说)的分析

在本节讨论的最后部分,简要分析一下松冈久和教授的观点[163](注解中涉及的相关论文以下简称松冈论文)。 294

松冈论文中,对于物权请求权的发生要件,主张应包含“不合法状态”这一要件(并列举了若干案例,意在说明如果不包含该要件则明显不合理),但并未说明这一要件在理论上的积极根据(似乎该要件之必要性乃自 295

---

[162] 参见山野目章夫「要件事実論の民法学への示唆(1)」第15页。该文指出,“该特殊情形应由提出相应主张的当事人负担证明责任,并可据此排除原则性规范的适用”。这一观点可以理解为主张证明责任对象事实可以根据本文部分引用的民法规范结构直接加以确定(这一问题详见后述)。笔者认为,村田ほか編著『要件事実論30講』第33页(山野目教授執筆部分)应该也是同样观点。

笔者在下文将多次批评山野目教授的观点。此前的要件事实理论在论及主张证明责任对象事实的确定标准时,往往重视证明的难易程度,而有忽视实体法的趋势,与此不同的是,山野目教授一直强调实体法解释的重要性,笔者对此一直深表赞同(从笔者将裁判规范民法作为个人见解的基础即可了解)。

但遗憾的是,山野目教授似乎一直无视举证困难这一重要的因素,这也是笔者与该教授最大的不同之处。

据笔者考察,无法明确说明制度目的与举证困难之间关系的,不仅仅是山野目说,多数学说也是如此,相关说明可参见前述注解154。

此外,需要注意的是,虽然最判昭35·3·1民集14卷3号第327页[20]的判示要旨认为“对于具有占有他人不动产权原的主张,应该解释为由提出该主张的当事人负担证明责任”,但如何理解该判示的含义是另外一个问题。

[163] 参见松岡「物権的請求権」第194~201页。松尾「物権的請求権と要件事実」第127页以下,尤其是第139~142页明确指出应根据物权请求权的制度目的来决定,这一观点与笔者基本一致。

明之理)。该论文认为,作为物权请求权的发生要件事实,“X 所有本案土地,Y 占有本案土地”作为“土地所有权受到妨碍”(笔者对于须具备“妨碍”这种状态的必要性不持异议)的根据并不充分,但没有说明理论上的具体根据。笔者认为,一旦具备以上要件事实就可以认为物权请求权已经产生,这一判断不存在任何法理上的障碍,不必采用“不合法状态”这一分析框架。为了说明这一问题,我们来考察一下松冈论文中作为论证“不合法状态”必要性的几个案例。

□ 作为“不合法状态”必要性的几个案例

296 笔者认为,关于“物权请求权冲突”(松冈论文第 195 页)的案例,并不能颠覆根据要件事实理论对发生要件事实作出的上述说明。如果以松冈论文所指正确的民法规范结构为前提,从要件事实理论的角度,实际上做如下考虑即可:由于 X 所有的动产(如自行车)在 Y 所有的土地上,X 基于物权请求权提出了返还请求,其中,“X 所有案涉自行车。Y 占有案涉自行车”为请求原因,“Y 占有自行车是因为在 Y 所有的案涉土地上”为抗辩,“Y 拒绝 X 将自行车搬出”为再抗辩。如果需要当事人主张占有的具体状态,只不过是后述(本书第六章第四节“五、插队现象——攻击防御方法上无法回避的不利益陈述”)部分说明的所谓“插队现象”(参见『要件事实小辞典』第 136 页)而已,即该主张也构成请求原因。

297 至于基于抵押权的排除妨碍请求权(松冈论文第 197 页)也是如此。由于抵押权本来不是以占有为要素的权利,因此作为该请求权的发生根据事实,仅主张标的物上设有抵押权且该标的物被占有是不充分的,需要另外主张抵押权中的价值权被妨碍的评价根据事实。此时并没有必要按照“不合法状态”这一框架来解释。只是需要我们将“价值权受到妨碍的事实”作为与“可以评价为土地所有权因占有而受到妨碍的事实”具有等同价值的要件事实而已。

298 关于与不当得利返还请求权之间关系的问题(松冈论文第 200 ~ 201 页),也可以按照笔者上述观点作出具有整合性的说明。众所周知,“没有法律上的原因”属于评价性要件（应该不会有人认为“没有法律上的原因”这一要件与“交付金钱”等以事实为内容的事实要件具有相同的性质）。因此，请求返还不当得利的原告，应当将“没有法律上原因的评价根据事实”作为请求原因加以主张和证明，对此，被告可以将“没有法律上原因的评价妨碍事实”作为抗辩加以主张和证明即可。对于“Y 因占有 X 所有的案涉土地”而取得不当得利，因此请求返还该不当得利的情形，除上述请求原因外，原告还需要主张和证明“得利（损害）的发生（如租金的丧失）”。按照上述逻辑，我们完全可以对物权请求权和不当得利返还请求权的请求原因作出具有整合性的说明。因此，笔者认为，以不当得利中“没有法律上的原因”属于构成要件为由，而在物权请求权中引入未必属于自明之理的“没有法律上的原因”（以“不合法状态”的形式）这一构成要件，是完全没有必要的。

此外，关于同时履行抗辩权的案例（松冈论文第 197 页），笔者认为 299
应当将之作为抗辩处理即可，无法成为“不合法状态”作为请求原因的根据。

□ 举证困难的因素会否导致民法规范结构发生变化

以上我们就民法的规范结构本身进行了分析，不过还需要进一步讨论 300
的问题是，虽然乙型模式是正确的，但是我们能否直接得出如下结论：原则性事实（严格而言，“所有”“占有”都不是事实，但是此处略过不提），即只有“某人所有某物，他人占有该物”是请求原因事实；例外性事实，即“该占有基于占有人对该物的占有权原”是抗辩事实？探讨这一问题的原因如下。

上述民法规范结构模式并未考虑到诉讼中的证明问题。与之不同的 301
是，主张证明责任对象事实（要件事实）应当是符合裁判规范民法构成要件的具体事实。所谓裁判规范民法是考虑证明责任之所在的民法，主要目的在于避免法官在事实真伪不明时无法裁判。裁判规范民法需要恰当地适用未考虑证明因素的民法条文,[164]因此需要发现民法典背后的意义(具有民法解释性质)。[165] 因此,将由此形成的民法规范结构直接作为主张证明责任对象事实的确定标准是否恰当,是存在疑问的。

302 简言之,一如前述第三章第六节“五、根据制度目的确定主张证明责任对象事实”之“(二)民法的规范结构分析”之“1. 实体法制度目的的实现与举证困难之间的关系”中所指出的,主张证明责任对象事实的确定应当符合(适于实现)实体法的制度目的,当我们通过解释实体法来探究实体法制度目的,进而决定当事人公平负担证明责任时,证明的困难性有时会成为需要重点考虑的因素。但是,举证困难并非能够最终决定证明责任负担的因素。另外,当我们采用前述“1. 实体法制度目的的实现与举证困难之间的关系”中的思维方式来确定主张证明责任对象事实的时候,必须考虑举证困难这一问题。要解决这一问题首先要考虑解决的阶段问题,否则,我们就不能正确回答主张证明责任对象事实的确定标准。那么,能够作为这一确定标准的民法规范结构又是怎样的呢?

□ 关于山野目章夫教授观点的分析

303 山野目章夫教授认为,作为未考虑证明因素的民法规范结构,乙型模式是正确的,并对此作出了一定说明。那么,我们首先看一下他对以上问题的看法。

304 山野目教授认为,“当探讨决定主张证明责任分配根据的时候,应当尽可能地从民法等实体法规范及其立法背景中所体现出来的思想性、体系性的角度入手构建理论。轻易地采用诉讼实践中的某些固有认识、比如消极事实的证明是困难的,就可能招致一定的批判,即脱离了实定法而考虑独

---

[164] 这并不包括“民法部分修订法(民法の一部を改正する法律)”[平成十六年(2004年)法律第147号,即所谓的《民法现代语化法》]修订过的一些条文(如《民法》第109条)。这些条文结构形式是根据证明责任之所在确定的。关于该法案与要件事实的关系,参见伊藤『要件事実・事実認定入門』第Ⅷ页以下。

[165] 参见本章第四节“二、裁判规范民法的意义”以及第五节“裁判规范民法的结构”相关部分。

立的分配根据”。[166] 这一说明能够消除笔者的疑问吗？虽然笔者基本同意山野目教授的观点，但很遗憾的是答案仍然是“否”。因为据其说明，“应当尽可能地从……思想性、体系性的角度入手构建理论”，“应当避免“轻易地采用诉讼实践中的某些固有认识”（以上两个部分的下划线由笔者加注），这样一种表述会让人认为，例外情形下可以考虑诉讼实践的需要，将举证困难直接作为主张证明责任分配的标准。这样一来，如何协调两种不同的思维方式——以民法的体系性解释为标准的思考方法和诉讼实践中固有的思考方式——之间的关系，山野目教授并没有给出明确的答案（也很难理解如何协调该教授在前述注解 162 中指出的“可以理解为根据本文引用的民法规范结构直接确定主张证明责任对象事实”这一观点），给人的感觉是问题并没有得到解决，笔者探求的确定标准也没有得到明确。

山野目教授此前还提出过如下观点：他将民法规范结构分为两种模 305
式，即“揭示制度本质的制度叙述”和“满足诉讼实践的制度叙述”。[167] 这与笔者不同。[168] 而作为“满足诉讼实践的制度叙述”，可以认为乙型模式是正确的。理由是：“比如存在租赁关系以及设定限制性物权等，对于作为一般法的物权请求权规范而言属于特殊情形。该特殊情形应由提出相应主张的当事人负担证明责任，并可据此排除原则性规范的适用。”[169]

笔者虽然在结论上与山野目教授一致，但是并不赞同其理由。此处的 306
问题是，在基于所有权的标的物返还请求诉讼，即必须考虑证明的诉讼中，应当适用怎样的民法规范结构？我们需要讨论的是，在该类诉讼中，“具有占有权原”为什么要作为乙型模式的但书和例外？为什么不能将“没有占有权原”作为甲型模式的原则和（法条）本文内容？

---

[166] 参见村田ほか編著『要件事実論 30 講』第 33 页（山野目章夫）。

[167] 参见山野目「要件事実論の民法学への示唆(1)」第 6 页以下。

[168] 笔者不能赞同这种分类。详见伊藤滋夫「要件事実論と民法学」『要件事実の現在を考える』第 37 页以下。需要注意的是，笔者在该文中的表达方法存在问题，有可能会导致读者误认为举证困难和主张证明责任对象事实的确定标准无关（参见伊藤「要件事実論の変遷と今後の展開」第 35 页）。

[169] 参见前述注解 162。一如笔者在该注解中的说明，这一表述可以理解为民法规范结构直接决定主张证明责任对象事实。

307 山野目教授首先认为,“比如存在租赁关系、设定限制性物权等,对于作为一般法的物权请求权规范而言属于特殊情形”(一如上述,当我们考虑不涉及证明问题的民法规范结构模式时,笔者认同上述观点),但他接着认为,“该特殊情形应由提出相应主张的当事人负担证明责任,并可据此排除原则性规范的适用”。这一表述可以理解为,上述民法规范结构模式可以直接决定主张证明责任对象事实的分配,笔者对此存有疑问。[170] 这一理由不能充分地说明,为什么要将乙型模式中的但书部分的事实,即“具有占有权原”这一事实作为抗辩(诉讼中所有权人请求占有人返还时,由占有人负担的主张证明责任事实)。原因在于,尽管上述规范结构模式完全不考虑证明问题,仅仅考虑民法的体系性观点,但以之作为必须考虑证明问题的主张证明责任对象事实(要件事实,即作为裁判规范民法构成要件的该当具体事实)的确定标准,这种做法欠缺合理性。也就是说,在基于所有权的标的物返还请求中,甲、乙两种模式的内容完全一致,而且即使立场不同(如认为乙型模式是正确的)也都体现了完全未考虑证明问题的该制度本质(这并不是其中哪一个体现了满足诉讼实践的制度叙述)。但由于两种模式完全没有考虑证明的因素,因此在裁判时选择乙型模式而不是甲型模式的依据何在?这是很难回答的。

□ *占有权原之有无的恰当定位(笔者见解)*

308 那么对于这一点应该如何考虑?在基于所有权的标的物返还请求诉讼中,如果“没有占有权原”这一事实不存在任何举证困难,那么将之作为返还请求权的发生要件至少不能说是不合理的。的确,一方面,对于所有权这样一种一般性的支配权而言,存在租赁权是特殊情形;另一方面,在基于所有权的标的物返还请求诉讼中,所有权人意图基于所有权颠覆某人对该物的占有状态,请求返还该物(请求改变现状),因此如果“没有占有权原”这一事实不

---

[170] 根据山野目教授的观点,乙型模式可以作为“满足诉讼实践的制度叙述”,因此在某种含义上得出正文中引用的观点也是自然而然的,但笔者认为,该教授关于这一问题的出发点存在理解上的偏差。

存在任何举证困难,那么对于请求改变现状的所有权人而言,要求他举证“没有占有权原”,恐怕也很难认为是违反了保护所有权这一核心权利的制度目的。[171] 因为“占有”也是一种民法保护的状态,[172]与所有权相比较也是应当考虑的一种利益,而基于所有权的标的物返还请求则是试图颠覆法律所保护的现实状态。真正的问题在于,应当如何平衡多种法益。[173]

“没有占有权原”的证明并不如前述说明中假设得那样简单,由于存在 309
举证困难,而让所有权人负担证明任务,违反了对所有权这种绝对支配权应当大力保护的制度目的(在此意义上会导致不同法益的保护失去平衡)。因此,笔者认为,可以限制所有权的情形属于例外情形,应由主张占有权原(以占有他人土地的形式加以限制的权原)的一方当事人加以证明。另一方面,假如占有权原的证明极为困难而导致将占有权作为一种权利加以承认的制度目的丧失,那么以上思维方式也存在问题。但是,一般来讲,关于占有权原(如租赁权的成立)的证明并没有那么困难,因此不能认为上述思维方式打破了利益平衡。

据此,在上述甲型模式和乙型模式中采用乙型模式来确定相关要件事 310
实是正确的,即“某物的所有人,对该物的占有人,有权请求返还该物(原则性规范)。但该占有基于占有权原的除外(例外性规范)”。

一如上述,笔者的观点是,当我们确定基于所有权的标的物返还请求 311

---

[171] 新堂『新民事訴訟法』第610页将证明责任分配的一般标准解释为,“根据公平的理念,欲改变现状的人承担改变所需要件的证明责任”,但是,这并不要求当事人证明所有可能导致权利消灭的原因事实并不存在。主张权利存在的人对于权利的发生原因事实(权利根据事实)负担证明责任,主张权利不存在的人对于权利的消灭原因事实(权利消灭事实)负担证明责任。新堂教授的上述观点,在结论上与笔者相同。

高橋『重点講義民事訴訟法(上)』第547页在说明当事人之间公平的标准时指出,“人不应该根据不完整的依据受到利益或权利的损害,因此原则上应该由改变现状的一方负担证明责任”。

之所以引用上述两种表述,是因为笔者对于欲改变现状的人负担证明责任这一观点十分在意(至于如何据此调整当事人之间的证明责任负担则是另外一个问题)。

[172] 当然,关于《民法》第188条的解释是极为受限的。但笔者认为,该条文可以作为民法以占有为一种应当保护的对象的依据。

[173] 参见前述注解152中河上教授的见解。

诉讼中的主张证明责任对象事实(要件事实)时,不是将举证困难与证明责任直接结合(请注意不要误解这一点),而是将举证困难与所有权制度目的进行对照、考察之后再作出结论。

4. 基于履行迟延损害赔偿请求权的场合

(1)导言

312 在基于履行迟延的损害赔偿请求诉讼中,争议最大的问题在于如何确定该请求权的发生要件事实(请求原因事实),是否需要将未履行债务的事实纳入其中等。[174] 笔者将采用与上述"3. 基于所有权的标的物返还请求权的场合"相同的观点,按照上述思考方式尝试对此进行讨论。当然,按照通常理解,债务不履行的情形,除了履行迟延之外还有履行不能以及不完全履行,但这三者作为要件事实实际面临的问题不尽相同。这里只对履行迟延的问题进行探讨,下文说明并不直接涉及履行不能以及不完全履行的情形。

313 与上述"3. 基于所有权的标的物返还请求权的场合"相比,由于无须就思考模式再次进行说明,因此下文的讨论较为简明。关于不作为债务的情形,请参照前文注解64。

(2)两种类型的民法规范结构

□ *两种类型的民法规范结构的具体内容*

314 首先我们从未考虑证明问题的民法体系的视角出发思考这一问题("原则・例外"的规则)。在关注前述说明问题的前提下,笔者认为存在如下两种类型的规范结构。

315 笔者提出如下甲型和乙型两种规范结构(目的与前文"3. 基于所有权的标的物返还请求权的场合"相同)。[175] 此外,笔者未采用类似于"因债务

---

[174] 关于这一问题的详细说明,可参见難波「主張責任と立証責任」第182页以下。

[175] 学界习惯采用债务的"不履行"是否需要作为请求原因这一表述方式讨论相关问题,但这种表述实际上是一种省略的形式。因为所谓的"不履行",除了未提供清偿以外还包括不存在任何债务消灭事由,比如抵销、免除。因此简单地表述为"存在不履行"或"不存在不履行"是不正确的。乙类型的规范中"已经履行"这一表述,实际上只要存在"清偿的提供"就足够,因此也属于一种略式表达,并不十分准确。

未履行而导致损害发生”这种表达，理由在于后文所指因果关系的思维方式，即表达因果关系的“因……而……”这种表述不属于对事实的表达。

规范甲　合同约定的清偿期已经届至，且债务尚未履行并发生损害的，债权人对债务人取得损害赔偿请求权。 316

规范乙　合同约定的清偿期已经届至并发生损害时，债权人对债务人取得损害赔偿请求权。但是，债务在清偿期届至前已经履行的除外。

以上两种类型的民法规范都具有揭示该制度本质的相同内容（并不存在某一个属于山野目教授所指“满足诉讼实践的制度叙述”），但规范的性质却不同。那么哪一种才能够作为确定主张证明责任对象事实的规范结构呢？此外，需要注意的是，我们经常听到这样的批评意见，即“要件事实论者主张只要清偿期届至就可以请求损害赔偿，这样的观点令人感到奇怪”。但从以上规范内容即可了解，两种规范结构都没有提出这样的观点。 317

（3）如何识别正确的规范结构

□ *对未考虑举证困难因素的民法规范结构的体系性考察*

首先我们需要抛开证明的问题，单纯地从民法体系的视角来考察此种情形下的规范结构（“原则・例外”的规则）。这一问题相当困难，无法断言甲型或者乙型更为合适。[176] 但笔者认为乙型的规范结构是正确的。 318

---

[176] 也许有观点认为，“任何关于债务不履行的规范，如果没有‘不履行’这一表达内容都是不可想象的，因此乙型规范结构完全不应纳入考虑范围之内”。但是正如笔者在“两种类型的民法规范结构”中所指出的，从规范的内容来看，甲、乙两种类型完全是一致的，因此上述观点无法成立。

以上批评性的意见实际上来自于所谓的“有理性”理论，关于该理论存在的问题，笔者已经在本章第三节“三、主张责任与证明责任的关系”之“（二）主张责任与证明责任不一致见解之批判”之“3. 不具有‘有理性’的理论是否是无理由的理论（欠缺合理性的理论）？”中进行较为详细的论述，此处不赘。

在这一问题上，与笔者见解完全相同而且认为主张责任之所在与证明责任之所在总是保持一致的观点，可参见『条解民事訴訟法』第 894～895 页（竹下守夫）。

理由如下。[177]

□ 关于履行迟延损害赔偿请求权民法规范结构的确定方法

319 我们以买卖合同债务不履行为例。首先,就制度目的而言,合同制度的根本目的在于尽量迅速且忠实地实现合同目的。这是我们思考问题的基础。与上述关于基于所有权的原物返还请求诉讼相同,我们同样需要思考应当在何种程度上对此加以保护,以最终确定正确的规范结构。

320 假设 Y(债务人、出卖人)和 X(债权人、买受人)之间缔约,约定 Y 以 100 万日元的价格将某房地产(案涉房地产)出售予 X。第一,“对于 X 而言,既然 Y 通过合同约定履行该债务,X 即可请求 Y 履行该债务”是自然而然的。第二,“对于 X 而言,既然 Y 已作出这样的约定,如果履行期经过而发生损害,那么原则上 X 就可以请求履行本来的债务,并请求赔偿损害。但是作为例外,债务在该履行期届至前已经履行的,应该做不同的处理”。这一结论应当也是自然而然的。笔者认为,这正是对于合同债权的实现予以保护的制度目的[债务不履行(履行迟延)的制度目的]。笔者认为,乙型规范结构恰当地表达了上述制度目的,因此是正确的。

□ 关于因果关系性质的分析

321 上述分析可能面临如下批判,即“甲型结构中‘合同约定的清偿期经过且债务尚未履行并发生损害的’这一表述欠缺关于因果关系的要素,因此没有完整表述具有法律意义的具体事实。乙型结构只不过是将甲型的内容以原则和例外的方式表述,因此存在同样的问题。将这种带有缺陷的表

---

[177] “已经履行债务(清偿)”是债务的消灭原因,是否可以据此认为“没有履行债务”不能作为履行迟延的要件事实?这一观点得到多数学者认可,但笔者对此持不同意见。因为“已经履行债务(清偿)”是债务本身的消灭原因,因此可以认为“没有履行债务”不能作为债务本身的履行请求权的发生要件事实。虽然在理论上可以将基于履行迟延的损害赔偿请求权视为债务履行请求权的一种变形,但该请求权毕竟是一种与债务履行请求权不同的权利,因此不能想当然地认为“没有履行债务”不可作为新的要件。因此,笔者认为,“已经履行债务(清偿)”是债务本身的消灭原因,但不能据此认为“没有履行债务”不能作为基于履行迟延损害赔偿请求权的发生要件。

述作为前提,来分析不同形式的规范在内容以及性质上的异同点是没有意义的”。

上述意见的问题在于,“因果关系”属于评价,其本身不能作为要件事 322
实,只有相应的评价根据事实才属于要件事实。因此,甲型结构的表述并不存在上述意见所指的缺陷(乙型结构也是如此),该意见不能成立。[178] 作为“发生损害”的内容,虽然不同的案件情况各不相同,但类似于“清偿期内债权人并不实际控制标的物以及无法向转卖的买受人交付该标的物”应该可以作为评价根据事实。

□ 考虑到举证困难的因素,乙型规范结构是否发生变化

从暂不考虑证明问题的角度,上述规范结构中,我们认为乙型规范结 323
构是正确的。接下来的问题是,一如上文关于基于所有权的标的物返还请求权的分析,如果考虑到举证困难的因素,乙型规范结构可否维持不变?

这里所说的“未履行债务”,除了不存在提供清偿的情形外,还包括不 324
存在其他可导致债务消灭的原因,比如抵销、免除等情形。因此举证负担较重,存在举证困难。如果导致债权人举证困难,则会导致债权人在行使基于履行迟延的损害赔偿请求权方面存在极大困难,因此并不妥当。从这一角度出发,只要合同约定的履行期经过且发生损害的场合,原则上应视为未履行债务,将之作为基于债务不履行(履行迟延)的损害赔偿请求权的发生要件是必要且充分的,作为例外,如果债务在履行期届至前已经得到履行(严格来讲,例如清偿的提供),则可将之作为该请求权的发生妨碍要件(“清偿的提供”)。这种处理方式符合民法对于合同债权的实现给予保护的制度目的[债务不履行(履行迟延)]。因此,即便考虑到举证困难的因素,乙型规范结构依然是正确的。

---

[178] 关于因果关系的问题,详见本书第五章第三节“一、评价性要件的思维方式”之“(五)因果关系要件的性质”。另请参见伊藤編著『要件事実講義』第244~247页。

5. 关于《消费者合同法》第9条第1款之平均损害额

(1)导言

325 在上述"3. 基于所有权的标的物返还请求权的场合"以及"4. 基于履行迟延损害赔偿请求权的场合"中,最终确定的规范结构均维持了最初未考虑举证困难时确定的规范结构(从结果来看,不需要采用裁判规范民法来逆转原有的规范结构)。

326 但是实际上也存在极少数因举证困难而需要转换证明责任对象事实的情形。《消费者合同法》[179]第9条第1款即其适例。该款规定的主要内容是,"如果合同中约定的解除时应支付的损害赔偿预定额超过了同类合同解除时该经营者发生的平均损害额,则超过部分无效"。笔者认为,暂且抛开上述条文结构(形式),如果超出平均损害额的举证极为困难,那么鉴于作为《消费者合同法》基础的保护消费者的制度目的,应当由经营者对于损害赔偿的预定额未超过该经营者发生的平均损害额(换言之,后者大于前者)承担证明责任。

327 此外,《消费者合同法》第2条也对消费者和经营者的概念进行了定义。

328 由于《消费者合同法》也属于实质民法,下文统一采用"民法"称之。

(2)两种类型的民法规范结构

□ 两种类型的民法规范结构的具体内容

329 我们先单纯从未考虑证明因素的民法体系的视角考察此种情形下的规范结构("原则·例外"的规则)。根据前述逻辑,笔者认为此时存在以下两种类型的规范结构。

330 规范甲　Y(消费者)和X(经营者)约定当Y未履行合同债务时,须支

---

[179] 《消费者合同法》当然与《民法》不同,但与《借地借家法》等同样属于实质性民法。因此,一般来讲,当我们分析规范结构时,它并不具有与民法不同的特殊性质,可以按照与上述"3. 基于所有权的标的物返还请求权的场合"以及"4. 基于履行迟延损害赔偿请求权的场合"相同的方式处理。

付××万日元的损害赔偿预定额，如果 Y 未履行该债务，[180]X 对 Y 在未超过因债务不履行而发生的 X 的平均损害额的范围内取得损害赔偿请求权。

规范乙　Y(消费者)和 X(经营者)约定当 Y 未履行合同债务时，须支付××万日元的损害赔偿预定额，如果 Y 未履行该债务，X 对 Y 取得××万日元的损害赔偿请求权。但该损害赔偿预定额超过因债务不履行而发生的 X 的平均损害额的除外。(关于"未履行"这一表述参见注解 180)

从制度本质的角度出发，上述两种类型的民法规范具有相同的内容(并不存在某一种类型属于山野目教授所指的"满足诉讼实践的制度叙述")，但却具有不同的规范性质。那么哪一种应当作为确定主张证明责任对象事实的规范结构呢？ 331

(3)如何识别正确的规范结构？

□ 对未考虑举证困难因素的民法规范结构的体系性考察

首先我们需要抛开证明的问题，单纯地从民法体系的视角来考察此种情形下的规范结构("原则·例外"的规则)。笔者认为乙型规范结构是正确的。理由如下。 332

□ 关于《消费者合同法》第 9 条第 1 款平均损害额问题的正确的民法规范结构

一旦合同成立，则原则上为有效，存在无效原因的自始无效。这是民法规范的一般结构(可参见《民法》第 94、95 条等)。本文所讨论的情形并不存在足以改变这一规范结构本身的特殊事由。因此，笔者认为，X 和 Y 之间成立的关于损害赔偿额预定的合意(合同)原则上有效，而一旦超出了 X 的平均损害额，则超出部分无效。这一结论并非以《消费者合同法》第 9 条第 1 款的结构(形式)为依据。 333

---

[180] 此处采用了"Y 未履行该债务"的表述方式，但严格说来应该采用前述"4. 基于履行迟延损害赔偿请求权的场合"中所使用的表述方式，但为了避免问题复杂化，此处做简易处理。

□ 考虑到举证困难的因素，乙型规范结构是否发生变化

334 如果不考虑举证困难的因素，我们认为上述两种规范结构中的乙型规范结构是正确的。接下来的问题是，一如上文关于基于所有权的标的物返还请求权的分析，如果考虑到举证困难的因素，乙型规范结构可否维持不变？

335 《消费者合同法》第1条明确规定“鉴于消费者与经营者之间在掌握相关信息的质与量以及谈判能力方面存在的差距……本法以维护消费者利益”为目的。因此，毫无疑问的，该法的基本制度目的在于消费者保护。

336 考虑到举证困难的因素，我们需要对乙型结构再次进行考察，如果考察的结论是，乙型结构违背了消费者保护这一消费者合同法的基本制度目的，那么在出现举证困难的诉讼中，为了最为妥当地实现该基本制度目的，作为裁判规范民法的规范结构，就可能不是乙型规范，而是甲型规范。

337 众所周知，关于这一问题，最判平18·11·27民集60卷9号第3437页[48][不当得利返还请求案件（请求返还学费交纳金的案件）判决]指出，超出了平均损害额这一事实由消费者承担证明责任。在伊藤「要件事实論の現状と課題」第42～44页一文中，笔者对于上述判旨基本持赞同意见，但并未持坚决立场。当时的基本想法是，从《消费者合同法》第9条的立法原意以及参与立法工作的相关人士的著作来看，超出平均损害额这一事实的证明责任只能由消费者承担。但事后据参与立法工作的人士的说法，[181]《消费者合同法》在立法过程中并未考虑证明责任问题。这就导致笔者上述见解（虽然是暂时的）的正当性完全被颠覆了。因此，至少笔者的上述见解是存在疑问的（截至目前，笔者认为本条规定的立法原意尚未得到确认，因此尚不能认为应当由经营者负担证明责任）。

---

[181] 参见法科大学院要件事实教育研究所报第6号（法科大学院要件事实教育研究所，2008）第34页所载“消费者法要件事实研究会”上河上正二教授的发言。

关于“超过平均损害额”的证明责任研究成果，详见伊藤「要件事实論の現状と課題」第44～45页。

□ 从具体设例入手

以下通过设例对这一问题进行分析。设例如下:某校应届毕业生的学生干事,策划在东京市中心的某高档酒店举行豪华毕业纪念派对,因为预计所有毕业生都会顺利毕业,且作为一生中只有一次的喜事,应该隆重举办才对。在缔约过程中,虽然该酒店营业负责人提出了高额的损害赔偿额预定金(此种案例情形中,何种金额可以算是高额,笔者并没有确实地了解,暂时假设为 Z 日元),但该学生干事一厢情愿地认为会如期举行,因此同意了该高额预定金。出乎意料的是,由于有数名学生没有通过毕业考试,出于同情的立场,很多同学取消参会,因此最终不得不取消毕业派对。上述设例中,关于酒店经营行业平均损害额、预定额超过该平均额度的事实,如果由对酒店经营行业毫无了解的学生负担证明责任,恐怕是违背了上述消费者合同法的基本制度目的。[182] 因此,如果从这一立场出发,此种情形下的裁判规范民法的规范结构,应该采用甲型规范,而不是乙型规范。 338

上述设例中,假设 X(酒店经营者)根据损害赔偿预定额的合意向 Y(学生)提起损害赔偿请求诉讼,根据甲型规范结构我们应当如何具体地确定攻击防御方法(省略可能出现的因迟延支付而产生所谓迟延损害金请求)? 假设争点仅集中在平均损害额上。 339

□ 具体的攻击防御方法体系

诉讼标的:基于损害赔偿预定额合意的损害赔偿请求权。 340

诉讼请求:要求 Y 向 X 支付 Z 日元。

请求原因:

---

[182] 日本弁護士連合会編『消費者法講義(第 4 版)』(日本評論社,2013)第 102 页(野々山宏)认为,根据《消费者合同法》保护消费者的制度目的,考虑到证明困难等因素,该事实的证明责任应当由经营者负担。田島純蔵編『消費者契約の法律相談』新・青林法律相談 15(青林書院,2007)第 288~292 页(村千鶴子)应该也持同样见解。该书第 113 页以及第 291 页(两处的执笔人均为村千鶴子)指出,《消费者合同法》在立法之初,曾经就这一问题进行过争论,但"最终决定在《消费者合同法》中不规定证明责任。立法过程中对此问题解释为'由法院判断证明责任之所在'"。

①2014年2月1日,X和Y约定:Y在X所有之"凤凰"宴会厅举办300人规模派对,时间为3月25日18时至20时30分,费用为一万日元/人[主要菜品以及服务内容参照附件(略)];该价款的支付期限为2014年3月31日;逾期未支付时,Y向X支付Z日元的损害赔偿金。

②2014年3月20日,Y向X作出不再举行该派对的意思表示。

③2014年3月31日已经过。

抗辩:

④Y是学生(消费者)。

再抗辩:

⑤Z日元未超出Y因不举行同类派对而发生的平均损害额a日元(假设为a日元)。

341 攻击防御方法的结构大致如上所示,但实际上,①中还应该会包括X属于《消费者合同法》上的经营者以及Y属于该法上的消费者的事实。因此,在请求原因中需要提前主张再抗辩事由⑤(此种现象属于后述第六章第四节"五、插队现象——攻击防御方法上无法回避的不利益陈述"所指的"插队现象")。

342 与上述情形不同的是,如果按照乙型规范结构梳理攻击防御方法体系的话,被告的抗辩中则需要证明Z日元超过了⑤的平均损害额a日元的事实。[183]

343 一如上述,由于立法原意无法得到确认,因此笔者对前述最高法院的判旨最判平18·11·27存有疑问。最高法院的上述判决至少应该仅限于如下情形:类似于大学学费返还请求这种发生的平均损害额较为固定而且学费交纳人(消费者)也较为容易举证的案件来说,可由消费者就超出了平均损害额这一事实负担证明责任。[184]

---

[183] 关于平均损害的定义,可参见『要件事实小辞典』第225页相关说明。

[184] 嘉多山宗「研究会を終えて—『平均的な損害』の意義とその主張立証責任」法科大学院要件事实教育研究所報第6号(法科大学院要件事实教育研究所,2008)第142页指出,上述最判平18·11·27的判示仅根据学费交纳金案件这种特殊类型的案件,因此是否具有通用性值得考虑。这一观点颇具启发意义。上述第6号刊载了"消费者法要件事实研究会"的诸多会议发言和论文,颇有助益。

6. 总结

就上述内容简单总结如下(虽然“总结”总是不能完全避免信息的缺失)。 344

笔者认为,我们应当以民法制度目的为基础确定恰当的民法规范结构,并用于最终确定主张证明责任对象事实,即该当于裁判规范民法构成要件的具体事实,也就是要件事实。为达此目的,应采取如下具体步骤。 345

第一步,应仅从具体的民法制度目的出发,对整个民法进行系统性分析,并以全部规范的相互关系为标准判断何者为正确的民法规范结构,这一过程中不应考虑举证困难的因素。 346

第二步,据此确定能够体现上述民法规范结构的具体形式(如上述乙型模式)。

第三步,如果出现举证困难,则需要考虑能否继续维持之前确定的民法规范结构。确定主张证明责任对象事实的最终标准是符合证明公平(与证明责任负担的公平同义)。因此,当证明在诉讼中成为问题的时候,则应采用最恰当地实现该实体法制度目的的规范结构。如果分析结论符合最终标准(证明公平)时,则应维持第二步工作中确定的民法规范结构,并据此确定主张证明责任对象事实;如果分析结论认为不符合最终标准(证明公平),则应根据上述原则(考虑到举证困难的因素,以在诉讼中最为恰当地实现该实体法制度目的为原则)适当调整第二步工作中确定的民法规范结构,并据此确定主张证明责任对象事实。 347

所谓“考虑到举证困难的因素”是指,根据未纳入证明因素而确定的某一民法规范确定主张证明责任对象事实时,分析其结论是否有利于实现制度目的(而不是把举证困难因素作为一种与制度目的毫无关系、独立的考量因素)。换言之,我们应当从能够最为恰当地实现制度目的的角度出发,思考如何正确决定裁判规范民法要件(该当要件的具体事实为要件事实)的表述方式,并以此为基础来考虑举证困难因素。虽然为数不多,但也会存在最终结果出现逆转的情形,比如前述“5. 关于《消费者合同法》第9条第1款之平均损害额”。 348

“民法修正案”[平成十六年(2004年)法律第147号,即民法现代语化 349

法]将《民法》第109、543条的条文形式进行了调整，即通过条文形式明确证明责任之所在。[185] 也就是说，将“本文、但书”分别用于确定不同性质的主张证明责任对象事实。当然，恐怕每个条文结构的调整工作都需要先考察各自的制度目的，然后再确定不同的条文形式。因此，对于前文“3. 基于所有权的标的物返还请求权的场合”至“5. 关于《消费者合同法》第9条第1款之平均损害额”部分所采用的“原则・例外”的分配方法(请求原因、抗辩)而言，不能直接援引上述法律作为依据。但可以说，以条文结构形式表现主张证明责任对象事实的性质时，乙型规范结构(“原则・例外”的形式)是恰当的。

350 此外，这里应该强调的是，实际上，上述考察工作中所采用的“原则・例外”的思维方式(尤其从裁判规范民法的角度出发，暂时只将“原则”部分作为考察对象并得出结论——参见本章第三节“一、主张责任”之“(一)定义”中所述辩论主义)，如果不以下文的“开放理论”作为前提，恐怕无法做到准确理解。

(三)开放理论

□ 开放理论的必要性

351 不同的事实之间之所以能够成立“原则・例外”的关系，是以所谓的开放性理论为前提的。换言之，这种开放性理论只是把相同的内容采用不同的方式加以说明，而非独立的理论形态。它用一种比较形象的语言来说明问题，因此较为容易理解。开放理论可以通俗易懂地解释要件事实理论，防止引起人们的误解，因此是一种十分重要的思考方式。

□ 开放理论的内容

352 在请求支付买卖价款的案件中，将“缔结买卖合同”作为请求原因加以

---

[185] 详见池田真朗編『新しい民法—現代語化の経緯と解説』第33、35、38页(吉田徹参事官执笔部分)(有斐閣，2005)。

主张时,由于“支付期限”并非原则性事实(本质事实),[186]所以在主张缔结买卖合同这一阶段无须涉及(既不视之为“有”——这一点是最重要的,也不视之为“无”,而是采取一种开放的状态),只要缔结了买卖合同,原则上可以随时请求支付价款。作为抗辩,被告主张了在性质上属于妨碍随时请求支付价款的事实,即“X 与 Y 达成协议,将 Y 父死亡时作为支付价款的期限”(参见本章第六节“五、根据制度目的确定主张证明责任对象事实”之“(一)导言——分析事实异同点的重要性”中的示例)。如果该抗辩成立,则妨碍以请求原因为依据所产生的法律效果。这就是所谓的开放理论。就请求原因和抗辩的关系而言,可以形成以下结构,即请求原因中并不包含与期限相关的事实主张(此时并不触及期限的问题,而采取一种开放的状态),而将存在不确定期限的合意作为抗辩事实,嵌入该开放性部分。这样的结构可以将请求原因和抗辩的不同功能恰当地归属于不同的要件事实,从而平衡主张证明的公平性。

如果不采用这一结构,而将存在“随时”履行的合意作为请求原因,那 353
么存在不确定期限的合意就无法作为抗辩,只能成为对请求原因的否认。这样一来,就无法将请求原因和抗辩的不同功能恰当地归属于不同的要件事实。

上述理论同样可以适用于 X 基于某土地的所有权向占有人 Y 提出请 354
求返还土地的情形。例如,作为请求原因,X 仅提出 Y 占有该土地,而不涉及 Y 是否拥有该土地的占有权。进而,这一开放部分就可以嵌入“Y 占有该土地是基于对该土地的占有权”这一事实作为抗辩。[187] 另外,对 X 现在是否拥有该土地的所有权存在争议,而对 X 过去拥有该土地的所有权不存在争议的情况下,仅将 X 过去所有该土地这一事实作为请求原因即可,而不必涉及 X 现在是否拥有该土地所有权。该开放部分即可嵌入“其后 X 失

---

[186] 参见本章第六节“四、作为社会存在的不可分”之“(一)与合同相关的合意之不可分性”。

[187] 这种思维方式可以从民事实体法的角度获得正当性,相关说明参见第三章第六节“五、根据制度目的确定主张证明责任对象事实”之“(二)民法的规范结构分析”之“3. 基于所有权的标的物返还请求权的场合”。

去该土地的所有权"这一事实作为抗辩。

355 假设在上述设例中将"Y占有该土地并非基于对该土地的占有权"作为请求原因的内容,那么就不能将"Y占有该土地是基于对该土地的占有权"作为抗辩,而只能定位为对请求原因的否认。这样一来,就无法做到将请求原因和抗辩的不同功能分别归属于不同的要件事实。

356 以下就开放理论中容易招致误解的两点内容加以说明。

□ 开放理论只是暂时不涉及某一事实的存否而已

357 上述开放的部分,是指仅就该当攻击防御方法(比如请求原因)而言,构成开放性部分的内容并非本质内容,因此无须涉及其存在与否,但是这一开放性部分需要作为其他的某一攻击防御方法出现。我们对此必须要有一个正确的理解。如果误认为因为该攻击防御方法没有任何意义而无须再以任何形式出现,那么要件事实理论就完全忽视了作为实体法应当考虑的判断要素,这显然是不妥当的,也会产生强烈的违和感。

358 一如上述,在请求支付买卖价款的案件中,作为请求原因,只需要主张买卖合同成立即可,而不需要涉及是否存在支付期限的问题,但这并不意味着"期限"作为攻击防御方法"没有任何意义"。如果"期限"存在,那么该买卖合同中存在支付"期限"这一事实即成为抗辩(但在期限届至时,即使加以主张也不会有任何意义)。此外,在基于借款返还债务不履行的损害赔偿请求(迟延损害金请求)案件中,作为请求原因,只需要主张"清偿期经过",而不需要主张清偿期内"未提供清偿",但是这并不意味着"清偿的提供"这一点作为攻击防御方法"没有任何意义"(虽然有人基于这一误解对要件事实理论进行了错误的批判)。也就是说,如果在清偿期内提供清偿,那么在清偿期内"提供了清偿"这一点就可以成为抗辩。[188]

---

[188] 这种思维方式可以从民事实体法的角度获得正当性,相关说明参见第三章第六节"五、根据制度目的确定主张证明责任对象事实"之"(二)民法的规范结构分析"之"4. 基于履行迟延损害赔偿请求权的场合"。

□ 从现代逻辑学的角度来看开放理论的正当性

也许会有人认为,开放理论只是要件事实理论刻意臆造出来的理论而 359
已,违背了思考的一般规律。但实际情况却是,即使从现代逻辑学的角度来看,开放理论这种要件事实思维方式也能够得到支持。比如,高桥文彦教授(法哲学家)的研究结论即是如此。

该教授在其著作中专设一节,题为"伊藤滋夫教授的'开放理论'",就 360
这一问题[具体涉及拙著《要件事实讲义》(『要件事実講義』)第254页关于买卖价款请求诉讼中买卖合同中期限的问题,与本书相关说明完全相同]进行了讨论。高桥教授指出,"所谓'开放'的概念,从逻辑学的角度来看,表明原告X主张所依据的法律规范是可以被排除的规范。换言之,是一种缺省逻辑的推论法则"。"将原告X的请求原因和被告Y的抗辩之间这种类似对话性质的逻辑学关系,可以通过图表的形式进行展示","通过应用类似普拉肯(Prakken)所主张的对话性缺省逻辑,我们能够清晰解释开放理论形式上的结构"。[189]

一如上述,仅就该当攻击防御方法而言,某一事实并非本质内容,因此 361
无须涉及其存在与否,在要件事实理论中表述为"其构成开放状态"。我们称为开放理论。开放理论并不是我们只从攻击防御方法的效率化等角度构筑的便宜理论,而是一种从民事实体法的制度目的以及现代逻辑学的角度都能够得到充分支持的科学理论。

---

[189] 参见高橋文彦『法的思考と論理』(新基礎法学叢書4)(成文堂,2013)第141~142页。需要说明的是,"开放理论"的内核并非笔者独创,而是要件事实理论不可或缺的思维方式,在司法研修所的教育过程中日臻成熟。

此外,该书第142~143页专门比较了"要件事实理论与图尔敏(Toulmin)议论图式"。

顺便提及的是,以开放理论为基础,国立情报学研究所正在研发"法律推论支援系统"。笔者认为,这恰恰验证了开放理论在逻辑学中具有的正当性。详见河村「要件事実論とはどのような考え方か(中)」第11、15页注解144。

第四章

与要件事实理论相关学说之评介

【第一节　本章主要内容】

除裁判规范民法理论外，与要件事实相关的其他学说内容（主要是关于主张证明责任对象事实，特别是证明责任对象事实的确定标准，也就是通常所谓的“证明责任分配标准”的相关理论）还是比较丰富的。本章的主要内容是对这些学说进行介绍并评价。 1

中野贞一郎教授、前田达明教授以及松本博之教授对于裁判规范民法理论的批评意见，笔者已经在第三章第三节“三、主张责任与证明责任的关系”之“（二）主张责任与证明责任不一致见解之批判”部分进行了回应，此处不再赘述。 2

本章第二节“一、规范说”至“五、司法研修所现在的观点”部分首先介绍读者较为熟悉的学说。 3

【第二节　相关理论的介绍与评价】

一 | 规范说

4　规范说(有时也被称为法律要件分类说或者旧的法律要件分类说)与修正的法律要件分类说相对立。该说主张仅依据法律条文结构确定证明责任对象事实。① 正如笔者多次指出的,由于现行民法基本上没有根据条文结构考虑证明责任的分配问题,②因此该说并无适用余地,这已成为日本学界的共识。

5　但读者必须注意的是,目前还存在用语混乱的现象(也有学者把修正的法律要件分类说称为规范说)。③

二 | 利益衡量说

6　高桥宏志教授所称利益衡量说,包括石田说和新堂说。④ 但笔者认为新堂说[新堂《新民事诉讼法》(『新民事訴訟法』)第609~614页]目前已经在相当大的程度上吸收了修正的法律要件分类说的观点,因此与石田说

---

① 倉田監修『要件事実の証明責任(債権総論)』第2页对该说进行了详细介绍。仓田博士对此也做了说明,具有重要意义,参见「序章　規範説をどうみるか——各人の基本的立場」(座談会)。

② 民法的条文结构(但应注意,日本根据《民法现代语化法》对部分条文进行了修订,而不仅仅是调整了法典用语,该部分条文应当除外——参见拙著『要件事実・事実認定入門』第Ⅷ~ⅩⅢ页)并未考虑证明责任分配问题。

③ 比如春日偉知郎「行政訴訟における証明責任」南博方ほか編『条解行政事件訴訟法(第3版補正版)』(弘文堂,2009)第213、215页。当然,该书在2014年12月发行了第4版,在「行政訴訟における証明責任」标题下的内容,因更换了执笔人,已经解决了这一用语混乱的问题。

④ 参见高橋『重点講義民事訴訟法(上)』第546页。

存在较大差异。

鉴于此,利益衡量说(石田先生最初的用语是“利益较量”,参见石田『証拠法の再構成』第133页)的代表性人物应当是石田穰。⑤ 石田先生认为:“应当按照如下方式分配证明责任。首先,如果立法者意图明确,则应根据立法者确定的分配方式分配证明责任,比如《民法》第117条。但在大多数情形下,立法者的意图并不明确。此时,当事人距离证据远近就十分重要。具体而言,如果就某一事实,某一方当事人手握证据,或者能够较为容易地收集到证据,则应由该当事人负担证明责任。如果当事人与证据处于等距离的情形,则法院应首先判断该事实的举证难易程度,一方当事人主张的事实较为容易举证时,则应由该当事人负担证明责任。在无法根据举证难易程度分配证明责任的情况下,应在区分权利根据规范或权利消灭规范的基础上分配证明责任。如果根据以上规则分配的证明责任违反了该规定的立法目的,或者当事人存在证据妨碍行为、禁反言行为,则应改变分配结论。”⑥ 7

利益衡量说尖锐地指出了规范说(旧的法律要件分类说)的缺陷,成为规范说向修正的法律要件分类说转变的原因。但笔者无法赞成该说的基本观点,而且该说目前已经很难成为有力说。⑦ 笔者认为,在主张证明责任对象事实已经得到主张证明的情况下,根据利益衡量说确立的分配标准,根本无法说明为什么会产生实体法规定的法律效果。这是该说面临的根 8

⑤ 石田先生也认为,在证明责任分配标准问题上,实体法立法目的应当具有最终的优先地位(参见拙著「要件事実論の変遷と今後の展望」第20页注解28),因此将石田的观点归入利益衡量说并非没有疑问,但石田说整体上比较重视实质性的利益衡量,因此作为普通分类标准,将之纳入利益衡量说是恰当的。

此外,在以石田先生和仓田卓次法官为首的世称“证明责任论争”的大论战中,石田也是被视为利益衡量说的代表人物。关于这一大论战,可参见拙著「要件事実論の変遷と今後の展望」第16~17页。

⑥ 参见石田『証拠法の再構成』第56页。

⑦ 比如,竹下「民事訴訟における事実の確定に関する判例・学説・立法」第9页,从旧的法律要件分类说也应当考虑实质性依据的角度,肯定了石田教授在证明责任论争中的贡献,但竹下教授也指出,“实质性依据并非距离证据的远近程度,最终应归结为实体法立法目的。这既是多数学者的意见,也是笔者的观点”。

本问题(本章注解7中所引竹下教授的观点同样指出了这一问题)。

三 | 证明责任规范说

9 证明责任规范说主张,由于民法条文并未考虑到证明的问题,因此应当补充规定证明责任规范。该说正确地指出了民法条文并未考虑证明的问题,但在解决这一问题的方案上,笔者认为裁判规范民法理论要优于证明责任规范说。⑧ 从理论本身应当具有的独立性来说,证明责任规范说的核心在于除了考虑实体法条文结构外,还必须考虑证明责任规范。这一规范的具体内容即证明责任对象事实的确定标准,而该说并未确立独特的确定标准。证明责任规范说的论者基本上采用了(至少是类似于)修正的法律要件分类说的标准。⑨ 因此很难说证明责任规范说具有独特的标准。对于这一分配标准,笔者将在本章第二节"四、修正的法律要件分类说"之"(三)修正的法律要件分类说之批判"部分进行评价。

10 由此可见,证明责任规范说关于证明责任对象事实的确定标准并没有独特的内容。时至今日,已经没有学者再认为当要件事实真伪不明时,可以直接根据民法条文结构分配证明责任,因此证明责任规范说所关注的一般性问题(前述"民法条文并未考虑到证明的问题")已经得到了解决。现在的问题是,应当采用怎样的基本标准才能正确、妥当地确定证明责任对

---

⑧ 关于对证明责任规范说更为详细的介绍和评价,参见第三章第四节"四、裁判规范民法与证明责任规范说"部分内容。另请参见拙著「要件事実論と民法学」第16~19页。

⑨ 关于证明责任规范说的分配标准,就其整体情况介绍起来较为困难,笔者在此仅介绍对要件事实理论持强烈批评意见的松本博之教授的相关见解。

在松本「要件事実論と法学教育(1)(2)(3)」系列论文中,笔者并未见到关于主张证明责任对象事实确定标准的基本理论(由于论文过长,也许笔者有所遗漏)。关于证明责任的分配标准,第75页指出,"主张权利者应就权利根据规范的要件负担证明责任,对方当事人应就权利消灭规范的要件负担证明责任。这一传统观点基本上是正确的。但是,区分权利根据规范和权利妨碍规范往往并不容易,因此笔者主张此时应根据实质的证明责任原理来确定证明责任"。松本博之ほか『民事訴訟法(第7版)』(弘文堂,2012)第423~426页表达了同样的见解。

此外,吉川「所有権に基づく動産引渡請求訴訟の要件事実(1)」第29页对证明责任规范说提出批评,认为"证明责任规范说并未明确揭示证明责任的分配标准"。

象事实。寻求更有价值的理论是当今学界的任务,因此证明责任规范说所具有的现实意义已经没有那么明显了。

四 | 修正的法律要件分类说

(一)导言

首先需要注意的是,虽然一般认为修正的法律要件分类说是目前的通 11
说(实际上未必如此),但关于其具体内容未必形成了统一见解,而且也存在若干模糊之处。⑩ 忽略了这一点,可能会导致讨论的混乱。

(二)修正的法律要件分类说之介绍

1. 青山善充教授的观点

修正的法律要件分类说的代表性人物首推青山善充教授,⑪其主要观 12
点可概括如下。

应当根据民法条文结构确定证明责任对象事实,"如果根据该标准将 13
产生不恰当的分配结论——比如《民法》第415条后半段——则应通过法解释修正分配结论"。此时,可以考虑将实质性因素作为修正作业的基本原理[中野ほか编《新民事诉讼法讲义》(『新民事訴訟法講義』)第373页]。青山教授的观点比较明确,即首先应当根据民法条文结构考虑证明责任对象事实,然后再对其进行修正⑫(在青山教授看来,正是因为根据条文结构确定证明责任对象事实,因此修正的法律要件分类说符合"思考经

⑩ 比如,新近出版的『条解民事訴訟法』第1018页(松浦馨 = 加藤新太郎)的表述就比较令人费解。甚至从该部分的说明来看,我们都无法判断是不是对修正的法律要件分类说的解释。

⑪ 参见中野ほか編『新民事訴訟法講義』第372~373页(青山善充)。

⑫ 参见今村『課税訴訟における要件事実論』第10页。今村教授将规范说(今村教授称其为"古典的法律要件分类说")称为A说,修正的法律要件分类说称为C说,并对各说进行了介绍。今村教授认为:"A说的基本立场自应采用。但仅仅根据法律条文结构形式分配证明责任,也会造成某些情形下的不合理现象,此时应当加以修正。因此C说观点更为恰当。"笔者关注的重点在于,今村教授也将修正的法律要件分类说的核心内容归纳为,根据条文结构形式确定的证明责任,存在不合理的情形时应当加以修正。

济”的要求,“如果根据该标准将产生不恰当的分配结论”,则应根据该说进行修正)。而关于修正时的基本原理,即“实质性因素”的具体内容,该页并未多加着墨。同书第371~372页则从当事人公平的角度列举了“证明的难易、证据距离的远近、现状之尊重等考量因素”,由于青山教授称之为“实质性考量”,因此在理解上可作为对“实质性因素”的解释。

2. 司法研修所过去的观点

14 此处所谓司法研修所“过去”的观点(以下称为旧司研说),是指司法研修所在出版《新问题研究》(『新問題研究』)(2011)一书之前的见解。

15 旧司研说未必明确赞同应对根据条文结构形式确定的要件进行修正,这一点与青山教授类似。在这一含义上,旧司研说并非主张“修正”条文结构确定的“法律要件”,因此能否在形式上将之归入“修正的法律要件分类说”是有疑问的。不过学界普遍认为旧司研说采用了修正的法律要件分类说的观点,从司法研修所的出版物[司研《要件事实第1卷》(『要件事実第1巻』)第10~11页,司研《改订问题研究》(『改訂問題研究』)第7~8页]来看也是如此。因此为方便起见,笔者在此介绍旧司研说如下。

16 根据司研《要件事实第1卷》(『要件事実第1巻』)第10~11页的论述,司法研修所将证明责任对象事实的确定工作视为具有实体法解释性质的作业。“这一解释必须从证明责任分配的角度出发。在实体法解释过程中,除了以实体法用语、条文结构为基础外,还应同时考虑确保当事人证明责任负担的公平性和妥当性。具体而言,必须综合考虑以下因素:立法目的、目标条文与类似或关联条文之间的体系整合性、该要件的一般性与特殊性、该要件的原则性与例外性、符合要件要求的待证事实的样态……以及举证难易程度等。”⑬

---

⑬ 不过司研『要件事実第1巻』第10~11页与司研『改訂問題研究』第7~8页的论述存在细微差别。

笔者当时作为民事裁判教官,也参与了司研『要件事実第1巻』第10页内容的撰写工作,因此也应承担责任。笔者在归纳本书正文中对旧司研说的各种质疑时,心情是十分苦闷的。现在来看,当时的表述十分不明确。该书出版已近30年,笔者的观点也在不断发生变化。乞望读者能够对当时的表述给予谅解。

(三)修正的法律要件分类说之批判

修正的法律要件分类说并不仅限于介绍的上述两种观点,其他观点基本与上述两说相同⑭(一如笔者所强调的,如何把握该说的基本内容并不容易)。在对修正的法律要件分类说的多种批评意见中,笔者在此强调以下两点。 17

第一,修正的法律要件分类说主张应当首先根据条文结构(形式)确定证明责任对象事实,然而这一主张是毫无根据的(民法条文结构并未考虑到证明责任的分配,这一点至为明显⑮)。 18

第二,在要件事实理论中占有重要地位的证明责任对象事实确定标准的基本理论,在修正的法律要件分类说中是否得到采用并不明确,这是采用该说的另一大疑问。 19

修正的法律要件分类说主张以实体法解释为依据(比如,旧司研说以此作为基本原则),那么应当以实体法的何种解释结论,以及在怎样的含义上作为依据,该说并未作出充分说明。此外,司研《改订问题研究》(『改訂問題研究』)第105~106页则采用了"实体法解释"(当然其具体含义也不明确)和"举证困难"的双重标准,⑯更显混乱。 20

首先,修正的法律要件分类说主张考虑举证困难等实质性因素,这些实质性因素相互之间是何种关系,应当如何考量(各要素相互矛盾时的优 21

---

⑭ 参见注解17所引加藤「要件事実論の到達点」第32~33页。吉川慎一「要件事実論序説」司研論集110号(2003)第151页认为,"作为分配证明责任的基本理论,应在维持规范说(法规不适用说)的同时,采用时下法律要件分类说(修正的规范说)的立场,即增加证明责任分配的考量因素,对民法规范进行实质性解释"。

⑮ 参见第三章第四节"一、裁判规范民法作为一种思维方式的必要性"部分内容。

需要注意的是,并不意味着因此禁止将条文结构作为参考因素(笔者向来未如此主张)。比如,参考《民法》第94、95条的条文结构来思考证明责任对象事实的问题,是十分有益的。但《民法》条文的制定(根据《民法现代语化法》调整了条文结构的部分条文不在此限)并未考虑证明责任之所在(对此学界并无异议),因此我们无法将条文结构作为决定性因素。

⑯ 关于对司法研修所这一观点的批判,参见拙著「要件事実論の変遷と今後の展望」第11~13页。

先顺位),该说也未作出说明。⑰

22 其次,举证难易等实质性因素与实体法制度目的之间是何种关系,该说也未加以明确。比如,仅将举证难易作为确定证明责任对象事实的直接标准,而不考虑实体法制度目的,那么该等事实何以能产生相应的实体法法律效果?⑱ 修正的法律要件分类说对这一问题并未作出回答。

23 条文结构与证明责任对象事实之间存在明显矛盾的立法例是《民法》第415条*。与根据条文结构确定的证明责任结论相反,债务人须对"不存在可归责事由"负担证明责任(此为一致见解)。这一结论的最大理由并不是举证的难易程度,而是该条规定的制度目的。内田貴『民法Ⅲ』第142页认为,"负有给付义务的一方已经处于不履行的状态,因此从诚实信用的原则出发,应由债务人负担证明责任"。上述说明将诚实信用原则作为调整证明责任的依据是否恰当存在疑问。笔者认为如下判断结构极为重要,即由于债务人根据合同约定负有给付义务,因此如果不履行义务,原则上应

---

⑰ 比如加藤「要件事実論の到達点」第32~33页阐述了修正的法律要件分类说的特点,即"通过对客观的法律构造和实体法秩序进行解释,对法律要件进行分类,并具体地考虑除立法目的外的条文用语、条文形式(本文或但书)、条文性质(一般规定或特别规定)等多种因素,对之进行平衡解释,此即证明责任之分配标准。……一如上述,修正的法律要件分类说以实体法旨趣、价值判断等实质性观点为出发点。与此不同,利益衡量说主张以证据距离、举证难易、事实存在或不存在的盖然性等实质性因素作为证明责任分配标准,也值得借鉴。……利益衡量说的诸多实质性因素是有可能被修正的法律要件分类说所吸收的"。

上述观点的问题在于:首先,对于实体法制度目的与条文结构存在矛盾的民法条文,进行"平衡解释"的含义是什么,并无相关说明。如何思考才符合"平衡"的标准恰恰是问题所在,而没有具体标准的"平衡解释"是毫无意义的。其次,作者主张将利益衡量说中的举证难易等考量因素纳入修正的法律要件分类说,但也没有说明应采用怎样的具体标准进行考量,这都是很大的疑问。

⑱ 笔者提倡的裁判规范民法理论也并没有将举证的困难性排除在主张证明责任对象事实的确定标准之外。笔者认为,在思考确定标准时,应当充分考虑举证困难性与制度目的之间的关系,详见第三章第六节"五、根据制度目的确定主张证明责任对象事实"之"(二)民法的规范结构分析"之"1. 实体法制度目的的实现与举证困难之间的关系"部分内容。

* 日本《民法》第415条规定,债务人未按债务本旨履行的,债权人可以请求损害赔偿。由于应归责于债务人的事由导致履行不能的,亦同。——译者注

产生损害赔偿责任,例外的,如果没有可归责事由则应免除赔偿责任。修正的法律要件分类说在没有充分考虑“举证的困难性”与制度目的之间关系的情况下,就将之作为重要标准并不妥当。

对于笔者的上述批评意见,也许会有观点认为,“修正的法律要件分类说将法律要件的性质——权利根据规范、权利妨碍规范、权利消灭规范——作为标准,据此确定证明责任对象事实,因此该说的标准是明确的”。但一如上述,我们实际上无法根据条文结构形式对条文性质进行分类(比如,在因债务不履行而产生的损害赔偿诉讼中,我们并不能根据《民法》第 415 条的条文结构(表面上应属于权利根据规范的形式)将“债务人存在可归责事由”作为权利发生的证明责任对象事实)。因此,我们必须寻求规范分类的明确依据。在以所有权为由请求返还标的物的诉讼中,“不存在占有权原”属于权利发生根据事实,还是“存在占有权原”属于权利妨碍根据事实,并非不言自明的事项,都需要确切的思考方法。[19] 修正的法律要件分类说虽然对具体问题进行过研究,但并未提供解决上述根本问题的基本理论。 24

(四)修正的法律要件分类说与裁判规范民法理论在结论上的差异

一如上述,修正的法律要件分类说以“举证公平”为内容,抛弃了与民法制度目的的关系,以举证困难等实质性因素作为标准。在结果上,更倾向于尽量回避将举证困难事实作为证明责任对象事实的做法。在证明责任的具体分配结论上,与以制度目的为标准的裁判规范民法理论可能存在差异(此外,从重视制度目的的角度出发,关于《民法》第 474 条第 2 款的解释结论也可能存在差异,参见后述第七章第二节部分说明)。 25

笔者以《民法》第 557 条第 1 款为例。关于该款规定的“解除之意思表示”与“对方当事人着手履行”之间先后关系的证明责任,学界存在不同见解。对于买受人而言,要证明解除的意思表示发生在对方当事人(出卖人) 26

---

⑲ 关于笔者对这一问题的思考方法,详见第三章第六节“五、根据制度目的确定主张证明责任对象事实”之“(二)民法的规范结构分析”之“3. 基于所有权的标的物返还请求权的场合”部分内容。

着手履行之前，一般情况下是比较困难的（而对于出卖人而言，一般情况下则比较容易）。但从民法学理论来看，该条属于合同拘束力不当削弱条款，[20]立法目的在于增加当事人利用该款规定解除合同的难度。(1)以上述民法制度目的为前提，将符合制度目的作为证明责任对象事实的确定标准，就应当得出如下结论，即买受人应当就“买受人解除之意思表示在出卖人着手履行之前已经到达出卖人”这一事实负担证明责任。[21] 与此不同，(2)如果以当事人不应就举证困难事实负担证明责任作为分配标准，则应当得出如下结论，即出卖人应当就“在买受人解除之意思表示到达之前（时间长短不限），出卖人已经着手履行合同”这一事实负担证明责任。因此，当意思表示到达时间与着手履行先后关系陷入真伪不明的情形时，两种不同的思考方式将导致截然相反的判决结论。[22]

27 在出卖人 X 要求买受人 Y 支付买卖合同价款的诉讼中，我们以抗辩以下的攻击防御方法为例，来具体展现两种思路的差异。[23] 两种思路的差异主要体现在再抗辩以及复再抗辩方面。

28

□ 抗辩（解除定金）

根据(1)思路：

①就作为请求原因的买卖合同，Y 与 X 达成了交付 × × ×万日元定金

---

⑳ 参见内田『民法Ⅱ』第 116 页。

㉑ 司研『要件事实第 1 卷』第 151 页也介绍了两种不同的证明责任分配结论。

㉒ 司研『要件事实第 1 卷』第 151 页同样作出了类似的说明。

吉川「所有権に基づく動産引渡請求訴訟の要件事実(1)」第 29 页认为，裁判规范民法理论与修正的法律要件分类说在具体的结论上并无差异。吉川教授将修正的法律要件分类说称为“修正规范说”，并且认为该说“修正了传统见解，即修正了仅仅根据立法者关于条文本文、但书等结构形式区分积极要件与消极要件的做法，主张根据民法理论的规范分析划分积极要件和消极要件”。并据此认为修正的法律要件分类说与裁判规范民法理论在结论上是一致的。但笔者认为，吉川教授关于修正的法律要件分类说的理解本身并不贴切（不过，一如前述，要准确理解何为修正的法律要件分类说确实存在困难），与笔者的观点进行比较后得出的结论也不贴切。

㉓ 参见司研『要件事实第 1 卷』第 148 ~ 151 页，以及司研『改訂類型別』第 16 ~ 17、22 ~ 23 页。

的合意。

②Y 向 X 实际交付了上述约定的定金。

③Y 向 X 作出了以解除该买卖合同为目的,而放弃定金返还请求权的意思表示。

④Y 向 X 作出了解除该买卖合同的意思表示。

再抗辩(着手履行):

X 已经着手履行该买卖合同(比如对标的物不动产进行测量)。

复再抗辩(解除的意思表示先于着手履行)。

作为抗辩的"解除意思表示"先于作为再抗辩的"着手履行"到达出卖人。

根据(2)思路:

再抗辩(着手履行,且在解除之意思表示之前)。

X 已经着手履行该买卖合同,且早于作为抗辩的"解除意思表示之到达"。

五 | 司法研修所现在的观点

此处所谓司法研修所"现在"的观点(以下称为现司研说),是指司法研修所在出版《新问题研究》(『新問題研究』)(2011)一书之后的见解。 29

通过以下说明我们可以发现,目前还无法判断现司研说属于何种学说,也没有任何根据可以将之纳入修正的法律要件分类说。 30

司研《新问题研究》(『新問題研究』)第 8 页指出:"要件事实的具体内容是什么,其主张责任、证明责任如何分配,均应通过实体法解释加以确定。在此基础上,将实体法规范分为产生权利的规范(《民法》第 555 条,买卖合同之缔结)、妨碍权利产生的规范(《民法》第 95 条本文,错误)、消灭权利的规范(《民法》第 474 条以下,清偿)以及阻止权利行使的规范(《民法》第 533 条本文,同时履行抗辩权)。因上述规范产生的法律效果而受有利益的当事人应当负担主张和证明责任。这一证明责任分配规则较有说服力(当然,也有观点认为主张责任和证明责任未必都是一致的)。……以上述规则为前提,在分配主张和证明责任的基础上对实体法规范进行分析, 31

在明确了当事人希望发生的法律效果的必要构成要件后，再具体审视当事人关于符合各构成要件的要件事实之主张。”上述内容并没有明确说明司法研修所自身的观点，但从其“以上述规则为前提……再具体审视当事人关于符合各构成要件的要件事实之主张”的表述来看，司法研修所应当是明确采用了所谓“较有说服力”的分配规则。

32 以上所引部分表述实际上令人费解。所谓“通过实体法解释加以确定”的措辞，并未明确应根据实体法的何种解释加以确定。㉔ 对实体法规范进行诸如发生、妨碍、消灭的分类也没有明确的分类对象，所举三类立法例均是毫无争议的民法规范，因此我们也无法从中获取任何有价值的信息。㉕

六 | 其他见解

33 除上述介绍的主要学说外，尚有许多很有价值的见解。但限于篇幅，无法一一详细介绍，只能以类似于列表的方式简单说明。难免挂一漏万，敬请诸位海涵。笔者认为，这些观点都与笔者倡导的“裁判规范民法理论”有所不同。

34 以下说明系根据作者姓氏拼音为序。

加贺山茂教授：加賀山茂「司法研修所の要件事実論に代わる『新しい要件事実論』の構築のために」法学研究 84 巻 12 号（2011）第 203 页以下。

神田英明讲师：神田英明「民法理論の要件事実論への影響——二つのアプローチをめぐって」法律論叢 79 巻 6 号（2007）第 97 页以下。

坂本庆一法官：坂本慶一『新要件事実論——要件事実論の生成と発展』（悠々社，2011）。

並木茂教授：並木茂『要件事実原論——訴訟当事者中心の要件事実

㉔ 比如，有一种实体法解释结论认为，为了保护交易中的第三人，应当将该第三人的认知状态作为考虑因素。那么，应当将第三人善意作为保护的发生要件，还是将第三人恶意作为妨碍要件呢？上述解释结论无法自行得出答案。因此，口号式的“通过实体法解释”的表述几乎没有任何意义。

㉕ 关于对司法研究所『新問題研究』的批评意见，详见拙著「『新問題研究　要件事実』について（上）」第 89 页以下。

論の構築』(悠々社,2003)。

荻原金美教授:荻原金美『訴訟における主張・証明の法理——スウエーデン法と日本法を中心として』神奈川大学法学研究叢書18(信山社,2002)。

平野哲郎教授:平野哲郎「新体系・要件事実論」龍谷法学44卷4号(2012)第185页以下。

船越隆司教授:船越隆司『実定法秩序と証明責任——民法と商法の訴訟的考察』(尚学社,1996)。

桥本升二教授:橋本昇二「要件事実論ノート」白山法学5号(2009)第27页以下,「要件事実論ノート第6章」同10号(2014)第1页以下。

【第三节　裁判规范民法理论的接受程度】

35　本节简单介绍一下学界目前对裁判规范民法理论的接受程度。

36　笔者曾经详细介绍过相关情况,㉖当时对裁判规范民法理论持赞同意见的学者并不在少数,现在应该有所增长。在此请允许笔者介绍最新的相关文献。

37　最引人注目者,当属河村浩法官的论著。㉗

38　今村『課税訴訟における要件事実論』第10~11页高度评价了裁判规范民法理论,而且在第211页的结语处,对笔者以及该理论予以充分肯定。㉘

39　此外,加藤新太郎教授(原东京高等法院法官)在「要件事実論の到達点」一文中,认为目前围绕要件事实理论的论争,"呈现出裁判规范民法论争的特点"。㉙ 该论文介绍了三种主要学说,并认为"裁判规范民法理论"目前已经成为有力说(加藤教授本人采修正的法律要件分类说,认为裁判规范民法理论与该说不同,并对之持反对意见),并总结了对裁判规范民法理论的主要批评意见。由于该论文发表于2012年12月,属于较新的研究文献,而且有助于读者概括性地了解目前对裁判规范民法理论的批评意见,因此笔者将该部分抄录如下。

㉖ 参见拙著「要件事実論の変遷と今後の展望」第48~53页。

㉗ 即河村「要件事実論とはどのような考え方か(上)(中)(下)」(2012),参见本书第三章注解95。

㉘ 该书第211页指出,"该理论重视实体法制度目的,将之作为确定实体法规范结构的依据,笔者认为这是具有极大理论魅力的。……但该理论较为深奥,是否在实务中采用应当慎重研究。因此,本书依然采取修正的法律要件分类说的立场,并将在今后展开关于裁判规范民法理论应用可行性的研究"。

㉙ 参见加藤「要件事実論の到達点」第25页。

加藤教授指出:“对于裁判规范民法理论,有观点认为,“为了追求以民法(实体法)为中心确定证明责任分配的理念,必须将民法改造为‘裁判规范民法(实体法)’,但此种做法不仅工程浩大,而且法解释结论会因此固化,而丧失必要的灵活性”。另有观点认为,“从裁判的角度来看,民法(实体法)固然具有较强的裁判规范属性,但从社会整体来看,则具有更强的生活规范和行为规范属性,因此,构建作为裁判规范的民法会给人以违和感”。“作为裁判规范之民法的概念,过于刚性和夸张,给人以除了作为行为规范的民法外,还存在着其他民法的印象,容易招致反感。将民法作为裁判规范加以修正的说法应当更为合适。” 40

上述见解均属于抽象性批评意见,并没有具体内容。建构作为裁判规范之民法的工作,仅限于具体案件解决之必要性,㉚将民法全部条文重构为“裁判规范民法典”,与具体案件的解决并无关系,也没有如此做的必要。因此,所谓“工程浩大”的批评是站不住脚的。而且,按照本书第三章第五节“裁判规范民法的结构”以及第三章第六节“裁判规范民法的要件确定方法——主张证明责任对象事实的确定标准”所描述的方法步骤来看,所谓“法解释结论会因此固化,而丧失灵活性”的批评意见也不成立。 41

上述两类怀疑性见解均来自田尾桃二教授。其中,第一种意见见于田尾《要件事实论》(「要件事実論」)第 17 页,但田尾教授在表述该意见之前明确表示其对笔者见解不持异议(不知为何,加藤教授的引文忽略了这一点);第二种意见见于田尾「法学・法曹教育における要件事実論」第 364 页,田尾教授只是对“裁判规范民法”这一概念名称而非具体内容表达了不同意见,而且田尾教授在此之前也明确指出,“裁判规范民法这一思维方式,其理论建构是非常有意义的工作”(不知为何,加藤教授的引文同样忽略了这一点)。 42

加藤论文第 25 页将松本博之教授的观点作为最正式的批评意见进行了介绍,虽然对该批评意见的反驳意见比较充分,但在该论文第 25 ~ 26 页 43

㉚ 参见第三章第五节“三、裁判规范民法的重构过程与内容”之“(四)以行为规范民法为基础的重构作业的基本过程”部分的说明。

加藤教授仅列举了相关文献,而没有介绍具体内容。

44 加藤教授在总结松本博之教授的批评意见时认为(该论文第25页),"总之,要件事实理论是以实体法的裁判规范属性作为前提的,学界对此不持异议。但是否就要摒弃修正的法律要件分类说,转而优先建构裁判规范之民法,依然是有疑问的"。但并未指明产生疑问的具体依据。在该论文结尾处的注解20中引用了加藤新太郎「要件事実論の再生」(ジュリ1288号〔2005〕第52页一文,从中可以看出,加藤教授所指疑问,依然不外乎对"裁判规范民法"用语的批评意见。

45 此外,在该论文第24页介绍其他学说之前,加藤教授阐述了自己对裁判规范民法理论的批评意见,即"裁判规范民法理论虽然名义上没有采用修正的法律要件分类说的观点,但只是在要件解释过程中提前尝试分配主张证明责任而已"。笔者认为,这一批评意见是不准确的。所谓"在要件解释过程中提前尝试分配主张证明责任"所指并不明确。"裁判规范民法理论"与修正的法律要件分类说之间的差异,笔者已经在第四章第二节"四、修正的法律要件分类说"部分进行了详细说明,除了在某些诉讼中两说的结论存在差异外,还存在如下主要差异。

46 首先,修正的法律要件分类说冠以"修正"二字,是因为潜意识里依然认为实定法条文结构在某种含义上还是考虑到了证明的问题。㉛ 但笔者对此持否定见解,而且正因为如此,我们才有必要以现行民法(行为规范民法)为基础,建构以证明问题为核心的裁判规范之民法。

47 其次,作为主张证明责任对象事实确定标准的基本理论,修正的法律要件说并没有给出具有价值的具体标准,裁判规范民法理论则对此进行了详细说明,而且能够有效地指导实务操作。㉜

48 通过上述讨论我们可以发现,包括加藤教授在内的各种批评意见实际上并没有提供任何确切的批评依据。

49 最后,简单介绍一下实务界对该理论的态度。实务中,法官并不会在

㉛ 参见前引注解12及正文相关内容。

㉜ 参见第三章第六节相关内容。

判决书中明确案件审理的理论依据或者作出判决的理论依据,但会从举证公平的角度出发思考个案的妥当解决方案,因此明确判断实务界采用何种学说是十分困难的。但总体而言,实务界并没有采用规范说(旧的法律要件分类说)和证明责任规范说,我们则可以从修正的法律要件分类说,或者在某种含义上,从裁判规范民法理论的角度对实务判决进行解释说明(一如前述,也有在职法官专门撰文支持裁判规范民法理论)。

第五章 要件事实的内容

【第一节 本章主要内容】

在前述各章节中,我们探讨了要件事实理论的功能、裁判规范民法(主要是要件事实,即主张证明责任对象事实的确定标准)等内容,在要件事实(主张证明责任对象事实)大致得到确定的阶段(严格来说,能否认为"事实"得到确定是有疑问的),依然存在需要研究的问题。 1

比如,诉讼中当事人的过失成为争点。此时,我们认为原告应当就被告存在过失进行主张证明,而被告则没有必要就自身无过失进行主张证明(在这一含义上,主张证明责任问题已经得到了解决),但原告应当怎样对过失进行主张证明活动呢? 2

再如,被告负责管理的建筑物发生火灾,导致原告烧伤。原告基于不法行为损害赔偿请求权,对被告提出了损害赔偿的请求,原告应当就上述事实负担主张证明责任。但是,假设该建筑物是一个大型建筑物,那么火势是如何蔓延的,从建筑物的哪一个部分开始着火等事实,对于原告来说,需要具体到何种程度,又需要特定到何种程度?都是需要研究的问题。 3

第一个事例涉及"评价性要件"的问题,①第二个事例则涉及"事实的特定性与具体性"问题。本章将依次展开讨论。 4

作为评价性要件问题的前提,我们先从探讨"事实与评价"的关系开始。 5

---

① 关于这一问题的整体性研究,有两篇非常优秀的论文成果,参见難波「規範的要件・評価的要件」、河村「要件事実論の基礎的な概念・知識の検討(下)(完)」第21~34页。

【第二节　事实与评价】

一 | 问题本质与区别实益

□ 事实与评价的区别既明确又模糊

6 笔者在此并不准备进行哲学意义上的思考。所谓“事实”,是指实际存在于客观世界(从民事诉讼的角度来看则是人类社会)或者实际发生的事项;所谓“评价”,是指人类关于某一事实的价值性判断。从上述说明来看,似乎两者的区别是十分明显的。但在民事诉讼中,体现在当事人主张、证据记载内容、本人陈述或者证人证言中的“命题”(比如,“X 交付了 100 万日元于 Y”“Y 存在过失”“Y 占有案涉土地”),属于陈述“事实”的命题,还是陈述“评价”的命题,这种区别未必总是那么明显。尽管如此,区分事实与评价对于民事诉讼的审理判断还是具有重大意义,理由如下(准确的表述方式应该是,“某一命题属于陈述事实的命题或者属于陈述评价的命题”,但为行文简便起见,以下简化为“某一命题属于事实或者评价”)。

□ 通过判断事实存否来判断权利之存否

7 权利或者法律关系均属于一种观念,一般情况下(参见本章注解 5)无法直接加以证明。因此,在民事诉讼中,首先需要判断作为法律效果发生、妨碍、消灭之根据的具体事实是否存在,并通过对事实认定结论进行排列组合,最终判断作为诉讼标的的权利或者法律关系是否存在。这种审判方法就是民事判决的基本结构。此时,需要考虑举证公平,即当事人举证负担的公平性问题,恰当确定双方当事人的主张证明责任对象事实,通过对该等事实的认定结论进行排列组合,最终判断权利或者法律关系是否存在。

上述内容笔者已经在第一章第三节“二、民事判决中法律判断的基本结构”部分反复进行了说明,从民事判决的基本结构出发,作为诉讼中主张证明对象的,一般应当是“事实”,而非“评价”。将“评价”作为主张证明对象一般情况下是不恰当的,理由如下。 8

□ “事实”的显示价值

关于“事实”的陈述是单义而且明确的,因此具有很高的显示价值,每个人都能联想到相同的内容(简明来说,每个人都会具有共同的印象)。② 比如,X 陈述道,“X 把某张桌子以 50 万日元的价格出卖于 Y”(一般都会认为这属于对事实的陈述,虽然“出卖”一词属于法律术语,但日常生活中也会经常使用)。此时,不论是 X 本人,还是听到这一陈述的 Y,都能够准确地理解这一陈述的具体内容,也不会有人将之理解为“X 将一款价值 50 万日元的手表赠与 Y”。将具有上述性质的事项作为诉讼中主张证明的对象(包括自认)是没有问题的。此时,无论是当事人攻击防御的对象,还是法院的审理判断对象,都是十分明确的。 9

□ “评价”的显示价值

与此不同,关于“评价”的陈述所具有的显示价值,因评价内容不同而有所不同,但总体而言是多义的、不明确的。可以说,关于“评价”的陈述,其显示价值一般情况下非常低,每个人能联系到相同的内容是不可能的。因此,我们也不能将具有这种性质的事项作为诉讼中主张证明的对象。比 10

---

② 虽然在严格意义上,我们无法保证发言者与听众能够产生同样内容的联想(人们从哲学、心理学、脑科学、语言学等众多不同的角度提出了很多问题),但在民事诉讼中存在的问题是,关于“事实”的显示差异程度是否超过了可容许的限度。一般情况下,关于事实的陈述均在其可容许限度之内。

如,将“过失”这种评价③直接作为主张证明的对象,将产生很多问题。

□ 将“评价”作为主张证明对象存在的问题

11 如果把内容不明确的事项作为诉讼中的主张证明对象,将会产生如下问题。比如,即便Y认可X的主张,法院却无法判断就何种事实成立自认(这种内容不明确的自认,法院既没有理由受其拘束,也不会承认其法律效力)。④ 而且,即便进行证明,由于证明“过失”这一评价本身就比较困难,当X证明了Y存在过失时,就成了证明X选择的、与Y之行为相关的事实,对于Y而言,他只知道X提出了“Y的行为存在过失”这一主张,无法

③ 内田『民法Ⅱ』第340页引用了关于斯蒙病案件的判决,即东京地判昭53·8·3判时899号第48页判旨,所谓过失,即“在结果上违反了结果回避义务,其必要条件为,根据案件具体情形,有理由期待行为人会采取适当的回避措施,以此为前提,存在被预见义务所证实的预见可能性”。此为目前关于过失的一般观点,将之作为“评价”,应该没有什么问题。

学界曾经将过失作为单纯的人类心理状态(粗心大意未注意到某事),因此也有可能将之作为“事实”处理。兼子一『新修民事訴訟法体系(増訂版)』(酒井書店,1965)第199页指出,“当主要事实出现在辩论中并成为争议焦点时,对于那些有助于确定主要事实的间接事实(表征)来说,即便没有当事人的陈述,法院也可以采用……(比如,关于当事人恶意、过失等主张,即便根据与当事人陈述不同的其他事实加以认定也无妨)”。兼子教授将恶意与过失作为同样性质的要件,如果把过失作为单纯的心理状态来理解的话,兼子教授的这一做法也是可以得到合理解释的。

④ 与此不同的是,如果Y对于X关于某建筑物为其所有的主张予以认可,则应构成自认。由于“所有”一词在日常生活中有其固定含义,因此除非存在特殊事由,否则应认可其自认的效力。关于所有权的自认一般是成立的。

关于权利自认,除了注解61中所引高桥教授的观点外,还有其他很多见解。将过失作为权利自认的对象是十分困难的。笔者认为,由于过失欠缺内容的明确性,当事人并非都能作出内容一致的判断,因此能否成立权利自认是有疑问的。至少我们要求当事人主张某种程度的概括性事实,还不属于强人所难。即使作为损害数额计算的基础,也需要相当确切的事实依据。

这一问题与注解5的问题也具有密切的关联。评价,在某种程度上也存在客观性(如多数乘客的证言),而且有时也有必要对其进行直接认定(在事实层面上,就事实细节可能存在一些出入,比如“车晃动得很厉害”“速度忽快忽慢”,同样的事实经过可能给不同的人留下不同的印象。与事实相关的证言如果内容不一致,则无法作为认定特定事实的依据。能否作出选择性或者概括性的事实认定也是成问题的),比如通过与评价事项相关的证人证言对评价进行直接认定。但对于过失可否成立权利自认的问题,笔者认为至少一般情况下无法成立。

判断怎样组织防御，而且法院可以自由地从证据资料中获取“Y 的行为存在过失”的判断（由于法院是在 X 主张的范围内进行判断的，因此并不违反辩论主义，但辩论主义所具有的“防止裁判突袭”的功能却因此而丧失）。有时即便 X 证明了其举证目标事实，但从法律的角度来看，依据该事实无法评价为过失。一如上述，将“评价”本身直接作为主张证明对象，至少在一般情形下是不恰当的。⑤

假如当事人没有陈述相关“评价”的根据事实，从诉讼上的主张的要求来说，这样的主张属于“主张本身失当”，即没有必要进入该主张的证明环节，仅根据主张本身即可判断该主张无理由。当然，法院需要妥当行使释明权。 12

□ 证明对象应为事实（例外情形可参见前引注解5）

从民事诉讼的实际着眼，我们必须对事物的性质作出“评价”或者“事实”的判断，并且选择相对应的审理方式，这有助于妥当、正确、迅速地解决纠纷。 13

一如上述，对于具有“评价”性质的事项，当事人单纯主张“存在某种评 14

---

⑤ 司法研修所在这一问题上与笔者结论相同，但司研『要件事实第 1 卷』第 31 页认为，“与具体事实相剥离的过失、正当事由、背信性等评价本身无法通过证据加以证明，这是至为明显的道理”。能否如此断言实际上是有疑问的。比如，在交通事故诉讼中，加害车辆是公共汽车，关于该公共汽车驾驶员 Y 的驾驶方式，多数乘客的证言是一致的（没有与之相矛盾的其他证据），“Y 开车十分粗暴”。此时，能否直接判断 Y 的驾驶存在过失另当别论，但这种情形应当属于直接通过证据证明“过失”的方法。所谓“评价”，如果越接近日常生活经历，这种直接证明的方式就越具有其合理性。比如，居住在附近多数人的证言一致认为“他经常遛狗”。在没有矛盾证据的情况下，即便“经常”的具体频率无法得到特定，但在一定限度内，法官可以上述证言作为认定的依据（如果“经常”这一要素成为重要的争点，则可能另当别论）。

我们再列举一个较为不同的事例。比如，某一学者详细的生平事迹不可考，但多数权威史书一致认为该学者极为优秀，假设没有相矛盾的证据，我们就可以将史书的相关记载作为评价该学者的证据。

鉴于上述，对于最为典型的法律评价——权利而言，可否直接通过证据加以证明，对这一问题应当极为慎重，但在理论上还无法完全予以否定。参见第二章第三节“二、无须调整证明责任对象事实情形下的减轻对策”之“（二）事实上的权利推定”相关说明。

价（如存在过失）”是不充分的，必须主张其评价根据事实（参见本章第三节“一、评价性要件的思维方式”之“（二）关于评价性要件之主要事实说的正当性”），在该事实产生争议的情况下，当事人必须加以证明。与此不同，对于具有“事实”性质的事项，可以直接加以主张和证明。

15 如此一来，对于事实成为争点的事实性要件、评价成为争点的评价性要件，应当采取怎样不同的法律应对，还需要更为具体的探讨。详见本章第三节关于评价性要件的讨论。

16 在处理争点的性质时，既存在“评价”与“事实”能够截然区分的情形，一如上述事例，也存在两者的区别十分模糊的情形。因此，在我们讨论事实性要件与评价性要件不同的法律应对措施之前，首先应明确区分的标准。简言之，就是应当如何区别事实与评价？

二 | 事实的评价性

（一）“事实”与“评价”的示例

17 以上我们讨论了事实与评价在概念上的区别。在大多数情况下，根据事项的内容我们可以区分两者，至少可以区分典型的“评价”和典型的“事实”。

18 事实的典型事例，除上述买卖外，还有借款之交付等不胜枚举的事例。

19 评价的典型事例，除上述“过失”外，还包括滥用权利（《民法》第1条第3款）、居所（《民法》第22条）、公序良俗（《民法》第90条）、能够知其真意之时（《民法》第93条但书）、重大过失（《民法》第95条）、有正当理由信其有代理人之权限（《民法》第110条）、背信性（常见者如，与《民法》第177条相关联之“恶意背信”；与《民法》第612条相关联之“有特殊事由不足以认定为背信行为”）、无过失（《民法》第192条）、占有被妨碍之虞（《民法》第199条）、债务人之可归责事由（《民法》第415条）、有害于债权人（《民法》第424条第1款）、不可归责于债务人之事由（《民法》第543条）、不法原因（《民法》第708条）、子女利益（《民法》第766条第1款）、婚姻难以维系之重大事由（《民法》第770条第1款第5项）、正当事由（《借地借家法》第6

条)等。

20 见解不一者,包括占有、瑕疵(《民法》第570条)以及缺陷(《产品责任法》第2条第2款)等。⑥

(二)"事实"与"评价"的区分标准

□ "事实"命题与"评价"命题的连续性

21 两者的区别并不总是那么明显。原因在于,如果从原理出发,所谓事实与评价的区别在本质上很难作出区分,只能说存在程度上的差异。两者本来就属于同在一条连续线上的观念。

22 假如存在某一客观事实,而且该事实可以与人类作出的评价严格区分(当然,这一问题属于哲学上的根本命题,此处暂不讨论),那么在人类通过语言描述该事实时,严格说来,首先需要为了置换为语言表现而对该客观存在进行评价。在这一含义上,纯粹描述事实的命题在理论上是不存在的。

23 比如,"这里有一张桌子"一般被看作描述单纯事实的命题。从理论上来说,假设我们面前摆放着一个器物,下有四只木质的腿脚,上覆平板,可供书写之用。我们会将眼前这一器物与头脑中的辞书相对照,并得出该器

---

⑥ 笔者认为这三类概念均属于评价。

最判平22·3·2判時2076号第44页、判タ1321号第74页认为,应当通过多种事实综合判断道路设施或者管理中是否存在瑕疵(《国家赔偿法》第2条第1款)。很明显,该判决将"瑕疵"视为"评价"。所谓占有,既指一种自主的意思,也指持有对象物的一种状态。笔者认为,两种含义都涉及判断何种事实能够相当于该定义所指内容,因此作为一种复合概念,占有在更大程度上应属于评价性概念。参见拙著「民事占有試論(下)——占有の要件についての一考察」ジュリ1060号〔1995〕第89页。内田『民法Ⅰ』第407页认为,持有"并非单纯的事实性支配,而是包含了评价在内的概念,因为需要判断这种事实上的支配是否达到了一定程度,从而具有占有的各种法律效果"。司研『新問題研究』第63页则暧昧地将占有作为一种"概括性的抽象事实",依然属于事实概念,实难赞同。

关于《国籍法》第2条第3项规定之"不知其父母者",最高法院曾有一饶有兴味之判例,参见最判平7·1·27民集49卷1号第56页[3]。如果将该判例作为"不知其父母者"属于评价性要件的事例来理解的话,可能存在很大困难。但田中伸子「判例研究 国籍法2条3号『父母がともに知れないとき』の要件事実——最判平成7年1月27日民集49卷1号56頁国籍確認請求事件」創価ロージャーナル4号(2011)第183页以下,将该要件解释为评价性要件,笔者亦表赞同。

物并非“椅子”,而是“桌子”的评价结论,并通过语言将这一认识的整体状况描述为“这里有一张桌子”。由此可见,严格说来,“这里有一张桌子”的命题并非描述事实的命题,而是对我们陈述该命题的评价结论,进行再次陈述的命题。

24 同样的认识过程不仅发生在物体身上,也同样发生在人类的肢体动作上。比如,我们说“A 交付金钱于 B”。从理论上来说,我们是将所看到的发生在 A 与 B 之间的现象与头脑中的辞书相对照,并得出相应的评价结论。即该现象并非“A 与 B 握手”,而是“A 交付金钱于 B”,并将这一评价结论通过语言描述出来。由此可见,“A 交付金钱于 B”的命题,严格说来,也并非描述事实的命题,而是对描述该命题之人的评价结论,再次进行描述的命题。

25 但是,尽管在理论上应当遵循上述认识过程,但一般情况下均可将上述命题(不论是“这里有一张桌子”或者“A 交付金钱于 B”)作为陈述事实的命题。一如前述,在诉讼中也可以直接将类似命题作为主张证明的对象事实。如果是描述评价的命题,那么得出该评价的根据事实,就成为主张证明的对象事实。

□ “事实”命题与“评价”命题的区分标准

26 从结论上来看,即便没有解决区分“事实”命题和“评价”命题的本质(哲学意义上的)问题(笔者也无力解决这样的难题),但只要我们能够解决如下问题即可:什么样的命题可以作为与事实相关的命题,从而可以成为直接加以主张证明的对象;什么样的命题可以作为与评价相关的命题,其评价根据事实可以成为主张证明的对象。

27 这一问题的答案通过对前述第二节“一、问题本质与区别实益”的说明进行推导即可得出。

28 在前述第二节“一、问题本质与区别实益”部分,笔者指出,关于“事实”的陈述所具有的显示价值,是单义而且明确的,因此具有很高的显示价值,每个人都能联想到相同的内容(简明来说,每个人都会具有共同的印象)。

与此不同,关于“评价”的陈述所具有的显示价值,因评价内容不同而有所不同,但总体而言是多义的、不明确的。可以说,关于“评价”的陈述,其显示价值一般情况下非常低,每个人能联系到相同的内容是不可能的。 29

简单来说,可以将前者直接作为主张证明对象事实,而不可以将后者直接作为主张证明对象事实的理由,正是上述事实与评价存在的显示价值方面的巨大差异。由于民事诉讼中需要处理的命题只有上述两种,⑦因此我们可以把适宜直接作为主张证明对象事实的事项作为“事实”来处理,不适宜的事项作为“评价”来处理。最简明的区分标准是,“就某一命题人们会否联想到相同的内容(每个人都会具有共同的印象)”。 30

之所以采用这一标准,是因为有助于最终实现民事诉讼的制度目的,即妥当、正确、迅速地解决民事纠纷(由此产生的判断结论被认为是正当的)。“就某一命题人们会否联想到相同的内容”这一标准本身依然是极为模糊的,包含很多程度问题(比如,何种程度的人数标准才符合“人们”的要求,何种程度的共同点才符合“相同的内容”的要求),因此,在无法判断的情况下,只能最终诉诸何种性质的命题(将之归入“事实”或者“评价”)才能有助于实现民事诉讼的制度目的这一标准(最终取决于某一法律价值判断,恐怕也是法律命题的宿命)。⑧ 31

---

⑦ 表示命令的命题(比如,“Y! 把钱拿走!”)以及表示愿望的命题(比如,“Y,希望你收下这笔钱”)并不在此列。即便在民事诉讼中需要处理这两类命题,它们也不会直接成为主张证明的对象,而是会转换为“某人陈述道……”的形式。

⑧ 笔者曾经从民事诉讼事实认定的角度,探讨了事实与评价的关系问题。笔者认为,在民事诉讼中,法院在作出判决时,是以确定的事实为前提作出法律判断,此时应当予以确定的事实到底是怎样的事实,即涉及事实与评价的问题。笔者的基本观点是,法院的判断必须根据对象事项的性质作出。具体而言,如果判断对象属于事实,则可以通过证人证言等直接认定的方式加以判断;如果判断对象属于评价,则应先认定评价的基础事实,然后再对该事实进行法律判断(有些判断对象表面看起来像是事实,但实际却是评价事项,如果因此省略了法律判断的过程,这样的事实认定就不是恰当的)。当时的问题意识与此处的问题意识一致。可参见拙著『事実認定の基礎』第 11 页以下。

此外,在家事案件的审判过程中,会涉及很多“事实”与“评价”的区分问题,相关研究可参见本书第一章第五节“二、家事审判案件要件事实之特征”之“(五)区别要件事实与其他事实之重要性”部分的说明,以及拙著「事実認定に関する若干の考察——家事事件における調査実務との関連を念頭に置いて」調研紀要 54 号(1988)第 5 页以下。

□ 案件的不同情况可导致“事实”命题转化为“评价”命题

32 与“就某一命题,人们会否联想到相同的内容”这一标准的理解相关,以下设例的讨论具有重要意义。这里涉及的问题在于,按照普通的标准,对实际状态的某一描述可能是恰当的,但由于案件当时的具体情况,如此描述就不是恰当的。

33 如果不存在特殊事由,借款返还请求诉讼中的“金钱之交付”一般是作为事实来处理的,因为人们对此可以联想到相同的内容。笔者在此通过对特殊事由的考察,意在揭示潜藏在纯粹的事实背后的评价性。

34 我们以X对Y提起的借款返还请求诉讼为例。如果Y否认借款的事实,那么X是否将金钱交付于Y这一事实,就涉及“交付”的样态问题。如果X是将金钱直接交付到Y的手上,那么该事实可以直接作为认定的对象事实。但假如X只是将金钱放在Y的面前,而站在Y身边的债权人A直接将钱拿走,将之作为Y对其债务的清偿。这种情况下,能否认定X将金钱交付于Y,只能先就这一具体状况进行法律评价,然后才能得出相应的结论。

35 假设案件的实际情况如上所示,而X仅主张“将金钱交付于Y”,并没有具体描述实际情况,对于X的这一主张,Y仅联想到“X将现金置于自己手上”的内容,由于这一事实样态与实际相差甚远,Y极有可能对X的主张予以否认。上述设例中,虽然X了解实际的交付情况,但却省略了具体过程,根据自己的评价提出了较为简单的事实主张,而对于“将金钱交付于Y”这一描述,X和Y实际上联想到的内容是不一样的,将之作为主张证明对象并不恰当。上述设例中,作为对要件事实的主张证明,必须是上述事实的具体经过,在该等事实得到证明的情况下,法院再施以法律判断,最终认定是否成立“X将金钱交付于Y”。⑨ 由此可见,即使是“X将金钱交付于

---

⑨ 正文所举设例较为极端,考虑到并不涉及因清偿而导致Y之债务消灭之类的法律利益的情形,能否认为Y从X处领受了金钱从而构成交付也是有问题的。最高法院曾经有一个较为有趣的判例,该案的焦点并不在于金钱是否已经交付,而是从Y的立场来看,其是否受有利益。最高法院认为,“在消费借贷合同关系中,借款人甲要求贷款人乙将贷款直接交付第三人丙,乙按照这一指示交付贷款后,甲撤销该合同,乙请求不当得

Y”这样看上去十分简单的命题,也并非总是事实命题。简单而言,“某一描述的准确性,只能针对该描述假定的典型场景,同一描述所指向的具体情形如果属于非典型场景,则需要法官慎重判断该描述能够在多大程度上覆盖所指向的具体情形”。

利返还。此种情形下,如果不存在特殊事由,应当认定由于乙对丙之交付,甲因此受有与交付额度相当的利益”。就本案情形,最高法院指出,“本案中,根据已经查明的事实,Y与Z公司之间并无法律上或者事实上的关系,Y受到A之强迫,按照A的要求被迫缔结本案消费借贷合同,并要求X将贷款汇入Z公司账户。由于本案存在特殊事由,因此Y并未从汇款行为中获得任何利益”。(Y代表上述之甲,Z公司代表上述之丙,X代表上述之乙)参见最判平10・5・26民集52卷4号第985页[21]。

【第三节　评价性要件】

一 | 评价性要件的思维方式

(一)评价性要件的定义

36 所谓评价性要件,是指以某种评价为内容的法律要件(法律规定的可产生某一权利或法律关系的法律要件群中之一部)。典型的评价性要件,比如《借地借家法》中可导致建筑物租赁合同终止的“正当事由”,该要件与建筑物租赁合同之缔结、解约申请(均为事实性要件)共同构成合同终止的法律要件。评价性要件一般个别地存在于某一法律要件群中,理论上虽然存在某一法律要件群均以“评价”为内容的可能性,但实际上这种可能性很小。

37 当事人之间的争点主要围绕作为要件内容的评价展开,这一问题十分重要,参见后述第三节“二、评价性要件的要件事实特征”之“(三)派生特征之二:评价根据事实与评价妨碍事实”部分的说明。

□ 非典型评价性要件

38 与上述评价性要件相比,笔者认为实定法中还存在一种“非典型评价性要件”,有必要进行简单介绍。所谓“非典型评价性要件”,在性质上当然也属于评价性要件(请读者千万不要误解),但在表现形式上与普通的评价性要件还是稍有区别。

39 典型的评价性要件,其要件内容即是“过失”“正当事由”这些评价本身,法条并不会列举其评价根据事实或者评价妨碍事实。但非典型评价性要件则会明文规定评价根据事实以及(或者)评价妨碍事实。

我们以《民法》第108条*为例。该条本文部分列举了较为典型的可能有损本人利益的行为**,以此作为利益相反行为的评价根据事实,同时,作为特殊情形,在但书部分例外规定了无害于本人利益的行为(严格来说,是有损本人利益可能性较低的典型行为)***,以此作为评价妨碍事实。 40

《公司法》第356条第1款****第2项规定了利益相反行为的评价根据事实,第3项规定则在列举了典型行为的同时附加了"利益相反的交易行为"的评价。该两项规定在解释上不应被视为性质不同的条款。 41

饶有兴味的立法例是《民法》第826条*****(第860条亦可准用)。从本人利益保护的必要性来看,第826条与第108条几乎是完全相同的。但由于第826条所指利益相反行为存在多种类型,因此立法者没有采用第108条明确列举评价根据事实的方式,而是采用了典型的评价性要件结构。 42

上述条文与典型的评价性要件相同,均以"利益相反行为"这一评价作为要件内容,当事人之间的争议也是围绕同一评价而产生(这是评价性要件的基本特征)。但一般情况下,立法者并不会在条文中对评价予以具体化(如"过失""正当事由"。《借地借家法》第6条也仅列举了评价性要素),如上述条文一般,将该当于某一评价的典型行为在条文中加以列举(法定之意),也属于一种立法政策。但我们应当注意的是,不能因此就认 43

---

* 日本《民法》第108条规定,任何人,不得就同一法律行为,任其相对人之代理人或当事人双方之代理人。但债务履行行为除外。——译者注

** 文中"较为典型"的对应原文为"類型的",经伊藤教授确认,翻译为"典型"更符合作者原意——译者注

*** 文中"可能性较低的典型行为"的对应原文为"類型的に高いとはいえない",经伊藤教授确认,翻译为"可能性较低的典型行为"更符合作者原意——译者注

**** 日本《公司法》第356条第1款规定:"有下列情形者,公司董事须在股东大会上披露相关交易的重要事实,并获得股东大会的认可。一、董事为自身利益或第三人利益准备从事与公司事业类似的交易。二、董事为自身利益或第三人利益准备与公司从事交易。三、公司为董事债务提供保证或与董事之外的第三人准备从事交易,而该交易存在公司利益与该董事利益相反之虞。"——译者注

***** 日本《民法》第826条规定,亲权人欲作出与其子女利益相反行为的,应由亲权人请求家庭裁判所为子女选任特别代理人。亲权人对数名子女行使亲权的,若出现某一子女与其他子女利益相反的行为,为其中一方利益,准用前款规定。——译者注

为该等要件的性质由此变为了事实性要件。

44 关于《民法》第108条的立法理由，川岛武宜教授指出，“在自己契约、双方代理这样无法发挥代理制度对抗或者抑制当事人之间利益关系功能的法律关系中，为他人利益而决定，甚至表示效果意思的意思表示样式有可能损害本人的利益。……如果从这一角度理解第108条立法旨趣的话，该条所禁止的自己契约、双方代理的范围应当被限定为与立法旨趣相关的法律关系。……即便不是履行债务，只要该法律关系不会产生损害本人的新的利益变动，就不应当属于第108条的禁止之列；反之，即便是履行债务，如果会产生新的利益变动，则该法律行为应在该条禁止之列”。⑩

45 上述观点存在的问题在于类推解释是否适当，但同时正确地指出了理解该条的重点在于判断该当行为是否属于可能损害本人利益的行为（或属于不会损害本人利益的行为），至于该当行为是否与法定的评价根据事实（或者评价妨碍事实）保持一致并不重要。在这一含义上，《民法》第108条的规定属于评价性要件（非典型评价性要件）。

46 《民法》第612条第1款*则与上述规范稍有不同。该款规定将承租权的让与和转租承租物作为“背信性”这一评价的法定根据事实，而将出租人之承诺作为法定的评价妨碍事实。正因为《民法》第612条第1款的要件在性质上属于以“背信性”为内容的评价性要件，“不足以认定为背信行为的特殊事由”才能够成为评价妨碍事实[假如第1款规定的性质与“背信性”评价无关，那么上述“特殊事由”也无法成为妨碍事实（一般表现为抗辩）]。此外，所谓过剩主张，其含义应当是由于条文已经规定了评价根据事实和评价妨碍事实，因此当事人的事实主张只要以此为限，就可以成为

⑩ 参见川島武宜『民法総則』法律学全集17（有斐閣，1965）第348、350、351页。类似观点可参见我妻『民法総則』第341～343页，内田『民法Ⅰ』第141～143页。常见的事例为，同一司法书士作为登记义务人和登记权利人的双方代理人进行登记申请行为，该行为应予准许（参见内田『民法Ⅰ』第142页）。

* 日本《民法》第612条第1款规定，非经出租人同意，承租人不得让与权利或转租承租物。第2款规定，承租人违反前款规定，使第三人就承租物使用或收益的，出租人可以解除合同。——译者注

得出相应评价结论的必要且充分的事实主张，其他多余的主张将作为过剩主张而不被允许。并非意味着对于评价性要件在性质上不得提出过剩主张。因此，根据“特殊事由”的不同情形，应当允许当事人追加主张内容，比如关于承租权的让与或转租承租物的意图（此时不应将之视为过剩主张而予以禁止）。

《民法》第541条*也可如此理解。该条规定之要件同样属于关于“严重违反合同义务”这一评价的法定根据事实，而在轻微违反义务的情形下，则可将之作为评价妨碍事实。⑪ 47

□ 非典型评价性要件与法律上的评价推定

此处我们必须考虑的问题是，关于非典型评价性要件与前述第二章第三节“三、通过改变证明责任对象事实缓解举证困难的方法”之“（八）法律上的评价推定”，在攻击防御方法的结构上存在何种关系？ 48

《民法》第108条在性质上属于非典型评价性要件，其规范结构是：本文部分列举了较为典型的可能有损本人利益的行为，该当行为属于利益相反行为，但书部分例外规定了特殊事由，以此作为评价妨碍事实。笔者认为，从攻击防御方法的角度来看，非典型评价性要件与法律上的评价推定在结构上是完全相同的。 49

两者的区别在于，非典型评价性要件在条文中规定了某一事实（如自己交易行为）作为该当评价（如利益相反行为）的评价根据事实，而法律上的评价推定则在条文中规定了某一事实（如侵害他人专利权或专用实施权的行为）作为推定该当评价（如存在过失）成立的前提事实。 50

---

* 日本《民法》第541条规定，一方当事人未履行债务时，相对人可以定相当期间催告其履行，如果在该期间未履行的，相对人可以解除合同。但对照合同或交易习惯，该债务不履行属于轻微情形的，不在此限。——译者注

⑪ 2015年3月31日，《关于民法部分修改法律草案》提交第189届国会审议，该草案对《民法》第541条所做的修改与笔者的观点完全一致，即该条本文部分将“催告后仍不履行”这一具体行为规定为严重违反合同义务这一评价的根据事实，但书部分则规定，如果存在无法如此评价的“特殊情势”，则不能解除合同。

51 当然,上述差异(换言之,前者规定的是评价的内在构成要素,而后者规定的是评价的外在要素)可以通过改变条文规定方式予以消除,因此两者的区别可以说仅仅是立法技术上的差别。比如,我们可以在保持立法旨趣的前提下对《民法》第108条进行如下改造(改造后的条文可能更加通俗易懂):"禁止利益相反行为。就同一法律行为,作为对方当事人的代理人,或者作为双方当事人的代理人的,推定为实施了利益相反行为。"同样地,我们也可以将《专利法》第103条关于过失推定的前提事实规定为非典型评价性要件的根据事实(虽然严格来说并不属于"事实"),而不会改变该条的立法旨趣。

52 究竟采用何种结构方式更为恰当,恐怕只能从实定法体系出发,根据应当规定的具体内容加以判断(比如,当事人根据《专利法》第103条请求损害赔偿时,该请求权的法律依据是《民法》第709条,而非《专利法》。因此,在《专利法》中明确规定非典型评价性要件的条文是十分困难的)。

(二)关于评价性要件之主要事实说的正当性

53 由上述可知,评价性要件中的要件事实(主张证明责任对象事实),是该当于该要件的具体事实,评价本身并非要件事实。这一观点目前属于学界通说,也是实务界的共识,一般称之为主要事实说。主要事实与要件事实同义,由于此处涉及间接事实的问题,因此相对应的,笔者采用了主要事实这一称谓。

54 但是,现在依然有个别观点坚持将评价本身视为要件事实,而将评价根据事实作为间接事实(一般称为间接事实说。该说目前的拥趸较少,⑫其

⑫ 较为晚近的代表性观点应为大島真一「規範的要件の要件事実」判タ1387号(2013)第24页以下。该论文篇幅较长,笔者在此仅介绍其核心观点。

该论文第32页,一方面承认过失等规范性要件属于评价而非事实,但并不赞同主要事实说的观点,即该等要件无法通过证据直接证明,因此无法称之为主要事实,而是采用了另一种解释范式,即"通过重新定义主要事实这一概念,完全可以消解上述矛盾,即所谓主要事实,是在真伪不明的情形下(无法证明高度盖然性)承受不利益之当事人应当证明的事实或者评价"。

存在的问题也是极为明显的⑬)。

□ *不存在评价妨碍事实的评价性要件?*

关于评价性要件会不会存在这样一种观点,即虽然采用主要事实说, 55

但是,如果按照这一关于主要事实的定义来解决民事诉讼中的相关问题时(我们并不能将主要事实的概念根据使用的场合不同而毫无理由地加以改变),这种定义的变化将导致主要事实这一概念同时包含"评价"的内容。由此一来,辩论主义的实质内涵也将发生相应的变化,即当事人必须提出的事项不仅限于"事实",也可以包括"评价"在内。这种变化应当提供相应的依据作为正当化的基础(如果将过失等视为一种事实,则其本身是错误的,但从形式上来看,则与辩论主义的主要内容并不抵触)。但该论文并未提供任何依据性的说明,而且这一定义的变化与作者关于辩论主义第一命题的说明也存在自相矛盾之处,该论文第25页指出,"只有当事人主张的事实才能作为法院裁判的基础"。

另外,大岛法官最近的一篇论文「医療訴訟の現状と将来——最高裁判例の到達点」判タ1401号(2014)第20页有这样的表述,"作为过失的间接事实(与因果关系的间接事实相同)……"明显是将过失本身作为主要事实来处理,令人不禁心生疑问。

⑬ 参见司研『要件事実第1巻』第30~34页(该书详细比较了主要事实说与间接事实说的区别,并论述了两说的妥当性,该书采主要事实说)。司法研修所目前仍持此种观点(参见司研『新問題研究』第102、141页)。

关于相关学说的介绍和分析,详见難波「規範的要件・評価的要件」第212~217页。

倉田「一般条項と証明責任」(该成果以论文形式最初发表于1974年)第259页首先列举了当时具有代表性的几部教科书,然后指出,"这些具有代表性的教科书和注释书,无一例外地都将过失作为主要事实,然后大谈特谈间接事实如何如何,这正是造成相关混乱状态的根源。目前这一观点已经几乎成为通说,这种混乱的状态恐怕还要持续下去"。时至今日,情况已经发生了根本改变。

松本博之教授在这一问题上的观点较为特殊(参见松本博之『民事訴訟における事案の解明』,本书第二章前引注解1第13页),既非主要事实说,也非间接事实说。由于笔者在本书校稿阶段才接触到松本教授的最新成果,因此只能简要评述。松本教授认为,"既然法律已经把正当事由本身这一法律评价的结果……规定为法律要件,因此就无法按照评价根据事实(请求原因)、评价妨碍事实(抗辩)这种形式进行证明责任的分配"。(同页)

笔者认为,我国民法(以之为代表的实体法)的条文结构基本上未考虑证明的问题,因此按照作为裁判规范的民法对之进行重构当然是可行的。重构过程中,可以根据主要事实说的观点区分评价根据事实和评价妨碍事实。因此,松本教授的上述观点并不恰当。当然,像正当事由(理由)等评价性要件,由于其构成事实复杂多样,法律进行详细地列举性规定也是不可能的,只能采用正当事由(理由)这一评价的形式加以规定。与笔者类似的观点尚可参见田尾桃二「主要事実と間接事実にかんする二、三の疑問」小山昇ほか編『裁判法の諸問題(中)——兼子一博士還暦記念』(有斐閣,1969)第278~279页。关于具体事实的主张证明责任之所在,从上述民法条文结构中恐怕也不宜引申出其他特殊的含义。

但并不认同存在评价妨碍事实？关于《借地借家法》(旧法为《借家法》)中作为借贷合同终了事由的正当事由，贺集「要件事実の機能」第47页指出，“作出存在正当事由这一评价必须有充分的事实依据，逆言之，不应当存在妨碍作出这一评价的情形”。贺集教授以此为由，认为将是否存在正当事由的具体事实划分为评价根据事实和妨碍事实的做法是存在问题的。在该论文第48页，贺集教授认为，“规范性要件能够附加妨碍事由的情形，恐怕应限于预见可能性以及违反客观的结果回避义务的情形，因为在该类规范性要件中(此处指过失)，可以划分出两个或两个以上的规范性因素”。由此可见，贺集教授认为在部分评价性要件中，只存在评价根据事实，而不应存在评价妨碍事实。

56 笔者对此持反对意见。一如后述[第五章第三节“二、评价性要件的要件事实特征”之“(三)派生特征之二：评价根据事实与评价妨碍事实”之“1.根据事实与妨碍事实的定义及其判断结构的特点”]，恰当地划分评价根据事实和评价妨碍事实是可行的。但是，对于某些评价性较低的评价性要件而言，则可能只存在评价根据事实而不存在妨碍事实(贺集教授认为“正当事由”并不存在评价妨碍事实，但笔者认为该要件属于典型的评价性要件，既存在评价根据事实，也存在妨碍事实。请各位读者不要误解)。

57 对于不存在评价妨碍事实的评价性要件，笔者曾经称之为“价值性概念”，但目前的观点已经发生了变化。

□ “价值性概念”（本书第1版中的概念）之废止

58 在本书第1版第123～125页，笔者就“价值性概念”主要阐述了以下主要观点。

59 与普通的事实相比，某些命题具有较高的评价性(价值性概念)。与能够作为事实来处理的事项相比，可以说价值性概念在揭示具体性内容方面的显示价值较低。这就存在一定的问题。

60 比如，当事人围绕合同是否因解除已经消灭产生争议，原告主张，“原告向被告发出了解除合同的书面文件，该文件于平成×年×月×日到达被告方”。被告则否认收到类似文件。就文件到达的具体情形如何进行法律判断是实务中常见的问题。"到达被告的书面文件中载明了解除合同的意思表示"这一陈述是否属于关于事实的命题是存在疑问的。比如,原告造访被告的住所,但并未与被告见面,而是将记载了解除合同意思表示的书面文件放置在被告的邮箱内,而该文件在被告收阅之前已经消失了。这种情形下,能否认为书面文件已经到达被告是有疑问的。法院既不能以"原告并未亲手交付该书面文件"为由,认为不存在解除合同的书面意思表示(如果书面文件处于被告的支配范围内,被告理应知道该文件的存在,此时可以认定意思表示已经到达被告。这也是民法教科书普遍的观点),当然也不能随意地判断该意思表示成立(比如,虽然是被告的住所,但长期无人居住,该住所内虽然留有被告的财产和家具,但被告目前滞留海外,这种情况下可否认为其仍属于被告的住所是有问题的)。这种情况下,无论是关于要件事实的主张还是事实认定,均应根据案件的具体情况进行,法院作出的判断结论也应当采用类似于"书面文件已经到达(或者并未到达)被告"的方式。可以毫不夸张地说,大多数事实认定都存在类似的问题。

61 与上述举例说明的"到达"类似,虽非评价性要件,但与普通的事实相比依然具有一定评价性的构成要件还包括《民法》第95条所指"要素",以及第493条规定的"清偿之提供"。

62 在理论上区别上述"价值性概念"与评价性要件是极为困难的,笔者至今也没有相对确定的结论。以下是笔者对这一问题的尝试性回答,希望得到大家的批评指正以深化相关研究。笔者认为,"应当作为评价来处理的事项,严格来说存在两种类型。一种类型是……比如过失、正当事由等具有极高评价性的事项;另一种类型是事项本身的评价性并不突出,但作为纯粹的事实问题来处理也不妥当,比如意思表示到达的问题。这种区别的意义在于,前者既存在评价根据事实,也存在评价妨碍事实,而后者只应存在评价根据事实……但上述观点并非定论……"

63 以上观点即本书第1版关于价值性概念的主要内容。⑭

---

⑭ 参见拙著『要件事実の基礎(初版)』第123~125页。

64 从评价根据事实与妨碍事实两分的观点来看,以前述"到达"为例,其评价根据事实为"X将该书面文件放置在Y家门前的邮箱",评价妨碍事实为"Y已经连续一年以上没有在此居住"。本设例中,如果暂不考虑评价妨碍事实,则原告有必要补充主张新的评价根据事实,即"在那一段时间,Y基本上晚上都会回家"。这一设例的目的并不在于讨论哪一种思维方式更好,而仅在于说明由于思维方式的不同,将导致具体的事实主张发生变化。

65 关于"价值性概念"这一术语,笔者现在的观点发生了一些变化(仅限于概念名称,实质观点并未发生变化),即对于评价性要件中较为接近事实性要件的部分要件(具有较高显示价值的部分要件),从简化行文的角度,今后还有可能继续使用"价值性概念"这一表达,但并不存在与"评价性要件"相并列的"价值性概念"这一类要件。

□ "价值性概念"的废止理由

66 简单地讲,废止"价值性概念"的理由在于,我们无法在定义上赋予"价值性概念"有别于"评价性要件"性质的本质内涵。所谓评价性要件,是指该要件以"评价"为内容,"价值性概念"当然也属于评价性要件的范畴(评价性要件与事实性要件有时也存在区分上的实际困难,但并不会因为废止了"价值性概念",就增加了区分的难度,也不会由此产生新的问题)。

67 原告将载明解除合同意思表示的书面文件放置在被告家门口的邮箱,这一事实本身能否被判断为意思表示已经到达被告,属于纯粹的法律评价问题,因此不能否认其作为评价性要件的性质。符合上述定义的要件当然属于评价性要件,而这些评价性要件中,有部分要件不应存在评价妨碍事实也是正常的(评价性要件的定义中并不包含评价妨碍事实⑮)。大多数评价性要件既存在评价根据事实,也存在评价妨碍事实,但就整体而言并不

---

⑮ 吉川「要件事実論序説」第163页注解33指出,"评价妨碍事实的主张证明责任,由就该规范性评价产生争议的一方当事人负担(抗辩说),以此为前提,能够如此处理的要件就应当属于规范性要件"。从该论文第165页的内容来看,吉川教授采抗辩说的立场,因此可能会认为不应当存在没有妨碍事实的评价性要件,如果是这样的话,笔者不能赞同其观点。

存在这样的必然性。也就是说，原则上，评价性要件既存在评价根据事实，也存在评价妨碍事实，但例外情形下，某些评价性要件只存在根据事实，而不存在妨碍事实。这一观点与评价性要件的定义并不矛盾，而且对于只存在评价根据事实的要件来说，法院的判断同样不适用“过剩主张禁止原则”，这一判断结构也是符合该类评价性要件性质的。

即使将“价值性概念”与“评价性要件”相并列，价值性概念的识别标准既不会脱离事实与评价的程度范畴，也不存在更为简便易行的判断过程。 68

鉴于上述，笔者今后不再采用“价值性概念”这一术语，将其与评价性要件相区别，既不存在理论上的必要性，也不存在实践中的必要性。 69

（三）主要事实说存在的问题

一如上述，与间接事实说相比，主要事实说更为恰当，应予赞同，但必须注意以下几个问题。 70

主要事实说成立的主要依据在于，如果将评价性要件这一抽象的形式直接作为要件事实的话，将导致诉讼中的攻击防御对象无法实现具体化，这对于妥当、正确的审理判断而言是不恰当的。评价性要件所具有的上述功能极为重要，因此应当采用主要事实说的观点，但我们也不能过分强调这一观点所具有的优点，否则可能会走向事物的反面。 71

□ *问题①（事实与评价的界限）*

作出某一评价应当依据具体的事实，在我们强调这一重要性的时候自然会产生“评价的界限在哪里”的问题。也就是说，作为评价性要件思考的起点，我们应当如何划分“事实”与“评价”的分界线？比如，对于“X将案涉桌子一张以10万日元的价格卖给Y”这一主张，是不是必须要求当事人细化为“X将案涉木质产品一件以10万日元的价格卖给Y，该木质产品上覆平板，下有四腿用于支撑”？这种做法带来的弊端是显而易见的。基本标准一如前述，仍然是“普通人能够联想到相同内容的事项属于事实，否则即 72

属于评价”。⑯

□ 问题②（对于事实主张之欠缺须予以恰当应对）

73 诉讼实践中，有时当事人会将“评价”本身（如存在正当事由、存在过失、存在正当的理由）作为法律主张反复强调（也包括当事人希望尽可能地提出有助于该评价成立的具体事实主张的情形），而没有充分地思考能够促成该评价成立的具体事实，因而也没有对之加以主张。当然，在事实性要件的情形，有时也会发生遗漏了必要的事实主张的现象，但一般情况下，由于事实性要件的内容较为明确(比如，在消费借贷合同的场合，当事人能够具体地主张“承诺返还并确定了期限、金钱已经交付”等事实即可)，因此遗漏的可能性较小。而在评价性要件的情形，既存在促使评价成立的多样事实，也存在阻碍评价成立的多样事实，因此当事人可能会基于误解而没有主张有利于己的具体事实（在原告、被告、法院三者之间，也会存在见解不一的情形）。

74 关于评价性要件的间接事实说的观点，虽然自有其弊端，但却可以巧妙地回避上述问题（在以间接事实和经验法则为基础的自由心证主义的原则下，间接事实说将上述问题迁移至事实认定领域）。从主要事实说的立场来看，我们应当意识到上述问题的存在，并有必要采取恰当的应对之策。与法院针对事实性要件的主张行使释明权的场合相比，希望法院能够更加充分地意识到这一点并妥当行使释明权。⑰

□ 问题③（对于事实主张之变更应灵活应对）

75 一如后述［第五章第三节“二、评价性要件的要件事实特征”之“（三）派生特征之二：评价根据事实与评价妨碍事实”］，评价性要件的根据事实与

---

⑯ 这一问题涉及事实的具体性问题，较难区别。参见后述第五章第四节“一、事实的具体性”部分的说明。

⑰ 关于释明权与释明义务的问题，参见本书第二章第二节“七、‘事案解明’与释明权（义务）”部分的说明。

妨碍事实的具体内容是可变的，如此一来，与《民事诉讼法》第157条*之适用相关，对于当事人补正事实主张的内容以及期限而言，应当采取较为和缓的政策。对于当事人主张事实的同一性问题（过于严格或者过于宽容都不可取），⑱也应采取妥当的对策。对于当事人主张的解释以及法院应采取的措施，一如问题②中所指出的，都需要法院恰当地行使释明权（有时还涉及释明义务的问题）。

（四）评价性要件与规范性要件、默示的意思表示之间的关系

“过失”“正当事由”“无资力”“缺陷”等都属于典型的评价性要件。前 76
两者具有规范性评价内容，可称之为规范性要件。一般情况下，包括后两者在内，学界大多称之为规范性要件，而不采用评价性要件的称谓。但笔者的观点是，上述四种情形均应称之为评价性要件，而且在相当长的时期内，笔者一直坚持使用这一称谓（近年来，采用这一术语的学者不断增加），本书也不例外。某一评价是否包含规范性要素对于要件事实理论来说并不那么重要（不会改变要件事实的结构），一如后述（第五章第三节“二、评价性要件的要件事实特征”），事实性要件与评价性要件的区别是十分重要的。本书第1版即表明了笔者的上述立场，当时学界的习惯用语还是“规范性要件”，此处从之。

学界一般都将规范性要件这一习惯性用语与默示的意思表示相区分， 77
作为不同的事项来处理。⑲ 对于意思表示来说，显示价值较高的意思表示

---

* 日本《民事诉讼法》第157条规定，法院认为当事人因故意或重大过失而延误提出的攻击防御方法会导致诉讼陷入迟延的，可依申请或职权作出驳回决定。对于内容不明确的攻击防御方法，当事人未做必要释明，或者于释明期日不出庭的，法院可依申请或职权作出驳回决定。——译者注

⑱ 关于这一问题，参见本书第一章第五节“二、家事审判案件要件事实之特征”之“（五）区别要件事实与其他事实之重要性”、第五章第三节“二、评价性要件的要件事实特征”之“（三）派生特征之二：评价根据事实与评价妨碍事实”以及第三章第三节“一、主张责任”之“（四）主张的解释与主张事实的同一性”相关部分的说明。

⑲ 比如司研『要件事实第1巻』分别在第30～37、37～43页不同的章节中对两者进行了介绍。本书第1版中也分别以“规范性要件·评价性要件”和“默示的意思表示”为题分开讨论。本书第五章第三节“三、默示的意思表示”部分则专门介绍默示的意思表示。

属于明示的意思表示，随着显示价值的不断降低，其明示性也逐渐丧失，直至所谓的默示的意思表示。在这一过程中，明示的意思表示和默示的意思表示是接续不断的，其界限比较模糊。但一旦进入默示的意思表示领域，则其意思表示的显示价值急剧降低。比如，对于当事人“对申请作出了承诺的意思表示”的陈述，如果指称默示的意思表示场合，则每个人能够联想到的内容是完全不同的。在这一含义上，以该意思表示为具体内容的要件，应当归入以评价为内容的要件范畴，即评价性要件，详见后述第五章第三节“三、默示的意思表示”。

（五）因果关系要件的性质

□ *事实性因果关系与法律保护范围*

78 因果关系大多被视为事实性要件，但一如前述［参见本书第一章注解67，以及第三章第六节“五、根据制度目的确定主张证明责任对象事实”之“（二）民法的规范结构分析”关于因果关系性质的探讨］，因果关系应当属于评价性要件。[20] 学界关于因果关系的观点，过去一般采相当因果关系说，即可以最终评价为在法律上存在原因结果关系。但正如平井宜雄教授所指出的，我们应当从事实性因果关系与其法律保护范围（具体而言，即损害赔偿范围）的角度出发，根据事项的不同性质而有所区别。[21] 这种观点的理论细节暂且不论，但就法律保护范围而言，其只能属于法律评价。但是，以上述区别为前提，“A事实（以下简称A）与B事实（以下简称B）之间成立事实性因果关系”这一命题向来都被作为陈述某种事实的命题。

---

⑳ 关于这一问题，河村「民法における因果関係の要件事実とその構造」第237页以下的论述颇有助益。

另外，此处所指因果关系，是指已经发生的A事实与B事实之间存在原因与结果的关系，并不涉及面向未来的预测性因果关系。

㉑ 内田『民法Ⅱ』第390页指出，从根本问题的角度向相当因果关系说发起挑战的，是平井宜雄教授，“该教授对于相当因果关系说的批判已经成为学界的共同财富”。因果关系本原意义上的“无A即无B”的情形现在被称作事实性因果关系，“应当赔偿何种范围损害”含义上的问题现在被称作损害赔偿范围，以示区别。

□ 事实性因果关系也属于法律评价之一种

笔者认为,"A 与 B 之间成立事实性因果关系"也属于陈述评价的命题。[22] A 与 B 之间存在怎样的事实关系才可以认为成立因果关系呢?如果我们只看到上述简单的表述,每个人是不可能联想到相同的内容的。比如,在某河流的上游沿岸有一家工厂,该工厂排放了有害于人体健康的物质(A),由此导致下游沿岸的居民遭受到健康损害(B)["由此"[23]这一用语是对因果关系的表述,如果改用其他方式的话,可以采用(A)与(B)之间存在因果关系]。如果当事人只是如此加以主张的话,就该因果关系的内容,每个人不可能联想到相同的内容。如果我们对照事实命题与评价命题区别标准(人们是否能够联想到相同的内容)的话,就会发现,上述陈述因果关系的命题属于陈述评价的命题。那么,以这一命题作为内容的要件,当然就属于评价性要件。 79

法院在判断是否存在因果关系之际,需要从众多的事实中抽取对于判断因果关系有意义的事实,并对照经验法则加以判断(上述说明较为抽象,对于实务的指导意义较差,但本文的主要目的在于强调因果关系属于评价性要件,关于这一问题讨论仅止于此)。[24] 80

㉒ 参见米村滋人「法的評価としての因果関係と不法行為法の目的——現代型不法行為訴訟における責任範囲拡大化を契機とする因果関係概念の理論的検討(1)、(2・完)」法学協会雑誌4号(2005)第534~655页、5号(2005)第821~894页。另可参见同名研究报告(无上述副标题)私法69号(2007)第163页以下。上述论文内容丰富,笔者也许未能理解其精髓,但从表述内容来看,米村教授认为"如果不存在某一原因,则不会产生某一结果"这一含义上的因果关系,其性质基本上应属于法律评价。

㉓ "由此"这一用语无论其表述的对象多么类似于事实,这一用语本身并不包含任何具体事实,这是我们需要注意的。

笔者曾经以债务不履行导致损害赔偿请求诉讼为例,具体地说明了因果关系并非事实性要件,参见抽著『要件事实講義』第246~247页。

㉔ 也许有人会担心将因果关系理解为评价性要件会不会给司法实务带来不便?关于这一问题,可参见河村「民法における因果関係の要件事実とその構造」第252~253页以及注解24。

如果案件中存在所谓流行病学上的因果关系,可否直接认定案件中存在因果关系?这一问题需要结合案件性质加以讨论,但这种流行病学上的因果关系实际上也是一种法律评价,其本身并非事实,这一点是不会发生变化的。

□ 因果关系与间接反证理论无关

81 此外,有观点认为间接反证理论有利于被害人寻求救济,㉕这一观点是以因果关系之存在作为事实问题为前提的。但一如上述,既然这一前提并不妥当,那么间接反证理论有利于被害人的结论就丧失了前提性依据。从这一含义上讲,如何确定因果关系这一要件的性质也是极为重要的。

二 | 评价性要件的要件事实特征㉖

(一)本质所决定的基本特征

82 一如前述(第五章第二节"一、问题本质与区别实益"),评价命题所具

㉕ 关于间接反证的问题,笔者已经在第二章第三节"五、间接反证理论批判"部分进行过讨论,此处仅就与因果关系相关的部分简单添加部分说明。关于这一问题,各位读者可参见高橋『重点講義民事訴訟法上』第551~559页的说明,颇有助益。该书批判了主张公害诉讼可适用间接反证理论的观点,认为因果关系的判断属于法解释领域的问题,但"间接反证理论错误地将之作为事实认定、法官心证领域的问题"(第555页),并明确指出"因果关系之有无属于评价,本身并非事实"。(第556页)

学界关注间接反证理论由来已久,竹下守夫「間接反証という概念の効用」法学教室第2期第5号(1974)第144页就指出,"最近……间接反证理论尤其引人注目……这一现象与最近围绕公害、产品责任、医疗事故、交通事故等举证困难的诉讼多发有关",并且强调"在公害诉讼中涉及因果关系的证明时",间接反证理论对于谋求举证公平、救济被侵权人都是有价值的。竹下教授这一观点的前提依然是将因果关系作为事实问题来处理,因此是不恰当的。如果将因果关系作为评价,则即便不借助间接反证理论,也依然可以得出符合举证公平的结论。

此外,山本「総合判断型一般条項と要件事実」第68页(注解9)认为,"所谓没有A就没有B的关系……从科学立场来看,属于存在纯粹真理值的命题,只能作为事实命题来处理"。"A与B之间存在因果关系"的命题,到底属于陈述事实的命题还是陈述价值的命题,其判断标准显然不能以山本说为准。即便某一命题存在该教授所指的真理值,对此进行科学判断的结果也是该命题成立,因此即使事实性因果关系不存在法解释的问题,也应当属于陈述价值的命题。

㉖ 关于评价性要件的要件事实特征,可参见難波「規範的要件・評価的要件」第223~228页,河村「要件事実論の基礎的な概念知識の検討(下)(完)」第25、27页(包括相关注解),上述文献对这一问题的分析鞭辟入里,资料详实,虽然存在若干差异,但基本上都将过剩主张、主张本身失当、综合评价之必要、往返型、评价真伪不明等问题作为评价性要件的要件事实特征。吉川「要件事実論序説」第166~168页基本持同样观点。

有的显示价值由其评价内容所决定,一般情况下具有多义、不明确的特点,因此评价命题的显示价值极低。即便当事人就某一评价进行了描述,但人们并不会当然联想到相同的内容。

将"评价"直接作为主张证明的对象是不恰当的,其理由已如前述,简 83
单而言,由于"评价"命题所具有的上述特点,即便当事人予以主张,在对应的具体事实层面,对方当事人与法院联想到的事实也会存在差异。

因此,当事人对于作为评价根据的具体事实加以明确是十分必要的。 84
此处讨论的重点在于,事实性要件与评价性要件在对应的具体事实层面,即作为要件事实分别具有怎样的特征,有何区别。

□ 事实性要件与评价性要件的各自特征

在事实性要件的场合,具体事实与要件的关系是单义的,即一一对应 85
关系,当事人主张的具体事实必须与要件无缝对接,既不超出,也不漏减,具体事实与要件的关系通常都是确定的。如果当事人的主张不能满足已经确定的事实,则属于主张不足(即便该事实主张得到证明,也属于主张无理由,即主张本身失当),如果当事人的主张超出该事实射程范围(实务上称为"过剩主张"),则超出部分不具有任何效力。上述情形下的事实主张都不属于具有法律意义的主张。

在评价性要件的场合,当事人主张的具体事实也应当与要件实现无缝 86
对接(这一要求与事实性要件相同),但由于要件属于评价事项,因此只要当事人的主张能够满足作出该要件的评价即可(此为重点)。因此,如果某一主张无助于作出相应的评价,则该主张属于本身失当的问题,将被判定为无理由,这一处理方式与事实性要件是一致的;如果某一主张有助于形成相应的评价,则无论该主张的程度如何,都不属于超出该评价射程范围的主张(不会产生事实性要件中过剩主张的问题),在这一含义上,都属于具有法律意义的事实主张。评价性要件的事实主张,均与该评价相对应,以促成该评价成立为方向,[27]而且事实主张具有量变的特征(程度的累积)。

㉗ 如果该评价是以妨碍作出某一评价为目的,则相应的事实主张是以妨碍该评价成立为方向,且事实主张的数量并不唯一。

87 评价性要件所具有的这一基本特征是其他派生特征㉘的基础,也是对其他派生特征进行说明的根本依据。

(二)派生特征之一:过剩主张禁止原则之不适用

1. 关于基本形态的说明

88 与事实性要件相比,由评价性要件根本特征派生而来的第一个特征是不适用过剩主张禁止原则。对于事实性要件而言,不允许当事人提出过剩主张(无论是要件事实还是间接事实,没有法律意义的主张均不得提出),而对于评价性要件而言,由于主张本身所具有的理论性质,并不存在过剩主张的情形(应当注意的是,也会存在后述注解29含义上的、可否允许过剩主张的问题)。

89 通过以下具体说明,我们可以更容易地理解上述派生特征。

□ 正当事由

90 比如,当事人以建筑物租赁合同终结为由请求返还合同标的物,该诉讼的请求原因之一是建筑物租赁合同终结存在正当事由。那么,可以评价为存在正当事由的事实从最低限度的事实(暂时称之为程度1的正当事由)开始——比如对方当事人没有提出任何异议的事实——直至最高限度的事实[暂时称之为程度10的正当事由(当然,是否存在这样的事实是有疑问的)]——比如无论对方当事人如何辩解也无法推翻的事实。假如诉讼中当事人提出了程度1的事实作为正当事由的主张,且基本满足法院判断所需,即便当事人又提出了程度10的事实主张,由于该主张同样属于请求原因,因此应当允许提出。理由在于,程度10的事实同样与作为请求原

㉘ 難波「規範的要件・評価的要件」第226页指出,评价性要件的要件事实存在真伪不明的现象,但评价本身并不存在这一问题。难波教授的上述观点是对评价本身也存在真伪不明现象这一观点的反驳,十分重要,而且十分正确[本书第五章第三节“二、评价性要件的要件事实特征”之“(三)派生特征之二:评价根据事实与评价妨碍事实”对此也有讨论]。虽然难波教授是在讨论要件事实内容不确定情形时提出的这一观点,但很明显,这一观点是无法直接从要件事实内容不确定推导出来的。

因的正当事由相对应，而且是在该评价射程范围内的主张，这一点并没有发生任何变化。[29] 因此，将这样的主张作为过剩主张并加以禁止是没有理由的。

□ 借贷

与此不同的是，在借款返还请求诉讼中，作为请求原因的“金钱交付以 91
及约定了期限的返还承诺”，[30]这些事实相互之间不存在量变的关系，仅具有单一的含义，比如金钱之交付、承诺返还，因此也不存在程度1事实、程度2事实这样的分类。如果当事人的主张无法满足上述事实，则作为请求原因而言是不充分的，将被判定为主张无理由。相反，如果当事人还主张了其他事实（如“钱是放在一个蓝色的袋子里”），则其并非请求原因，属于不具有法律意义的主张。在当事人围绕要件事实（如金钱之交付）产生争议的时候，该等事实如果能够作为间接事实另当别论，否则不具有请求原因

㉙ 审判实务中也会存在这样的现象，在口头辩论终结时，法院对照整个审理状态发现，作出相应评价并不需要程度10的事实主张（比如在上述正文设例中，当事人提出了多个事实主张，作为《借地借家法》第28条规定之正当事由，法院在审理终结时判定部分主张是不需要的）。如果将这种主张视为过剩主张，则会得出允许过剩主张的结论。拙著『要件事実講義』第261页也从这一角度进行了讨论。

如果法院在审理过程中能够判明存在过剩关系，则不应允许当事人提出该类主张与相应证据，这属于法院诉讼指挥的范畴。比如，在上述设例中，虽然允许当事人提出了程度10的事实，但法院在实际审理过程中发现该主张并无必要，此时不能因为对方当事人对该事实加以否认，也没有提出任何评价妨碍事实，而要求当事人就程度10的评价根据事实进行举证证明。

如果我们把视角投向复数的攻击防御方法领域，就会发现两者在本质上是相同的。比如，被告在诉讼中提出了多个抗辩（无论针对的是事实性要件还是评价性要件），法院在审理过程中发现某一抗辩对于形成判断结论是不需要的，则应禁止该抗辩之主张证明活动。

在这一含义上，如果与正文后述的借款返还请求诉讼中的请求原因相比较，我们就会发现，两者的差异在某种含义上可以说是程度上的差异。不同之处则在于，后者的情形下，不论对方当事人的反应如何，如果法院能够判明该主张与请求原因事实毫无关系，则该主张本身无必要。

㉚ 这些要件在理论上并不属于评价，而属于事实性要件，正文中列举的事实都作为纯粹的事实来处理。

事实的意义。对于这样一种过剩主张,法院不应允许当事人将之作为要件事实加以主张。

2. 本身失当的主张之允许

□ *评价性要件的场合*

92 比如,原告就请求原因提出了若干事实主张,而这些主张都可以作为法院判定该当评价性要件成立的较为充分的依据,如果这些请求原因都得到了证明,被告需要提供妨碍该评价成立的抗辩,在抗辩事实得到证明的情况下,如果该抗辩无法发挥妨碍请求原因法律效果成立的功能,则法院在该阶段可以判定主张本身失当(抗辩事实在得到证明的情况下,依然无法阻止请求原因事实所产生的法律效果,该抗辩即为不充分)。但在被告提出抗辩的初始阶段,法院不能根据双方当事人主张本身即判定被告的抗辩失当。㉛ 理由在于,原告所主张的请求原因事实未必都能得到证明(该种情形下,已经得到证明的请求原因事实所具有的功能,可能由于被告的抗辩而受到阻碍)。上述现象体现了允许当事人就请求原因事实提出过剩主张的一个侧面。

□ *事实性要件的场合*

93 附带提及的是,在事实性要件的场合,抗辩(比如清偿)作为应对请求原因(比如贷款)得到证明情形下的主张,由于请求原因已经得到了证明,因此抗辩不可能成为本身失当的主张。此外,在事实性要件的场合,如果部分请求原因事实(假设不存在过剩主张的问题)没有得到证明,此时法院应当得出驳回诉讼请求的结论,而无须被告的抗辩发挥功能。

94 后述的“往返型”主张,也在某一个方面具有与评价性要件相同的性质。

㉛ 此处以请求原因与抗辩的关系为例,同样的情形也存在于抗辩与再抗辩等其他的要件事实之间。

3. “往返型”主张之允许

□ “往返型”的含义

往返型主张的现象也是评价性要件的派生特征之一。一如前述，在原告仅将程度 1 的正当事由评价根据事实作为请求原因加以主张的情形下(程度 1 的事实主张对应存在正当事由这一评价，因此在该阶段不存在主张本身失当的情形)，作为抗辩，被告主张并证明了足以妨碍法院作出程度 1 的正当事由评价结论的具体事实(实务中，这种在抗辩之后追加请求原因事实的现象是比较常见的)，此时，如果原告没有任何新的攻击行为，请求原因将陷入主张本身失当的境地，因此原告一般会追加主张程度 2 的正当事由事实。着眼于这种“你来我往”情形的攻击防御形态，我们可以称之为往返型主张，是实务中常见的形态。 95

□ 追加性主张的特殊性

此处所指追加性主张，并非一定发生在往返型的攻击防御过程中。以过剩主张禁止不适用原则为前提(此为评价性要件的特征)，在诉讼的初始阶段也可能会发生原告在请求原因中追加主张的现象。这种追加性主张并非针对被告抗辩的内在特殊情形，因此不属于再抗辩；这种追加性主张也不是在主位请求原因或者请求原因的主位主张被判定无理由时备用的主张(实际上是以程度 1 的存在正当事由的主张为前提)，因此也不属于请求原因的预备性主张或者预备性请求原因，而是一种体现了评价性要件性质特征的主张。 96

□ 单向型主张

与上述往返型主张相对的，还存在一种单向型主张。这种类型的主张与事实性要件中常见的类型相同，因此不属于评价性要件专属的主张现象，而是评价性要件中较为特殊的一种类型。比如，原告以“承租人转租标的物，转租人使用标的物”为由要求根据《民法》第 612 条解除租赁合同，被 97

告认为该案存在不足以认定为背信行为的特殊事由,对该请求原因提出抗辩(比如,被告属于家族企业成员,转租行为发生在企业内部),针对该抗辩内在的特殊事由,原告又提出了再抗辩(比如,虽然是家族企业,但实际控制该企业的是黑社会派来的人员)。如果再抗辩得到证明,即使抗辩得到证明,也无法产生该案存在不足以认定为背信行为的特殊事由这样的判断,请求原因因此被认定为有理由。上述设例中的攻击防御形态即属于单向型主张的事例。

98 上述再抗辩的特点在于,虽然针对的是抗辩的内在特殊事由而对例外情形提出的主张,但由于开放理论的原因,在原告提出再抗辩之前,其具体内容是不确定的,但它却对一旦抗辩成立所带来的法律效果具有妨碍的作用,这一性质是其成为再抗辩的理由。需要注意的是,再抗辩一定是针对在先主张的抗辩而产生的。

99 在往返型主张结构中,如果原告能够预设可能出现的抗辩情形,而准备提出充分的请求原因时(比如前述1中的情形),应当允许原告在诉讼的初始阶段即可主张程度2的正当事由评价根据事实,而在单向型主张结构中,在被告还没有提出抗辩的诉讼阶段,原告无法针对其提出新的主张。

100 但更为重要的是,这种单向型主张在整体上依然属于关于评价性要件的具体主张,由于所涉要件为评价事项,因此从主张的具体事实与要件的对应关系出发,只要能够满足法院作出相应的评价即可。

101 接下来我们讨论的问题是,面对上述往返型和单向型的主张类型,法院的判断结构又是怎样的呢?

(三)派生特征之二:评价根据事实与评价妨碍事实

1. 根据事实与妨碍事实的定义及其判断结构的特点

102 评价性要件的内容是评价事项。比如,《借地借家法》上导致建筑物租赁合同终了的“存在正当事由”(评价性要件),与“缔结租赁合同”以及“要求解除合同”等要件(事实性要件)共同构成租赁合同终了的法律要件。就产生某一法律效果的法律要件之整体而言,在理论上虽然存在其均以“评价”为内容的可能性，但实际上并不存在这样的法律要件（笔者在之前已经论述过这一观点，此处仅为重申）。

一如前述（第五章第三节“二、评价性要件的要件事实特征”之“（一）本质所决定的基本特征”），评价性要件的基本特征在于，评价性要件的事实主张，均与该评价相对应，以促成该评价成立为方向，而且事实主张具有量变的特征（程度的累积）。 103

作为该评价得以成立的具体事实是评价根据事实，妨碍该评价成立的具体事实是评价妨碍事实。至于如何确定根据事实和妨碍事实，则应按照前述方法（第三章第六节）从评价性要件的本质出发即可。 104

此外，可能各位读者从前面的论述中已经体会到，但笔者还要补充说明的是，评价根据事实与妨碍事实当然是不同的事实，同时也是由当事人负担主张证明责任的对象事实，因此两种事实可以同时并存，不存在互为矛盾的关系。 105

□ *“存在正当事由”情形下的评价根据事实与评价妨碍事实*

我们以存在正当事由为例。出租人夫妇的儿子一家因工作调动到公司的另一家会计师事务所上班，该事务所与出租人夫妇居住的房屋（面积狭小，且只有一间）以及出租房屋相邻，儿子一家没有其他更为合适的居所（而且出租人夫妇确实需要儿子一家的照顾）。在上述情形下，公司下达调令发生在出租人要求解除房屋租赁合同之前的事实，与出租人需要照顾的事实，一并构成其有必要使用出租房屋的事实，即存在正当事由的评价根据事实。公司下达调令的事实与该调令随后被取消的事实可以同时存在，属于根据事实与妨碍事实的关系（以下简称第一种情形）；公司下达调令的事实与公司没有下达调令的事实相互存在矛盾（以下简称第二种情形），不属于根据事实与妨碍事实的关系，属于根据事实与对该事实的否认关系。[32] 106

在第一种情形下，如果公司没有下达调令，则无法认为存在评价根据 107

㉜ 关于要件事实的并存关系，详见后述第六章第三节“二、请求原因·抗辩·再抗辩之定义”部分相关论述。

事实,也因此无法认为存在正当事由。假如下达调令的事实得到证明,但被告同样证明了其后调令被取消的事实,由于该评价妨碍事实得到认定,同样无法认为存在正当事由。上述情形下的两种事实可以同时存在,因此,上述判断结构同样符合要件事实判断框架的要求。但在第二种情形下,如果将之同样作为根据事实与妨碍事实来处理,则在公司是否下达调令的事实陷入真伪不明之际,双方当事人需要就这一矛盾的事实负担证明责任,法院因而无法作出相应判断,同时也不符合要件事实判断框架的要求(由承租人证明调令被取消的事实确实存在一定困难,从《借地借家法》保护承租人的制度目的来看,应当存在可商榷的余地,上述设例仅在于说明根据事实与妨碍事实必须能够同时存在)。

□ 事实性要件中发生根据事实与发生妨碍事实的关系

108 在事实性要件中,妨碍某一法律效果发生的要件事实也不少见(如缔结买卖合同的意思表示中存在要素错误),但与评价性要件中根据事实与妨碍事实均围绕同一评价展开的现象相比,却有所不同,有其自身特点。

109 我们以上述要素错误为例。缔结买卖合同这一事实可以产生价款请求权这一法律效果,而要素错误这一要件事实则会妨碍上述法律效果之发生。因此,先后两个要件事实并非围绕同一内容产生争议。更为明显的事例,比如,该买卖合同违反了某一强制性规范(如《农地法》第3条),至少不会直接产生合同效力(这种情形下,在先的要件事实"缔结买卖合同"与在后的要件事实"得到农地委员会的许可"相互之间没有任何关系)。

□ 评价根据事实与评价妨碍事实——围绕同一评价而展开

110 另外,评价性要件中的根据事实与妨碍事实,均是围绕同一评价——如《借地借家法》中的"存在正当事由"——而展开,以是否满足该评价本身为目的,即矛盾发生于该请求权的内核部分。这与具备正当事由的法律效果是产生标的物返还请求权,以妨碍该请求权之发生为目的而提出妨碍事实(矛盾发生在该请求权的外部)是不同的方式。因此,对某一评价的判断，比如，是否存在正当事由，需要综合考虑该当评价根据事实和妨碍事实。这一综合判断的本质是，对于该当评价，法院需要在衡量根据事实与妨碍事实分别在肯定与否定该当评价的不同方向上的力量对比的基础上作出判断。这一判断方法就是对评价性要件的综合判断方法。

类似的方法同样存在于事实性要件的场合。比如，在因债务不履行而 111
请求损害赔偿的诉讼中，“履行期限经过”与“发生损害”可以产生损害赔偿请求权，但该请求权成立的前提当然是难以认为“提供了清偿”（从开放理论的视角出发）。案件是否存在再抗辩等攻击防御情形另当别论，法院是在对请求原因和抗辩进行综合判断的基础上决定能否得出“产生损害赔偿请求权”这一最终的判断结论。同样地，法院通过对“租赁合同成立”（租金请求的部分请求原因）与“合同终了（抗辩）”进行组合判断后，就能够对“存在租赁关系”这一法律评价作出综合判断。但是，这种类型的综合判断与评价性要件中围绕同一评价进行的综合判断，在性质上是迥然不同的。㉝

2. 关于评价性要件综合判断的类型差异是否会导致判断方法不同

本节将对围绕评价展开的综合判断结构进行更为细致的考察。众所 112
周知，评价性要件的内容并不明确，在这一含义上，学界一般也将评价性要件称为关于“一般条款”的要件，以下讨论将采用“一般条款”这一用语。㉞

□ 选择型一般条款与综合判断型一般条款

此处讨论的是选择型一般条款与综合判断型一般条款㉟的关系问题， 113

㉝ 从笔者现在的观点来看，拙著『要件事実講義』第 259～260 页的相关论述存在一定问题。

㉞ 司研『要件事実第 1 巻』第 30 页指出，“作为法律效果的发生要件，过失、重大过失以及正当理由、正当事由等都属于与规范性评价相关的一般的抽象性概念，这种现象在实体法中并不少见……规范性评价之成立成为相对应的法律效果的发生要件，因此，这类要件被称为规范性要件，从立法技术上来看，由于只能采用一般的抽象性概念加以表达，因此也被称为一般条款”。需要注意的是，当时还不存在评价性要件这一术语。

㉟ 山本「総合判断型一般条項と要件事実」第 70～71 页详细介绍了与这一问题相关的研究成果。

即两种不同类型的评价性要件会不会存在判断结构方面的差异？实际上，上述概念本身也存在一定问题，此处暂不涉及。最为根本的是，这种判断结构方面的区别是否妥当（如后述《民法》第110条规定之“正当理由”的判断结构方面就存在问题）。

114 选择型一般条款的典型事例是过失。比如，司机在交通事故中的过失可以类型化为未注意前方路况、酒驾以及超速等多种情形。法院即针对这些不同性质的具体过失中的内在要素进行判断。这一过程中的大多数情形是，法院仅就当事人从竞合的、不同过失类型中所选择的过失类型进行判断，而不是就不同的过失类型进行综合评价。

115 与之相对，综合判断型一般条款的典型事例是《借地借家法》上的可导致租赁合同终了的正当事由。能否作出存在正当事由的判断，是法院通过对出租人使用租赁标的物的必要性以及承租人实际使用情况进行综合判断的结果。

116 那么，上述两种类型的判断结构是否都符合评价性要件的性质？首先可以肯定的是，关于综合判断型一般条款的判断结构并不违反评价性要件的性质（也可以认为评价性要件中典型的判断结构存在于往返型主张[36]的判断中）。

□ 选择型一般条款中的判断结构

117 问题出在选择型一般条款的判断结构上。理由在于，这一判断结构从表面上看起来——如以某一类型的过失为例——与其说是对评价根据事实和妨碍事实进行整体的综合判断，不如说是以某一评价根据事实为起点，沿着该根据事实内在的例外情形、再例外情形的方向展开攻击防御方法，也就是前述的单向型判断结构。这种判断结构与事实性要件中请求原因、针对该请求原因的抗辩、针对该抗辩的再抗辩的攻击防御体系是类似的。但是，一如前述［第五章第三节“二、评价性要件的要件事实特征”中“（二）派生特征之一：过剩主张禁止原则之不适用”］，重要之处在于，这种单向型主张在整体上依然属于关于评价性要件的具体主张，由于所涉要件

---

[36] 可参见第五章第三节“二、评价性要件的要件事实特征”之“（二）派生特征之一：过剩主张禁止原则之不适用”中关于往返型主张的论述。

为评价事项，因此从主张的具体事实与要件的对应关系出发，只要能够满足法院作出相应的评价即可。作为其攻击防御方法展开的一种方式，单向型主张与事实性要件颇为相似，这本身并不存在问题。

□ 从选择型一般条款的视角考察交通事故中过失的判断结构

接下来，我们具体考察单向型主张在评价性要件中的展开方式。我们 118
以交通事故中的过失为例。以过失这一评价为中心，促使该评价成立的事实与妨碍该评价成立的事实只要与过失存在对应关系，则不存在事实主张程度上的问题。也就是说，在理论上不存在过剩主张现象（而在事实性要件的场合，假如当事人就"借款之交付"提出了"把钱包裹在蓝色的包袱中"的要件事实，这一主张则属于过剩主张）。

具体而言，就被告超速这一主张的内容，法院当然不会允许原告故意 119
提出虚假夸大的内容。但是，假设原告主张超过限速50公里/小时，但证据调查的结果是只超过限速25公里/小时，我们也不能认为作为关于评价根据事实的主张，原告的主张自始就是没有意义的。同样的观点也适用于评价妨碍事实。假设围绕超速的违法性问题，被告提出了超速这一过失的评价妨碍事实，"有一辆超大型货车对被告的车辆紧追不放（因此被告被迫提高车速）"。此时，就"超大型货车"或者"紧追不放"的程度问题，法院通过证据调查发现被告的主张是夸大的，但法院不得将之视为事实性要件场合下的过剩主张，而不允许被告提出。㊲ 因此，在上述情形下，法院实际上需

㊲ 此外，尚有其他应当注意的情形。比如，司机的过失在于未注意前方路况，为了进一步特定该主张，原告将"被告无视红灯继续行驶"作为评价根据事实。这里存在的问题是，当事人的主张是否涉及量变（程度）的问题。法院仅仅通过认定"信号灯变为红灯"是无法判断被告存在过失的，"被告继续驾车前进"也应该作为根据事实的内容。如果原告提出"红灯是显而易见的，但被告毫不在意继续行驶"，即便通过证据调查判明"当时由于天气原因，被告没有充分注意到信号灯的变化"，原告的主张也不属于过剩主张。在这一设例中，符合评价性要件性质的主张与判断都是可能的。

关于不特定概念是否存在真伪不明的问题，仓田卓次法官曾经发表过如下大致见解：假设两车发生碰撞，原告认为对方车辆的行进方向当时是红灯（自己的行进方向是绿灯），如果证据调查的结果是真伪不明，那么应当按照通常的事实认定规则加以处理。参见研究会「証明責任とその周辺」判タ350号（1977）第49页。上述观点的出发点可能与笔者存在些许差异。

要对评价根据事实和妨碍事实进行综合判断(这一综合判断的实质在于,对于该当评价,法院是在衡量根据事实与妨碍事实分别在肯定与否定该当评价的不同方向上的力量对比的基础上作出判断)。这种判断方法正是关于评价性要件的综合判断方法。以上内容,意在说明关于单向型主张的判断同样没有违反评价性要件的性质。

□ 从综合判断型一般条款的视角考察过失的判断结构

120 以上论述,旨在说明选择型一般条款的判断结构(关于单向型主张的判断结构)并不违反评价性要件的性质,接下来,笔者还要指出的是,关于过失的综合判断,并非总是采用选择型一般条款的判断结构(较为常见的是关于单向型主张的判断结构)。

121 从评价性要件的角度来看,如果将《民法》第 110 条*规定的“正当理由”理解为“过失”的反面,即“善意无过失”(关于这一问题存在多种观点㊳),则完全可以采用往返型的判断结构(也就是说,由于因为法院的判断对象是当事人关于过失的主张,因此属于对选择型一般条款的判断,并非关于单向型主张的判断)。比如,当事人就买卖合同中买受人 Y 之代理人 A 是否成立《民法》第 110 条所指表见代理产生争议,此种场合下当然可能存在单向型的主张,㊴比如,本人签名的空白委托书,并附有本人印章证明书(正当理由的评价根据事实),该印章证明书的出具日期在买卖合同缔约前一年(正当理由的评价妨碍事实)。这种类型的主张在实务中恐怕较为多见,但也存在其他不同情形。比如,上述设例中的评价根据事实可能包括如下情形:A 负责管理 Y 的家庭财产事务长达 10 年之久,且基本没有纰漏,A 与该买卖合同的出卖人 X 有长期的交易经历,有些交易并不存在 Y 本人的授权委托书等。相应地,评价妨碍事实可能包括如下情形:A 与其

---

* 日本《民法》第 110 条规定,代理人之行为超越其权限,但第三人有正当理由信其有代理权的,准用前条规定。——译者注

㊳ 参见山本『総則』第 421 ~ 425 页。

㊴ 当然,一如前述,这种情形下的单向型主张并不违背评价性要件的性质。比如,虽然是空白的授权委托书,但均由本人亲笔认真书写,印章证明书上的日期痕迹的老旧程度等,均可作为与该评价性要件相对应的量变事实(程度)。

他出卖人的相关交易频出问题,A 在财务管理期间也发生过问题,涉及大额交易时(本合同标的物价值 1000 万日元)均附有 Y 的授权委托书,A 做事不拘小节,经济上并不太宽裕但出手随意等。上述主张在整体上即属于往返型主张。在此种情形下,法院实际上采用的是对上述评价根据事实与妨碍事实进行综合判断的结构(这一综合判断的实质在于,对于该当评价,法院是在衡量根据事实与妨碍事实分别在肯定与否定该当评价的不同方向上的力量对比的基础上作出判断)。这一判断方式恰恰属于评价性要件中综合判断型一般条款的判断方式。

总而言之,我们需要注意的是,过失作为选择型一般条款的典型事例,实 122
际上也存在多种类型。交通事故中的过失确实存在多种不同性质的类型,在大多数案件中,法院的判断对象也许都是单向型主张,但正如以上所见,《民法》第 110 条中的过失类型与交通事故中的过失确实存在判断结构方面的差异,围绕自称代理人是否具有代理权限的判断实际上属于往返型判断结构。

□ *评价性要件思维方式的共同特征*

无论是选择型一般条款还是综合判断型一般条款,抑或单向型判断结 123
构或者往返型判断结构,如何进行分类实际上并不重要,因为这些分类都可以形成符合评价性要件本质的判断结构。也就是说,对于评价性要件,只要当事人主张的具体事实能够满足法院对于该当要件的判断,则该具体事实与该当要件就具有对应关系。这是关于评价性要件思维的关键之处,在这一含义上,对法院的判断结构进行分类实际上并不存在特别的区分必要性。"过失"和"正当理由"都属于评价性要件,法院围绕同一评价进行的判断,比如是否存在超速的事实,是否存在正当理由,都需要对该当评价根据事实与妨碍事实进行综合判断。[40] 作为评价性要件思维的基本特征,过

---

[40] 小粥太郎「民法上の一般条項と要件事実論——裁判官の法的思考」大塚直ほか編『要件事実論と民法学の対話』第 114、115 页提出如下类似观点,"以评价根据事实与评价妨碍事实为构成特征的要件事实理论,实际上无法妥当应对一般条款面临的问题"。笔者认为,这一观点并非针对本书的批评意见,因为本书是以评价性要件的特征作为立论基础的。

剩主张禁止的不适用原则(及其适用方式)当然同样适用于一般条款的判断过程。

3. 评价性要件是否存在判断不能

□ 两种不同的观点

124 本节要讨论的问题是,关于评价性要件的最终判断结论与证明责任思维有何关系?对此有两种不同观点。一种观点认为,正当事由这种评价性要件,并不存在真伪不明的问题,因此“应当属于判断不能这一形式的类推情形。在这一含义上的判断不能,是对如果不存在正当事由则不得请求解除合同这一条文规定中的正当事由无法进行判断,此时应判定该当事人败诉”。㊶ 仓田法官的主要观点是,是否存在正当事由并非事实的证明问题,因此在这一含义上不存在证明责任问题,但在无法判断是否存在正当事由时,可以作出类似于证明责任的判断,即“很难认为存在正当事由”。另一种观点认为,就是否存在正当事由的判断,“如果是事实层面的问题,则可以援用证明责任规则加以判断,但在法律解释的场合则不可如此……这种情况下,应当采用有别于证明责任的其他规则,比如《借地借家法》的立法精神及其他多种考量因素。”㊷

□ 拙见

125 笔者的观点是,对于评价性要件中的各个要件事实(主要事实)——比如作为承租人有使用必要性的具体事实之一,承租人在标的物房屋内持续经营饭馆——假如该事实陷入真伪不明的情形,或者是其他的某一个评价妨碍事实,则法院不应认定该事实存在。在这一含义上,应当按照证明责

㊶ 此为仓田卓次法官的观点,参见研究会「証明責任論とその周辺」判タ350号(1977)第53页。

㊷ 此为贺集唱教授的观点,参见研究会「証明責任論とその周辺」判タ350号(1977)第49页。賀集唱「請求の構成と挙証責任及び訴訟指揮への影響」判タ686号(1989)第3~4页也认为,规范性构成要件要素本身并不存在证明责任问题,其判断属于法官职权。这一观点的理解方式与笔者不同。

任的思维方式加以解决。但在另一种情形下,比如A、B、C属于正当事由的评价根据事实,甲、乙、丙属于评价妨碍事实,该等事实均得到了证明,法院对这些事实进行综合判断的性质属于对《借地借家法》进行法律解释,而非对事实进行认定,因此并无证明责任适用的余地。

那么法院在判断时出现困难应当如何处理呢?笔者认为,法院只能 126
竭尽全力进行法律解释工作,而且必须得出结论。这些工作均属于对评价性要件进行法律解释的性质(判断困难的例子不胜枚举,比如诉讼中对于某一行为是否该当于“催告履行”这一要件存在两种不同的观点),并不局限于关于正当事由的判断。如果判断的结论是“完全能够作出不存在正当事由的结论”或者“很难认为存在正当事由”,都应当判决原告败诉。此时,从判决结果来看,与出租人就“正当事由”负担证明责任的情形是类似的(在出租人就A事实负担证明责任的情形下,如果法院判定A事实不存在,或者判定关于A事实存在的证明并不充分,则原告败诉。这一情形与关于正当事由的判断是类似的。上述情形并不少见,比如在前述关于催告履行的事例中,法院需要对某一行为是否该当于催告作出法律判断,这一工作的性质并非对证明责任的判断,但在结果上如果无法作出存在催告行为的法律判断,则应当判决就催告负担证明责任的当事人败诉)。

我们必须注意的是,法院就评价性要件进行的法律判断,无论是否属 127
于证明责任的一种类推适用情形,仅仅是术语的选择问题,但如果认为当事人须就评价性要件负担证明责任的话,则有可能导致误解,即认为出租人须就评价妨碍事实之不存在负担证明责任。相反地,如果认为评价性要件不存在证明责任问题,则可能导致就具体的要件事实同样不存在证明责任的结论[前引注解42中介绍的贺集唱教授对这一问题的见解,如果从该教授在研究会上的发言内容(判タ350号第52页)来看,其本意应该也是如此,即如果认为具体的要件事实也不存在证明责任的话]。这一问题极为重要,笔者将在下文继续探讨。

4. 评价性要件中证明责任对象事实存在之有无

(1)问题之所在

□ ***是否只存在主张责任对象事实而不存在证明责任对象事实?***

128 笔者认为,无论是选择型一般条款,还是综合判断型一般条款,都属于评价性要件,与该要件评价内容相关的具体事实,可以分为促使该评价成立的根据事实与妨碍该评价成立的妨碍事实(例外情形下,个别的评价性要件并不存在评价妨碍事实。[43] 但这一现象与此处讨论的评价性要件的原理无关,以下暂不涉及)。这些事实都属于要件事实,既是主张责任对象事实,也是证明责任对象事实。以下先围绕综合判断型一般条款进行探讨(读者将在下文看到,山本和彦教授强烈反对的,正是这一类型的一般条款)。

129 此处需要阐明笔者的基本立场,根据笔者所持理由,[44]关于评价性要件的具体事实,即评价根据事实与评价妨碍事实,在性质上都属于要件事实,也是主张证明责任对象事实,主张责任与证明责任应当保持一致。除此之外,不应再附加其他说明。

130 学界对此持不同意见的,当属山本和彦教授的观点最具有代表性。以下将概括介绍山本教授的主要观点(山本教授的观点可见诸多篇文献,其中山本「総合判断型一般条項と要件事実」可以算是基本文献,以下的介绍主要以该文献为依据)。对山本教授的基本观点,笔者难以赞同(山本教授的很多学术观点都是值得赞同的,但令人遗憾的是,在这一问题上我们至

---

[43] 参见第五章第三节“一、评价性要件的思维方式”之“(二)关于评价性要件之主要事实说的正当性”部分的相关说明。

[44] 参见第三章第三节“三、主张责任与证明责任的关系”之“(一)主张责任与证明责任一致的理由”以及第五章第三节“一、评价性要件的思维方式”之“(二)关于评价性要件之主要事实说的正当性”部分的相关说明。

今没有达成一致[45])。

山本教授关于这一问题的基本观点,其出发点在于,在综合判断型一般条款中,抽象要件本身并非主要事实(笔者认为与要件事实同义),其具体事实属于主要事实,就该事实仅应考虑主张责任,而不应考虑证明责任。其问题所在,正如本节标题所揭示的,“评价性要件中是否不存在证明责任对象事实”?认为不应存在证明责任对象事实的观点,笔者称之为否定说,其对立观点称之为肯定说。 131

(2)否定说与肯定说

□ 山本和彦教授观点(否定说)的主要内容

笔者对山本教授观点的主要内容概括如下:[46] 132

在适用辩论主义的诉讼中,主张责任的重要性(作为当事人攻击防御方法,由当事人负责揭示其具体内容)不言而喻。在综合判断型一般条款中,当事人就该当具体事实(在笔者看来,即指评价根据事实和评价妨碍事实)应当承担主张责任,这是十分明确的。除此之外,则不应将之视为证明责任对象事实(就该事实不存在证明责任)。如果将该当具体事实作为证明责任对象事实,则在该事实得到证明的情况下,将认定该事实为存在,在证明不充分的情况下,将认定该事实不存在。也就是说,由于证明结果的不同,将产生“全有或全无”的法律后果。而如果根据诉讼的实际情况来

㊺ 关于笔者与山本教授就这一问题的交流情况,可参见「家事事件要件事实研究会議事録」伊藤編『家事事件の要件事実』第6~11页的相关发言内容,山本和彦「家事事件における裁量とその統制のあり方雑考——裁量統制の手法としての『要件事実論』の意義」同书第118~121页,山本和彦「家事事件要件事実研究会を終えて2」同书第187~189页,伊藤「家事事件と要件事実論との関係についての問題提起」第94~95、101~102页,伊藤「家事事件要件事実研究会を終えて1」第178~182页。

此外,笔者对间接反证理论持否定态度,认为关于事实认定的问题,仅应就事实原本状态为前提加以判断。山本和彦教授对笔者的这一观点给予了高度评价,仅致谢意。参见山本「総合判断型一般条項と要件事実」第81页。

㊻ 以下内容系笔者直接对山本教授的基本文献之一山本「総合判断型一般条項と要件事実」第76~84页的内容概括而成,并同时参考了伊藤編『家事事件の要件事実』一书中山本教授的发言内容。

看,即使该事实未获得证明,以该心证状态为前提综合考虑其他事实情况再进行判断才是妥当的。比如,a、b、c 三个事实需要得到证明,法官的心证状态是 a 为 80%,b 为 50%,c 为 40%,假定证明标准是 80%,那么从证明结果的角度来看,应该是 a 为 100%,b 为 0,c 同样为 0,如果以证明结果为前提进行综合判断,恐怕会导致错误的判断结论。

133 这种按照证明责任规则处理的结果,可能会与案件实际情况存在较大偏差。因此,对于综合判断型一般条款,应当根据案件的实际情况进行判断,对于存在正当事由的根据事实(综合判断型一般条款中的主要事实)不应视其为证明责任对象事实。证明责任的功能在于,当作为判断依据的事实真伪不明时避免法院无法作出裁判,因此应当把证明责任裁判限制在最小的必要限度内。[47] 对于综合判断型一般条款,按照上述方式是可以裁判的,因此不应当采用证明责任规则。

134 以上是笔者对山本教授主要观点的归纳,很遗憾,笔者无法赞同上述观点。

135 以下,笔者将就否定说涉及的问题点阐述笔者的相关见解(肯定说)。

□ 主张责任对象事实同时也是证明责任对象事实

136 笔者的观点是,主张证明责任对象事实应当保持一致(主张责任事实

---

[47] 山本「総合判断型一般条項と要件事実」第 81 页引用了拙著「要件事実の基礎(初版)」第 78 页的相关内容,用于加强山本教授相关观点的论证,谨表谢意。其引用情况如下:"后文(第四章要件事实理论的应用范围)将做详细论述,简单而言,证明责任的目的是应对事实真伪不明的情况,因此,只要不存在真伪不明(或者没有真伪不明之虞),则没有必要考虑证明责任。一般情况下,即使没有确定某一事实的证明责任之所在,也不会妨碍审判活动的开展。这一点有时会招致误解,有必要加以注意。"山本教授在引用笔者上述观点的时候省略了划线的部分。而上述观点是以第四章的详细论述为前提的。在该书第四章(初版第 173 页)中,笔者指出:"如果某一请求原因事实无法得到证明至为明显,则完全不需要就抗辩以下的事实在攻击防御方法上是何种性质进行考察或者要求当事人作出释明……同样,在审理终结时,如果法院无法明确判断 A 事实在性质上是属于抗辩,还是其相反的事实属于再抗辩,但能够明确判断 A 事实是否存在,则无须再考虑该问题。"可能笔者的表达不够充分,但山本教授引用的部分实际上与此处所讨论的问题并不存在直接的援用关系。另请参见本书第一章第三节"五、要件事实理论与实际的审判形态"相关内容。

同时也是证明责任对象事实)，详细理由已如前述(本书第三章第三节“三、主张责任与证明责任的关系”之“(一)主张责任与证明责任一致的理由”。这种一致性既有其正当性的实质理由，也不会导致实践中出现不恰当的结论)。为更好地展开论述，笔者将一致性立场的结论性内容重申如下:“要件事实是导致某一法律效果发生的本质事实，在采用辩论主义的诉讼中，如果该本质事实没有获得主张，则不会发生该当法律效果，如果该本质事实没有得到认定，则无法认为该当法律效果已经发生。”

我们以前述第五章第三节“二、评价性要件的要件事实特征”之“(三)派生特征之二:评价根据事实与评价妨碍事实”中《借地借家法》上导致租赁合同终了所必要的正当事由为例。出租人夫妇的儿子一家因工作调动需要到公司的另一家会计师事务所上班，该事务所与出租人夫妇居住的房屋(面积狭小，且只有一间)以及出租房屋相邻，儿子一家没有其他更为合适的居所(而且出租人夫妇确实需要儿子一家的照顾)。在上述情形下，公司下达调令是发生在出租人要求解除房屋租赁合同之前的事实，与出租人需要照顾的事实，一并构成其有必要使用出租房屋的事实(存在正当事由的评价根据事实)。上述事实既存在主张责任，也存在证明责任，而且更为重要的是，这些事实属于评价性要件中的事实。一如前述[参见第五章第三节“二、评价性要件的要件事实特征”之“(一)本质所决定的基本特征”]，评价性要件的事实主张，均与该评价相对应，以促成该评价成立为方向(此处即存在正当事由)，而且事实主张具有量变的特征(程度的累积)。 137

因此，只要上述事实关系能够得到证明和认定，则满足了在该案中作出存在正当事由判断结论的条件。如果存在多余的事实主张(可允许的过剩主张)，比如关于工作调动的事实，即便只是其中的部分事实(比如，只有儿子因为工作调动需要使用房屋)得到证明或者事实的部分性质(工作调动目前只存在相当的可能性)得到证明，作为正当事由的考量因素而言也 138

是充分的⑱(除此之外,如果将出租人夫妇的病情等综合考量因素纳入视野,则关于正当事由的认定尚可包括多种多样的事实状态)。

□ 评价性要件中主张证明责任对象事实的可变性

139 由此可见,作为评价性要件的正当事由,其评价根据事实(评价妨碍事实也是如此,两者都属于要件事实)应满足辩论主义的要求,根据案情的实际情况,其主张责任对象事实本身是可以变化的,这一点十分重要(与此不同,事实性要件中的要件事实,如"金钱已经交付"这一事实,不可能随着审理状况的变化,而将该事实相当程度的存在可能性作为要件事实)。这种在审理过程中可以发生变化的主张证明责任对象事实,如果当事人加以主张并予以证明,则会产生以该事实为原因的法律效果。仅得到主张而没有得到证明,不可能产生相应的法律效果。

□ 未被充分证明的主张责任对象事实能够产生以之为前提的法律效果是不恰当的

140 山本教授认为,主张责任对象事实一旦得到固定,即使未获证明也不妨碍法律效果之发生。这是笔者与山本教授最大的分歧点。笔者坚持认为,要件事实是导致某一法律效果发生的本质事实,在采用辩论主义的诉讼中,如果该本质事实没有获得主张,则不会发生该当法律效果,如果该本质事实没有得到认定,则无法认为该当法律效果已经发生。而按照山

---

⑱ 笠井正俊「不動産の所有権及び賃借権の時効取得の要件に関する一考察——いわゆる規範的要件の評価根拠事実と評価障害事実という観点から」判タ912号(1996)第10页注解16,虽然没有详细阐述理由,但认为"类似于出租人存在着从外地调回的可能性这一事实都属于评价根据事实,也是主张证明的对象"。"存在某一可能性的事实"这一叙述方式是存在问题的,但其基本思考方式与笔者相同。

山本「総合判断型一般条項と要件事実」第83页注52认为,"可能性之大小将左右是否该当于要件的判断",因此最高法院的相关观点(最判平12·9·22民集54卷7号第2574页)在此是无法适用的。但笔者认为,主张证明责任对象事实是可变的,无论其可能性之大小能否满足作出正当事由的判断,都无碍于可能性本身(其评价根据事实)作为主张证明责任对象事实的适格性。因此,笔者无法赞同山本教授的观点。

本教授的观点,我们可以将当事人所主张的评价根据事实所对应的法律效果事先固定下来,不论其具体事实的数量如何,性质如何,即便没有获得充分的证明,也会产生事先固定的、同样的法律效果。这一观点令人费解。

□ *在主张责任对象事实未被充分证明的情况下,随意认可以其他事实为前提的法律效果是不恰当的*

有一种情形是,如果产生的是其他的法律效果(与不充分的证明情况相对应的法律效果),那么就意味着主张责任对象事实在诉讼中发生了部分改变,成为与该其他法律效果相对应的事实(在初始阶段将主张责任对象事实加以固定,其对应的法律效果当然是一定的。在诉讼中能够得到证明的事实关系当然与事先固定下来的事实关系有所不同,前者将产生怎样的法律效果我们不可能事先加以判明)。而且,如果仅从得到证明的事实关系出发,而没有任何理论上的限制,就会出现已被证明的事实关系无法与最初的主张责任对象事实保持同一性,对这样的事实进行综合判断,并就成为争点的评价性要件作出法律判断结论,这样的做法无异于否定了主张责任存在的必要性。 141

笔者认为,作为当事人攻击防御的对象,主张证明责任对象事实是极为重要的。而根据证明的实际情况随意改变主要事实的内容,将显著损害当事人的预期,这一弊端不可不察。 142

法院最终认定的事实是否与当事人所主张的事实保持了同一性[参见第三章第三节"一、主张责任"之"(四)主张的解释与主张事实的同一性"部分内容],这是审理方式领域的问题,法院需要采用包括释明权在内的多种措施妥当加以解决。[49] 143

接下来的问题是,在口头辩论终结时,法院必须对当事人的主张证明责任对象事实是否存在作出认定,并对认定结论进行排列组合从而针对评 144

---

[49] 关于这一问题,尚可参见第五章第三节"一、评价性要件的思维方式"之"(三)主要事实说存在的问题"的相关说明。

价性要件作出最终的法律判断(对于某一具体事实是否存在,目前并不要求法院公开心证。但从当事人的角度出发,也有必要根据法官心证的情况提出必要的主张和证明)。作为当事人攻击防御的目标,主张证明责任对象事实的法律意义也应当通过这种明示的方式得以呈现。如果仅对最终得到证明的事实进行适当的排列组合,并就此对作为争点的评价性要件之存否作出法律判断,是欠缺正当性依据的。

145 此外,笔者在前述说明中曾经指出,与《借地借家法》上之存在正当事由相关联,我们可以将“公司调令目前处于具有一定程度可能性的状态”作为主张证明责任对象事实。最高法院的判例也与笔者持类似观点,即“存在相当程度的可能性”可以作为证明对象(更准确的说法应当是,可以被评价为该可能性成立的具体事实,即评价根据事实应当作为证明责任对象事实)。详见本书第一章第五节“二、家事审判案件要件事实之特征”之“(五)区别要件事实与其他事实之重要性”相关内容。

三 | 默示的意思表示

□ *问题之所在*

146 本节所讨论的默示的意思表示,[50]与明示的意思表示相比,从意思

---

[50] 关于默示的意思表示,参见司研『要件事実第1巻』第37页以下(该书第42页指出,“在默示的意思表示中,其表示行为所具有的显示价值较低”)。山本克己「契約の審理における事実問題と法律問題の区別についての一考察」民事訴訟雑誌41号(1995)第25页以下,关于司法研修所民事裁判教官室的见解恐怕存在若干误解,因此笔者无法赞同其全部观点。虽然该文成文较早,但依然属于关于默示的意思表示非常重要的研究成果。

此外,橋本恭宏「民商事講座87 無償契約と黙示的意思表示による契約の成立——使用賃借契約を中心として」民事法情報251号(2007)第80~86页,就可否认定当事人意思表示之存在表达了充分的学术关切,并介绍了与租赁权时效取得的相关判例,比如最判昭62・6・5(判タ654号第124页判時260号第7页),可资参考。但是从要件事实理论的角度来看,该论文是否将默示的意思表示作为评价性要件是存在疑问的。比如,该论文第85页指出,“由于无法直接证明意思之存在或其样态,法院只能通过间接事实再辅以法律评价来查明是否存在意思表示”,这一论述给人的印象是将当事人内心之意思表示作为事实认定的对象。

表示具体内容的明晰度来看,其显示价值比较低下,从而产生了不少问题。

比如,当事人提出如下主张,“以X为出借方,Y为借入方,就附件目录上所记载的土地缔结了使用借贷合同(也可以采用“将该土地交付于Y无偿借用”的表述方式)”。无论该合同采用书面方式或口头方式,或者通过其他的行为方式,该意思表示均属于明示的意思表示,此种情形下,法院可以将之作为关于事实的主张,直接作为审理的对象进行认定和法律判断。 147

但是一般情况下,使用借贷合同常见于亲戚或熟人之间,牵涉亲情或友情等复杂的人际关系,很多情况下并未缔结书面的明示合同。在这种情形下,有时是对方的实际使用在先,经过一段时间后,出借方也没有提出任何异议,如果我们综合考虑诸如当事人之间的人际关系、使用时间的长短、使用状态等具体情形,则可以得出实际缔结了使用借贷合同的结论。 148

□ *默示意思表示的性质——评价性要件*

在上述情形下,关于要件事实的主张或者事实认定,均应就上述具体案件情况为之,法院对于具体案件情况的判断,最终也应当归结到“X将该不动产借给Y使用”是否成立上来。在理论上,对于这一判断的性质可能存在不同的观点:(1)与评价性要件的场合相同,法院判断的性质属于纯粹的法律判断;(2)属于对当事人缔结合同的意思解释范畴(也许有观点认为其属于事实认定);(3)两者兼而有之。实际上,上述不同观点并不会产生根本差异,因此可能欠缺区别的意义(不过对于上告理由的该当性判断可能会产生影响,参见《民事诉讼法》第312、318条)。笔者的观点是,从实际情况来看,很多情形下都超出了对当事人意思的解释范畴,为了妥当地解决纠纷,法院不得不从法律判断的角度来对待默示的意思表示。因此,我们应当在坚持谨慎区分默示与明示界限的同时,采用上述 149

(1)的立场。[51]

150 总之,"默示的意思表示"应当属于评价性要件之一,同样适用评价性要件的审理规则(当然也存在评价根据事实与妨碍事实)。[52]

□ *山本克己教授的观点——以是否使用语言为区分标准*

151 默示的意思表示与明示的意思表示的界限比较模糊,实际上只是一种程度问题(某一意思表示或者行为的显示价值高低的程度问题),实务中有时很难判断,这也是默示的意思表示的特有问题。有观点认为,应当将是否采用了语言表达的方式作为区分明示的意思表示与默示的意思表示的

---

[51] 本书初版第132页采用的是(3)的立场,目前来看是不恰当的(当然,法院有必要对评价根据事实作出事实认定,而对于该等意思表示具有怎样的含义,则属于法律判断的性质),此后,笔者在伊藤編『環境法の要件事実』第64~65页则明确表示,默示的意思表示在理论性质上应属于评价性要件。

司研『要件事实第1卷』第42页最初给人的感觉是支持立场(1),但最终却指出,"既然称之为默示的意思表示,那么在理论上就不能超越一定的界限,即由具体事实所构建的含义的解释范畴。以评价作为本质的过失、正当事由等的判断属于对认定的事实施加一定的法律价值判断,与上述对意思的解释工作是不同的"。其实质是采用了(2)的观点(至少表面上给人如此印象,而且可以看出司法研修所希望能够防止法院的恣意解释)。

最判平10·2·26民集52卷1号第255页的判示指出:"事实婚姻关系中,夫妇将共有的不动产用于居住或者经营共同的事业,只要不存在特殊事由,应当推认该夫妇之间就共有之不动产达成合意,即在一方死亡后,另一方可以单独使用该不动产。"虽然这一判示使用了"推认"这一用语,也许有观点认为最高法院将当事人之间达成了实际的合意作为事实认定的问题,但更符合事物本质的解释结论应该是,如果否认当事人之间达成合意,将导致不合理的案件处理结果,因而应将之作为一种法律上的价值判断,认为当事人之间一定是如此考虑的。在法律形式上,合意之成立如果没有任何理由,则无任何判断的依据,因此最高法院很坦率地采用了推认这一方式。此外,对于最判平20·1·18民集62卷1号第28页[2]之判示,应当理解为法院在认定了诸多事实的基础上,判定当事人之间应当存在关于多缴款项的合意。该判示也属于如何判断当事人之间是否成立了默示合意的事例之一(法院要准确判断哪些事实主张属于当事人就评价根据事实等要件事实的主张,实际上是十分困难的)。

[52] 关于默示的意思表示之评价根据事实与妨碍事实的分析,可参见河村「要件事実論の基礎的な概念知識の検討(下)(完)」第28~29页,吉川「要件事実論序説」第171页。

标准。[53] 但是，采用语言表达的意思表示，其内容未必一定是明确的，而采用行为表达的意思表示，其内容也未必一定是不明确的。区分明示与默示的意思表示应该有其实益，比如当事人明确答复“予以承诺”，由于其表达的内涵在理论上有其固定显示价值，因此这种意思表示是充分的。在默示的意思表示场合，由于不存在类似的语言表达，因此需要明确其具体内容。当然，一如前述，两者的界限是十分微妙的，这种程度上的差异在某种含义上意味着其无法回避所有的法律问题。此外，这种微妙的界限也不会因为采用了是否使用语言表达这种区分标准就能得到消解（一如后述，在言语表达暧昧不清的情形下，如果单纯主张语言表达的表面内容，从要件事实主张的角度来看并不恰当）。为了解决上述问题，需要我们寻找其他途径。

□ 山本克己教授观点的问题所在

无论是明示的意思表示，还是默示的意思表示，其对应的要件事实的 152
内容，都需要从诉讼中攻击防御方法的角度来考察其是否满足充分的条件。在意思表示比较明确的情形下，比如“您的要约我完全赞成，谨表承诺”，在将之作为要件事实加以主张的时候（当事人为了强调事实主张的可信度，可能倾向于完全复原当时的语言表达场景，这一做法是否合适另当别论），实际上没有必要完全复原上述语言表达的内容（仅主张“对要约表示了承诺”即可）。另外，在意思表示并不明确的情形下，无论是否采用了

---

[53] 山本·前引注解50第34页将明示的意思表示与默示的意思表示的区分标准确定为“是否采用了语言表达的方式”，并且通过注解26补充认为，“以此为标准也是通常做法。可参见『民事法学辞典〔增補版〕上卷』（有斐閣，1964）第29页（柚木馨）”。但是，仅仅用“通常做法”来概括这一区分标准的正当性，可能并没有充分的根据，而且该标准是否属于通常做法也是有疑问的。比如有斐閣『法律学小辞典』第1198页关于“默示的意思表示”项下有如下说明：“表示行为在外观明确程度方面较低的意思表示类型。与能够通过表示行为明确判断是否存在意思表示的‘明示的意思表示’不同，但不论哪种类型的意思表示……都需要通过对意思表示本身进行解释才能明确其效力以及效力的范围。因此，两种不同类型的意思表示只是在表示行为的明确性方面存在程度上的差异，欠缺区分的实益。”是否欠缺区分的实益另当别论，但关于程度上的差异的观点显然与山本克己教授不同，而与司法研修所的见解相同。

言语表达的方式,如果没有要求当事人就其具体内容(在某些情形下,除了言语行为外,当事人的动作行为也很重要。比如,当事人一边说"您的提案不错",同时左右摆手,或者同时点头,则有可能表达了完全不同的意见,因此当事人的动作也具有很高的显示价值,属于必要的事实)加以主张的话,则其意思表示的真实内涵无法作为当事人攻击防御的对象。由于言语本身未必能够保证意思表示的明确性,因此将是否采用了言语表达的方式作为判断标准是不恰当的。

153 而且,山本克己教授认为,"对于采用言语表达方式的明示的意思表示,当事人的主张应当完整再现作为表示行为的言语表达场景"(山本·前引注解50第35页)。这一观点可能意味着,如果当事人的主张不符合上述要求,可能就属于主张失当的情形,而这样的结果会导致非常严重的问题。其根源在于"完整再现"的要求。比如,当事人在拒绝某一要约时,其言语表达的实际情况可能是"在下十分惶恐,不过您的要约实在无法接受,乞求您的谅解",如果当事人主张的内容是"不好意思,无法接受您的要约",是否就没有充分满足这一要求?再或者当事人主张"拒绝了要约",这一主张是否就毫无意义?甚至在书面表达的场合,是否也需要当事人完整再现当时的场景(极端的做法还会要求当事人完整再现包括假名、汉字以及平假名与片假名之间的假借情况甚至笔误)?而且,更为麻烦的是,对于上述问题而言,"完整再现"根本无法作为一个区别或者确定的标准。

154 鉴于上述原因,笔者无法赞同山本克己教授的观点。

□ 山本克己教授对司法研修所观点的批评

155 当事人应当如何应对上述情形下所产生的不利益呢?司法研修所民事裁判教官室提出如下建议,即"对于默示的意思表示,当事人在主张其主要事实的同时,也应一并主张明示的意思表示的主要事实"。[54] 山本克己教授对此提出批评意见,认为司法研修所"混淆了作为主张对象的历史事实

---

[54] 参见司研『要件事实第1卷』第41页。

与表述该事实的命题之间的界限。也就是说,当事人意欲主张的历史事实应当与被认定的表示行为是同一行为……按照司研所所指的主要事实如果是历史事实的话,那么主要事实绝对不可能是两个事实”。[55] 作为历史事实的主要事实当然只能是一个。但对同一个历史事实属于明示的或者默示的意思表示,则可能由于解释方法或立场的差异导致判断结论的不同。如果这种不同发生在当事人和法院之间,法院就会认为当事人的主张与该历史事实并不一致,由此产生该当事人败诉的风险。为了规避这一风险,司法研修所民事裁判教官室才提出了当事人可以将明示与默示分别作为主位主张和预备性主张提出的建议,笔者认为这一建议并无不妥。[56]

比如,使用借贷合同之缔结属于历史事实,法院将实际使用状态作为评价根据事实,从而判定存在默示的缔约事实,而不存在明示的缔约事实(此种情形下,对于法院来说,默示的缔约与明示的缔约属于不同的事实)。 156
诉讼中,被告主张其对于系争土地享有占有权原,并认为土地的实际使用情况属于明示的缔约事实,于是按照自己的想法进行了主张。但法院认为被告并未提出任何关于明示的意思表示的主张(比如,“原被告缔结了使用借贷合同”或者“被告提出了缔约的要约,原告予以承诺”),由此导致法院的判断中并不存在明示的意思表示(在法院看来,被告提出的主张形态并非围绕实际使用状况提出的事实),并进而无法认可以被告主张的事实为前提的占有权原。在上述情形下,假如被告同时将上述事实作为默示缔约的评价根据事实加以主张,则作为预备性主张,该事实将进入法院的判断范围,从而可以认可被告的占有权原(关于明示或默示的判断方法一旦变得微妙,不同的人也可能会将借用物的实际使用情况作为明示缔约的主要事实,而被告恰恰也是如此考虑的)。

---

[55] 参见山本·前引注解50第35页。

[56] 山本克己教授的这一观点其实源自其对司研所关于明示默示区分标准的反对意见,对此笔者已经详加辩驳。如果以司研所的区分标准为前提的话,上述问题的解决思路并不意味着同一个历史事实在实务中会变身为两个主张事实。

157 在当事人主张默示的意思表示之评价根据事实时，如果法院将之解释为明示的意思表示，即使当事人没有将该事实作为明示的意思表示加以主张，但由于该主张可以被视为构成该类意思表示的具体内容，因此法院也会作出相应的认定。因此，一般情况下，当事人并没有必要同时主张两种形式的意思表示。[57]

四 | 权利

158 一如要件事实这一概念的名称所揭示的，截至目前我们讨论的都是该当于某一法律要件的具体事实。但是，正如后述所见，实践中也存在当事人就“所有权”提出主张的现象，如何解释这种现象是一个问题。同时，权利也是最具评价性的事项，需要在此进行讨论。

159 当权利成为民事诉讼中的争议焦点时，原则上需要对产生该权利的根据、妨碍、消灭等法律效果的要件事实进行认定，并对认定结果进行排列组合从而得出权利存否的判断结论。因此，原则上当事人不得直接对权利本身加以主张(关于可否通过证据直接证明权利的存在，可参见前引注解5)。但在例外情形下则应允许当事人对权利进行直接主张。

160 比如，X以对某一建筑物(以下简称标的物)享有所有权为由，对占有该建筑物的Y提出返还的诉讼请求。诉讼中，X提出了如下事实主张作为请求原因，这些请求原因一般都会得到实务的认可：[58](1)X目前对标的物享有所有权；(2)Y目前占有该标的物。[59] 在上述情形下，作为请求原因的

---

[57] 司研『要件事实第1卷』第41页采同样见解。

[58] 正如本书第一章第三节“四、要件事实理论的判断标准时”所述，原告如此主张只是符合了要件事实的要求，从尽早确定案件争点的角度出发，原告还应当在诉状中详细记载纠纷案情。

[59] 在此还存在另一个问题，即关于所有权的主张是否需要表明“从过去的某一时点直到目前都享有所有权”，关于占有的主张是否需要表明“从过去的某一时点直到目前一直处于占有状态”，由于这一问题并非此处讨论的重点，因此不再赘述。可参见司研『要件事实第1卷』第57~58页。此外，正如笔者在第五章第二节“一、问题本质与区别实益”所指出的，“占有”本身并非权利，而是评价。

主张内容,以权利(所有权)[60]而不是事实作为主张内容在实务中是允许的。那么,从要件事实的角度应当如何解释这一现象呢?既然将要件事实定义为该当于某一法律要件的具体事实,那么严格说来当然不属于关于要件事实的主张。但是,如果对方当事人对该权利主张(比如上述设例中X享有所有权)认可的话,则成立权利自认[61],X不必就该权利的发生要件事实加以主张和证明,因此可以将之作为一种简化方式的主张。如果对方当事人予以否认的话,则原告必须主张该权利的发生要件事实(某些情况下,X并

---

[60] 这种权利主张在涉及所有权的案件中最为常见,确有允许之必要。否则,正如后引注解62所指出的,会导致要件事实理论在某些案件中成为实务界难以忍受的、极为烦琐的审判工具。比如,在某些案件中,原告可能需要对标的物建筑材料的所有权加以主张,而这将造成极为困难的审理局面。因此,在不会造成其他弊端的有限范围内,应当允许"所有权"这种权利主张。另外,权利主张也并不局限在所有权的情形。只要在同样的限度内,也应当允许其他性质的权利主张。比如,关于地上权的权利主张。此外,司研『要件事实第1卷』第68页认为,在不存在争议的情况下,也应当允许当事人提出关于代理权的权利主张。笔者认为,代理权的发生原因事实虽然不像所有权那样复杂,但关于具体事实的主张毕竟存在一定困难,因此司研所的这一观点应值赞同。

关于其他权利主张可否允许的问题,笔者认为,民事诉讼之所以不允许将权利作为事实主张,而要求就发生根据事实加以主张,其根本目的在于确保攻击防御对象的明确性,从而确保妥当、公正、高效地解决民事纠纷。因此,只要某一权利主张无害于上述根本目的原则上应予准许,可视之为一种简化型的事实主张。但是如果涉及债权,当事人有必要通过主张以满足与其他债权区别的要求,因此一般情况下均应主张其权利发生根据事实,也就没有必要允许其提出简化型的事实主张。比如,在债权让渡(买卖)中,当事人对于该债权存在于让渡之时没有争议,仅就当事人是否已经清偿债权让渡之价金产生争议,此时当事人需要通过主张来特定该债权,因此需要主张其发生根据事实(实务中,如果该等事实的主张存在一定困难,可以适当降低对该等事实具体性和特定性的要求)。以上不成熟的观点仅供参考。

[61] 关于权利自认的效力问题,学界有多种观点。在本设例中,X就所有权的取得原因事实没有提出任何事实主张,而是单纯地提出权利主张。在这种情况下,不会出现X提出的事实主张根本无法作为所有权的取得原因事实的问题,即使Y仅就返还请求产生争议而否认其对标的物之占有,也不妨碍其将占有权原作为抗辩加以主张,因此Y认可X的所有权本身并不奇怪。假如Y承认了X的所有权,作为权利自认的效力而言,至少X没有必要就该所有权的取得原因加以证明,这也不存在问题。司研『改訂類型別』第48~49页也持类似观点。

高橋『重点講義民事訴訟法(上)』第506页以下就权利自认进行了详细的说明,也涉及与此处直接相关的内容,即"当事人没有提出任何事实主张,仅就法律效果提出主张,对方当事人没有异议的,法院应通过释明确认当事人就此无争议,该自认对法院应有拘束力"(第509页),可资参考。

未主张发生要件事实，而是主张其在过去的某一时点享有所有权，Y也会予以认可）。否则对方当事人对于该权利主张很难提出恰当的防御方法（比如，假设X是从原所有人A手中买下该标的物，[62]则被告可以就该买卖合同是否成立、是否存在无效的原因等事项展开调查，并根据实际情况提出恰当的防御方法）。

---

[62] 此种情形下依然存在较为棘手的理论问题。也就是说，如果Y否认A对该标的物享有所有权这一权利主张，则X需要就A之所有权的取得原因加以主张，理论上应上溯至标的物建筑施工之时，为了主张A因建筑施工而取得所有权，是否还需要X就A享有建筑施工材料的所有权加以主张？但一般情况下，Y都会认可某人在某一时期对该标的物享有所有权，因此不会出现上述理论难以解释的问题。

司研『改訂類型別』第45页以下，就基于所有权的诉讼请求涉及的请求原因的具体主张方法以及因被告不同的反应而带来的攻击防御方法上的变化进行了说明，可资参考。

【第四节　事实的具体性与特定性】

一 | 事实的具体性

□ “事实”乃要件事实

需要特别说明的是，此处所讨论的“事实的具体性”，仅指要件事实（否则容易导致讨论的混乱）。因此，对于当事人的主张来说，最低限度的必要性要求是法院能够明确识别其属于对该当要件事实的主张（比如，某一金钱的交付，在性质上属于赠与，还是借贷，甚至是清偿，都必须得到明确）。如果不具备这些识别要素，无论当事人提出了怎样具体的事实主张，从是否属于对该当要件事实的主张的角度来看，都是毫无意义的（比如，在没有明确金钱交付性质的前提下，即便当事人详细主张并证明了诸如币种、纸币号码、新旧程度、交付方式、地点等信息，也不会产生任何具体的法律效果）。因为我们在此讨论的问题是，当要件事实的主张证明产生争议时，要件事实的具体性需要达到怎样的程度才是必要且充分的。以下讨论均以此为前提。某一特定的主张越具体，其所指向的内容的显示价值就越高；主张越抽象，其显示价值就越低，这正是问题所在。 161

□ “事实·评价”与“具体性”的关系

本章第二节所讨论的“事实与评价”与此处的“事实的具体性”之间是何种关系？回答这一问题是比较困难的。大致来说，当我们在判断某一主张可否作为事实来处理的同时，也必须判断其具体性是否充分（比如，如果法官认为“交付了金钱”这一主张可以作为描述事实命题的主张，而且已经十分完备，则没有必要再考虑金钱交付的具体事实样态）。当某一陈述意 162

味着某种评价的情况下(如过失、表见代理的正当理由等),我们需要考虑作为得出这一评价结论的事实依据(评价根据事实)必须具备哪些要素,此时当然会考虑到采用怎样的描述方式才可以作为事实主张来对待(比如,不应当泛泛地主张有证据能够证明代理行为已经得到本人授权,而是主张手头持有本人的印章以及印章登记证明),当我们在判断某一事实可否作为评价根据事实来处理的同时,也必须判断其具体性是否充分。

163 在这一含义上,我们需要讨论主张所必须具备的具体性问题。

□ *“具体性”之标准*

164 一如前述(本章第二节“二、事实的评价性”之“‘事实’与‘评价’命题的区分标准”),对于通常情况下可以作为事实问题处理的主张,我们也应当以妥当、正确、迅速地解决民事纠纷为基本标准,讨论对于当事人攻击防御和法院审理判断而言必要且充分的具体性问题(一般而言,“就某一命题人们能够联想到相同的内容”即满足了必要且充分的要求)。

165 考虑到不同案件的情况,由于事项内容、性质的不同,具体性总存在程度上的差异。比如,被告经营一家规模极大的工厂,因厂房发生火灾波及原告所有之住房,导致房屋烧毁,原告以此为由提出损害赔偿请求。那么,对于原告来说,关于火灾发生的样态应当描述到何种程度呢?笔者认为,类似于“从被告的厂房窜出很高的火焰,并伴随巨大的爆炸声”的程度即可(至于火焰的高度具体到多少米,实际上并没有必要)。再如,因家用电视机起火导致原告烧伤,原告以此为由提出损害赔偿请求。此时,原告的主张应当具体到类似于“突然喷出 20 公分左右的蓝色火苗,并发出嗤嗤的声音”的程度(仅仅“冒出火焰”的表述欠缺具体性)。

166 此外,如果案件涉及高科技产品,由于产品内部结构比较复杂,要求原告特定详细的故障部位并加以具体描述,对于一般的消费者来说是十分困难的,此时只能降低对具体性的要求。[63] 从当事人准确开展攻击防御以及

---

[63] 对于这种存在主张证明困难的案件,法院应当充分运用推定的方式。参见本书第二章第三节相关内容,特别是关于缺陷的大致推定。

法院正确地进行审理判断的要求出发,当然希望主张越具体越好。但具体性的要求越高,对于就该事实负担主张证明责任的当事人来说就越困难,而对于对方当事人而言则较为容易展开防御。相反地,如果降低对具体性的要求,则有利于负担主张证明责任的一方当事人,而不利于对方当事人。如何在两者间取得平衡,对法院来说需要细加琢磨。

与法院的审判过程无关,在要件事实得到法院的认定后,会产生相应 167
的法律效果,法院也会通过判决展示当事人的诉讼胜负结果。此时,我们容易忽视的问题是,被法院认定为存在的事实是否具备令当事人理解的具体性?与此密切关联的另一个问题是,从事实认定的角度,能够在多大程度上允许法官进行选择性认定或者概括性认定?[64] 要妥当解决对于当事人的攻击防御和法院的审理判断来说必要且充分的具体性问题,都必须认真思考上述因素。

□ 小结

总而言之,要件事实的具体性问题,必须从事实认定的角度考虑多种 168
因素加以解决,这些因素包括该事实证明的难易程度、对方当事人遭受突袭的可能性、双方当事人举证手段的保有程度、不同类型案件中救济的必要性、能否确保法律适用和事实认定的正确性以及能否得到当事人和第三人的理解等[65](比如,在原告以案涉土地的完整性为由追究被告损害赔偿责

---

[64] 关于选择性认定(包括概括性认定在内)问题,请参见拙著『事実認定の基礎』第223页以下。

[65] 关于具体性和特定性的问题,有以下需要关注的研究成果。

司研『要件事実第1巻』第53页认为:“存在争议的要件事实……应当由当事人准确地加以特定,并适当具体化。但显而易见的是,随着时间的流逝,事实的准确特定以及详细精密的具体化越发困难,如果提出过高的要求,当事人则无法进行主张证明;即便可以主张证明,也会导致审理过于琐碎,耗费过多的时间和费用。”

青山善充教授认为,“当事人在陈述主要事实时,应当达到怎样的详细程度是一个问题。……比如,关于金钱的交付或领受(民587),就存在现金交付、银行转账、票据交付等多种方式。……事实主张应当具有的具体性,应当满足明确攻击防御目标、防止裁判突袭、避免不自然的事实认定结论等要求(参见青山「主要事実・間接事実の区別と主張責任」第401页)”。其中,关于“避免不自然的事实认定结论”的要求特别值得关注。

任的诉讼中,如果法院作出了“原告从被告处获得了甲市内的土地”的事实认定结论,则这种具体性既无法确保正确性,也无法得到当事人或者第三人的理解)。

二 | 事实的特定性

□ 特定性与具体性的关系

169 除了上述所讨论的要件事实的具体性之外,尚存在要件事实的特定性问题。两者极为相似,具有密切关系(如果提高对具体性程度的要求,则特定程度也会同时提高)。所谓特定性,是指该当事实具有区别于其他事实的要素状态,在理论上与具体性属于不同的概念。[66]以下举例说明。

170 我们以前述火灾事故为例。在工厂火灾事故中,关于起火部位的特定,一般来说类似于“被告工厂内的一号厂房附近起火”的描述即为充分(因为火灾区域较大而且起火部位位于被告控制区域,对于原告而言存在特定方面的困难)。与此不同,在电视机火灾案件中,简单地描述电视机附近起火显然是不充分的(从空间范围来说,“电视机附近”的特定程度显然要远远超过“1 号厂房附近”,但在该案中起火位置可以做到

山木户克己教授认为,“现实生活中,主要事实多种多样,数量众多。因此,当事人的主张内容以及法院的认定范围应当在多大程度上满足具体化和个别化的要求涉及具体事实的抽象度和概括度的问题。我们应该从保障当事人的辩论权、免受裁判突袭以及裁判的实践性目的与功能这两个方面进行综合考察,在个案中予以具体解决(参见山木戸「自由心証と挙証責任」第 50 页)”。

另请参见畑瑞穂「民事訴訟における主張過程の規律(1)(2)——主張否認の具体化理由づけについて」法協 112 卷 4 号(1995)第 488 页以下、同 114 卷 1 号(1997)第 1 页以下。作者指出,“事实主张主要涉及具体性的问题。比如,关于消费借贷合同的成立,当事人可否仅抽象地主张‘交付了××日元’?”该论文具有与笔者同样的问题意识,但可惜尚未完稿。尚可参见畑瑞穂「主張の具体化(特集 民事訴訟の審理③)」月刊法学教室 2000 年 11 月号第 23 页以下。

㊱ 关于要件事实特定和具体性的问题,可参见司研『要件事実第 1 卷』第 52 页以下。

另外,关于《产品责任法》第 2 条第 2 款所指“缺陷”的特定性与具体性问题,参见拙著「裁判規範としての民法に関する一考察」第 20 页以下。

更为精确的特定),至少也应该特定到“起火位置在电视机后部附近”的程度。

我们再以其他事例加以说明。 171

比如,在借款返还请求诉讼中,关于“X交付10万日元于Y”的命题, 172
从要件事实的主张来看,如果X提出“X将面值1万日元的钞票,共计10张放在Y的手上,Y立刻攥住并放进了自己的钱包”这一主张,则充分满足了具体性要求,而且没有必要再提出其他更为具体的主张。但是该主张完全没有满足特定性的要求,对于这样的事实主张,Y是无法进行答辩的。比如,X与Y之间共发生两次同样的金钱交付情形,一次是2013年8月1日,另一次是2014年8月1日,此次诉讼要求返还第一次的借款。假设Y认为只有第二次交付是存在的,就会承认第二次交付,而否认第一次交付。但是根据X的前述主张根本无法明确是哪一次交付,因此Y也无法作出任何答辩。此时,X必须明确其交付的具体时间,即2013年8月1日。这样一来,Y即可作出“否认原告的请求原因事实”这一答辩,也可以由此明确双方的争点。在上述设例中,X的主张仅仅满足了具体性的要求,而没有满足特定性的要求。

□ 时间·地点在事实特定中的作用

在理论上,要件事实的具体性和特定性是不同的概念,实践中,当事人 173
大多通过明确行为或者现象发生的时间和地点特定某一事实主张[67](需要注意的是,通过时间特定事实主张与要件事实的时间要素是两个不同性质

[67] 当然,通过对具体性的详细主张,同时达到对特定性的要求在理论上也不是完全不可能的。比如,对于前述10万日元的交付来说,假如X详细说明了1万日元纸币的号码以及纸币形态(比如全新的纸币有3张,稍微泛黄的纸币有5张,纸币右侧边缘稍有破损的有1张,画有富士山涂鸦的有1张),而且明确了这种交付在X与Y之间只发生过一次,那么这种关于具体性的主张同时也满足了特定性的要求。只不过这种特定方式极为烦琐,对方当事人和法院都不易接受。

的问题,不可混淆[68])。

174 理论上也存在相反的情况,即某一要件事实主张虽然满足了特定性的要求,但却欠缺具体性。以下情形在实践中可能不会发生,仅作为设例加以说明。比如,X 提出如下事实主张:“2013 年 8 月 31 日下午 2 时 1 分 30 秒左右,位于东京都中央区银座 1 - 2 - 3 地段的 × × 大厦的 10 号房间内,X 与 Y 分别坐在该房间东南角、从入口处算起的第 2 张和第 3 张椅子上,签署了某一不动产的合同,当时房间内共有 5 张椅子。”这一主张虽然满足了特定性的要求,但完全欠缺事实的具体性。

175 此外,正如笔者在本章第四节“一、事实的具体性”中所指出的,作为事实认定领域的问题,在涉及事实特定性问题时,同样有必要考虑选择性认定或者概括性认定的问题。

□ 小结

176 总而言之,与要件事实的具体性问题相同,我们也必须从事实认定的角度考虑多种因素来解决要件事实的特定性问题,这些因素包括该事实证明的难易程度、对方当事人遭受突袭的可能性、双方当事人举证手段的保有程度、不同类型案件中救济的必要性、能否确保法律适用和事实认定的正确性以及能否得到当事人和第三人的理解等。

---

[68] 参见本书第四章第二节“四、修正的法律要件分类说”之“(四)修正的法律要件分类说与裁判规范民法理论在结论上的差异”部分的说明。比如,在适用《民法》第 557 条时,解除的意思表示与着手履行的先后时间顺序成为案件争点,法院必须决定就该先后顺序应当由主张已经发生了合同解除的法律效果的当事人负担主张证明责任,还是由主张尚未发生解除法律效果的当事人负担主张证明责任。这一时间性的先后顺序关系(比如买受人解除合同的意思表示早于出卖人着手履行合同)就构成要件事实的时间要素(这一时间要素属于要件事实的组成部分,是其他事实无法替代的)。与此不同的是,由于特定要件事实所需要的时间(比如“ × 年 × 月 × 日交付了金钱”中的“ × 年 × 月 × 日”,可称为“时间因素”),其本身并非要件事实(因此可以通过更为详细的具体化主张达到特定的要求,一如前引注解)。关于两者的区别,尚有多种事例,可参见司研『要件事实第 1 卷』第 54 页以下。

第六章

攻击防御方法体系视阈下的要件事实

【第一节 本章主要内容】

所谓攻击防御方法，在民事诉讼法的条文中表述为“攻击或防御的方法”(如《民事诉讼法》第156条，第157条第1、2款，第161条第2款)，通常的定义如下，即“支撑本案请求的所有诉讼资料(主张、证明、证据抗辩)被称为攻击方法，反驳本案请求的所有诉讼资料被称为防御方法”。① 1

本章主要从攻击防御方法体系的角度讨论与要件事实相关的问题，包括如下内容：作为攻击防御方法的要件事实，在确定诉讼标的以及法院的审理判断过程中具有怎样的意义？作为攻击防御方法的要件事实，相互之间有何关系？作为攻击防御方法的要件事实，其整体结构如何？ 2

请求原因作为诉讼标的(实体法上之权利或法律关系)的发生根据事实，如果无法确定诉讼标的，则也无法确定请求原因(由此导致无法确定抗辩及其他攻击防御方法)。同时，由于请求原因具有的上述性质，也有助于识别不同的诉讼标的。本章第二节重点讨论诉讼标的与请求原因之间的相互关系，第三节讨论诉讼标的确定后请求原因及其他事实主张的结构，第四节概括讨论常见的要件事实问题，第五节则进行细致的个别考察。 3

① 参见中野ほか编『新民事訴訟法講義』第238页(池田辰夫)。

【第二节　要件事实对于确定案件诉讼标的的意义】

一 | 诉讼标的的定义

4　所谓诉讼标的(也称为"诉讼上的请求"),是指原告向法院提出的、要求在诉讼中予以审理和判断的实体法上之权利或者法律关系的主张。②

5　实务中,诉讼标的经常用于指代权利或法律关系本身,而不称之为对该权利或法律关系的主张。比如,在原告向被告提起的买卖价款请求诉讼中,判决书中对案件诉讼标的的表述一般是"本案诉讼标的系原告对被告之买卖价款请求权",而不是"本案诉讼标的系原告对被告之买卖价款请求权之主张"。这应当属于实务中的一种表达习惯,但为什么会产生这一习惯,并没有相关文献予以说明。在笔者看来,可能的原因在于,一如后述第二节"二、诉讼标的在诉讼中的功能"所见,在法院需要考虑诉讼标的问题的时候,即便不完整地表述为关于权利或法律关系的主张,也并不影响诉讼标的功能的实现,而且更为简洁。尤其在涉及第六项功能时,从"买卖价款请求权系本案诉讼标的"的角度出发,更容易理解该请求权的发生根据

---

② 众所周知,日本法学界曾经围绕诉讼标的产生过激烈争论,论战的双方是旧诉讼标的理论和新诉讼标的理论。判例和实务界采前者之立场(笔者也是如此),这一立场今后恐怕也不会发生变化(新诉讼标的理论提倡的纠纷一次性解决的理念也给旧诉讼标的理论带来了实质性的变化,比如争点效之强化、诚实信用原则的适用)。关于诉讼标的论争的详细情况,可参见高橋『重点講義民事訴訟法(上)』第25~44页。

当然,无论采用何种诉讼标的理论,主张证明责任对象事实的确定标准也不会在理论上得到当然明确。理由在于,确定标准的功能在于明确特定的实体法上之权利或法律关系发生的根据事实。因此,即便采用新诉讼标的理论,也必须以实体法上之权利或法律关系为前提来明确主张证明责任对象事实,相关的理论包括了修正的法律要件分类说、裁判规范民法说等多种学说。

事实(请求原因事实)应该是什么。

但在理论上必须明确的是,在上述买卖价款请求权的场合,该请求权是否存在只有在判决确定时方能尘埃落地,因此在诉讼中作为审理判断对象的并不是该请求权本身,而是原告关于该请求权存在的主张。只不过从实务方便的角度,我们可以在充分认识到诉讼标的的本质是“原告的主张”这一前提下,将“主张”二字予以省略。③ 6

二 | 诉讼标的在诉讼中的功能

诉讼标的在诉讼中的功能大致包括如下六个方面:(1)作为确定诉讼管辖法院(《民事诉讼法》第5条)的标准之一;(2)确定既判力客观范围(《民事诉讼法》第114条第1款)的标准(再诉禁止范围的判断标准);(3)诉之合并(《民事诉讼法》第136条)的判断标准;(4)重复起诉(《民事诉讼法》第142条)的判断标准;(5)诉之变更(《民事诉讼法》第143条)的判断标准(审判同一性的判断标准);(6)请求原因之外的其他攻击防御方法的确定标准。需要注意的是,近来较为有力的见解认为,应当根据不同的事项考虑诉讼标的的功能,由此出现了功能相对化的趋势。④ 7

三 | 通过请求原因识别诉讼标的

□ 根据实体法上之权利识别诉讼标的

某一案件中的诉讼标的提示了该案涉及何种实体法上的权利呢?实际上这是由当事人以何种事实作为请求原因在诉讼中加以主张来决定的。由于请求原因是诉讼标的的发生根据事实,因此如果当事人主张了不同的事实,当然会导致诉讼标的发生变化。⑤ 实务中采用了一种反馈机制来解 8

---

③ 参见中野『民事裁判入門』第101~102页。

④ 参见高橋『重点講義民事訴訟法(上)』第60~64页。

⑤ 请求原因事实的变化将导致诉讼标的发生相应的变化,这一标准需要贯彻到何种程度依然有讨论的余地。也就是说,如果强调纠纷的一次性解决则应另当别论(详见后述具体事例的讨论)。

决诉讼标的与请求原因的确定问题,即以寻求两者的整合性为目的,在假定的诉讼标的与当事人提出的多种主张事实之间穿梭往返,反复比较。⑥

9 在上述这种反馈机制的作业过程中作出的多种判断可以体现诉讼标的与请求原因事实的关系。笔者将从静态的角度设定诉讼标的与相关事实的关系,进而探讨该种情形下两者之间的关系问题。也就是说,以当事人提出的事实为基础,如何判断与之相对应的诉讼标的。

10 为了更好地实现诉讼标的在诉讼中的功能,必须考虑诉讼标的的异同、个数等问题。在此需要注意的是,并不是因为采用了旧的诉讼标的理论,实体法上权利的异同、个数等问题就不会产生歧义。

11 比如,从外观上来看,A 与 B 是不同的实体法上权利,但从权利的实质考虑,实际上具有相同的权利内容,在这种情况下,两个权利实际是同一的(这种现象可称为"权利的同一性"),如果从权利的个数来看的话,则只有一个权利(这种现象可称为"权利的单一性")。

□ 实体法上权利的异同·个数的识别标准

12 原则上,诉讼标的的异同、个数应根据作为诉讼标的的权利或法律关系在实体法上的制度目的加以确定,⑦但能否仅以实体法制度目的为识别标准则有待进一步探讨。

13 在这一问题上,笔者采用的思路与前述[参见第三章第六节"五、根据制度目的确定主张证明责任对象事实"之"(二)民法的规范结构分析"部

---

⑥ 比如,当事人主张了多种事实关系,既有可能是买卖关系也有可能是承包关系,那么从诉讼标的的角度来看,当事人主张的到底是买卖价款请求权还是承包价款请求权,就需要采用上述反馈机制来加以确定。

⑦ 河村「要件事実論とはどのような考え方か(上)」第 11 ~ 12 页注解 5 主张以实体法制度目的作为权利个数的识别标准,即"比如,合同履行请求权以及因债务不履行而产生的损害赔偿请求权的权利个数,应当对照保护合同的制度目的加以确定"。最判平 22·10·19 民集 235 号第 93 页以"诈害行为撤销权制度……并非以直接满足债权人个别的债权为目的"这一撤销权制度目的为理由,对该案中的诉讼标的数量作出了判断。河村法官的上述观点是正确的。笔者的观点只是强调仅以实体法制度目的作为识别标准未必充分。

分]类似。也就是说,首先根据实体法制度目的识别权利的个数,如果能够得出明确结论(比如当事人之间在不同的时期签订了多个合同),则这一作业可告完成(符合后述之"诉讼标的的制度目的")。⑧ 如果无法得出明确的结论,则只能以妥当实现诉讼标的功能为识别标准(诉讼标的的制度目的)。理由在于,诉讼标的理论服务于民事诉讼,因此诉讼标的的数量问题也应当对照妥当、正确、高效地解决民事纠纷这一民事诉讼的制度目的,从诉讼标的的制度目的出发加以解决。⑨

实务中常见的问题是,在基于所有权请求拆除建筑物并交付土地的诉讼中,其诉讼标的的数量为何(学说对此观点不一,有观点认为,存在土地交付请求权与建筑物拆除请求权两个诉讼标的;也有观点认为,只有一个土地交付请求权;还有观点认为,只有一个建筑物拆除请求权)。但笔者在此并不讨论这一问题。理由在于,此处所讨论的问题是诉讼标的与要件事实的关系,而上述问题的前提是具有相同的请求原因,只是在如何理解物权性质的请求权方面存在较大分歧。 14

另外,此处也不讨论诉讼请求内容与请求原因几乎相同,但诉讼标的却不同的情形。 15

以下,笔者将以三个具体的事例为例展开具体讨论。 16

□ 具体事例1

最恰当的事例可能是出租房屋返还请求诉讼。作为租赁合同终结的原因,可能存在多个事实,比如因未交付租金而数次解除合同,因存在正当 17

---

⑧ 实务中确实存在请求权竞合的问题(关于请求权竞合,可参见有斐閣『法律学小辞典』第705~706页的解说)。比如,因债务不履行而产生的损害赔偿请求权与因不法行为而产生的损害赔偿请求权之间,在诉讼中是否真的出现竞合,还是仅存在前一个请求权,这些问题首先需要根据实体法思维来解决,而不应首先考虑诉讼标的的制度目的。

⑨ 山木戸克己「訴訟上の請求について」『民事訴訟理論の基礎的研究』(有斐閣,1961)第123页指出,"诉讼上之请求,即诉讼标的的特定与识别标准,实际上是一个法解释课题。因此,应当根据实体法之规定考虑多种因素,从诉讼高效运行以及当事人保护的目的出发加以确定"。笔者与山木户教授在诉讼标的理论方面存在若干分歧,但从上述表述来看,观点基本相同。

事由而数次解除合同或者数次解除合意等。在上述情形下,诉讼标的只是因租赁合同终结而产生的返还请求权(不同的终结事由所产生的请求权是同一个,即一元说),还是因不同的终结事由而产生的多个返还请求权(请求权各不相同,即多元说)?

18 司法研修所在这一问题上采一元说,即"租赁合同的法律效果之一是产生租赁物返还义务,而基于租赁合同终结而产生的返还请求权则奠定了该义务的基础,至于解除合同或者解除合意等终结原因本身并不能产生该等请求权。因此,只要当事人基于一个租赁合同提出返还请求的,无论其终结原因如何,诉讼标的只有一个,不同的终结原因仅构成原告的攻击方法"。⑩

19 笔者对上述结论持赞同态度,但认为其论证过程并不充分,关于"基于租赁合同终结而产生的返还请求权则奠定了该义务的基础,至于解除合同或者解除合意等终结原因本身并不能产生该等请求权"的表述,并非理由而是结论。当事人之间的合意属于租赁合同内在的本质要素,租赁物返还义务当然是以该合意为基础的,但其作为具体义务而得以发现,则是因为发生了各种合同终结的原因事实。如此一来,将返还义务从整体上把握为一个义务,还是多个义务,实际上取决于看待这一问题的不同视角。在这一含义上,司研所的前述观点并非判断标准。

20 上述问题的判断标准应当从诉讼标的的功能出发,来检视到底哪一种思维方式最符合诉讼标的的制度目的。其中,最为重要者包括如下几方面:(2)确定既判力客观范围(《民事诉讼法》第114条第1款)的标准(再诉禁止范围的判断标准);(4)重复起诉(《民事诉讼法》第142条)的判断标准;(5)诉之变更(《民事诉讼法》第143条)的判断标准(审判同一性的判断标准);(6)请求原因之外的其他攻击防御方法的确定标准。由于同一个

---

⑩ 参见司研『改訂類型別』第90页。该页引用了山木户教授的观点,即"就同一诉讼标的物,基于多个合同终结原因而提出的返还请求,由于返还债务系基于同一个租赁合同,因此诉讼请求当然是同一个"。参见山木戸「訴訟上の請求について」『民事訴訟理論の基礎的研究』前引注解第130页,但并未阐述如此考虑的特殊理由。

租赁合同而产生的租赁物返还义务,其发生原因包括合同解除、合意解除、期间届满等多种事实,对于基于该合同而请求返还的原告来说,上述事实均属于支撑其诉讼请求的有利事实。因此,除非该等事实明显不成立,否则原告均应在同一个诉讼中加以主张。对于被告而言,上述事实也是其可以预见的(当然,原告必须及时提出上述事实主张,这些主张均针对同一诉讼标的,因此不需要进行诉之变更),此种情形下,无论法院是否作出了确定判决,都没有必要允许当事人另行起诉或者再诉(通过该诉讼谋求纠纷的一次性解决是恰当的)。无论从上述(2)、(4)、(5)、(6)哪一个功能指标来看,将上述诉讼中的诉讼标的限定为一个都是恰当的。

□ ***具体事例2***

基于本人缔结的合同(比如,出卖人 X 与买受人 Y 本人直接缔结的买卖合同)而提出的诉讼请求,与基于代理人缔结的合同(比如,出卖人 X 与买受人 Y 之代理人 A 之间缔结的买卖合同)而向本人提出的诉讼请求(两者均为请求支付合同价款),虽然请求原因事实各不相同,⑪但诉讼标的都是同一的,应为一个。上述事实均属于支撑原告诉讼请求的有利事实。因此,除非该等事实明显不成立,否则原告均应在同一个诉讼中加以主张。对于被告而言,上述事实也是其可以预见的(当然,原告必须及时提出上述事实主张,这些主张均针对同一诉讼标的,因此不需要进行诉之变更),此种情形下,无论法院是否作出了确定判决,都没有必要允许当事人另行起诉或者再诉(通过该诉讼谋求纠纷的一次性解决是恰当的)。无论从上述(2)、(4)、(5)、(6)哪一个功能指标来看,将上述诉讼中的诉讼标的限定为一个都是恰当的。 21

也许有观点认为,既然合同只有一个,那么基于该合同产生的请求权当然也只能是一个,因此上述论证并无必要。但笔者认为,是否只有一个 22

---

⑪ 判例认为与代理相关的事实并非要件事实,笔者对此持不同见解(司研『要件事实第 1 卷』第 17 ~ 18 页,青山「主要事実・間接事実の区別と主張責任」第 382 页意见与笔者相同)。

合同恰恰是问题所在。本人签订的合同与代理人签订的合同是不同的,特别是在将与代理相关的事实作为要件事实处理的场合,很有可能存在类似的见解。因此,还不能当然得出上述论证毫无必要的结论。此外,如果单纯从实体法角度出发,上述情形下应当存在两个不同的合同,但对照诉讼标的的制度目的,应当认为只有一个诉讼标的。

23 此外,在原告基于所有权提起的诉讼中,虽然原告所有权的取得原因事实可能是多个,比如从 A 处买受取得,或是从 B 处赠与取得等,但该种情形下诉讼标的的异同以及个数,也应当按照上述代理的情形处理。也就是说,基于某物所有权而产生的请求权只有一个,具体理由可参见关于代理的论证部分,不再赘述。

□ ***具体事例3***

24 实务中会不会存在这样一种现象,即请求内容(请求内容不同,是事例 3 与前两个事例最大的不同)与请求原因不同,但诉讼标的应当只有一个?比如,原告行使诈害行为撤销权,请求被告返还原物以及返还不能情形下应等价赔偿。

25 本质上,上述情形属于同一权利(比如,请求返还标的物的权利)的不同实现样态(原物返还或者返还不能前提下的等价赔偿),因此诉讼标的应为一个。这一论述可以大致说明问题,但在某种含义上依然属于结论,作为核心理由并不充分。笔者认为,上述实体法上两个不同的请求权,本质上都以解决同一个纠纷为目的,只不过实现方式有所不同。相关的事实主张均属于支撑原告诉讼请求的有利事实。因此,除非该等事实明显不成立,否则原告均应在同一个诉讼中加以主张。对于被告而言,上述事实也是其可以预见的(当然,原告必须及时提出上述事实主张,这些主张均针对同一诉讼标的,因此不需要进行诉之变更),此种情形下,无论法院是否作出了确定判决,都没有必要允许当事人另行起诉或者再诉(通过该诉讼谋求纠纷的一次性解决是恰当的)。无论从上述(2)、(4)、(5)、(6)哪一个功能指标来看,将上述诉讼中的诉讼标的限定为一个都是恰当的。[12] 如果单纯从实体法角度出发,上述情形下应当存在两个不同的权利,但对照诉讼标的的制度目的,应当认为只有一个诉讼标的。

此外,最判平 22・10・19 集民 235 号第 93 页判示认为:“诈害行为撤销权制度……并非以直接满足债权人的个别债权为目的。因此,作为诈害行为撤销诉讼的诉讼标的,诈害行为撤销权与债权人被保全债权之间也不会产生一一对应关系,从而产生多个诉讼标的。”需要注意的是,上述情形下,被保全债权的发生原因事实并非撤销权这一诉讼标的的发生根据事实,因此与前述请求原因事实不同的事例并不相同。 26

上述三个不同事例涉及的情形都属于需要对照诉讼标的制度目的,并且适于通过该诉讼一次性解决纠纷的情形。上述情形下,请求原因所具有的识别诉讼标的的功能(请求原因不同,诉讼标的也不同)并没有用武之地。 27

---

⑫ 永石一郎「当事者から見た要件事実——当事者代理人に必要な要件事実の基礎知識」伊藤総括編集『民事要件事実講座第 1 巻』第 128 页,永石一郎「要件事実のすすめ(下)」自由と正義 50 巻 5 号(1999)第 77 页结论与笔者相同,但理由并不明确。最判平・4・2・27 民集 46 卷 2 号第 112 页[5]所载判例中,最高法院撤销了原判决发回重审。永石一郎教授认为如此处理的原因在于,该判决系针对同一诉讼标的(在当事人诉讼请求不成立的前提下,如果前后诉的诉讼标的不同,则不必发回原审审理,直接驳回其诉讼请求即可)。

【第三节　攻击防御方法体系】

一 | 导言

28 通过上节考察,我们可以发现,一旦原告主张的诉讼标的——实体法上之权利或法律关系(以下简称权利)——得到确定,作为权利发生根据事实的请求原因得到确定,那么其他攻击防御方法也会随之得到确定。以下详论之。

二 | 请求原因·抗辩·再抗辩之定义

29 所谓请求原因,⑬是指对于作为诉讼标的之实体法上权利,为满足权利

---

⑬ 此处所指请求原因,是指作为攻击防御方法的请求原因。除此之外,尚存在两种不同含义的请求原因。

第一种含义的请求原因,即《民事诉讼法》第133条第2款第2项、《民事诉讼规则》第53条第1款所指请求原因。后者更是明文规定了其含义,即"特定诉讼请求的必要事实"。

第二种含义的请求原因,即讲学中所指作为攻击方法的请求原因(本文所指含义)。"诉状中实质记载事项中,最为重要的当属作为攻击方法的请求原因。这是原告负担主张责任且使其诉讼请求有理由的具体事实(《民事诉讼规则》第53条第1款)"(司法研修所監修『4訂民事訴訟第一審訴訟手続の解説——事件記録に基づいて』(法曹会,2001)第7页。这一含义的请求原因在《民事诉讼规则》中被表述为"使其诉讼请求有理由的事实"。(亦见于《民事诉讼规则》第53条第2款)该款规定中,还出现了"与该当事实相关联的事实"的表述,令人颇为费解。最高法院事務総局民事局監修『条解民事訴訟規則』第117页(司法協会,1997)有如下表述,"关于使其诉讼请求有理由的事实(主要事实)之主张,以及与该当事实相关联的事实(间接事实)之主张……"由此可见,使其诉讼请求有理由的事实即此处所指作为攻击方法的请求原因事实。

第三种含义的请求原因在用法上颇为特殊,即《民事诉讼法》第245条中所指请求原因,"此处所指请求的原因,包括判断实体法上请求权存在与否的全部事实,但不包括数额"[中野ほか編『新民事訴訟法講義』第419页(松本博之)]。

发生这一法律效果所需的必要且充分的事实(意即可产生该当法律效果的本质事实。换言之,即构成原则性的事实,无法将其中部分事实以相反的事实样态规定为例外情形,即抗辩的事实)。抗辩是与请求原因不同的事实,而且可以同时存在,系为排斥[14]请求原因所生法律效果必要且充分的事实(意即对于该当法律效果之发生而言,非必要、非本质的事实。换言之,针对上述原则的例外事实、非请求原因事实)。另外,由上述抗辩的定义可知,抗辩是以排斥请求原因所产生的法律效果为目的的本质事实(换言之,以排斥为目的的原则性事实,无法将其中部分事实以相反的事实样态规定为例外情形,即再抗辩的事实)。请求原因与抗辩、抗辩与再抗辩(以下亦同),相互之间均为不同的事实,而且可以同时存在。

□ 事实抗辩与权利抗辩

抗辩在种类上可以分为事实抗辩与权利抗辩。所谓事实抗辩,是指单纯地主张事实,比如,“被告已经向原告清偿了本案债务 100 万日元”。从这一事实主张具有的抗辩意义来说,不仅清偿者本人(比如被告)可以主张,其他利害关系人(比如该债务的保证人)也同样可以主张。 30

与此不同,权利抗辩包括同时履行抗辩、对抗要件的抗辩(比如,“在原告完成所有权转移登记手续之前,被告无法认可原告为所有权人”)。权利抗辩是被告以行使权利的方式提出的抗辩。比如,在买卖价款请求诉讼中,被告行使同时履行抗辩权,以“在原告交付本案标的物之前,被告拒绝支付本案价款”作为同时履行抗辩。非权利人不得进行权利抗辩(基于债权人代位权可否主张权利抗辩则是另外一个问题)。权利抗辩并非权利主张,比如“原告对本案标的物享有所有权”[司研《新问题研究》(『新問題研 31

[14] 此处关于抗辩(采用“排斥”这一用语)以及再抗辩的定义,学界应当没有异议。比如,司研『新問題研究』第 14 页认为,抗辩的“法律效果在于阻碍(包括妨碍、消灭以及阻止)请求原因所产生的法律效果”。村田ほか編著『要件事実論 30 講』第 25 页(山野目章夫)指出,“为了阻碍对方当事人主张的事实所产生的法律效果,而提出的事实主张即为抗辩。针对原告请求原因的是被告的抗辩,此为狭义的抗辩,原告针对抗辩提出的抗辩,被称为再抗辩,以此类推,还包括复再抗辩、复再再抗辩”。

究』)第74页将对抗要件的抗辩作为权利抗辩,但同时采用了“权利主张”的用语,殊难赞同]。成立权利抗辩包括两个条件:一个条件是当事人须以权利之行使作为权利抗辩的内容,另一个条件是该权利行使应贯穿口头辩论期日全过程。上述关于同时履行抗辩的表述方式即反映了这一要求。⑮

□ 并存之含义与对方当事人的态度

32 此处需要注意的是,上述所指事实的并存关系,是就事实层面而言,而从法律评价的角度来看,请求原因、抗辩、再抗辩是无法同时并存的(一如后述,后者均具有排斥前者法律效果的性质,当然无法并存)。因此,如果抗辩之主张能够同时在事实层面“否认”请求原因,则无法构建合理的攻击防御方法体系。

33 比如,对于“X与Y缔结了买卖合同”这一请求原因,Y主张“缔结该合同过程中Y存在要素错误”,由此可以导致该买卖合同无效。但我们不能认为由于该买卖合同无效而产生“否认请求原因”的法律效果。正确的攻击防御结构是,被告在承认“缔结了买卖合同这一请求原因”的基础上,又以“缔结该合同过程中Y存在要素错误”,由此导致该合同无效作为抗辩事实加以主张。要素错误是诉讼中常见的抗辩事由,一般情况下不会产生混

---

⑮ 此外,学说上还有所谓同时履行抗辩权的存在效果问题。如果当事人对该存在效果的根据事实加以主张,则该主张并非权利抗辩(关于这一问题,可参见本章第四节“五、插队现象——攻击防御方法上无法回避的不利益陈述”部分,以及『要件事实小辞典』第183~185页关于同时履行抗辩的词条说明)。

当事人关于与有过失的主张,并不具有任何权利行使的内容,只是普通的评价性要件事实的主张(关于与有过失与辩论主义的关系,可参见高橋『重点講義民事訴訟法(上)』第459~461页)。常见的关于与有过失的攻击防御结构如下:原告因不法行为请求被告损害赔偿,被告以原告存在过失为由提出抗辩,即根据《民法》第722条第2款,主张与有过失的事实(原告存在过失的评价根据事实);原告对此提出再抗辩,对原告存在过失的评价妨碍事实加以主张。

拙著「問題提起論文・賃貸借に関する問題についての要件事実論の有用性——賃貸借の継続的性質を踏まえて」伊藤編『不動産法と要件事実』法科大学院要件事実研究所報第12号(日本評論社,2014)第84~98页,详细论述了权利抗辩的性质、其在实体法上行使的法律效果,以及权利抗辩的结构等。

乱，但如果没有正确的攻击防御结构框架，则在面对较为复杂的案件时，我们就会产生审理逻辑的混乱。

□ *后续主张对先行主张的排斥*

后续主张（后者）与先行主张（前者）一般存在如下关系：后者有理由 34
时，⑯将妨碍（比如，合同成立这一请求原因而产生的法律效果，将由于虚伪表示等合同无效的抗辩而无法产生）或者消灭（比如，合同成立这一请求原因而产生的法律效果，将由于清偿这一抗辩而归于消灭）前者产生的法律效果。

再抗辩同样具有上述效果，但存在需要特别注意之处。 35

□ *再抗辩排斥抗辩的具体含义*

一如前述，为排斥请求原因所产生的法律效果必要且充分的事实被称 36
为抗辩，与此相同，再抗辩则是排斥抗辩所产生的法律效果必要且充分的事实。

也有观点将再抗辩作为排斥抗辩从而使得请求原因"复活"的事实。 37
笔者认为这一观点并未提供任何补充性的说明，而且容易导致误解，并不妥当。

所谓再抗辩具有排斥抗辩所产生法律效果的性质，是指再抗辩对于 38
抗辩所产生的"对于请求原因所生法律效果具有排斥性质"这一法律效果具有排斥的性质，其排斥方式则视再抗辩内容而定。需要注意的是，再抗辩往往并非全面排斥抗辩所产生的法律效果。有时抗辩是针对请求原因

---

⑯ "有理由"的含义是指，比如，被告作为抗辩而主张的事实具有能够产生相应法律效果的法律意义，同时，该事实之存在已经在诉讼中得以确定（当事人之间对此无争议，或者虽有争议但得到了证明）。请求原因、再抗辩等其他要件事实也是如此。"成立"一语则与"有理由"同义。

此外，"抗辩有理由"在实务中还会被表述为"抗辩成立"；"抗辩成立而导致请求原因无理由"则被称为"请求原因崩溃"。上述用语习惯可参见『要件事实小辞典』第167页。

中的部分数量展开的（比如，对于以借贷100万日元为内容的请求原因，被告提出抗辩，主张双方签订了全额免除债务的协议，原告针对其中的70万日元提出免除协议无效的再抗辩），有时则针对请求原因中质的部分。比如，再抗辩的主张内容是以“善意第三人”为由排斥抗辩的法律效果，那么抗辩的效果仅在该限度内被排斥，意即仅在涉及善意第三人的部分维持了请求原因所产生的法律效果（而不是论者所谓请求原因全部复活）。

39 综上所述，请求原因、抗辩、再抗辩是按照民法（实体法）的层级结构形成的，相互之间属于原则（比如权利之发生）、例外（比如权利之消灭）、例外的例外（比如在善意第三人的情形下未消灭）的关系。⑰

三 | 请求原因·抗辩·再抗辩之定位及其系列性主张

（一）请求原因·抗辩·再抗辩之定位

40 当请求原因最终被法院判定为有理由时（包括请求原因有理由而抗辩无理由的情形；抗辩有理由但再抗辩亦有理由，且不存在复再抗辩的情形；抗辩有理由但再抗辩亦有理由，且复再抗辩无理由的情形等），作为诉讼标的的权利会得到法院的承认，原告因此胜诉。当请求原因最终被法院判定为无理由时（包括请求原因本身无理由的情形；请求原因有理由，但抗辩亦有理由且不存在再抗辩的情形；抗辩有理由但再抗辩亦有理由，且复再抗辩也有理由的情形等），作为诉讼标的的权利不会得到法院的承认，原告因此败诉。

41 上述说明仅止于复再抗辩的情形，如果当事人还提出了复再抗辩之下的要件事实主张，同样适用上述规律。

42 对上述规律采用示意图的方式而不是文字方式加以说明将更为简单易懂，请各位读者在参照上述文字说明的同时，对照图1。

---

⑰ 这一规律对于具体问题的解决具有重要的意义，参见本章第五节“四、再抗辩中常见的问题”之“（二）关于《民法》第112条之不知代理权消灭的主张之定性”。

○标记的含义为“有理由”;✖标记的含义为“无理由”(而不是否认对方当事人的主张)。

□ *结论:原告胜诉(诉讼请求得到支持)*

请求原因○(此处即请求原因有理由且不存在抗辩的情形,前述说明中并未涉及)

请求原因○←抗辩✖

请求原因○←抗辩○←再抗辩○

请求原因○←抗辩○←再抗辩○←复再抗辩✖

□ *结论:原告败诉(诉讼请求被驳回)*

请求原因✖

请求原因○←抗辩○

请求原因○←抗辩○←再抗辩✖(此处即抗辩有理由但再抗辩无理由的情形,前述说明中并未涉及)

请求原因○←抗辩1○←再抗辩1○←复再抗辩1✖

(系列性主张之一)

←抗辩2○←再抗辩2○←复再抗辩2○

(系列性主张之二)

图1 抗辩示意

参考:实务中多采用上述攻击防御方法的德语缩略语。即请求原因 Kg(Klagegrund)、抗辩 E(Einrede)、再抗辩 R(Replik)、复再抗辩 D(Duplik)。

以上即攻击防御方法的体系结构示意图。我们以基于买卖合同的价 43
款请求诉讼为例,并假设所有的事实主张都已经得到了证明。在该诉讼中,存在几类攻击防御方法,包括该合同要素错误(买受人意思表示存在要素错误)、重大过失(买受人就要素错误存在重大过失)以及违反诚实信用原则。以下笔者将就具体的判断过程进行详细说明(需要注意的是,要素错误、重大过失、违反诚实信用原则等均属于评价性要件,当事人应就具体的评价根据事实提出主张,为行文简便起见,以下省略处理)。

44 关于买卖合同缔结的请求原因一旦得到法院的认可,则原告的诉讼请求为有理由;如果要素错误的抗辩得到法院的认可,则原告的诉讼请求为无理由。但是,如果关于重大过失的再抗辩得到法院认可,则要素错误这一抗辩为无理由,原告的诉讼请求为有理由。在此基础上,如果违反诚实信用原则的复再抗辩得到法院认可,则重大过失的再抗辩为无理由,要素错误的抗辩为有理由,原告的诉讼请求为无理由(请求被驳回)。如果针对被告的复再抗辩,原告没有提出反对性的事实主张,即复复再抗辩,则法院可以得出最终的裁判结论,即原告的诉讼请求无理由(驳回请求)。

45 在图1的结尾处,笔者列举了系列性主张的情形。在“请求原因○←抗辩1○←再抗辩1○←复再抗辩1 ✖”系列性主张之一的情形下(比如,关于违反诚实信用原则的复再抗辩没有得到法院认可),原告的诉讼请求为有理由(支持原告的请求)。但如果考虑到系列性主张之二的判断结论,则原告的诉讼请求为无理由(驳回请求),关于这一问题,详见下节说明。

(二)系列性主张

46 就上述系列性主张之一而言,法院可以得出支持原告诉讼请求的裁判结论,但假如诉讼中同时存在系列性主张之二,比如针对缔结买卖合同这一请求原因,被告提出了“该合同已经当事人合意解除”的抗辩,针对该抗辩,原告又提出了再抗辩(“解除合意附停止条件”),针对该再抗辩,被告又提出了复再抗辩(“该停止条件已经成就”)。对于这一系列性主张,法院必须采用上述同样的判断过程,否则无法得出原告的诉讼请求是否有理由的最终结论。如果系列性主张之二的抗辩、再抗辩、复再抗辩均为有理由,则应得出“驳回原告诉讼请求”的结论(参见图1末尾部分)。

47 上述设例中同时存在两种系列性主张。所谓后续主张推翻先行主张所产生的法律效果,仅仅发生在同一性质的系列性主张中。系列性主张之二中的再抗辩2(“解除合意附停止条件”),对于系列性主张之一中的抗辩1(“买受人意思表示存在要素错误”)而言,并不具有任何对抗性的法律意义。

(三)小结

关于上述诉讼标的的判断方法,此处做一抽象性小结。首先,关于不同性质的攻击防御方法之间的关系,比如请求原因与抗辩、抗辩与再抗辩、再抗辩与复再抗辩等,均具有后续事实的法律效果(如要素错误导致合同无效,或者合意解除导致合同消灭)将妨碍或者消灭先行事实所产生的法律效果(如缔结合同将产生价款支付请求权)的特点。如果先行事实(如抗辩)没有得到证明,那么就不会产生相应的法律效果,法院也没有必要对后续事实(如再抗辩)进行判断,或者考虑其对先行事实构成了何种排斥的法律效果,比如妨碍或者消灭。其次,当存在多个后续事实(如要素错误的抗辩以及合意解除的抗辩)时,如果其中之一能够得到法院的认定(如要素错误得到认定),则先行事实(如请求原因)所产生的法律效果将得不到承认(如,很难认为买卖价款请求权已经产生)。最后,只有排除了所有的后续事实(要素错误与合意解除均被排除),先行事实所产生的法律效果才能得到最终的确认(可以认为存在买卖价款请求权)。 48

□ *请求原因本质内在说*

就攻击防御方法体系结构整体而言,在某种程度上可以认为抗辩以下的攻击防御方法都属于请求原因本质上的内在组成部分(这一观点可称为"请求原因本质内在说")。也就是说,合同一旦成立原则上即为有效,而存在要素错误则导致无效等攻击防御方法,均隐含在合同成立这一事实之中,并不是从其他什么地方生拉硬拽来的。 49

上述关于《民法》第95条的设例广为人知,但少有人关注《民法》第612条,该条实际上也具有同样的性质。根据该条第1款规定,禁止让渡租赁权以及转租租赁物。该条第2款规定,如果发生让渡租赁权或者转租租赁物,而使得第三人对租赁物有使用或者收益的情形,则出租人可以解除租赁合同。但解释上一般认为(判例及通说均是如此),如果存在特殊事由,并未 50

导致租赁合同当事人之间的信赖关系遭到破坏,则出租人不得解除合同(作为针对以解除合同为由请求返还租赁物的抗辩)。在上述情形下,一般只有进入抗辩阶段,当事人才会意识到信赖关系遭到破坏的事项,但实际上该事实一直隐含在请求原因之中[第三人使用或者收益的事实原则上(除非存在特殊事由)会破坏当事人之间的信赖关系,这一事实属于请求原因的内在组成部分]。也正因如此,特殊事由才能成为抗辩事实。此外,极少有人关注的是,该条第1款中关于“出租人承诺”的规定恰恰属于最典型的“未破坏信赖关系之特殊事由”。关于《民法》第612条的解释,另可参见本书第五章第三节“一、评价性要件的思维方式”之“(一)评价性要件的定义”部分。

【第四节 从攻击防御方法的角度看要件事实常见的问题】

一 | 有理性以及主张本身失当

作为攻击防御方法的要件事实,必须满足必要且充分这一条件,否则即使该事实得到证明,也不具有任何法律意义。 51

关于这一问题,笔者已经在本书第三章第三节“三、主张责任与证明责任的关系”之“(二)主张责任与证明责任不一致见解之批判”部分进行了探讨,其中亦涉及中野贞一郎教授的若干观点,此处不再赘述。[18] 52

二 | “a + b”现象——攻击防御方法的包含与被包含关系

(一)“a + b”现象的含义与具体事例

比如,原告、被告缔结租赁合同,原告以被告迟延交付租金为由主张合同解除,请求被告返还租赁物。在该诉讼中,请求原因事实包括租赁合同之缔结,基于该合同之交付,租金债务履行期之经过,催告,相当期间之经过,解除合同之意思表示。对此,被告提出 A 抗辩,主张在原告作出解除的意思表示之前,被告已经实际提供了租金以及迟延赔偿金(a 事实)。此外,被告考虑到实体法上的法律效果,又提出了 B 抗辩,除了 a 事实之外,又补充主张并证明了原告拒绝受领给付(b 事实)以及在合同解除前被告已经将该债务提存(c 事实),以此主张租金债务已经消灭。 53

在上述抗辩事实中,只要 a 事实得到了证明,作为抗辩就已经满足了充分这一条件,法院即可得出请求原因无理由的结论,并无必要就 B 抗辩中 54

[18] 另可参见『要件事实小辞典』第 258 页关于“有理性”的词条解释。

的b事实与c事实进行审理判断。如果a事实没有得到证明,那么A抗辩无法成立,同时B抗辩也无法成立,因此也不存在b事实和c事实的证明问题。由此可见,b、c两事实属于过剩事实(主张与证明均是如此),没有存在的价值。此种攻击防御方法之间存在的包含与被包含的关系,称作“a+b”现象。⑲ 在这一现象中,只要a事实存在即可满足必要且充分这一条件,与b对应的事实(上述事例中的拒绝受领以及债务提存等事实)是没有必要存在的。

55 需要注意的是,“a+b”现象并非源于具有同一内容的不同的民法规范(比如,是否存在归责事由的《民法》第415条)结构(形式),后者是指立法者将同一内容采用甲或乙两种迥异的结构(积极要件或者消极要件)加以规定的问题。不同的民法规范(比如,因提供清偿而免除债务不履行的责任,以及因提存清偿而导致债务消灭)在诉讼中可以成为不同的攻击防御方法,而这些攻击防御方法却具有相同的法律效果,“a+b”现象就是属于这种民法规范在诉讼中造成的攻击防御方法方面的现象。

56 诉讼中还存在这样一类现象,即独立的攻击防御方法B包含了攻击防御方法A的部分内容。比如,A抗辩由要件事实a和c构成,B抗辩由要件事实a和b构成,这种现象并非“a+b”现象,因为A抗辩与B抗辩是并列关系。比如,原告基于所有权要求被告返还土地,被告提出了两个并列的抗辩,一个是对抗要件的抗辩,另一个是因对抗要件具备而导致所有权丧失的抗辩。此时,“被告属于《民法》第177条*所指第三人”这一a事实是两个抗辩的共同事实,与“权利行使”这一c事实共同构成前一个抗辩,与“对抗要件具备”这一b事实共同构成后一个抗辩。两者并不属于“a+b”

---

⑲ 参见司研『要件事实第1卷』第58~61页,『要件事实小辞典』第14~15页关于“a+b”的词条解释。后者就构成a的事实内容所做说明与前者存在差异,其相关说明似存在问题。

关于“a+b”现象与民法上任意性规定之间的关系,可参见本书第二章第三节“三、通过改变证明责任对象事实缓解举证困难的方法”之“(六)民法上的任意性规定”部分说明。

* 日本《民法》第177条规定,不动产物权的取得、丧失及变更,非经依法登记,不得对抗第三人。——译者注

的现象。

(二)诉讼标的与“a+b”现象

诉讼标的(定义可参见本章第二节“一、诉讼标的的定义”部分)适用处 57
分权主义,原告可以自由选择诉讼标的。因此诉讼中可能会出现两个或者两个以上的诉讼标的,不同的诉讼标的当然需要具备各自的请求原因,并不会出现“a+b”的现象。[20]

三 | 与法定条件具有同一内容的合意

□ 问题之所在

从行为规范民法和裁判规范民法的不同视角出发,民法中的任意性规 58
定以及以该任意性规定为内容的当事人合意,分别具有怎样的意义,这一基本问题笔者已经详细论述过[参见本书第二章第三节“三、通过改变证明责任对象事实缓解举证困难的方法”之“(六)民法上的任意性规定”部分]。

本节仅就标题所涉内容加以说明。 59

□ 与法定条件具有同一内容的合意之效力

当事人将法定条件作为合意之内容,从作为攻击防御方法的要件事实 60
的视角出发,既有观点认为该合意不具有法律意义,[21]也有观点认为该合意

---

⑳ 关于诉讼标的与“a+b”现象的关系,司研『要件事実第1巻』第61~62页有详细举例说明,可资参考。

㉑ 比如我妻『民法総則』第409页。最判昭36·5·26民集15卷5号第1404页[61]判示指出,“以得到知事批准为条件签订的农地买卖合同,并非附停止条件的合同”。根据该案调查官的解释,“知事批准属于买卖合同生效的法定必要条件,因此以之作为停止条件的当事人合意,只是单纯重复了法定要件而已,不具有其他的法律意义”。[参见『最高法院判例解説 民事篇 昭和36年度』(法曹会,1964)第202页]

不具有特别效力。[22] 上述观点的基本立场都是一致的，简言之，就是该等合意无效。所谓法定条件，系指“法律行为生效之当然必要条件，而由法律规定者”，[23]因此，这些条件是立法者基于政策性考虑（如《农地法》第3条关于农业委员会之许可的规定）或者法理上当然的必要事项（如《民法》第994条第1款关于遗赠的规定[24]）而通过法律加以明确，属于一种强制性规范（如果当事人作出了与该规范相反的合意，则该合意无效）。因此，即便当事人将之作为合意的内容，但该内容生效并非基于当事人的合意，而是基于法律的规定（也包括应当被视为与法律规定具有相同效力的法理规则）。在这一含义上，当事人以法定条件为内容的合意是不产生效力的。这一结论同样适用于法理上的当然规则。比如，“在设定抵押权合同时，当事人约定抵押权于被担保债权得到清偿时消灭”。[25] 需要注意的是，上述结论均来自民法学的传统理论（行为规范民法），并非裁判规范民法的特别结论。

四 | 不利益陈述

（一）不利益陈述的含义与具体事例

61 不利益陈述最准确的表达应该是“一方当事人作出的于己不利的事实陈述，而该陈述未被对方当事人援用者”，实务中大多简称为“不利益陈述”。[26]

---

[22] 比如『民事法学辞典　増補版　下巻〔再版〕』（有斐閣，1964）第1843页（山本進一）。

[23] 参见我妻『民法総則』第409页。

[24] 根据《民法》第994条第1款之规定，受遗赠人在遗嘱人死亡时尚健在属于该遗嘱的生效条件。

[25] 司研『要件事実第1巻』第58页对此亦有说明，“实务中较为多见的现象是当事人将法律规定作为合意内容（此处所指法律规定，不仅包括法律上的明文规定，也包括法理上的相应规则）。比如，在设定抵押权的合同中，当事人约定抵押权于被担保债权得到清偿时消灭……这一合意规定的内容即属于法理上的当然规则”。

[26] 参见司研『要件事実第1巻』第18～19页，『要件事実小辞典』第223～224页（关于不利益陈述的词条解释）。

诉讼实践中虽然并不常见,但有时也会出现一方当事人主张了自己并不负担主张责任的事实,而对方当事人却加以否认的情形。比如,原告基于土地所有权向在该土地上搭建建筑物并实际占有的被告提起诉讼,要求被告清除地上建筑物并返还土地。在该诉讼中,原告的基本立场是被告并不享有占有权原,因此原告既不会主张其与被告之间缔结了使用借贷合同,对于被告提出的就该土地缔结了使用借贷合同的主张也会加以否认。但假如被告主张该土地的取得时效,那么作为被告并不是出于自己所有的意思占有该土地之评价根据事实,原告可能会主张当事人之间就该土地缔结了使用借贷合同,被告对该主张则可能予以否认。 62

简单而言,在主张对案涉土地享有占有权原的情形下,使用借贷的事实有利于被告而不利于原告;在主张对案涉土地取得时效的情形下,则该事实有利于原告而不利于被告。因此,在基于所有权而请求清除建筑物并返还土地的诉讼中,原告为推翻被告自己所有的意思而提出使用借贷的事实主张,被告对此予以否认,如果从被告享有占有权原的角度来看,这一事实即属于"对方(被告)未援用的于己不利(原告)的陈述"。就原告而言,根据案情的实际情况,其有可能提出上述主张,并且随后主张该使用借贷合同已经终结即可。这样一来,在提起诉讼的当下,被告既没有该土地的占有权原,也没有以自己所有的意思占有该土地(假设使用借贷合同终结后的期间并不满足取得时效的期间要求),因此完全可以达成原告的诉讼目的。在上述情形下,由于被告否认了使用借贷的事实,即不构成自认,因此原告有加以证明的必要,又由于该事实已经出现在了当事人的辩论中,因此法院应当将之作为裁判的基础。㉗ 63

(二)诉讼标的与不利益陈述

一如前述(本章第二节"一、诉讼标的的定义"),所谓诉讼标的,是指原告向法院提出的、要求在诉讼中予以审理和判断的实体法上之权利或者法 64

㉗ 参见最判昭41·9·8民集20卷7号第1314页[72]。

律关系的主张。由于处分权主义的作用,原告可以自由选择诉讼标的,因此有时被告主张的事实可能构成其他诉讼标的的请求原因,但即便如此,由于原告已经对该事实予以否认,则其并没有将该事实作为请求原因而提出其他诉讼标的的意思。因此,不会出现另一个诉讼标的由于此种情形(被告提出的主张)而出现在诉讼中的现象。也就是说,对方当事人(原告)没有援用的于己不利(被告)的陈述(即便该事实可以构成其他诉讼标的的请求原因),并不会揭示新的诉讼标的。㉘

65 比如,在基于买卖合同而请求支付价款的诉讼中,被告否认缔结了该合同,同时提出与原告缔结了承包合同的具体事实主张。原告一方面继续维持买卖合同的主张,另一方面则否认了被告的上述主张。此时,并不会因为被告的这一主张而产生承包价款支付请求权这一新的诉讼标的。

五 | 插队现象——攻击防御方法上无法回避的不利益陈述

66 我们可以设想这样一种诉讼场景:作为诉讼标的的发生原因事实,原告必须主张要件事实 a 与要件事实 b,而要件事实 b 恰恰是具有抗辩法律效果的发生要件事实,这样一来,原告的主张就成为无法回避的不利益陈述。此时,即便原告同时主张要件事实 a 与要件事实 b,由于该主张同时属于抗辩事实,因此原告的主张整体将被判定为无理由。

67 为了避免主张无理由,原告必须同时主张和证明作为再抗辩的要件事实 c。

68 实务中将上述情形称为"插队现象"。㉙ 该用语的本意是指,某一事实原本并非请求原因事实,而属于再抗辩事实,但由于在上述情形下抗辩事实必然包含在请求原因事实之中,因此再抗辩事实从攻击防御方法体系中原本较为靠后的位置一跃成为请求原因事实的现象。

69 插队现象的具体事例,如基于双务合同上债务不履行所产生的损害赔

㉘ 参见司研『要件事实第 1 卷』第 19 ~ 20 页。

㉙ 参见司研『要件事实第 1 卷』第 62 ~ 64 页。『要件事实小辞典』第 136 页关于"せり上がり"词条的解释。

偿请求诉讼。在该类诉讼中,一旦原告主张了相关的请求原因事实,由于被告可能提出同时履行抗辩,假如原告未主张自己已经依约履行了合同义务(债务清偿),则无法达到让法院认定被告陷入履行迟延的目的。原告之债务清偿原本属于针对同时履行抗辩的再抗辩事实,因此应当在被告提出抗辩的情况下再加以主张(在再抗辩阶段加以主张),但由于同时履行抗辩权属于双务合同具有的当然权利,因此债务清偿就从靠后的攻击防御方法一跃成为请求原因事实。

另外,这种攻击防御方法的"插队现象"并非源于具有同一内容的不同 70
的民法规范(如是否存在归责事由的《民法》第415条)结构(形式),后者是指立法者将同一内容采用甲或乙两种迥异的结构(积极要件或者消极要件)加以规定的问题。由于民法上存在具有独立内容的多个规范(如双务合同与同时履行抗辩权的存在效果),在诉讼中则体现为不可分割的攻击防御方法,因当事人为了避免主张失当而出现的这种"插队现象",其实质是诉讼中攻击防御方法的排序问题。

【第五节　对攻击防御方法的个别考察】

一 | 本节主要内容

71 不同的攻击防御方法具有不同的含义和性质,在攻击防御方法体系中也具有不同的定位,本节主要讨论上述范围内需要特别留意的问题。

72 第六章第五节"四、再抗辩中常见的问题"部分主要讨论不同的事实主张的定位问题,涉及请求原因、抗辩、再抗辩之间的关系,也涉及民法学理论与要件事实理论的衔接配合与不同的作用范围,内容十分重要。

73 请各位读者在学习过程中务必牢记上述说明。

二 | 请求原因中的常见问题——冒头条文的性质与借贷型合同

74 民法中的冒头条文具有怎样的性质,这一问题涉及如何准确确定典型合同的成立要件。从诉讼实践的角度来看,也是当事人在主张买卖合同、借贷合同等合同的成立要件时经常遇到的问题。理论上,冒头条文在借贷型纠纷中的作用并非仅限于请求原因,但实践中则多表现为如何准确确定请求原因的问题,因此在本节予以讨论。

75 学说上有"冒头条文说"的观点。所谓"冒头条文",一般是指民法中关于典型合同(《民法》第3编第2章第2～14节)的规定中,在各章节的起始部分(比如关于买卖合同的第555条*)首先加以规定的条文。

76 所谓"冒头条文说",并没有确切的含义,一般认为是指:(1)冒头条文(关于某一典型合同的诸多规定中,在该节起始部分的条文。比如《民法》

* 日本《民法》第555条规定,买卖,因当事人约定一方移转某财产权予相对人,相对人支付对价金而生效。——译者注

第 555 条)不仅规定了该节所涉合同(比如第 3 节的买卖合同)的成立要件。(2)同时构成该类合同法律效果的发生根据。㉚

另有一种观点认为,冒头条文具有上述(1)的含义,但不具有(2)的意 77
义,该当合同法律效果的发生根据是当事人成立该合同的合意。㉛ 这一观点可否称为“冒头条文说”尚不明确。笔者赞同这一观点,但认为此处的合意并非与法律规定毫无关系,仅因当事人合意即可产生法律拘束力。

关于冒头条文的功能,有观点认为其当然确定了该当合同的全部要件 78
事实内容,这种观点赋予了冒头条文过多的功能,并不恰当。㉜

较为典型的问题体现在借贷型合同的成立要件。除上述《民法》第 555 79
条之外,冒头条文数量众多,围绕关于消费借贷合同的冒头条文,即《民法》第 587 条*,在解释上存在争议。该条规定了“约定返还”,单就字面含义而言,有观点认为并不需要约定返还期限。但问题在于,“约定返还”必然包含了某种含义的返还期限(未必是确定的期限)(笔者认为这也符合社会常

㉚ 大村敦志『典型契約と性質決定』契約法研究Ⅱ(有斐閣,1997)第 40～41 页认为,“冒头条文说的论者均主张合同拘束力源于冒头条文”。该页注解 75 中,认为司研所也采此说,并注明了观点出处,即司研『要件事实第 1 卷』第 138 页。但该页实际上并未载有相关内容,因此大村教授可能存在误读。司研『要件事实第 1 卷』第 138 页对《民法》第 555 条进行了解释,其内容谓:“本条规定了买卖合同的成立要件,即财产权移转以及支付金钱对价的合意。该合意的法律效果是产生出卖人的价款支付请求权以及买受人的财产权移转请求权。”

㉛ 此为前引注解 30 中所列司研『要件事实第 1 卷』第 138 页的观点。司研所目前的观点并不明确,但据司研『新問題研究』第 9 页所载,即“基于合同债权而请求履行债务之际,作为请求前提的合同成立要件应当如何确定,有各种不同的观点。如果认为民法中关于典型合同的冒头条文属于合同效力的发生根据的话,那么冒头条文规定的要件原则上(这种表述似乎暗示尚存在例外情形,但在此处并不存在问题)应当属于合同的成立要件”。司研『新問題研究』第 10 页则接着指出,“以下即按照这一观点举例说明之”。根据上述文献,司研所目前应该依然采取上述立场。

法律拘束力仅源于当事人的合意(而与法律规定无关),这种观点笔者殊难赞同(参见伊藤「『新問題研究　要件事実』について(下)」第 76 页注解 2)。

㉜ 关于这一观点的详细内容及其批判意见,详见伊藤「『新問題研究　要件事実』について(下)」第 75～79 页。

* 日本《民法》第 587 条规定,消费借贷,因当事人约定一方以种类、质量及数量相同之物返还,并从对方当事人处受领金钱或其他物,而生效力。——译者注

识)。如果当事人约定返还期限可以无限期,那么很难称为"约定了返还"。这是关于借贷型合同的基本思考方式,也是司研所长期坚持的立场。

80 另据笔者所见,司研《新问题研究》(『新問題研究』)[33]几乎在没有说明任何理由的情况下即改变了上述立场,仅根据字面含义即认可某些情况下当事人欠缺关于返还期限的约定并不影响合同的成立。笔者对此持反对意见。

81 上述内容笔者在其他文献中也有详细论述,[34]此处不再赘述。

三 | 抗辩中常见的问题

(一)选择性抗辩·复再抗辩·预备性抗辩

82 针对原告的请求原因,被告有时会提出两个或两个以上的事实主张,该等主张应当如何定位有时是比较困难的。

83 通常而言,上述多个主张都具有抗辩的性质,其中之一被判定为有理由(前提是不存在再抗辩),即可排斥请求原因所产生的法律效果,而且法院的审理顺序并不受当事人排序的约束。[35] 比如,在借款返还请求诉讼中,被告同时提出了"因要素错误而合同无效"的抗辩以及"原告存在免除债务的意思表示"的抗辩,则法院可以自由决定审理判断的顺序。具有此种特征的抗辩被称为选择性抗辩。

84 如何判断选择性抗辩、预备性抗辩或者复再抗辩有时会成为难题。

85 针对原告的请求原因,被告提出抗辩,针对该抗辩原告提出再抗辩,被告针对再抗辩提出的事实主张属于复再抗辩[比如,请求原因是合同成立,抗辩是合意解除,再抗辩是该解除存在要素错误,复再抗辩则是该要素错

---

[33] 参见司研『新問題研究』第38~40、46页。

[34] 参见伊藤「『新問題研究　要件事実』について(下)」第79~85页。

[35] 但在抵消抗辩的情形下,由于法院关于用于抵消的被告权利是否成立的判断产生既判力(《民事诉讼法》第114条第2款),如果法院同时判定被告的其他抗辩为有理由,则关于抵消抗辩的判定对被告是不利的。因此,如果被告同时提出了抵消抗辩,法院应当首先审理其他抗辩,如果其他抗辩均无理由,则再审理抵消抗辩(参见司研『改訂類型別』第34页)。

误是因表意人原告的重大过失造成的(相应的评价根据事实)]。上述情形属于常见的情形,但也存在特殊情况。

比如,在基于合同而请求履行债务的诉讼中,被告提出了消灭时效抗辩,主张请求已经经过10年,原告以时效中断为由提出再抗辩。对此,被告主张中断后又经过了10年。这一新的消灭时效的抗辩与之前的时效不同,构成了原告所请求的被告债务的消灭事由(在此需要注意的是,消灭时效抗辩并没有因为被告提出了新的时效主张而重新发挥作用——导致被告的债务归于消灭)。因此,被告提出的新的时效主张并不构成复再抗辩,而是就消灭时效提出了新的抗辩。而且,这一新的抗辩并不需要法院首先对再抗辩进行判断之后再进行审理(否则即属于预备性抗辩,法院可以对这一新的时效抗辩先进行审理),因此应当属于选择性抗辩。[36] 86

(二)针对表见代理的有权代理主张之定性

比如,原告X根据《民法》第109条关于代理权授予的规定,主张"被告Y向X发出通知,表明Y授予A代理权之意,A因此成立表见代理"。对这一表见代理主张,被告Y主张其授予A代理权的事实。这一事实与原告主张的事实不同,可以同时存在,而且属于排斥表见代理所产生的法律效果的必要且充分的事实,因此属于相反的事实主张(比如可以成为针对请求原因的抗辩)。 87

但是被告的上述主张同时意味着A为有权代理,因此可以作为针对被告的不利主张,比如成为原告的请求原因(因为该主张并不会导致诉讼标的发生变化,因此并不违反处分权主义)。因此,实际上该主张对Y是不利的,作为被告的防御方法原则上(在表见代理作为请求原因的情况下,有权代理的主张作为被告的防御方法是不利的,而在有权代理作为请求原因的 88

---

[36] 参见司研『改訂類型別』第36页、『要件事実小辞典』第82~83页。关于预备性抗辩,可参见司研『改訂類型別』第80~81页。

情况下,该主张一般对被告不利[37])并没有任何意义。

89 笔者认为,与有权代理主张类似的,还包括针对即时取得主张的“前占有人有权限”的主张,这一主张在理论和实践中作为当事人的防御方法也是没有意义的。[38]

四 | 再抗辩中常见的问题

(一)关于停止条件成就的主张之定性

90 关于停止条件,本书采抗辩说。[39] 以此为前提,停止条件成就的事实主张在攻击防御方法中应当如何定性,是本节要讨论的问题。

□ 事例

91 买卖价款请求 Kg:X→Y 买卖;

E:停止条件(期限);

R:停止条件已成就(期限届至)。

92 因请求原因(买卖型)而产生的请求权(本金部分)在理论上并不积极地以“无条件·无期限(即时)”为其内容[比如,迟延损害赔偿请求权在某种含义上应当以履行期经过为必要条件(请求权产生的具体时间属于要件),因此期限经过应当属于请求原因]。请求权(本金部分)的发生并不以

---

[37] 比如,“代理权滥用”应当以有权代理为前提,因此在原告将有权代理作为请求原因加以主张时,被告可以提出滥用代理权的抗辩,而这是对被告有利的。

[38] 吉川慎一「要件事実論講義〔第2講〕所有権に基づく動産引渡請求訴訟の要件事実(4)」判タ1353号(2011)第80页认为,根据伊藤編著『要件事実講義』第151页(吉川教授误以为是第152页的内容)所载内容,从裁判规范民法的角度来看,“前占有人无权限”不属于即时取得的成立要件,甚至也没有将“前占有人有权限”作为即时取得的妨碍要件。笔者认为吉川教授的这一理解是不准确的。不过,吉川教授在该论文第80页右栏至第81页左栏的说明中认为,“前占有人有权限”属于即时取得的妨碍要件。应值赞同。

[39] 关于抗辩说与否认说的具体内容,可参见『要件事実小辞典』第60~61页关于“抗辩说”的词条解释。

是否附加条件或者期限为必要(条件与期限属于开放性要件的组成部分,[40]如果没有增加任何妨碍性质的内容,则可直接主张该请求权)。针对上述请求原因,如果存在附条件·附期限的抗辩,则当事人无法提出该当请求;如果当事人提出了再抗辩,即虽然存在附条件·附期限的情形,但并不会影响法院最终的判断结论(在口头辩论终结时,该条件已经成就或者该期限已经届至)。也就是说,因该请求原因而产生的请求权,只要在口头辩论终结时能够被认定为依然存在,则法院会支持原告的诉讼请求。所谓请求原因由于再抗辩的原因而"复活"的说法(笔者并不采用"复活"这一用语),也是指上述情形。也就是说,至少在关于条件和期限的再抗辩场合,经过抗辩、再抗辩的攻击防御后,请求原因才以另外一种姿态成为该当请求权的发生根据(并不是原告在诉讼初始阶段所主张的请求原因的简单"复活")。所谓再抗辩,是与抗辩事实不同,但可以同时存在的事实,而且对于排斥抗辩所产生的法律效果而言是必要且充分的事实,[41]因此上述情形属于再抗辩。当然,法院依然是对最初的请求原因所特定的请求权(诉讼标的)进行判断,而不是对其他的请求权(诉讼标的)进行判断。

综上所述,停止条件的成就以及期限届至应当属于再抗辩的性质。[42] 93

(二)关于《民法》第112条之不知代理权消灭的主张之定性

1. 内容概要

从要件事实理论的角度考察《民法》第112条*,大致有两种不同的见解:一种观点认为,当事人关于"善意(解释上认为还应附加无过失的条 94

---

[40] 关于开放理论,参见第三章第六节"五、根据制度目的确定主张证明责任对象事实"之"(三)开放理论"部分说明。

[41] 参见前述第三节相关内容。

[42] 这也是实务界的共识,参见司研『要件事实第1卷』第111~112页,司研『新問題研究』第11页(但未说明理由)。此外,河村「要件事実論の基礎的な概念·知識の検討(上)」第26页注解42的说明颇有助益。

* 日本《民法》第112条规定,代理权之消灭,不得对抗善意第三人。但该第三人因过失不知该事实的,不在此限。——译者注

件)”的主张应当属于针对代理权消灭抗辩的再抗辩(以下简称再抗辩说[43]);另一种观点认为,善意属于请求原因的预备性主张,[44]以被告提出代理权消灭抗辩为前提(以下简称请求原因预备性主张说[45])。

95 上述见解系基于不同的理由,笔者采再抗辩说。

96 以下所指“民法学上的理论性质(问题)”,其含义即笔者所谓“行为规范民法上的理论性质(问题)”。

97 无论是将之定性为再抗辩抑或请求原因的预备性主张,均以被告提出抗辩主张为前提,而且均属于原告负担的证明责任对象事实,因此上述争议在诉讼实践中的意义并不大。但如果从民法学与要件事实理论之间的关系来看,却又具有极为重要的意义,鉴于本书的写作目的,也是无法回避的问题。

□ 论述过程中必须注意的问题以及笔者的相关见解(结论)

98 首先需要考虑的是,在这一问题的处理上,民法学的作用边界在哪里?要件事实理论的作用起点在哪里?

99 《民法》第112条是否属于一种表见代理的规定?对这一问题的回答与采取上述何种立场是否存在必然联系?笔者的观点是,不存在必然联系。

100 可否认为“有权代理与表见代理属于本质迥异的制度,因此第112条应当属于请求原因的预备性主张,而非再抗辩”?笔者的观点是,不应得出如此结论。

---

[43] 参见司研『要件事実第1巻』第97页,丹野達「民法109条の1側面」法時49巻3号(1997),收录于丹野達『民事法拾遺』(酒井書店,2004)第61~62页。

[44] 原告预备性地提出不同的诉讼标的时,笔者将该请求原因称作预备性请求原因,在同一个诉讼标的的情形下,原告预备性地提出不同的请求原因时,笔者将该主张称作请求原因的预备性主张,一般也称为预备性请求原因。

[45] 参见賀集「要件事実の機能」第55页、村田涉「法律実務家養成教育としての要件事実の考え方について」ジュリ288号(2005)第66~67页、村田ほか編著『要件事実30講』第273页(高橋文清)。关于预备性主张的概念,可参见司研『要件事実第2巻』第181页以下。

关于第112条的制度目的,应当如何理解立法者的原意?笔者的观点是,该制度不以消灭代理权为目的,而以保护善意第三人为目的。 101

如果从权利外观法理出发对第112条做体系上的统一考察,是否一定要采用请求原因预备性主张的观点?笔者的观点是,没有必要。 102

追求法理的"简明易懂",应当从何种视角出发以何人为对象?笔者的观点是,参见注解58。 103

民法的解释类著作(如教材)应当在何种程度上根据要件事实理论对于要件和效果进行说明?笔者的观点是,参见注解58。 104

2. 民法学理论将第112条视为表见代理性质对该条要件事实的影响

□ 第112条表见代理制度与要件事实的关系

对这一问题存在肯定与否定两种观点,笔者倾向于肯定说。[46] 即便将第112条视为保护善意第三人的制度,也没有充分的理由否定该条规定了一种特殊的表见代理情形。但这种观点(将之视为一种表见代理情形)只不过是民法学理论上的分类问题。也就是说,被视为具有代理权限的人所为之法律行为,即便该人并不具有相应的代理权限,但只要满足一定条件,该法律行为的效果应当归于本人。民法学理论将这一制度命名为表见代理之一种,以与有权代理相区别。[47] 下文将介绍两者的区别,但需要注意的是,这种分类本身并不必然成为确定裁判规范民法结构的依据,即不是确 105

---

[46] 司研『要件事実第1巻』第97页认为不应将第112条视为表见代理制度,笔者对此持反对意见。丹野達「民法109条の1側面」前引注解43第62页的观点与笔者相同。

[47] 比如有斐閣『法律学小辞典』第1047页对"表见代理"有如下解释,即"无权代理情形下,由于本人与无权代理人之间存在某种特殊关系,为了保护误信其为代理人而与其进行交易的第三人(对方当事人),将该无权代理行为作为有权代理,使其对本人产生效力的制度"。由此可见,这一定义是以权利外观法理为基础的,如果将"本人的可归责性"作为"本人与无权代理人之间存在某种特殊关系"的内涵因素,则该词条说明并无特别之处。

佐久間毅『民法の基礎1総則(第3版)』(有斐閣,2008)第282页认为,《民法》第109、110条以及第112条之间存在若干不同,但与上述有斐閣『法律学小辞典』同样,均将该3条规定视为关于表见代理的规定。

定再抗辩或者请求原因的预备性主张的必然依据。

□ 有权代理·表见代理的分类与有权代理·无权代理性质差异的关系

106 以民法学理论关于第112条的通说观点为前提,也不能必然得出当事人关于第112条之表见代理的主张应属于请求原因预备性主张的性质。理由如下。

107 在民法学理论上,如果有权代理与表见代理属于本质上完全不同的制度,那么从要件事实理论的角度,我们有可能得出预备性主张说的结论。但问题在于,所谓"本质上完全不同的制度"究竟是什么含义?

108 比如,合同请求权与侵权行为请求权属于基于本质上完全不同的制度而产生的请求权(无论是采用法条竞合说还是请求权竞合说均是如此)。前者发生在存在某一合同关系的特定当事人之间,后者则发生在无任何关系的第三人之间。在这一情形下,作为两个请求权的发生原因,相关事实均属于请求原因事实(基于B制度的事实不可能成为针对A制度的请求的再抗辩事实㊽)。

109 此外,如果存在两个合同,而且不存在同一性关系,那么诉讼标的当然是不同的,表见代理也无法成为再抗辩事实。但无论A是作为X的有权代理人抑或表见代理人,其与Y签订了合同,则该等合同由于具有同一性而应被视为一个诉讼标的。㊾

110 代理将导致他人之行为所产生的法律效果直接归属于本人(所谓的"他人效"),其根据何在?民法学理论上有两种观点。一种观点认为,行为人作为代理人"明确表示该行为是为了本人的利益"(显名)可作为其依据(显名说);另一种观点则认为,作为代理人的行为人,其与本人之间存在的

㊽ 未经过其他理论媒介的转换,民法学理论不可能直接成为确定诉讼标的的标准。比如我们采用前述第二节"三、通过请求原因识别诉讼标的"中介绍的方法可以识别不同的诉讼标的,而在合同请求权与侵权行为请求权的场合,由于诉讼标的存在明显不同,因此并不会有意识地采用相关识别方法。

㊾ 将第112条作为预备性请求原因(笔者称为请求原因的预备性主张)的观点也可以做同样考虑,笔者不再赘述。

特殊联系("代理权")是该效力的依据(代理权说)。何说为是,民法学理论上是有争议的(当然也有部分教材并不涉及这一争论,如何思考这一争议的性质也是一个问题[50])。但是,无论采用何种观点,有权代理与表见代理在制度效果上则是一致的,即代理人所为之法律行为的效果归属于本人(参见注解50关于内田教授与河上法官相应观点的介绍)。两种制度的区别在于,"法律效果归于本人的原因不同。有权代理情形下,其原因在于向代理人授予代理权本身;而表见代理情形下,则在于本人存在可归责事由(比如基本代理权之授予)以及交易安全的要求"。这种制度上的区别确实是存在的,但笔者认为,这种差异还不足以将有权代理和表见代理区分为本质上不同的制度,比如合同制度和侵权行为制度一样,因此也不会造成请求原因层面的差异。[51] 此外,就民法学理论关于有权代理与表见代理的不同见解,即显名说与代理权说之争,笔者认为,不论采用何种见解都不会直接、当然地决定"善意无过失"的要件事实性质,即再抗辩说或请求原因预备性主张说。申言之,民法学理论如果不借助要件事实的理论工具,也无法就再抗辩说或请求原因预备性主张说(要件事实理论关于攻击防御方法的定性问题)直接作出相应判断(由于民法学理论与要件事实理论关于

---

[50] 近江『民法講義Ⅰ』第240页就显名说与代理权说的区别作了说明。内田教授则并未特别关注这一问题,内田『民法Ⅰ』第133页认为,"人仅受到自我意志的约束……这在历史上具有重要的意义。……但在某些场合,如果不承认本人可以受到基于他人意思表示而成立的合同的约束,则会造成极端不便。因此代理制度应运而生"。河上『民法総則講義』第436页则仅简洁地介绍了代理制度,"所谓代理,系由他人B(代理人)代替本人A而与对方当事人C作出意思表示或者法律行为,而该行为之效果直接归属于本人的立法技术"。

[51] 賀集「要件事実の機能」第55页认为,"有权代理与表见代理在本人归责根据方面有所不同,属于不同的制度"。村田ほか編著『要件事実30講』第273页(高橋文清)则介绍了两种制度存在本质差异的理由,指出"立法者重视实体性质的法律关系,代理权是否消灭不会受到对方当事人主观样态的影响"。

按照上述观点,如果将"善意无过失"作为再抗辩处理,则有权代理的请求原因因此"复活",而第112条规定的表见代理又是与有权代理本质上不同的制度,因此这一观点在逻辑上的整合性不足。反而是将"善意无过失"作为请求原因的预备性主张的观点更具有正当性依据。

攻击防御方法体系的理论并非完全相同的理论体系,[52]因此上述结论是显而易见的)。因此,我们在讨论再抗辩说和请求原因预备性主张说何者为是的问题时,固然也会涉及民法学的相关理论,但出发点必须是要件事实理论。

111 实际上,如果我们采用再抗辩说,则有权代理的请求原因会因此而复活,但由于有权代理与表见代理在民法学理论上被视为性质不同的制度,因此再抗辩说无法与第 112 条表见代理的主张实现法律逻辑的整合,这一点也是请求原因预备性主张说的重要根据。[53] 而且这也充分体现了要件事实理论的视角。

3. 从要件事实理论的视角看《民法》第 112 条表见代理的要件事实

□ 从系列性主张的角度出发

112 上述可见,两种不同的见解何者为是,关键要从要件事实理论的视角加以判断(当然,一般情形下,裁判规范民法与行为规范民法存在一定的联系)。具体而言,请求原因预备性主张的观点其真正的含义在于,作为请求原因的主位主张,当有权代理的系列性主张由于消灭抗辩成立而终结的时候,攻击防御就转移到表见代理这一其他的系列性主张。这一观点是否妥

---

[52] 要件事实理论(裁判规范民法理论)与行为规范民法在规范结构上虽然存在差异,但如果考虑到举证困难这一因素,要件事实理论与民法学理论(行为规范民法理论)还是存在密切的联系。这一联系主要体现在确定主张证明责任对象事实的标准方面,而在诉讼标的理论和攻击防御方法体系理论的领域,这一联系并没有如此密切。比如,我们在思考再抗辩主张在性质上与请求原因关系的问题时,虽然会考虑到民法学的相关理论,但主要是从要件事实理论的角度进行研究。

[53] 比如,村田涉「法律実務家養成教育としての要件事実の考え方について」前引注解 45 第 66 ~ 67 页指出,司法研修所民裁教官室的多数意见认为,"再抗辩主张如果得到证明,那么将推翻抗辩的法律效果,请求原因的法律效果将因此复活。但即便 X 能够证明自己为善意,也不会因此推翻代理权消灭所产生的法律效果,有权代理的法律效果也不会因此复活。因此,X 关于《民法》第 112 条之主张,应当被理解为在本人归责根据方面有所不同的表见代理,X 关于善意的主张属于因有权代理而产生的合同主位请求原因的预备性请求原因,该预备性请求原因的内涵包括了代理权消灭这一抗辩"。

当,应当从要件事实理论的角度加以分析,详见下文。

□ 制度目的

裁判规范民法理论的基本立场在于,在必须考虑证明问题的民事诉讼中,要件事实应当如何构成才能最为恰当地实现该当民法的制度目的。从这一基本立场出发,我们需要首先考虑《民法》第112条的制度目的。[54] 一如注解54所指出的,该制度目的在于保护善意(无过失)之第三人。笔者认为这一立法目的是合理的,而且从当下的时点来看,即使社会经济交往状态发生了改变,也没有理由改变这一立法目的。因此,该立法目的作为《民法》第112条的制度目的是恰当的。 113

原告的请求原因中与有权代理相关的部分,是"Y→A 授予代理权",而不是代理权依然存在。"该代理权已经消灭"属于抗辩性质,但如果"第三人不知",则在与该第三人之间的法律关系上,代理权并未消灭(重要的是,这并不意味着在与其他任何人之间的法律关系上代理权均未消灭)。这一攻击防御方法的结构是符合要件事实理论观点的(符合上述制度目的)。也就是说,从再抗辩的性质出发,其与抗辩事实可以同时存在,但排斥抗辩所产生的法律效果。我们将上述"第三人不知"(在与善意第三人的关系上,该事实属于妨碍产生代理权消灭这一法律效果的事实,而且是必要且充分的事实)的主张作为再抗辩是没有 114

---

[54] 広中俊雄ほか編『民法典百年個別的観察(1)総則編物権編』(有斐閣,1998)第241页(田山輝明)引用了旧《民法》财产取得编第258条的条文,即"委托人收回代理人之委任状并及时通知了该代理终了的事实,该代理终了的原因可对抗与该代理人为承诺之第三人",田山教授认为《民法》第112条是对该条文的继承,其立法目的在于保护善意无过失之第三人。

於保不二雄編『注釈民法(4)総則(4)』(有斐閣,1967)第182页(椿寿夫)并未明确阐述该条立法目的,但从对第112条的解释角度认为,"为了保护交易中善意无过失的对方当事人,根据本条之规定,在与该当事人(条文中的第三人)的关系上,依然产生与代理权存续相同的法律效果"。

问题的。⑸

115 以下我们稍微转换一下视角,通过比较有权代理与三种类型的表见代理在要件事实框架方面的异同点,加深对这一问题的认识。

□ 有权代理与三种类型的表见代理之要件事实框架

116 "代理人"与对方当事人之间存在法律行为应为共同的要件事实,以下不赘。

有权代理的要件事实:①授权 ②表示(显名)。

第109条①授权表示 ②表示(显名) ③信赖(善意)。

⑸ 一般情况下(比如前引注解53关于村田法官观点的介绍),我们大多认为,"再抗辩能够复活请求原因的法律效果",但必须要注意的是,正如笔者在文中所指出的,此处所谓"复活",仅仅意味着抗辩针对请求原因所生法律效果的排斥作用,再一次被再抗辩所生法律效果所排斥。比如,在第112条表见代理的情形下,"授权"的法律效果在涉及"善意"第三人的关系时,不能做代理权消灭的处理(但并不意味着在涉及所有人的关系时,代理权都处于存续状态)。因此,笔者认为以下观点难谓正确,即"将善意作为再抗辩事实,则意味着请求原因因此复活,那么从攻击防御方法的整个构成来看,其所体现的法律现象是构成有权代理(而并非第112条的表见代理),这一要件事实结构体系与民法学理论无法实现有效整合"(根据前引注解53村田法官的介绍,这一观点应当是目前民裁教官室的多数人见解)。

另外,再举一例。比如,针对原告提出的X(所有)→Y1租赁,Y1→Y2租赁权让与,X→Y1租赁合同解除,X→Y1·Y2请求返还(请求原因),被告提出了Y1→Y2租赁权让与中存在并不构成违背诚信的特殊事由。该案中,如果抗辩事由成立,则X的诉讼请求将被驳回,我们可否因此认为该租赁权让与的行为依然有效,而让与人则完全丧失其地位?就这一问题,最高法院曾有相关判例,但围绕该判例的讨论则较为复杂[参见幾代通ほか編『新版注釈民法(15)債権(6)消費賃借·使用賃借·賃貸借』(有斐閣,1989)第283~286页(広中俊雄)]。上述事例虽然并不涉及再抗辩问题,但却直接体现了攻击防御方法功能的边界(该设例中的抗辩,仅仅意味着在排斥请求原因所产生的合同解除的法律效果这一限度内,法院允许Y1·Y2可以直接援用租赁权让与的法律效果)。

笔者的上述观点与前述内容是一脉相承的,可参见本章第三节"二、请求原因·抗辩·再抗辩之定义"中关于再抗辩对抗辩排斥效果的分析,本章第五节"四、再抗辩中常见的问题"之"(一)关于停止条件成就的主张之定性"中明确提出,"在原告提出条件、期限成就的再抗辩的情形下,只有经过抗辩、再抗辩的攻击防御后,请求原因才以另外一种姿态成为该当请求权的发生根据(并不是原告在诉讼初始阶段所主张的请求原因的简单'复活')"。

顺便提及的是,一如前述,将行为附条件作为抗辩处理的情形下,停止条件已经成就应当属于再抗辩性质,这一点应当是没有异议的。

第110条①基本代理权授权＋正当理由 ②表示(显名) ③信赖(善意)*。

第112条①授权 ②消灭 ③表示(显名) ④信赖(善意)。

从《民法》第109条和第110条的规定来看,并不存在相当于"Y→A授予代理权"这一请求原因的内容,但如果没有其他等值的内容作为请求原因的话,则A所为法律行为之效果将无法归属于Y。因此,根据表见代理的构成要件,必须将相应的等值内容作为请求原因。但在《民法》第112条的场合,"Y→A授予代理权"这一主张已经出现在请求原因中(该主张反映了曾经授予代理权这一实体内容,因此作为请求原因是合理的),这是与第109条和第110条的不同之处。因此,没有理由将上述等值内容(第112条中的"代理权消灭"与"善意"大致相当于此处所指等值内容,但前者已经作为抗辩处理,只剩下"善意"这一内容)必须作为请求原因加以处理。 117

第112条规定之表见代理制度在这一点上与第109、110条均有所不同。正如债务不履行制度中也存在履行迟延、履行不能等多种情形,表见代理制度中同样存在不同的种类,这并不足以改变制度的本质。权利外观理论只是意味着事物本质会导致外观形态发生变化,笔者的上述观点并未承认任何与权利外观理论相反的立场。[56] 118

□ 小结

即便无法推翻代理权消灭带来的法律效果(比如,使代理权消灭的法律行为存在无效事由),但由于善意第三人的原因,代理权并未消灭。这一事实对于排斥抗辩所生法律效果而言,属于必要且充分的事实,将该等事 119

---

* 日本《民法》第109条规定,对第三人表示授予他人代理权的,在该代理权范围内,就该他人与第三人实施的行为负责。但该第三人明知或者因过失而不知该他人并未获得授权的,不在此限。第110条规定,代理人之行为超越其权限,但第三人有正当理由信其有代理权的,准用前条规定。——译者注

[56] 有斐閣『法律学小辞典』第321页关于"权利外观理论"有如下定义,"作成与真实情况相反之外观之人,对于因信赖该外观而为一定行为之人,应承担基于该外观的相应责任"。接着指出,"民法中关于意思表示主义之规定(民93·94②·96③),以及关于表见代理之规定(民109·110·112)均基于权利外观理论"。

实作为再抗辩处理并不存在障碍。与此不同，请求原因预备性主张说的重要根据在于，代理权消灭的法律效果并不会受到第三人主观上认知的影响。但这一根据的理由并不明确。[57] 也许在预备性主张说论者看来，既然推翻代理权消灭的法律效果，是一种全面的（绝对的）推翻，那么这一绝对的法律效果单凭第三人的主观认知即可发动是不合理的（再抗辩说则认可这一立场）。

120 此外，如果从请求原因、抗辩、再抗辩的主张整体来看，当再抗辩有理由时，诉讼请求将得到支持。这一点与第 112 条的表见代理制度是相协调的。也就是说，如果表见代理得以成立，请求原因所指向的合同效果将归于本人，这一结论并不存在什么模糊之处，也不会带来任何弊端。[58]

121 上述说明应该足以论证再抗辩说的正当性。

（三）关于《民法》第 94 条第 2 款之虚伪表示之善意主张的定性

122 围绕《民法》第 94 条第 2 款*之虚伪表示和善意第三人，学说上存在法定承继取得说与顺序取得说（司研『改訂類型別』第 80 页）的争论。这一问题与上述第 112 条的讨论内容以及要件事实理论均有关联，本节将以上述讨论为基础，就该两种学说以及司研『改訂類型別』第 80 页所举示例中的预备性抗辩说与复再抗辩说进行讨论（以下设例则体现为请求原因的预备

---

[57] 賀集「要件事実の機能」第 55 页指出，“针对 A 之代理权消灭，如果与本人 Y 之间存在妨碍代理权消灭的事由则另当别论，在代理权消灭这一点上，由于 X 属于局外人，因此其善意且无过失可以左右代理权消灭的法律效果。这一观点即再抗辩说，实难赞同”。村田ほか編著『要件事実論 30 講』第 273 页（高橋文清）持同样观点。

[58] 从解释方法简洁易懂的角度来看，将三种不同类型的表见代理都作为请求原因的部分要件可能更加容易理解，请求原因的预备性主张说即是这一思路的产物。但这种攻击方法是以对方当事人的抗辩成立为前提的。这样一种结构不仅会让毫不了解要件事实理论的读者摸不着头脑，对于要件事实理论的初学者来说，也是难以理解的。

民法教科书列举第 112 条要件的方式一般都是“存在代理权、代理权消灭、第三人不知”，笔者也不觉得有什么不妥。但如果对这些要件进行说明的话，恐怕只能从要件事实理论的视角出发，有无必要，则取决于我们对民法教科书定位的认识（也许民法教科书的使用目的有所不同）。

* 日本《民法》第 94 条规定，与相对人通谋而为虚伪意思表示的，该意思表示无效。前款规定之无效，不得对抗善意第三人。——译者注

性主张说与再抗辩说*)。

原告 C 以“A 原所有人 · A→B 买卖** · B→C 买卖***”为由(请求原 123
因),主张取得案涉土地的所有权,对从 A 手中租借并实际占有该土地的被告 D 提出了返还的诉讼请求。对此,D 提出“A→B 买卖中存在虚伪意思表示”(抗辩)。针对该抗辩,C 主张自己为善意。在 C 为善意的情形下,民法学界对于 C 取得所有权并无争议,但就其取得过程的性质则存在争论。

顺序取得说认为,即便 A→B 买卖构成虚伪意思表示,但为保护善意人 124
C,该买卖在涉及 C 的法律关系中应视为有效,C 系由 B 处取得所有权。法定承继取得说则认为,既然构成虚伪意思表示,那么应当考虑物权变动的实际情况,在法律上不宜认为 C 由 B 处取得所有权,而应视为直接从 A 处取得所有权。㊾

上述学说是民法学界对于 C 的所有权取得过程的性质进行思考的成 125
果,要件事实理论则会关注举证困难等因素。如果不存在特殊事由而需要对民法理论进行调整的话,则作为裁判规范的民法结构应当遵从民法的规范结构。上述事例中并不存在需要调整的特殊事由。因此,如果按照顺序取得说的观点,“C 为善意”将构成原告的再抗辩,如果按照法定承继取得说的观点,则“C 为善意”应当以“A→B 买卖存在虚伪表示”这一抗辩主张为前提,即构成请求原因的预备性主张。

本节的目的在于探讨民法学与要件事实理论在处理同一问题上的相 126
互关系,而不是面对民法学上不同的学说分歧充当理论的裁判者。因此,对于《民法》第 94 条第 2 款的不同见解,笔者无法判断何者为是。不过,虽然这一问题并没有经过充分探讨,但笔者认为法定承继取得说更为恰当。

---

* 为了更准确地体现作者原意,方便读者理解,经与伊藤教授本人沟通,本句的翻译内容相较原文(原译文为:就该两种学说以及预备性抗辩说与复再抗辩说进行讨论)有所加译。——译者注

** A 将土地卖于 B 之意。——译者注

*** B 将土地卖于 C 之意。——译者注

㊾ 参见司研『改訂類型別』第 80 页,以及幾代通「通謀虚偽表示に対する善意の第三者と登記——補論」奥田昌道編集代表『林良平先生還暦記念論文集　現代私法学の課題と展望(下)』(有斐閣,1982)第 1 页以下内容。幾代通先生采法定承继取得说的立场,该论文就此进行了详细论述,很有说服力。

假如采用该学说立场,则善意应当作为请求原因的预备性主张。表面上看起来,笔者在这一问题上采取了不同于《民法》第112条的再抗辩说的立场,似乎存在立场前后不一的矛盾,但实际上两个问题在性质上是存在差异的。不仅如此,如果我们能够正确理解民法学与要件事实理论的关系,就会自然而然地得出上述结论,《民法》第94条第2款的事例恰好展示了两种不同的理论所具有的价值,相关的讨论对于审判实务也是有益的。

(四)小结

127 民法学关于第112条规定之表见代理有以下基本观点,即第112条属于表见代理制度的类型之一,有权代理与表见代理的区别在于,“法律效果归于本人的原因不同。前者在于本人对于代理人授予代理权行为本身,后者在于本人存在可归责事由(如基本代理权之授予)以及交易安全的需要”。上述结论与我们从要件事实理论的角度如何重构《民法》第112条(再抗辩说抑或请求原因预备性主张说)之间是不存在直接联系的。另外,当我们重构《民法》第94条第2款时(再抗辩说抑或请求原因预备性主张说),我们会发现,民法理论关于物权变动过程的见解即便经过要件事实理论视角的过滤依然存在直接的联系。

128 《民法》第112条和《民法》第94条第2款在要件事实构成方面存在的上述差异,体现了民法理论和要件事实理论在不同领域联系程度的强弱差异。笔者强调的是,我们应当采用一以贯之的思考方式,妥善处理民法理论与要件事实理论之间的关联性问题。[60]

---

[60] 神田英明先生认为存在两种可能的解决方案,即“一种方案是将民法理论原原本本反映到要件事实理论之中,另一种方案则是强调要件事实理论与民法理论的差异性,完全从法技术的角度把握要件事实理论”,因此神田先生强调解决方法并非单一的,比如下引(3)之论文第135页。笔者认为,按照神田先生的观点,我们将无法对不同的解决方案展开评价。关于神田先生的观点,可参考以下文献:(1)神田英明「要件事実論と民法理論との関係——代理に関する要件事実」法時78卷9号(2006)第69页以下;(2)神田英明「要件事実論の民法理論への影響——民法112条の表見代理を巡って」法律論叢79卷4・5号合併号(2007)第133页以下;(3)神田英明「民法理論の要件事実論への影響——二つのアプローチをめぐって」法律論叢79卷6号(2007)第97页以下。

此外，最近民法学界较为关注表见代理（包括第112条涉及的问题）与 129
虚伪意思表示（《民法》第94条第2款）类推适用的问题，并借此审视“表见代理的归责结构”，相关的研究成果也已面世，[61]但并不会给笔者的上述结论带来特别的变化。

---

[61] 中舎寛樹「表見代理の帰責構造」（日本評論社，2014）。

第七章

民法（债权部分）修订与要件事实理论

【第一节 修订现状与范围】

法制审议会2009年11月启动审议程序,2015年3月31日向第189届国会提交了《关于民法部分修订的法律草案》。① 为行文方便,以下简称修订案。 1

此次修订一般称为民法(债权关系)修订或者债权法修订,但实际上的修订范围并未仅限于债权法。请各位读者注意本章第二节所列修订内容。 2

① 据法务省网站。该网站亦载有"新旧条文对照表"。下文所涉该修订法案的具体条文,均指新法。

【第二节　修订案及其对要件事实理论的影响】

□ 本节主要内容

3　本节最主要的目的,在于明确指出修订案并未导致本书关于要件事实理论的内容发生变化,即本节并不以详细阐述修订案内容为目的。

□ 关于未修订部分——既未导致要件事实理论发生改变,也没有因其他条文的修订带来特别值得关注的变化

4　此次修订未涉及的部分,当然不会导致要件事实理论的内涵发生变化,不仅如此,本书就相关具体领域发现的问题及其结论也没有因此发生变化。

5　作为基本法律,民法与其他部门法联系密切,因此其他部门法应当处理好与民法的关系。同时需要注意的是,此次修订只是部分修订。如果仅从形式上考虑没有成为此次修订对象的法律的话(以下所列举的法律,也应处理好其与修订案的关系,但并不意味着这些法律也需要修订),其数目是非常庞大的。比如,《民法》第2编"物权"(不包括此次修订案中与第1编"总则"、第3编"债权"相关的十余个条文)、第3编"债权"中与无因管理、不当得利、不法行为相关的条文(不包括第722条第1款以及关于时效的规定)、第4编"亲属"、第5编"继承"(不包括与第1编"总则"、第3编"债权"相关的遗嘱执行人的部分条文),以及公司法等广阔的私法领域,甚至包括私法之外的其他部门法(比如以所得税法为代表的公法部门)。民事诉讼法等程序法当然也不在此次修订范围之内。

6　《民法》第1编"总则"部分中的大多数条文,均不属于此次修订的范围。类似的情况同样存在于第3编"债权"部分,但既然同属于债法,因此

也会受到已修订条文的影响。

□ 关于修订部分——要件事实理论并未因此发生变化，但有值得研究的内容

此次修订案涉及的主要内容包括《民法》第1编“总则”、第3编“债权” 7
的十余个条文，第3编“债权”中除无因管理、不当得利、不法行为（不含第722条第1款以及关于时效的规定）外的修订条文，以及第5编“亲属”中配合第1编“总则”、第3编“债权”修订内容的关于遗嘱执行人的部分条文。

一如前述（第一章第二节“二、要件事实理论的定义”），“所谓要件事 8
实理论，是一种在明确要件事实具有的法律性质的基础上，对民法的内容、结构以及民事诉讼的审理判断结构进行思考的理论”。这一定义并不会由于民法部分修订（即便是相当规模的修订也是如此）而发生改变，但有必要就该理论针对具体领域所发现的问题进行探讨。以下从修订内容与本书关系的角度展开具体说明。

第一章“要件事实理论的功能”具体内容不受此次修订的影响。不过 9
在第一章第六节“三、要件事实思维方式关注证明责任的分配”一节中，笔者指出民法条文几乎没有考虑证明的问题，因此此次修订对这一判断会产生一定影响，详见后述关于本书第三章内容的补充性说明。

第二章“与要件事实理论相关的民事诉讼法学理论及其他”具体内容 10
不受此次修订的影响。民法中的任意性规定与要件事实理论之间的关系也不会发生变化（不过，由于此次修订涉及个别具有任意性规定性质的条文，因此相关条文的内容自然会发生变化）。

第三章“裁判规范民法”具体内容不受此次修订的影响，但存在若干需 11
要读者特别留意之处，详见后述关于本书第三章内容的补充性说明。

第四章“与要件事实理论相关学说之评介”具体内容不受此次修订的 12
影响。笔者认为此次修订的条文并没有适用规范说的余地（参见后述关于本书第三章内容的补充性说明）。

第五章“要件事实的内容”具体内容不受此次修订的影响。比如，此次 13

修订涉及较多的评价性要件(如后述所举现行《民法》第415、541条涉及的“社会普遍认知”“不可归责于债务人的事由”“轻微”等),但并不影响本书关于评价性要件思考方式的结论。

14 第六章“攻击防御方法体系视阈下的要件事实”具体内容不受此次修订的影响,但会改变笔者关于个别问题的具体说明内容。比如,第六章第五节“三、抗辩中常见的问题”以及“四、再抗辩中常见的问题”中,基本思考方式并没有受到此次修订的影响(比如,笔者关于抗辩、再抗辩功能的本质分析),但由于个别条文内容的修订(如《民法》第95条取消了无效的规定,《民法》第112条删除了对抗的规定),必然导致相关说明的具体内容随之发生变化。《民法》第94条在此次修订范围之外,因此关于该条的说明没有受到丝毫影响。

□ 关于本书第三章内容的补充性说明

15 假设修订案通过条文结构(形式)准确地体现了主张证明责任对象事实,那么笔者在第三章第六节“裁判规范民法的要件确定方法——主张证明责任对象事实的确定标准”中的若干结论需要修正。因为相关结论是以民法条文并未考虑主张证明责任分配为前提的。

16 现行民法并未将条文结构(形式)作为确定要件事实[主张证明责任对象事实(以下内容意在说明要件事实作为主张证明责任对象事实所呈现的特点,因此采用要件事实这一用语)]的标准[不包括平成十六年(2004年)法律第147号“民法部分修订法”(所谓的民法现代语化法)涉及的条文②],与之相比,此次修订案确实在努力地通过条文结构(形式)反映主张证明责任对象事实的不同[比如对现行《民法》第415条(关于归责事由的部分)、第466条第2款、第577条第1款的修订,但令人惋惜的是,修订案与现代语化法一样,并未明确指出主张证明责任对象事实],但依然存在若干问题,以下仅粗略地列举5项内容(作者并没有批判修订案的意图)。

② 参见第三章第四节“一、裁判规范民法作为一种思维方式的必要性”相关内容。

第一，根据现行《民法》第474条第2款*的条文结构(形式)，当存在第三人清偿时，对该清偿行为效力存在争议的当事人，应当对“该清偿违反了债务人的意思以及该第三人不具有正当利益”负担主张证明责任(从第三人清偿为有效这一基本立场出发，③上述分配结论也是符合制度目的的，即尽量加重就该清偿效力存在争议的一方当事人的证明负担)。但同时也存在另一种解释结论，即如果否认清偿效力的一方当事人主张并证明了该清偿行为违反债务人的意思，则主张清偿有效的当事人应当就该第三人具有正当利益负担主张证明责任。④ 应当说，学界对此并没有形成清晰的统一见解。⑤ 虽然可以从条文结构(形式)的角度来解决这一问题，但此次修订案在这一问题上并无进展。 17

第二，关于现行《民法》第648条第3款**规定之“非可归责于受托人之事由”，其主张证明责任对象事实为何？由于涉及劳务合同这一委托合同的性质问题(原则上受托人可否依比例向委托人请求劳务报酬)，学界见解颇多分歧。⑥ 特别值得关注的是，此次修订案将第648条第3款修订为“非可归责于委托人之事由”，可以想见，围绕这一要件的主张证明责任对象事 18

---

* 日本《民法》第474条第1款规定，第三人可为债务清偿。第2款规定，就清偿不具有正当利益之第三人，不得违反债务人意思为清偿。但债权人不知其违反债务人意思的，不在此限。——译者注

③ 参见我妻『新訂債権総論(民法講義Ⅳ)』(岩波書店，1964)第243页以下。

④ 参见大江忠『要件事実民法(3)債権総論(第3版)』(第一法规，2005)第281～282页，田中豊ほか編『債権法改正と裁判実務——要件事実事実認定の重要論点』(商事法務，2011)第201页。此外，根据倉田卓次監修『要件事実の証明責任　債権総論』(西神田編集室，1986)第247页的解释，似乎也存在其他类似观点。

⑤ 村田ほか編著『要件事実30講』第579页(村田涉)上的说明也是含混不清的。

** 日本《民法》第648条第3款规定，有下列情形的，受托人可以根据履行委托事务的程度请求支付报酬。(1)因不可归责于委托人的事由无法完成委托事务的；(2)在完成委托事务过程中委托终了的。——译者注

⑥ 参见山本『契約』第719页(含注解18)。

实一定会产生新的更多的争议。⑦ 实际上从修订案的条文结构(形式)来看,也很难读取该条文修订的明确用意(或者说,对于修订条文的内容也是存在疑问的)。

19 第三,修订案也就诈害行为撤销权、保证债务等制度提出了修订意见。该类制度的特点在于涉及的条文数量较多,而且内容错综复杂。从要件事实理论的视角对所有条文都作出明确的解释是十分困难的,对于相关主张证明责任对象事实的确定方法也一定存在解释上的分歧。

20 第四,条文结构(形式)是确定主张证明责任对象事实的标准,而对于以下较为重要的条文,修订案则采用了难谓正确的条文结构(形式)。修订案就现行《民法》第415、541条因债务不履行而产生的损害赔偿请求等内容也提出了修订意见,其中包括如下要件,比如“未履行之时”(第415条修改意见)、“未履行之场合”“未见履行之际”(第541条修改意见)。就现行民法关于“未履行”之规定,通说认为其并不属于主张证明责任对象事实,⑧因此我们也不宜将修订案理解为是对通说的颠覆(实际上是出于语句通顺易懂的缘故,修订案照搬了现行民法的规定而已)。

21 第五,关于时效的条文结构(形式)也有讨论之必要。假设现行民法在制定时即考虑到主张证明责任对象事实之确定标准,那么现行《民法》第147条(权利行使为时效中断的事由之一)与第167条(权利不行使为时效完成事由)之间在要件事实方面存在明显的矛盾。因此,一般是将“时效期间之经过”,而不是“权利之不行使”作为要件事实。⑨ 此次修订案就消灭时效制度提出了很多修改建议,但就这一要件事实相互矛盾的现象,却并未通过改变条文结构(形式)加以消除,而是保留了现行民法的基本结构

---

⑦ 参见法制审议会民法(债权部分)部会第1分科会第6次会议(2012年10月9日)记录。该次会议围绕劳务提供型合同展开了内容丰富的讨论,包括履行后请求应否作为原则、履行比例型与成果完成型这一分类的体系定位问题以及该类合同与风险负担的关系等。

⑧ 参见第三章第六节“五、根据制度目的确定主张证明责任对象事实”之“(二)民法的规范结构分析”关于“基于履行迟延损害赔偿请求权的场合”的部分说明。

⑨ 参见司研『新問題研究』第24~25页。虽然司研所在对这一问题的解释上存在方法上的问题,但其关于各要件事实内容的说明则是正确的,并不存在异议。

(可参见修订案第147、166条)。一般情况下,立法者通过对多个条文规定进行认真推敲,是可以预防要件事实矛盾情形发生的,但对于类似于民法这样庞杂的条文体系来说,上述工作显然存在极大的困难。

一如上述,假设修订案中的多数条文结构(形式),在结果上(并不会像 22
民法现代语化法那样如此明确,因此只能采用“结果上”这种表述方式)是符合“裁判规范民法”基本立场的,但也有相当数量的条款在结构形式上并不妥当,甚至存在问题。因此,一个关于主张证明责任对象事实的确定标准的理论绝对是必要的(当然不是单纯地以修订案条文结构形式作为确定标准,这一立场同样适用于现行民法[10])。也是由于这一原因,正如笔者在本书第三章中所指出的,修订案的通过在这一问题上并不会导致任何改变。另外,也可参照笔者关于修订案第95、541条的相关分析(第三章第五节“三、裁判规范民法的重构过程与内容”之“(四)以行为规范民法为基础的重构作业的基本过程”)。

---

⑩ 法制审议会在审议过程中,在决定条文结构(形式)之际,假如能够表明立法者关于证明责任分配所考虑的各种因素,那么就应当将之作为确定主张证明责任对象事实的“制度目的”。此外,假如立法者能够采用与《民法现代语化法》相同的立法技术,在条文结构中明确表达立法意图,那么对于该等条文,我们也应当采用笔者所主张的思考方式加以分析[参见本书第三章第六节“五、根据制度目的确定主张证明责任对象事实”之“(二)民法的规范结构分析”总结的部分]。

结语

【第一节 要件事实理论与基础法学】

我们需要通过探求制度目的①来确定主张证明责任对象事实,这一过程与法律价值判断具有密切联系。在这一含义上,我们有必要研究要件事实理论的性质问题,也有必要大力开展包括基础法学在内的多学科研究。限于篇幅,笔者仅以注解的方式列举相关文献,不再进一步展开。② 1

① 关于探求制度目的的各种方法,可参见伊藤『民事法学入門』第153~173页。

② 可资列举的文献数量众多,此处仅列举笔者参与的部分编著。各位读者可根据自己的需要,另行阅读编著中的索引文献。可参见伊藤編著『要件事実論と基礎法学』、伊藤「要件事実論と基礎法学の協働・序説」、伊藤「基礎法学の課題についての要件事実論的視点からの検討の試み」、伊藤編『基礎法学と実定法学の協働』、伊藤「基礎法学への期待」。

此外,河村「要件事実論とはどのような考え方か(上)」一文中,以"构筑非简单技术性、而是具有普适性思维框架的要件事实理论之必要——基础法学与科学性知识之协动、作为法技术的要件事实"为题,就要件事实理论与基础法学等学科领域之间协动之重要性展开了简明而又直接的讨论。此外,河村先生的系列论文「要件事実論とはどのような考え方か(上)(中)(下)」,在某种意义上则可以说是这种协动关系的一种理论实践。

【第二节　要件事实理论的未来】

2　如何在诉讼中的证明领域最为恰当地实现实体法的制度目的,这是要件事实理论最为核心的理论关切。也正因为如此,我们不应把要件事实理论的研究对象限于民事法学领域,而应扩大至内容多样的各实体法领域,这一研究趋势未来会越来越明显。与过往不同的是,目前仅就单行本而言,已经出现了为数众多的要件事实研究成果,涉及公司法、租税法、知识产权法等多个领域。③ 这一现象可以说是要件事实理论广泛应用于各个实体法部门的例证。值得注意的是,要件事实理论最近也引起了刑事法律部门的关注。④

3　笔者认为,对于错综复杂的证明问题,要件事实理论提供了一种具有广泛普适性的研究路径。笔者最近的一篇研究成果即是从要件事实理论的视角讨论死刑制度之存废,参见伊藤「要件事実論の汎用性」。

---

③　法科大学院要件事实教育研究所主办了多场研讨会,笔者也都参与其中,仅就研讨会成果结集出版的情况来看,也可以充分感受到要件事实理论应用范围之广。比如,伊藤編『環境法の要件事実』、伊藤編『租税法の要件事実』、伊藤編『家事事件の要件事実』、伊藤編『商事法の要件事実』。在民法之外的部门法领域,也出现了以『要件事实××法』为名的出版物,包括大江忠律师的『要件事実商法』『要件事実会社法』『要件事実労働法』『要件事実知的財産法』『要件事実租税法』(均为第一法规出版社)。

④　参见辻本典央「訴因の研究——請求原因事実としての『罪となるべき事実』」犯罪と刑罰23号(2014)第53页以下。

关键词索引

中文	日文	书中章节段落
事实存在的可能性	ある事実の可能性の存在	§1[105]
伊方核电诉讼	伊方原発訴訟の最判	§2[32]
遗产分割案件	遺産分割審判事件	§1[105]
意思解释	意思の解釈	§2[161]
一般规范	一般規定	§2[104]
违法性一元论	違法性一元論	§1[114]
因果关系与间接反证理论	因果関係と間接反証理論	§5[81]
因果关系要件的性质	因果関係の要件としての性質	§3[22], §5[78]
开放理论与现代逻辑学	オープン理論と現代論理学	§3[359]
开放理论的内容	オープン理論の内容	§3[352]
开放理论的必要性	オープン理論の必要性	§3[351]
全或无定律	オール・オア・ナッシング的考え方	§1[63]
概括性认定	概括的認定	§2[90]
外观理论	外形理論	§2[135]
解释性规定	解釈規定	§2[140]
《公司法》第356条第1款	会社法356条1項	§5[41]
《公司法》第423条第3款	会社法423条3項	§2[172]
不同类型推定的个性特征	各種推定の特色	§2[75]
多种举证困难解决方案之定位	各種立証の困難の軽減方策の位置づけ	§2[176]

续表

中文	日文	书中章节段落
家事案件要件事实的特征	家事事件の要件事実の特徴	§1[101]
家事审判案件与通过法律判断的纠纷解决	家事審判事件と法的判断による解決	§1[102]
家事审判案件中的要件事实	家事審判事件における要件事実	§1[100]
过失一元论	過失一元論	§1[114]
过失与违法性的关系	過失と違法性の関係	§1[125]
过失的大致推定	過失の一応の推定	§2[121]
价值性概念	価値的概念	§5[58]
价值性概念的废止理由	価値的概念の廃止の理由	§5[66]
家用电视机起火	家庭用テレビの出火	§2[129]
可分事实群的法律把握方法	可分とされた事実群の法的捉え方	§3[246]
间接事实的推认力强度	間接事実の推認力の強度	§3[55]
间接反证理论的基本内容	間接反証という考え方の意味	§2[205]
间接反证理论	間接反証理論	§2[44,205]
用于批评间接反证理论的具体事例	間接反証理論批判のための具体的事例	§2[213]
“不存在可归责事由”的证明责任	「帰責事由なし」についての立証責任	§4[23]
民法教科书关于规范结构的说明	規範構造についての民法の教科書の説明	§3[143]
规范结构的具体分析步骤	規範構造の検討の具体的プロセス	§3[272]
规范说	規範説	§4[4]
规范性要件	規範的要件	§5[76]
客观的证明责任	客観的立証責任	§3[46]
强制性解决	強制的な解決	§1[66]
虚伪表示的善意主张	虚偽表示についての善意の主張	§6[122]
“具体性”之标准	「具体性」を考える際の基準	§5[164]
对具体事实的严格定性	具体的事実の厳密な位置づけ	§1[113]
与合同相关的合意之不可分性	契約に関する合意などの不可分性	§3[227]

续表

中文	日文	书中章节段落
结果回避义务	結果回避義務	§1[126]
缺陷现象	欠陥現象	§2[134]
缺陷的大致推定	欠陥の一応の推定	§2[126,131]
权利	権利	§5[158]
权利的发生、妨碍、消灭	権利の発生・障害・消滅	§1[18]
权利、保护利益与违法性以及过失	権利・保護利益と違法性又は過失	§1[119]
权利抗辩	権利抗弁	§3[43]
权利根据规范	権利根拠規定	§4[24]
权利根据规范与权利消灭规范的区别	権利根拠規定と権利消滅規定の区別	§4[7]
权利妨碍规范	権利障害規定	§4[24]
权利消灭规范	権利消滅規定	§4[24]
权利或法律关系之存否	権利又は法律関係の存否	§1[26]
作为行为规范的任意性规定	行為規範としての任意規定	§2[145]
以行为规范民法为基础的重构作业的基本过程	行為規範としての民法からの構成作業の過程	§3[192]
以行为规范民法为视角	行為規範としての民法の規範として考えた場合	§3[140]
行为规范民法的特征	行為規範としての民法の特徴	§3[133]
行为规范民法的要件规定方式	行為規範としての民法の要件の定め方	§3[183]
合意不成立之证明	合意の不成立の立証	§2[161]
攻击防御方法的体系	攻撃防御方法の体系	§6[28,43]
攻击防御方法的体系——后续事实对先行事实的作用	攻撃防御方法の体系ー後行する事実が先行する事実に対して働くという性質	§6[48]
攻击防御方法体系的思维方式	攻撃防御方法の体系に関する考え方	§1[38]
攻击防御方法的包含与被包含关系	攻撃防御方法の体系の内包関係	§6[53]

续表

中文	日文	书中章节段落
交通事故中过失的判断结构	交通事故における過失の判断の構造	§5[114]
最高法院关于国籍诉讼的判例	国籍訴訟の最判	§2[39]
子女的利益	子の利益	§1[99]
个别法律要件	個別的法律要件	§1[9]
债权让渡的合意	債権譲渡の合意	§3[229注140]
再抗辩对抗辩的排斥作用	再抗弁による抗弁の排斥	§6[36]
复再抗辩	再々抗弁	§6[85]
作为裁判规范的实体法	裁判規範としての実体法	§3[1]
作为裁判规范的任意性规定	裁判規範としての任意規定	§2[148]
裁判规范民法——基于解释重新发现蕴藏在民法中的内容	裁判規範としての民法一通常の民法に内蔵されているものの解釈による発見	§3[189]
裁判规范民法思维的必要性	裁判規範としての民法という考え方の必要性	§3[113]
对裁判规范民法这一用语的批判	裁判規範としての民法というネーミングへの批判	§4[44]
裁判规范民法与证明责任规范说	裁判規範としての民法と証明責任規範	§3[145]
对裁判规范民法理论的接受	裁判規範としての民法の受け入れられ方	§4[35]
以裁判规范民法为视角	裁判規範としての民法の規定として考えた場合	§3[138]
裁判规范民法的结构	裁判規範としての民法の構成	§3[153]
裁判规范民法的结构原理	裁判規範としての民法の構成原理	§3[160]
构成裁判规范民法原理基础的思维方式	裁判規範としての民法の構成原理の基礎をなす考え方	§3[170]
裁判规范民法重构作业的性质	裁判規範としての民法の構成という作業の性質	§3[186]
裁判规范民法的重构与证明责任	裁判規範としての民法の構成と立証責任	§3[201]

续表

中文	日文	书中章节段落
裁判规范民法的重构过程与内容	裁判規範としての民法の構成の過程と内容	§3[177]
裁判规范民法适用于诉讼实践的方式	裁判規範としての民法の実務における表れ方	§3[129]
裁判规范民法的定义	裁判規範としての民法の定義	§3[127]
裁判规范民法的特征	裁判規範としての民法の特徴	§3[135]
裁判规范民法的要件确定方法	裁判規範としての民法の要件の定め方	§3[210]
债务不履行之事实的主张	債務の不履行の事実の主張	§3[90]
暂定真实	暫定真実	§2[165]
暂定真实与法律上的事实推定	暫定真実と法律上の事実推定	§2[165]
暂定真实的本质特征	暫定真実の本質的な特徴	§2[167]
事案解明义务(狭义)	事案解明義務(狭義)	§2[13]
事案解明义务(狭义)设例	事案解明義務(狭義)の設例	§2[24]
事案解明义务(狭义)的发生要件	事案解明義務(狭義)の発生要件	§2[15]
认可事案解明义务(狭义)的判例	事案解明義務(狭義)を認めた裁判例	§2[47]
事案说明义务	事案説明義務	§1[52 注 31]
事案说明责任	事案説明責任	§1[52 注 31]
事案解明义务	事案の解明義務	§2[13]
事案解明的观点	事案の解明という考え方	§2[3]
事案解明与释明权(义务)	事案の解明と釈明権(義務)	§2[55]
事案解明所需的理论	事案の解明のための理論	§2[4]
案件的实际情况	事案の実態	§3[18]
时间与金钱的过度消耗	時間と経費の障害	§1[58]
裁判结果的妥当性	事件の結論としての落ち着き	§1[58]
思考经济	思考経済	§4[13]
自己契约、双方代理	自己契約・双方代理	§5[44]

续表

中文	日文	书中章节段落
“事实・评价”与“具体性”的关系	「事実・評価」の問題と「具体性」の問題の関係	§5[162]
事实真伪不明时的处理方法	事実が存否不明のときの扱い方	§3[77]
事实抗辩与权利抗辩	事実抗弁と権利抗弁	§6[30]
事实上的权利推定	事実上の権利推定	§2[79]
事实上的事实推定	事実上の事実推定	§2[80]
作为事实本身的可分与不可分	事実そのものとしての可分・不可分	§3[221]
作为事实本身的可分与不可分之含义	事実そのものとしての可分・不可分の意味	§3[225]
事实性因果关系	事実的因果関係	§5[78]
事实性因果关系的性质(法律评价)	事実的因果関係の存否の性質(法的評価)	§5[79]
事实性要件的发生根据事实与发生妨碍事实	事実的要件の発生根拠事実と発生障害事実	§5[108]
事实与评价——金钱交付的具体情形	事実と評価－金銭の交付の具体的状況	§5[34]
事实与评价——具体示例	事実と評価－具体例	§5[11 注 5]
事实与评价——区别标准	事実と評価－区別の基準	§5[21]
事实与评价——区别实益	事実と評価－区別の実益	§5[6]
事实与评价——“事实”向“评价”的转化	事実と評価－「事実」から「評価」への変化	§5[32]
事实与评价——之区别	事実と評価－の区別	§1[112], §5[6]
事实与评价——问题的本质	事実と評価－問題の本質	§5[6]
事实认定理论与事案解明	事実認定論と事案の解明	§2[12]
事实相同与否的讨论	事実の異同の検討	§3[250]
事实的具体性	事実の具体性	§5[161]
事实存在与否的判断	事実の存否の判断	§5[7]
事实的确凿程度与证明责任	事実の確からしさの程度と立証責任	§3[99]
考虑事实确凿程度的目的	事実の確からしさを考える目的	§3[104]

续表

中文	日文	书中章节段落
事实的特定性	事実の特定性	§5[169]
“事实”的显示价值	「事実」の表示価値	§5[9]
事实并存的含义	事実の両立の意味	§6[32]
实质性因素	実質的なファクター	§4[13]
实质性因素与制度目的之间的关系	実質的なファクターと制度趣旨との関係	§4[22]
实体法制度目的之实现	実体法の制度趣旨の実現	§3[259]
时间性因素	時的因子	§1[11]
时间要素	時的要素	§1[11], §5[173]
《机动车赔偿法》第3条	自賠法3条	§2[97]
未涉及支付期限的主张之当否	支払期限に触れることのない主張の当否	§3[230]
司法研修所现在的观点	司法研修所説　現在の－	§4[29]
司法研修所过去的观点	司法研修所説　従来の－	§4[14]
大众的法律意识	市民の法意識	§1[136]
作为社会存在的不可分	社会的実在としての不可分	§3[227]
对于完整的社会存在进行分割(买卖他人之物)	社会的実在としてひとまとまりのものの分割(他人物売買)	§3[236]
释明权之行使	釈明権の行使	§5[74]
释明权(义务)之重要性与主张责任	釈明権(義務)の重要性と主張責任	§3[16]
释明权(义务)之重要性与证明责任	釈明権(義務)の重要性と立証責任	§3[52]
作为妥当行使释明权之前提的必要事项	釈明権の適切な行使前提として必要なこと	§1[48]
自由心证主义	自由心証主義	§2[79]
修正的法律要件分类说	修正法律要件分類説	§2[104], §4[12]
修正的法律要件分类说之批判	修正法律要件分類説に対する批判	§4[17]
严重违反合同义务	重大な契約上の義務違反	§5[47]
充分的攻击防御	十分な攻撃防御	§1[108]

续表

中文	日文	书中章节段落
重要的间接事实	重要な間接事実	§3[25]
主观的证明责任	主観的立証責任	§3[47]
考虑多种因素进行综合判断	種々の要素の総合判断	§1[141]
主张共通原则	主張共通の原則	§3[42]
主张事实的同一性	主張事実の同一性	§1[107],§3[35]
主张本身失当	主張自体失当	§2[113],§5[12]
“主张本身失当”的观点	「主張自体失当」という考え方	§3[86]
主张责任	主張責任	§3[8]
主张责任证明责任一致说及其实质性依据	主張責任・立証責任一致説と実質的根拠	§3[82]
主张责任对象事实	主張責任対象事実	§3[19]
主张责任对象事实——近期的有力说	主張責任対象事実－近時の有力説	§3[24]
主张责任对象事实——实务界观点	主張責任対象事実－実務の考え方	§3[21]
主张责任对象事实——传统的通说	主張責任対象事実－従来の通説	§3[20]
主张责任对象事实——有无与变更	主張責任対象事実－の有無・変更	§3[250]
主张责任对象事实——之确定	主張責任対象事実－の決定	§3[41]
主张责任对象事实——之改变	主張責任対象事実－の変更	§2[112]
主张责任(家事与非讼)	主張責任的考え方(家事・非訟)	§1[96]
主张责任与证明责任保持一致的理由	主張責任と立証責任とが一致する理由	§3[70,74]
主张责任与证明责任保持一致	主張責任と立証責任の一致	§3[62]
主张责任的适用场景	主張責任の働く場	§3[15]
主张与证明之间的有机联系	主張と立証の有機的な関連	§3[73]
主张的解释	主張の解釈	§3[34]

续表

中文	日文	书中章节段落
主张的解释与主张事实的同一性	主張の解釈と主張事実の同一性	§3[32]
系列性主张	主張の系列	§6[40,46]
主张证明责任对象事实的确定标准	主張立証責任対象事実の決定基準	§3[210]
主张证明责任对象事实的基本理论	主張立証責任対象事実の基本理論	§4[47]
关于“主张证明责任分配”的其他见解	「主張立証責任の分配」についての多様な見解	§4[33]
主张证明的必要性及充分性	主張立証の必要かつ十分性	§1[34]
没有主张证明必要性的事实	主張立証の必要がない事実	§1[41]
超过了忍受限度	受忍限度外	§1[134]
忍受限度与特殊情况	受忍限度と特段の事情	§1[135]
忍受限度与要件事实	受忍限度と要件事実	§1[136]
忍受限度之内	受忍限度内	§1[134]
关于忍受限度理论的基本观点	受忍限度論についての基本的考え方	§1[131]
顺序取得说	順次取得説	§6[124]
证据收集理论	証拠収集活動のための理論	§2[7]
判断是否需要进行证据调查	証拠調べの要否の判断	§1[36]
负担主张证明责任的一方当事人提出了新的证据调查申请	証拠申請　主張立証責任を負う当事者からの－	§1[39]
反证证据调查申请	証拠申請　反証のための－	§1[39]
《消费者合同法》第9条第1款	消費者契約法9条1項の場合	§3[325]
《消费者合同法》第9条第1款——具体的攻击防御方法体系	消費者契約法9条1項の場合－具体的攻撃防御方法の体系	§3[340]
《消费者合同法》第9条第1款——两种类型的民法规范结构	消費者契約法9条1項の場合－2種類の民法の規範構造	§3[329]

续表

中文	日文	书中章节段落
《消费者合同法》第9条第1款——证明困难	消費者契約法9条1項の場合－の立証の困難	§2[182]
《消费者合同法》第9条第1款——民法规范结构的确定方法	消費者契約法9条1項の場合－民法の規範構造の決まり方	§3[333]
《消费者合同法》第9条第1款——考虑到证明困难因素时民法规范结构的变化	消費者契約法9条1項の場合－立証の困難性を考慮に入れたときの民法の規範構造の変化	§3[334]
条文结构(形式)	条文の構造(形式)	§4[18]
证明责任规范说	証明責任規範説	§4[9]
证明责任规范说之不足	証明責任規範説のデメリット	§3[148]
证明责任规范说所具有的现实意义	証明責任規範説のもつ今日的意義	§4[10]
证明责任规范的定义	証明責任規範の定義	§3[146]
证明责任规范的必要性	証明責任規範の必要性	§3[147]
证明责任规范之无必要	証明責任規範の不要性	§3[148]
"证明责任"的用语	「証明責任」という用語	§3[48]
证明责任的"特别规定"	証明責任の「特別規定」	§3[147注107]
证明度的两种含义	証明度の2つの意味	§2[85]
证明标准之降低	証明度の軽減	§2[85]
证明标准降低中的证明困难	証明度の軽減における立証の困難	§2[192]
降低证明标准的基本条件	証明度の軽減のための基準	§2[88]
接近证明标准	証明に近いもの	§1[65]
证明标准存在的差别	証明の程度の差	§2[79]
仅主张所有权移转合意	所有権移転合意のみの主張	§3[228]
所有权取得的过程	所有権取得の過程	§6[125]
基于所有权的标的物返还请求权	所有権に基づく目的物返還請求権	§3[277]
基于所有权的标的物返还请求权——两种类型的民法规范结构	所有権に基づく目的物返還請求権－2種類の民法の規範構造	§3[280]

续表

中文	日文	书中章节段落
基于所有权的标的物返还请求权——“不合法状态”必要说	所有権に基づく目的物返還請求権 –「不適法状態」必要説	§3[294]
基于所有权的标的物返还请求权——民法规范结构的确定方式	所有権に基づく目的物返還請求権 – 民法の規範構造の決まり方	§3[293]
基于所有权的标的物返还请求权——举证困难性因素与民法规范结构的变化	所有権に基づく目的物返還請求権 – 立証の困難性を考慮に入れたときの民法の規範構造の変化	§3[300]
审判对象	審判の対象	§1[95]
信赖关系遭到破坏	信頼関係の破壊	§6[50]
推定事实	推定事実	§2[108]
推定的共同功能	推定の共通の機能	§2[75]
推定效果的消灭	推定の効果の覆滅	§2[111, 120]
立得住的结论	すわりの良さ	§1[55]
请求原因、抗辩、再抗辩之定义	請求原因・抗弁・再抗弁などの定義	§6[29]
请求原因预备性主张说	請求原因の予備的主張説	§6[127]
请求原因本质内在说	請求原因本質内在説	§6[49]
请求有理由的事实	請求を理由づける事実	§3[28]
与请求有理由的事实相关的事实	請求を理由づける事実などに関連する事実	§3[28]
以《产品责任法》为例	製造物責任法による検討	§2[126]
正当事由的发生根据事实	正当事由の発生根拠事実	§2[95]
“正当事由”的评价根据事实与评价妨碍事实	「正当事由」の評価根拠・評価障害事実	§5[106]
根据制度目的确定主张证明责任对象事实	制度趣旨に基づく主張立証責任対象事実の決定	§3[243]
制度目的的实现与证明困难	制度趣旨の実現と立証の困難性	§3[253]
完全相反事实的主张证明责任	正反対の事実の主張立証責任	§3[108]

续表

中文	日文	书中章节段落
积极要件与消极要件组合处理	積極要件と消極要件の組合せ	§1[156]
插队现象	せり上がり	§6[66]
选择型一般条款与综合判断型一般条款	選択型一般条項と総合判断型一般条項	§5[113]
选择型一般条款中的判断结构	選択型一般条項における判断の仕方	§5[117]
选择性抗辩	選択的抗弁	§6[83]
选择性认定	選択的認定	§2[90]
前提事实	前提事実	§2[107]
占有权原之有无的恰当定位	占有権原の有無の適正な位置づけ	§3[308]
占有的持续	占有の継続	§2[101]
综合案件情况得出的结论	総合的判断としての事件の筋	§1[59]
从综合判断型一般条款的视角考察过失的判断结构	総合判断型一般条項の視点から見た過失の判断の構造	§5[120]
争点的准确把握	争点の正しい把握	§1[44]
相当程度可能性的事实	相当程度の可能性の存在	§1[106],§2[95]
诉讼案件与非讼案件	訴訟事件と非訟事件	§1[88]
满足诉讼实践的制度叙述	訴訟実践のための制度記述	§3[305]
诉讼标的与请求原因事实的关系	訴訟物と請求原因事実の関係	§6[9]
根据与诉讼标的的关系准确定位(争点事实)	訴訟物との関係での正しい位置づけ	§1[44]
诉讼标的与不利益陈述	訴訟物と不利益陳述	§6[64]
关于诉讼标的的判断	訴訟物についての判断	§1[24]
关于诉讼标的的判断方法	訴訟物についての判断の仕方	§1[26]
诉讼标的异同与个数(具体事例)	訴訟物の異同・個数(具体的事例)	§6[17,21,24]
诉讼标的的识别	訴訟物の識別	§6[8]
诉讼标的的定义	訴訟物の定義	§6[4]

续表

中文	日文	书中章节段落
诉讼标的的功能	訴訟物の有する機能	§6[7]
其他诉讼请求	その余の請求	§3[37]
舍弃存在的可能性	存在の可能性の切り捨て	§3[102]
真伪不明的处理方法——基于人的一般思维	存否不明の事実の扱い方－人の普通の考え方	§3[103,161]
第2次主张证明责任	第2次的主張立証責任	§2[92]
《民法》关于无权处分买卖的规定	他人物売買についての民法の規定ぶり	§3[181,195]
单纯合意与无因合同	単純合意と無因契約	§3[242]
关于单纯合意的主张方法	単純合意の成立の主張の仕方	§3[241]
存在单纯合意的可能性	単純合意の存在の可能性	§3[240]
单纯合意的法律拘束力	単純合意の法的拘束力	§3[242]
抽象合意	抽象的な合意	§3[240]
调解程序	調停手続	§1[84]
直接事实	直接事実	§1[7]
直接根据事实	直接の根拠となる事実	§1[102]
借贷型合同的思考方式	賃借型の考え方	§6[74]
停止条件成就的主张	停止条件の成就の主張	§6[90]
适当地行使释明权	適切な釈明権の行使	§3[27]
民法教科书关于解约定金的说明	手付解除の民法の教科書における説明	§3[124]
等值理论	等価値の理論	§2[133]
登记的推定力	登記の推定力	§2[84]
对当事人主张的解释	当事者の主張の解釈	§1[107]
超出当事人预期的事实	当事者の予期しえない事実	§1[108]
“特定性”与“具体性”的关系	「特定性」と「具体性」との関係	§5[169]
帮助特定事实的时间与地点	特定のための日時・場所	§5[173]
特别规范	特別規定	§2[104]
《专利法》第103条	特許法103条	§2[172]

续表

中文	日文	书中章节段落
采光、噪声、震动	日照・騒音・振動	§1[134]
两个不同阶段的举证困难	2度現れる立証の困難	§2[180]
任意性规定	任意規定	§2[137]
任意性规定与“a+b”	任意規定と「a+b」	§2[155]
任意性规定与“情况”	任意規定と事情	§2[153]
与任意性规定具有相同内容的合意	任意規定と同一内容の合意	§2[147]
不足以认定为背信行为的特殊事由	背信行為と認めるに足りない特段の事情	§5[46]
背信性	背信性	§5[46]
买卖价款的金额	売買代金の額	§3[230 注 142]
判决规范	判決規範	§1[71]
判决程序与和解程序的差异	判決手続と和解手続の相違	§1[67]
反证提出责任	反証提出責任	§2[91]
反对间接事实	反対間接事実	§2[210]
相反合意成立之证明	反対合意の成立の立証	§2[161]
必要且充分的事实	必要かつ十分な事実	§1[49]
必要的证明标准	必要とされた証明度	§2[52]
必要的事实主张之欠缺	必要な事実の主張の欠落	§5[73]
思维方式的分类	人の考え方の分類	§3[165]
以人们一般的思维方式为前提的构成	人の普通の考え方を前提とした構成	§3[162]
评价根据事实	評価根拠事実	§5[39]
评价根据事实与评价妨碍事实	評価根拠事実と評価障害事実	§5[110]
利益相反行为的评价根据事实	利益相反行為の評価根拠事実	§5[41]
评价妨碍事实	評価障害事実	§5[40]
评价性要件	評価的要件	§5[36]

续表

中文	日文	书中章节段落
评价性要件——往返型与单向型	評価的要件－往復型・一本型	§5[95]
评价性要件——过剩主张之允许	評価的要件－過剰主張の許容	§5[88]
评价性要件——本身失当的主张之允许	評価的要件－結果として主張自体失当となる主張の許容	§5[92]
评价性要件——主要事实说存在的问题	評価的要件－主要事実説の問題点	§5[70]
评价性要件——主张证明责任对象事实的可变性	評価的要件－主張立証責任対象事実の可変性	§5[139]
评价性要件——思维方式的共同特征	評価的要件－としての考え方の共通の特徴	§5[123]
评价性要件——与默示的意思表示	評価的要件－と黙示の意思表示	§5[77]
评价性要件——间接事实说	評価的要件－についての間接事実説	§5[54]
评价性要件——主要事实说	評価的要件－についての主要事実説	§5[53]
评价性要件——要件事实的基本特征	評価的要件－の要件事実の基本的特徴	§5[82,123]
评价性要件——判断不能	評価的要件－判断の不能	§5[124]
评价性要件——评价根据事实与评价妨碍事实	評価的要件－評価根拠事実と評価障害事実	§5[102]
评价性要件——默示意思表示的性质	評価的要件－黙示の意思表示の性質	§5[149]
评价性要件——证明责任对象事实肯定说	評価的要件－立証責任対象事実の肯定説	§5[135]
评价性要件——证明责任对象事实否定说	評価的要件－立証責任対象事実の否定説	§5[130]
典型的评价性要件	典型的な評価的要件	§5[39]
不存在评价妨碍事实的评价性要件	評価障害事実のない評価的要件	§5[55]

续表

中文	日文	书中章节段落
"评价"的显示价值	「評価」の表示価値	§5[10]
将"评价"作为主张证明对象存在的问题	「評価」を主張立証の対象とすることの不都合性	§5[11]
预防裁判突袭	不意打ち防止	§3[23]
对于物权请求权规范而言属于特殊情形	物権的請求権規範にとって特別の事態	§3[305]
"不动产买卖"这一特殊类型	「不動産売買」という類型	§3[230注142]
不法行为的基本要件	不法行為の基本的要件	§1[113]
抚养义务之履行	扶養義務の履行	§1[98]
不利益陈述	不利益陳述	§3[44],§6[61]
文书的成立	文書の成立	§2[91]
分析方法	分析的方法	§1[59]
在平均损害额度以下	平均的損害の額以下であること	§2[184]
超过了平均损害额度	平均的損害の額を超えていること	§2[185]
返还约定说	返還約束説	§3[229注140]
清偿主张(与特定债务相关)	弁済の主張(債務との結びつき)	§3[231]
清偿抗辩	弁済の提供の抗弁	§3[93]
非典型评价性要件	変則的評価要件	§5[38]
非典型评价性要件与法律上的评价推定	変則的評価要件と法律上の評価推定	§5[48]
违反辩论主义	弁論主義違反	§3[39]
辩论主义的约束	弁論主義による制約	§1[58]
辩论主义第1命题	弁論主義の第1命題の趣旨	§3[23]
辩论主义的内容	弁論主義の内容	§3[11]
法规不适用说	法規不適用説	§3[147注107]
法定承继取得说	法定承継取得説	§6[122]
与法定条件具有同一内容的合意	法定条件と同一内容の合意	§6[60]
法定证据规则	法定証拠法則	§2[91]
没有法律意义	法的に意味がない	§2[151]

续表

中文	日文	书中章节段落
法律保护范围	法的保護範囲	§5[78]
冒头条文——司法研修所《新问题研究》一书的观点	冒頭規定－司研『新問題研究』の対応	§6[80]
冒头条文的性质	冒頭規定の性質	§6[74]
法律上的权利推定	法律上の権利推定	§2[115]
法律上的事实推定	法律上の事実推定	§2[107]
法律上的事实推定中存在的举证困难	法律上の事実推定の場合の立証の困難	§2[187]
法律上的评价推定	法律上の評価推定	§2[171]
法律要件	法律要件	§1[9], §5[36]
补充性规定	補充規定	§2[137]
补充性规定与解释性规定的区别	補充規定と解釈規定の区別	§2[162]
揭示制度本质的制度叙述	本質提示のための制度記述	§3[305]
民事诉讼的制度目的	民事訴訟制度の目的	§1[2]
民事诉讼的脊骨	民事訴訟のバックボーン	§1[48]
民事判决中法律判断的基本结构	民事判决の法的判断の基本的構造	§1[24]
恰当、正确以及迅速地解决民事纠纷	民事紛争の適正迅速な解決	§1[2]
《民法》(债权部分)修订	民法(債権関係)改正	§3[126]
《民法》(债权部分)修订与要件事实理论	民法(債権関係)改正と要件事実論	§7[1]
《民法》第108条	民法108条	§5[40]
关于《民法》第112条之不知代理权消灭的主张	民法112条の代理権の消滅を知らなかったとの主張	§6[94]
《民法》第112条表见代理的制度目的	民法112条の表見代理の制度趣旨	§6[113]
民法学理论将第112条视为表见代理性质	民法112条の表見代理の民法学の理論上の性質	§6[105]
《民法》第162条第1款	民法162条1項	§2[165]

续表

中文	日文	书中章节段落
《民法》第162条第2款	民法162条2項	§2[165]
《民法》第186条第1款	民法186条1項	§2[165]
《民法》第186条第2款	民法186条2項	§2[101]
《民法》第541条	民法541条	§5[47]
《民法》第557条第1款制度目的	民法557条1項の制度趣旨	§4[26]
《民法》第557条第1款规定之着手履行	民法557条1項の履行の着手	§4[26]
《民法》第826条	民法826条	§5[42]
有益于民法解释学的视角	民法解釈学に有用な視点	§1[110]
《民法现代语化法》	民法現代語化法	§3[349]
民法解释	民法の解釈	§3[188]
民法规范结构	民法の規範構造	§3[248,346]
民法构成要件与举证之间的关系	民法の要件と立証との関係	§1[151]
无因意思	無因意思	§3[242注146]
中立的合意	無色の合意	§3[229]
明确的标准	明確な基準	§1[64]
损毁他人名誉	名誉毀損	§1[128]
默示的意思表示	黙示の意思表示	§5[146]
默示意思表示的性质	黙示の意思表示の性質	§5[149]
约因	約因(consideration)	§3[242注146]
有权代理与三种类型的表见代理	有権代理と3種類の表見代理	§6[116]
有权代理与表见代理	有権代理と表見代理	§6[106]
不具有"有理性"的理论	「有理性」がない理論	§3[85]
要件事实与间接事实	要件事実と間接事実	§1[103]
要件事实与主要事实	要件事実と主要事実	§1[6]
就要件事实认定结论进行排列组合	要件事実の存否の判断の組み合せ	§1[28]

续表

中文	日文	书中章节段落
要件事实的定义	要件事実の定義	§1[5]
要件事实理论与事实认定理论的性质差异	要件事実の理論と事実認定の理論の性質の違い	§2[211]
要件事实思维方式	要件事実の考え方	§1[12]
要件事实思维方式与子女探视	要件事実の考え方と面会交流	§1[109]
要件事实思维方式的特征	要件事実の考え方の特徴	§1[145]
与要件事实理论相关的民事诉讼法学理论	要件事実論と関係する考え方	§2[1]
要件事实理论与事案解明义务(狭义)理论之间的关系	要件事実論と事案解明義務(狭義)論との関係	§2[21]
要件事实理论与事案解明	要件事実論と事案の解明	§2[4]
要件事实理论与事案解明之间的基本关系	要件事実論と事案の解明の基本的関係	§2[17]
要件事实理论与案情	要件事実論と事件の筋	§1[55]
要件事实理论与实际的审判形态	要件事実論と実際の審理・判断	§1[53]
要件事实理论与实体法学	要件事実論と実体法学	§3[4]
要件事实理论与主张证明责任	要件事実論と主張立証責任	§1[17]
要件事实理论与其他多样化的理论	要件事実論とその他の多様な理論	§1[50]
要件事实理论与《民法》(债权部分)修订	要件事実論と民法(債権関係)改正	§7[1]
要件事实理论与举证困难	要件事実論と立証の困難	§2[60]
要件事实理论的定义	要件事実論の定義	§1[12]
要件事实理论的本质必要性	要件事実論の本質的必要性	§1[33]
对要件事实理论的误读	要件事実論への誤解	§1[54]
要件事实理论的可适用性	要件事実論的思考の有用性	§1[4]
要件事实理论的判断标准时	要件事実論的判断の基本的基準時	§1[46]

续表

中文	日文	书中章节段落
要件事实理论的功能——家事与非讼	要件事実論の機能－家事・非訟	§1[88]
要件事实理论的功能——民事诉讼	要件事実論の機能－民事訴訟	§1[21]
要件事实理论的功能——民法解释	要件事実論の機能－民法の解釈	§1[110]
要件事实理论的功能——和解与调解	要件事実論の機能－和解・調停	§1[60]
预见可能性	予見可能性	§1[127]
预备性抗辩	予備的抗弁	§6[82]
预备性主张	予備的主張	§3[33]
利益衡量说	利益衡量説	§4[6]
利益相反行为	利益相反行為	§5[41]
履行期限经过	履行期の経過	§3[93]
履行迟延损害赔偿请求权	履行遅滞に基づく損害賠償請求権	§3[312]
履行迟延损害赔偿请求权——两种类型的民法规范结构	履行遅滞に基づく損害賠償請求権－2種類の民法の規範構造	§3[314]
履行迟延损害赔偿请求权——民法规范结构的确定方法	履行遅滞に基づく損害賠償請求権－民法の規範構造の決まり方	§3[319]
履行迟延损害赔偿请求权——考虑到证明困难因素时民法规范结构的变化	履行遅滞に基づく損害賠償請求権－立証の困難を考慮に入れたときの民法の規範構造の変化	§3[323]
着手履行	履行の着手	§3[122]
减轻证明负担的作用	立証軽減の作用	§2[136]
举证责任(证明责任)	立証責任	§3[46]
证明责任与权利	立証責任と権利	§3[54]
证明责任与事案解明义务(狭义)	立証責任と事案解明義務(狭義)	§2[30]
证明责任(家事与非讼)	立証責任の考え方(家事・非訟)	§1[97]

续表

中文	日文	书中章节段落
证明责任分配结论明显不合理的民法规范	立証責任の視点からは不合理な民法の規定の例	§3[117]
无法明确证明责任分配结论的民法规范	立証責任の視点からは不明確な民法の規定の例	§3[121]
证明责任定义的基本内容	立証責任の定義の基本的趣旨	§3[202]
证明责任转换	立証責任の転換	§2[97]
证明责任转换与法律上的事实推定	立証責任の転換と法律上の事実推定	§2[99]
证明责任的作用场合	立証責任の働く場	§3[49]
证明责任负担的公平	立証責任の負担の公平の意味	§3[254,347]
证明责任分配的性质	立証責任の分配の性質	§3[215]
举证责任规范	立証責任規範	§3[147 注 107]
一般的证明责任规范	通常の立証責任規範	§3[147 注 107]
特别的证明责任规范	特別の立証責任規範	§3[147 注 107]
证明责任对象事实	立証責任対象事実	§3[55]
证明责任对象事实的可变性	立証責任対象事実の可変性	§2[93]
证明责任对象事实基本形的调整与举证困难	立証責任対象事実の基本形の変更と立証の困難	§2[67]
证明责任对象事实的确定与证明责任分配	立証責任対象事実の決定と立証責任の分配	§3[215]
证明责任对象事实的确定过程	立証責任対象事実の決定のためのプロセス	§2[64]
证明责任对象事实的性质	立証責任対象事実の性質	§3[204]
证明责任对象事实的认定与举证困难	立証責任対象事実の認定と立証の困難	§2[69]
证明责任对象事实的改变	立証責任対象事実の変更	§2[109,117,143,169]
降低证明标准的理论	立証の軽減のための理論	§2[86]
证明的公平	立証の公平の意味	§3[254,347]
举证困难与实体法制度目的	立証の困難性と制度趣旨	§4[22]
举证困难的恰当定位	立証の困難性の適切な位置づけ	§3[260,264]

续表

中文	日文	书中章节段落
两种不同的场景下举证困难判断的功能	立証の困難性の判断がもつ2つの異なった場面での機能	§2[70]
考虑举证困难的因素	立証の困難性を考慮	§3[346]
减轻举证困难的对策	立証の困難の軽減方策	§2[60,71,135]
举证必要性	立証の必要	§3[59]
解除权之保留	留保解除権	§3[122]
和解规范思维方式	和解規範という考え方	§1[70]
和解规范思维方式的优势	和解規範という考え方のメリット	§1[73]
和解规范示例	和解規範の一例	§1[76]
和解规范的具体内容	和解規範の具体的内容	§1[75]
和解程序的特征	和解規範の特質	§1[82]
和解规范构成要件的一般标准	和解規範の要件を定める一般的基準	§1[79]
作为实体规范的和解规范	実体規範としての和解規範	§1[74]
和解制度的规定	和解条項の制度	§1[68]
和解的正当化效果	和解上の正当化効果	§1[80]
和解要件事实	和解上の要件事実	§1[80]
和解要件事实的证明标准	和解上の要件事実の証明度	§1[81]
通过和解制度解决民事纠纷	和解による解決	§1[68]
通过和解解决纠纷的优缺点	和解による解決のメリット・デメリット	§1[71]
比例认定	割合的認定	§2[90]

文献一覧

青山　「主要事実・間接事実の区別と主張責任」

青山善充「主要事実・間接事実の区別と主張責任」新堂幸司編集代表『講座民事訴訟④ 審理』（弘文堂、1985）367 頁以下

石田　『証拠法の再構成』

石田穣『証拠法の再構成』（東京大学出版会、1980）

伊藤　「家事事件と要件事実論との関係についての問題提起」

伊藤滋夫「家事事件と要件事実論との関係についての問題提起」伊藤編『家事事件の要件事実』84 頁以下

伊藤　「家事事件の調査実務との関連を念頭に置いた事実認定」

伊藤滋夫「民事訴訟における事実認定に関する若干の考察－家事事件における調査実務との関連を念頭に置いて」調研紀要 54 号（1988）1 頁以下

伊藤編　『家事事件の要件事実』

伊藤滋夫編『家事事件の要件事実』〔法科大学院要件事実教育研究所報第 11 号〕（日本評論社、2013）

伊藤編　『環境法の要件事実』

伊藤滋夫編『環境法の要件事実』〔法科大学院要件事実教育研究所報第 7 号〕（日本評論社、2009）

伊藤編　『基礎法学と実定法学の協働』

伊藤滋夫編『基礎法学と実定法学の協働』〔法曹養成実務入門講座別巻〕（信山社、2005 年）

伊藤　「基礎法学の課題についての要件事実論的視点からの検討の試み」

伊藤滋夫「基礎法学の課題についての要件事実論的視点からの検討の試み―代理出産・受動喫煙を題材として」特集・要件事実論と基礎法学 法学セミナー2008 年 3 月号 40 頁以下（2008）

伊藤　「基礎法学への期待」

伊藤滋夫「基礎法学への期待―民事法研究者の立場から」伊藤編『基礎法学と実定法学の協働』〔法曹養成実務入門講座別巻〕（信山社、2005 年）93 頁以下

伊藤　「権利の生成過程と内容」

伊藤滋夫「権利の生成過程と内容―主として受動喫煙問題を題材として」司研論集 107 号 35 頁以下（2002）

伊藤　「裁判規範としての民法に関する一考察」

伊藤滋夫「裁判規範としての民法に関する一考察―製造物責任法を題材として」小野幸二教授還暦記念論集『21 世紀の民法』（法学書院、1996）3 頁以下

伊藤　「『新問題研究 要件事実』について・上、中、下」

伊藤滋夫「司法研修所編『新問題研究 要件事実』について・上、中、下」法時 84 巻 1 号 89 頁以下、2 号 94 頁以下、4 号 75 頁以下（いずれも2012）

伊藤　「事実認定と実体法」

伊藤滋夫「事実認定と実体法」司研論集 97 号（創立 50 周年記念特集号）（1997）1 頁以下

伊藤　『事実認定の基礎』

伊藤滋夫『事実認定の基礎―裁判官による事実判断の構造』（有斐閣、1996〔2000 補訂〕）

伊藤編　『商事法の要件事実』

伊藤滋夫『商事法の要件事実』〔法科大学院要件事実教育研究所報第 13 号〕（日本評論社、2015）

伊藤　「税務訴訟と要件事実の考え方」

伊藤滋夫「税務訴訟と要件事実の考え方」税大ジャーナル20 号（2013）41 頁以下

伊藤　「続・要件事実と実体法（上）、（下）」

伊藤滋夫「続・要件事実と実体法（上）、（下）」ジュリ881 号 86 頁以下、同 882 号 56 頁以下（いずれも1987）

伊藤編　『租税法の要件事実』

伊藤滋夫編『租税法の要件事実』〔法科大学院要件事実教育研究所報第 9 号〕（日本評論社、2011）

伊藤　「民事訴訟における要件事実論の租税訴訟における有用性」

伊藤滋夫「民事訴訟における要件事実論の租税訴訟における有用性―その例証としての推計課税と実額反証の検討」伊藤編『租税法の要件事実』80 頁以下

伊藤　「民事訴訟法 248 条の定める『相当な損害額の認定』（上）、（中）、（下・完）」

伊藤滋夫「民事訴訟法 248 条の定める『相当な損害額の認定』（上）、（中）、（下・完）」判時 1792 号 3 頁以下、同 1793 号 3 頁以下、同 1796 号 3 頁以下（いずれも2002）

伊藤 『民事法学入門』

伊藤滋夫『民事法学入門―法学の基礎から民事実務までの道しるべ』(有斐閣、2012)

伊藤総括編集 『民事要件事実講座第1巻』

伊藤滋夫総括編集・伊藤滋夫=難波孝一編『民事要件事実講座第1巻〔総論Ⅰ〕要件事実の基礎理論』(青林書院、2005)

伊藤総括編集 『民事要件事実講座第2巻』

伊藤滋夫総括編集・伊藤滋夫=長秀之編『民事要件事実講座第2巻〔総論Ⅱ〕多様な事件と要件事実』(青林書院、2005)

伊藤総括編集 『民事要件事実講座第6巻』

伊藤滋夫総括編集・伊藤滋夫編集『民事要件事実講座第6巻 民法学と要件事実論との協働』(青林書院、2010)

伊藤 『要件事実の基礎』

伊藤滋夫『要件事実の基礎―裁判官による法的判断の構造』(有斐閣、2000)

伊藤編 『要件事実の機能と事案の解明』

伊藤滋夫『要件事実の機能と事案の解明』法科大学院要件事実教育研究所報第10号〕(日本評論社、2012)

伊藤編著 『要件事実論と基礎法学』

伊藤滋夫編著『要件事実論と基礎法学』(日本評論社、2010)

伊藤 「要件事実論と基礎法学の協働・序説」

伊藤滋夫「要件事実論と基礎法学の協働・序説―本特集の趣旨と要件事実論の視点による検討の出発点」特集・要件事実論と基礎法学 法学セミナー2008

年3月号8頁以下（2008）

伊藤　「要件事実論の現状と課題」

伊藤滋夫「要件事実論の現状と課題」伊藤総括編集『民事要件事実講座第1巻』3頁以下

伊藤代表　『要件事実論の現在を考える』

伊藤滋夫企画委員代表『要件事実論の現在を考える』（商事法務、2006）

伊藤編著　『要件事実講義』

伊藤滋夫編著『要件事実講義』（商事法務、2008）

伊藤　「要件事実と実体法」

伊藤滋夫「要件事実と実体法」ジュリ869号14頁以下（1986）

伊藤　「要件事実と実体法断想（上）、（下）」

伊藤滋夫「要件事実と実体法断想（上）、（下）」ジュリ945号103頁以下、同946号98頁以下（いずれも1989）

伊藤　『要件事実・事実認定入門』

『要件事実・事実認定入門—裁判官の判断の仕方を考える〔補訂版第2刷（補訂）〕』（有斐閣、2008）

『要件事実小事典』

伊藤滋夫編著『要件事実小事典』（青林書院、2011）

伊藤　「要件事実論の汎用性」

伊藤滋夫「要件事実論の汎用性を示す要件事実論と基礎法学との協働に関する一考察—死刑制度の存廃についての検討試論」伊藤編著『要件事実論と基礎法学』（日本評論社、2010）1頁以下

伊藤　「要件事実論の変遷と今後の展望」

伊藤滋夫「要件事実論の変遷と今後の展望―実体法の制度趣旨との関係を中心として」伊藤総括編集『民事要件事実講座第6巻』3頁以下

伊藤　「要件事実論と民法学」

伊藤滋夫「要件事実論と民法学―新たな民法学の動向も視野に入れて」伊藤代表『要件事実論の現在を考える』3頁以下

伊藤眞　『民事訴訟法』

伊藤眞『民事訴訟法〔第4版補訂版〕』（有斐閣、2014）

伊藤眞　「証明、証明度及び証明責任」

伊藤眞「証明、証明度及び証明責任」法学教室2001年11月号33頁以下（2001）

今村　『課税訴訟における要件事実論』

今村隆『課税訴訟における要件事実論〔改訂版〕』（日本租税研究協会、2013）

『民事訴訟法』Sシリーズ

上原敏夫＝池田辰夫＝山本和彦『民事訴訟法〔第6版補訂〕』〔有斐閣Sシリーズ〕（有斐閣、2012）

内田　『民法Ⅰ』

内田貴『民法Ⅰ 総則・物権総論〔第4版〕』（東京大学出版会、2008）

内田　『民法Ⅱ』

内田貴『民法Ⅱ 債権各論〔第3版〕』（東京大学出版会、2011）

内田　『民法Ⅲ』

内田貴『民法Ⅲ 債権総論・担保物権〔第3版〕』（東京大学出版会、2005）

梅本　『民事訴訟法』

梅本吉彦『民事訴訟法〔第4版〕』（信山社、2009）

近江　『民法講義Ⅰ』

近江幸治『民法講義Ⅰ 民法総論〔第6版補訂〕』（成文堂、2012）

近江　『民法講義Ⅴ』

近江幸治『民法講義Ⅴ 契約法〔第3版〕』（成文堂、2006）

大島　「規範的要件の要件事実」

大島眞一「規範的要件の要件事実」判タ1387号24頁以下（2013）

大塚直ほか編著　『要件事実論と民法学との対話』

大塚直＝後藤巻則＝山野目章夫編著『要件事実論と民法学との対話』（商事法務、2005）

長　「不法行為」

長秀之「不法行為Ⅰ－基礎理論」伊藤滋夫総括編集・藤原弘道＝松山恒昭編『民事要件事実講座第4巻〔民法Ⅱ〕』（青林書院、2007）181頁以下

笠井　「要件事実論と民事訴訟」

笠井正俊「要件事実論と民事訴訟」ジュリスト増刊 新・法律学の争点シリーズ4『民事訴訟法の争点』（2009）160頁以下

賀集　「要件事実の機能」

賀集唱「要件事実の機能－要件事実論の一層の充実のための覚書」司研論集90号30頁以下（1994）

加藤 『民事事実認定論』

加藤新太郎『民事事実認定論』(弘文堂、2014)

加藤ほか 『要件事実の考え方と実務』

加藤新太郎=細野敦『要件事実の考え方と実務〔第3版〕』(民事法研究会、2014)

加藤 「要件事実論の到達点」

加藤新太郎「要件事実論の到達点」高橋ほか編『実務民事訴訟講座第5巻』21頁以下

『条解民事訴訟法』

兼子一原著・松浦馨=新堂幸司=竹下守夫=高橋宏志=加藤新太郎=上原敏夫=高田裕成『条解民事訴訟法〔第2版〕』(弘文堂、2011)

川井 『民法概論1』

川井健『民法概論1 民法総則〔第4版〕』(有斐閣、2008)

川井 『民法概論4』

川井健『民法概論4 債権各論〔補訂版〕』(有斐閣、2010)

有斐閣 『法律学小辞典』

金子宏=新堂幸司=平井宣雄編集代表『法律学小辞典〔第4版補訂版〕』(有斐閣、2008)

河上 『民法総則講義』

河上正二『民法総則講義』(日本評論社、2007)

河村 「家事調停事件における『説得の基礎』」

河村浩「家事調停事件における『説得の基礎』—要件事実論・事実認定論を

手掛かりに」判タ1151号26頁以下（2004）

河村　「事実認定論とはどのような考え方か（上）、（中）、（下）」

河村浩「民事裁判の基礎理論・事実判断の構造分析―事実認定論とは、どのような考え方か（上）、（中）、（下）」判時2176号3頁以下、同2177号13頁以下、同2179号3頁以下（2013）

河村　「民法における因果関係の要件事実とその構造」

河村浩「民法における因果関係の要件事実とその構造―評価的要件という視点から」伊藤総括編『民事要件事実講座第6巻』（青林書院、2010）237頁以下

河村　「要件事実論とはどのような考え方か（上）、（中）、（下）」

河村浩「民事裁判の基礎理論・法的判断の構造分析(1)―要件事実論とは、どのような考え方か（上）、（中）、（下）」判時2143号9頁以下、同2144号3頁以下、同2146号9頁以下（2012）

河村　「要件事実論の基礎的な概念・知識の検討（上）、（下）（完）」

河村浩「民事裁判の基礎理論・法的判断の構造分析(2)―要件事実論の基礎的な概念・知識の検討（上）、（下）（完）」判時2147号9頁以下、同2149号21頁以下（2012）

倉田監修　『要件事実の証明責任（債権総論）』

倉田卓次監修『要件事実の証明責任（債権総論）』（西神田編集室、1986）

司研　『要件事実第1巻』

司法研修所編『増補民事訴訟における要件事実第1巻』（法曹会、1986）

司研　『要件事実第2巻』

司法研修所編『民事訴訟における要件事実第2巻』（法曹会、1992）

司研　『問題研究』

司法研修所編『問題研究 要件事実―言い分方式による設例15題』（法曹会、2003）

司研　『改訂問題研究』

司法研修所編『改訂 問題研究 要件事実―言い分方式による設例15題』（法曹会、2006）

司研　『新問題研究』

司法研修所編『新問題研究 要件事実』（法曹会、2011）

司研　『改訂類型別』

司法研修所編『改訂 紛争類型別の要件事実―民事訴訟における攻撃防御の構造』（法曹会、2006）

司研　『10訂民事判決起案の手引』

司法研修所編『10訂民事判決起案の手引』（法曹会、2006）

新堂　『新民事訴訟法』

新堂幸司『新民事訴訟法〔第5版〕』（弘文堂、2011）

田尾　「法学・法曹教育における要件事実論」

田尾桃二「法学・法曹教育における要件事実論」伊藤総括編集『民事要件事実講座第1巻』（青林書院、2005）340頁以下

田尾　「要件事実論」

田尾桃二「要件事実論について―回顧と展望小論」曹時44巻6号1頁以下（1992）

高橋ほか編 『実務民事訴訟講座第5巻』

高橋宏志＝加藤新太郎編『実務民事訴訟講座〔第3期〕第5巻―証明責任・要件事実論』（日本評論社、2012）

高橋 『重点講義民事訴訟法・上』

高橋宏志『重点講義民事訴訟法・上〔第2版補訂版〕』（有斐閣、2013）

竹下 「民事訴訟における事実の確定に関する判例・学説・立法」

竹下守夫「講演 民事訴訟における事実の確定に関する判例・学説・立法―民事訴訟の改革における位置づけ」司研論集118号1頁以下（2008）

田中 『事実認定の考え方と実務』

田中豊『事実認定の考え方と実務』（民事法研究会、2008）

『注釈民事訴訟法(6)』

谷口安平＝福永有利編『注釈民事訴訟法(6)証拠(1)』（有斐閣、1995）

中野 「過失の一応の推定」

中野貞一郎「過失の一応の推定について―自由心証と証明責任の境界」法曹時報19巻10号・11号掲載（1967）〔『過失の推認〔増補版〕』〔弘文堂、1987）所収、1頁以下〕（本书中的引用页数是该书的页数）

中野 「主張責任と証明責任」

中野貞一郎「主張責任と証明責任」判タ668号4頁以下（1988）

中野ほか編 『新民事訴訟法講義』

中野貞一郎＝松浦馨＝鈴木正裕編『新民事訴訟法講義〔第2版補訂2版〕』〔有斐閣大学双書〕（有斐閣、2008）

中野 『民事裁判入門』

中野貞一郎『民事裁判入門〔第3版補訂版〕』(有斐閣、2012)

中野 『民事手続の現在問題』

中野貞一郎『民事手続の現在問題』(判例タイムズ社、1989)

中野 「要件事実の主張責任と証明責任」

中野貞一郎「特別講義 要件事実の主張責任と証明責任」法学教室2004年3月号34頁以下(2004)

難波 「規範的要件・評価的要件」

難波孝一「規範的要件・評価的要件」伊藤総括編集『民事要件事実講座第1巻』(青林書院、2005)197頁以下

難波 「主張責任と証明責任」

難波孝一「主張責任と証明責任」伊藤総括編集『民事要件事実講座第1巻』(青林書院、2005)160頁以下

林屋 『新民事訴訟法概要』

林屋礼二『新民事訴訟法概要〔第2版〕』(有斐閣、2004)

廣田 『紛争解決学講義』

廣田尚久『紛争解決学講義』(信山社、2010)

前田 「主張責任と証明責任について」

前田達明「主張責任と証明責任について」民商法雑誌129巻6号777頁以下(2004)

前田 「続・主張責任と証明責任」

前田達明「続・主張責任と証明責任」判タ640号65頁以下(1987)

前田　「続々・主張責任と証明責任」

前田達明「続々・主張責任と証明責任」判タ694号29頁以下（1989）

前田　「ブックレビュー・法時85巻7号」

前田達明「ブックレビュー 新堂幸司監修 高橋宏志・加藤新太郎編集『実務民事訴訟法講座』［第3期］第5巻『証明責任・要件事実論』」法時85巻7号101頁以下（2013）

前田　『民法学の展開』

前田達明『民法学の展開』〔民法研究第2巻〕（成文堂、2012）

前田　「要件事実について」

前田達明「要件事実について─主張責任と証明責任を中心として」法曹時報65巻8号1917頁以下（2013）

松尾　「物権的請求権と要件事実」

松尾弘「物権的請求権と要件事実」伊藤総括編集『民事要件事実講座第6巻』127頁以下

松岡　「物権的請求権」

松岡久和「物権的請求権」大塚直ほか編著『要件事実論と民法学との対話』（商事法務、2005）186頁以下

松本　「要件事実論と法学教育（1）、（2）、（3）」

松本博之「要件事実論と法学教育（1）、（2）、（3）［要件事実論批判を中心に］」自由と正義2003年12月号98頁以下、同2004年1月号54頁以下、同年2月号92頁以下（2003～2004）

松本　『証明責任の分配』

松本博之「要件事実論と証明責任論」判タ679号（1988）掲載〔『証明責任の

分配—分配法理の基礎的研究〔新版〕』（信山社、1996）所収、329 頁以下〕（本书中的引用页数是该书的页数）

『民法判例百選Ⅱ』

中田裕康＝潮見佳男＝道垣内弘人『民法判例百選Ⅱ債権〔第 6 版〕』（有斐閣、2009）

村田ほか編著　『要件事実論 30 講』

村田歩＝山野目章夫編著『要件事実論 30 講〔第 3 版〕』（弘文堂、2012 年）

山木戸　「自由心証と挙証責任」

山木戸克己「自由心証と挙証責任」大阪学院大学法学研究 1 巻 1＝2 号（1976）掲載〔『民事訴訟法論集』（有斐閣、1990）所収、25 頁以下〕本书中的引用页数是该书的页数）

山崎　『債権法各論講義』

山崎敏彦「債権法各論講義—要件事実論的アプローチ」（成文堂、2013）

山野目　「要件事実論の民法学への示唆(1)」

山野目章夫「要件事実論の民法学への示唆(1) —民法学の思考様式と要件事実論」大塚直ほか編著『要件事実論と民法学の対話』（商事法務、2005）2 頁以下

山本　「損害賠償請求訴訟における要件事実」

山本和敏「損害賠償請求訴訟における要件事実」鈴木忠一＝三ヶ月章監修「新・実務民事訴訟講座 4 不法行為訴訟Ⅰ」（日本評論社、1982）319 頁以下

山本　「総合判断型一般条項と要件事実」

山本和彦「総合判断型一般条項と要件事実—『準主要事実』概念の復権と再構成に向けて」河上正二＝高橋宏志＝山崎敏彦＝山本和彦＝北秀昭＝難波孝

一編『要件事実・事実認定論と基礎法学の新たな展開（伊藤滋夫喜寿記念）』（青林書院、2009）65 頁以下

山本　『総則』

山本敬三『民法講義Ⅰ 総則〔第 3 版〕』（有斐閣、2011）

山本　『契約』

山本敬三『民法講義Ⅳ－1 契約』（有斐閣、2005）

吉川　「所有権に基づく動産引渡請求訴訟の要件事実（1）」

吉川愼一「要件事実講義〔第 2 講〕所有権に基づく動産引渡請求訴訟の要件事実（1）」判タ1349 号 28 頁以下（2011）

吉川　「不法行為訴訟の証明責任・要件事実」

吉川愼一「不法行為訴訟の証明責任・要件事実」高橋ほか編『実務民事訴訟講座第 5 巻』（日本評論社、2012）225 頁以下

吉川　「要件事実論序説」

吉川愼一「要件事実論序説」司研論集 110 号 129 頁以下（2003）

我妻　『民法総則』

我妻『新訂民法総則 民法講義Ⅰ』（岩波書店、1965）

图书在版编目(CIP)数据

要件事实的基础：民事司法裁判结构 /（日）伊藤滋夫著；许可，（日）小林正弘译. -- 北京：法律出版社，2022(2022.6 重印)

ISBN 978-7-5197-6222-3

Ⅰ.①要… Ⅱ.①伊… ②许… ③小… Ⅲ.①民事诉讼—审判—研究 Ⅳ.①D915.204

中国版本图书馆 CIP 数据核字(2021)第 232622 号

要件事实的基础
——民事司法裁判结构
YAOJIAN SHISHI DE JICHU
—MINSHI SIFA CAIPAN JIEGOU

[日]伊藤滋夫 著
许 可
[日]小林正弘 译

策划编辑 蒋 橙
责任编辑 蒋 橙
装帧设计 马 帅

出版发行 法律出版社
编辑统筹 法律应用出版分社
责任校对 王晓萍
责任印制 刘晓伟
经　　销 新华书店

开本 787 毫米×1092 毫米 1/32
印张 15　**字数** 415 千
版本 2022 年 1 月第 1 版
印次 2022 年 6 月第 2 次印刷
印刷 北京金康利印刷有限公司

地址:北京市丰台区莲花池西里 7 号(100073)
网址:www.lawpress.com.cn
投稿邮箱:info@lawpress.com.cn
举报盗版邮箱:jbwq@lawpress.com.cn

销售电话:010-83938349
客服电话:010-83938350
咨询电话:010-63939796

书号:ISBN 978-7-5197-6222-3　**定价**:98.00 元
凡购买本社图书,如有印装错误,我社负责退换。电话:010-83938349